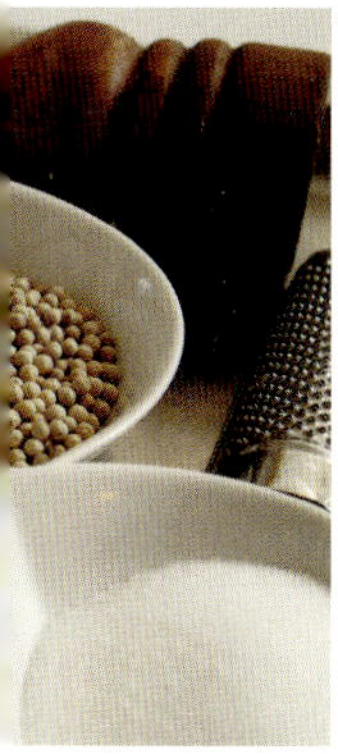
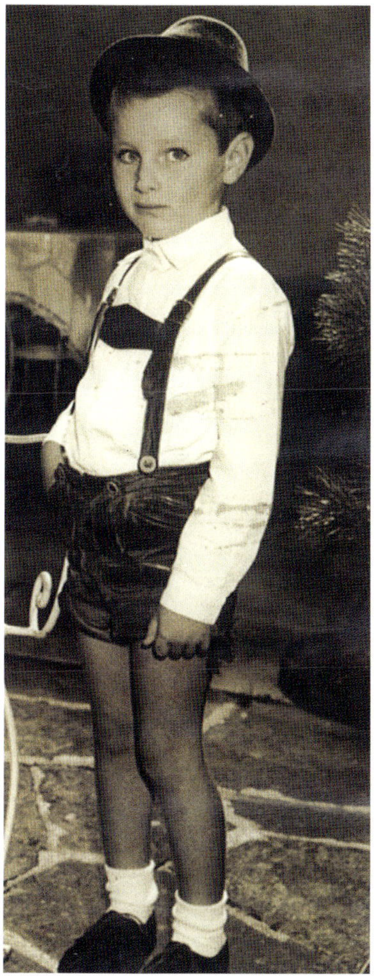
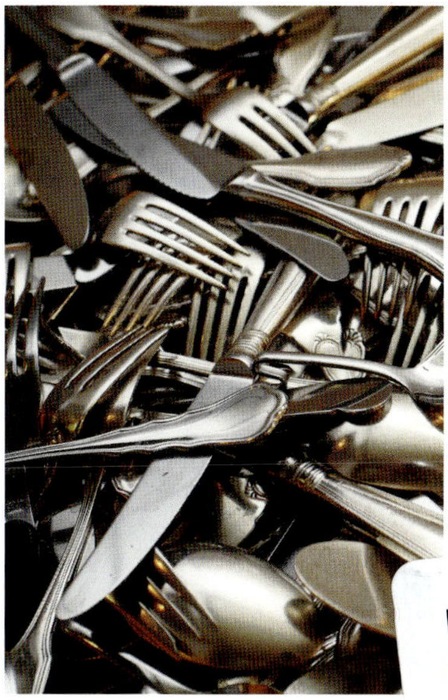
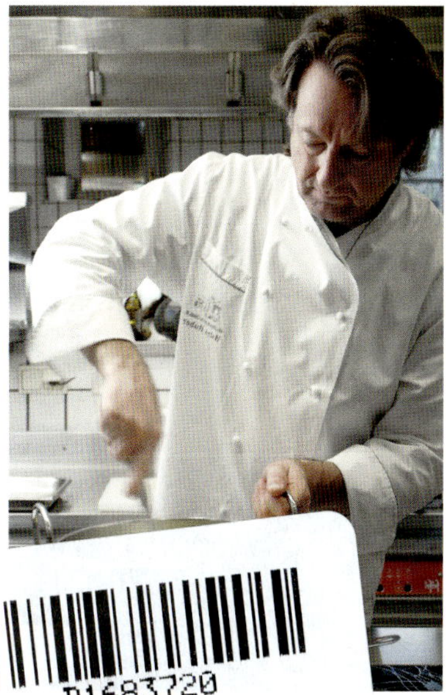

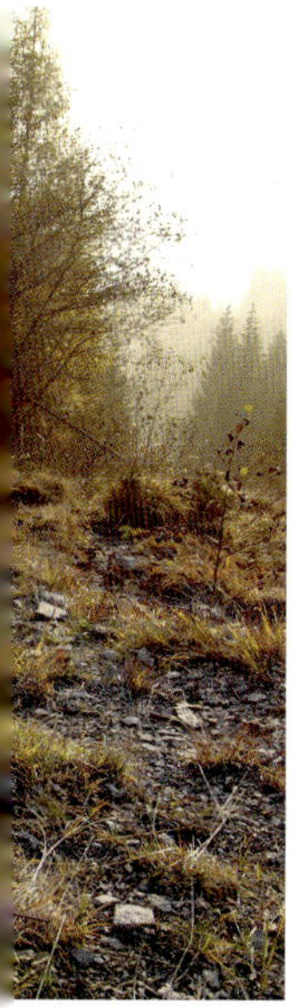
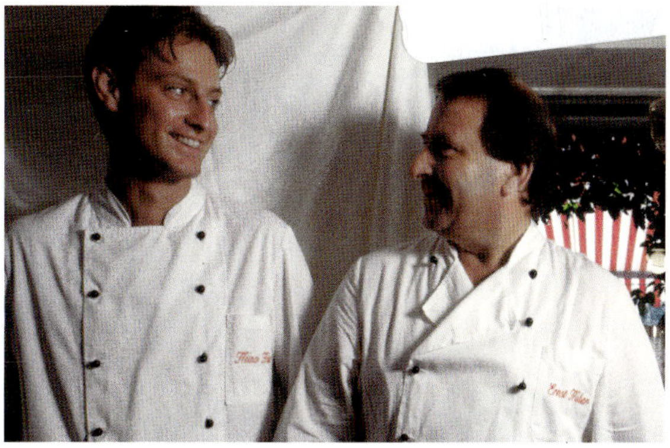
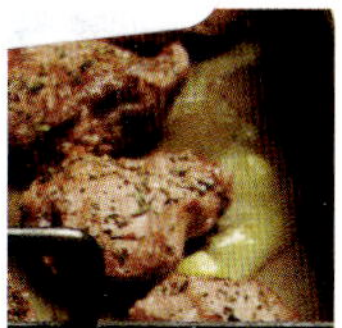
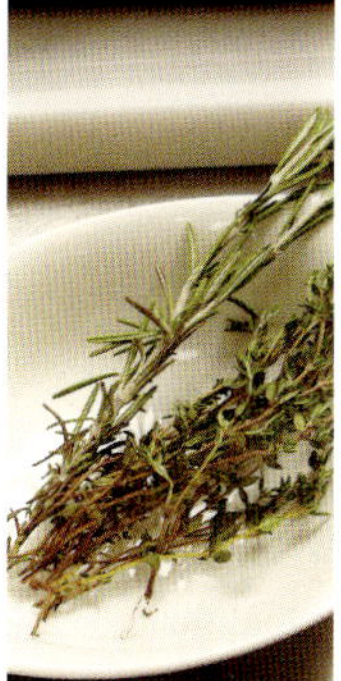
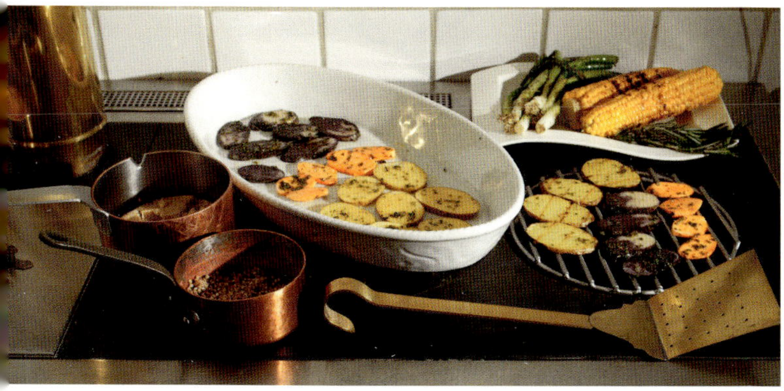
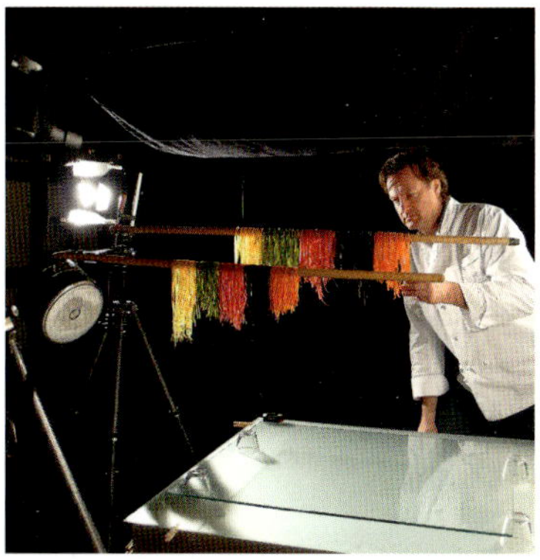
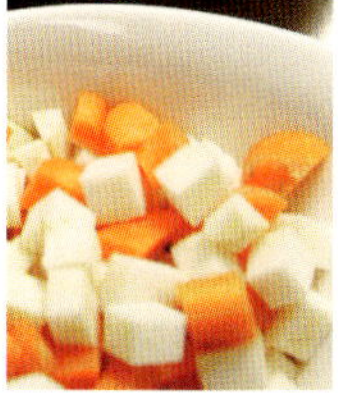
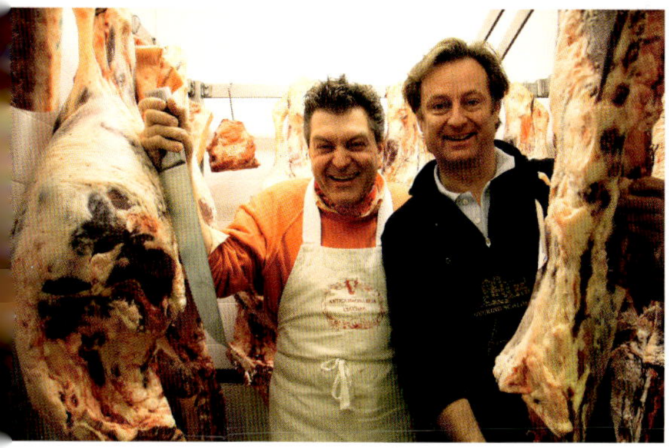
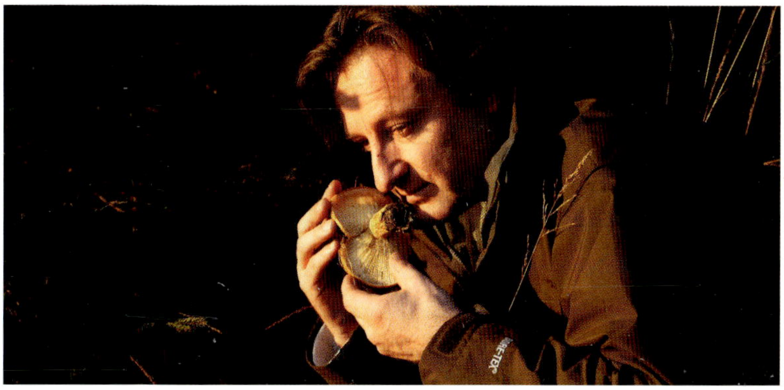
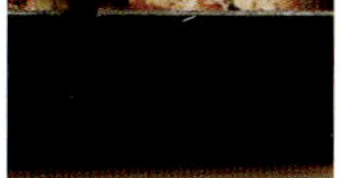

Heino Huber

Meine Lieblingsrezepte

MIT FOTOGRAFIEN
VON KURT-MICHAEL WESTERMANN

braumüller

Eine kulinarische Zeit (-Reise)

Das Jahr 2015 hat für mich große Veränderungen gebracht. Ein idealer Zeitpunkt, einmal Resümee zu ziehen. Mir war als Kind nicht bewusst, dass ich mit einem besonderen Talent ausgestattet bin. Ich habe zwar gerne meiner Mutter beim Kochen zugesehen und auch selbst das eine oder andere zubereitet, aber als Fünfjähriger habe ich mehr die Faszination des Kochens gespürt als einen konkreten Berufswunsch. Und dieses Gefühl hat sich bis heute nicht wirklich verändert. Meine Faszination fürs Kochen ist ungebrochen. Da es so viele Möglichkeiten gibt, dies auch als erfolgreichen Lebensplan umzusetzen, fällt es mir schwer, mich in einem Teilbereich festzulegen. Viel näher ist mir daher der Ansatz, das Kochen an sich als einen in sich stimmigen, groß gefassten, wenn man so möchte, universellen Bereich zu sehen. Meine Mutter war ein bisschen eine „68erin", das ging an keinem intellektuell aufgeschlossenen Menschen vorbei – sie war zu diesem Zeitpunkt 27 Jahre alt, hatte drei Kinder und ich war der Fünfjährige. Mein Vater – wie ich heute weiß schon damals ein Autodidakt mit großen Fähigkeiten – war selten zu Hause, kam spätabends heim, wir schliefen schon lange, und als wir in die Schule gingen, schlief er. Das Berufsbild Koch hatte also wenig Reizvolles für mich. Dennoch fanden immer alle meine Kuchen toll, meine Salatsauce sei die beste und wenn meine Mutter einmal krank war, machte ich sozusagen von ihr ferngesteuert Essen für alle. Aber trotzdem sah ich das noch nicht als Beruf.

Um das zu verstehen, muss man vielleicht meinen Werdegang nachvollziehen. Dieser Fünfjährige hatte einen Onkel, der damals Maschinenbau in Graz studierte, ein toller Typ. Ich wollte ihm nicht nur nacheifern, sondern ihn übertreffen. So reifte mit den Jahren der Plan in mir, Physiker zu werden. Als Siebenjähriger bastelte ich mit ihm mein erstes Radio – kein Witz, es funktionierte tatsächlich. Ich habe Platinen geätzt, Widerstände, Kondensatoren und die ersten Chips verlötet und fand das total irre.

Dann kam eine einschneidende Veränderung: Meine Mutter entschied, arbeiten zu gehen, in dasselbe Gasthaus, ein riesiger Laden in Dornbirn, in dem mein Vater Küchenchef war. Das Ziel meiner Eltern: etwas Geld auf die Seite zu legen, denn sie wollten ein eigenes Lokal aufmachen. Dadurch wurde mein Kochanteil größer – mein diesbezügliches Repertoire auch. 1975 war es dann soweit. Meine Eltern wurden fündig und wir zogen nach Bregenz. Das Gasthaus Zoll wurde von ihnen noch im selben Jahr eröffnet. Plötzlich war ich von der Küche meiner Mutter in einem Gasthaus gelandet. Und die zwei wollten es wirklich wissen. Man fuhr ins Burgund, in die Provence, nach Lyon (da musste man hin, vielen ist klar warum, dort wirkte Paul Bocuse), nach Südtirol, ins Piemont und plötzlich kam so viel Neues auf mich zu, dass ich unsicher wurde mit meinen Physikerplänen. Ich glaube tatsächlich, dass meine Eltern das Talent KOCHEN in mir von diesem Zeitpunkt an massiv förderten. Das Gasthaus Zoll wurde Kult, mein Vater Koch des Jahres 1984. Lustigerweise begann ich, das Kochen zu lieben, aber ich sah es immer noch nicht als Job an. Meine Eltern steckten mich in den Zug Richtung Salzburg. Dort machte ich die Aufnahmeprüfung für die außergewöhnlich hochreputierte Tourismus-Akademie Schloss Klessheim. 400 Bewerber und nur 40 durften bleiben. Ich dachte echt, das war's. Aber nein – Nummer 38! Nun folgte eine sehr profunde Ausbildung, die ich nicht missen will. Um aber tatsächlich zu erfahren, wie geniales Kochen funktioniert, blieb mir nach der Schule nichts anderes übrig, als dorthin zu gehen, wo sensationell gekocht wurde – nach Italien und Frankreich. In den persönlichen

Statements zu meinen Lieblingsrezepten nehme ich immer wieder Bezug auf diese Stationen und meine genialen Vorbilder. Eines war ihnen gemeinsam – sie waren nicht nur herausragende Gastronomen, sondern auch erfolgreiche Unternehmer.

An dieser Stelle danke ich Eckart Witzigmann (Aubergine, München), Arrigo Cipriani (Harrys Bar, Venedig), Claude Jacquin (Les Echets, Lyon), Jean Claude Vrinat (Taillevent, Paris) und Henri Faugeron (Restaurant Faugeron, Paris). Geniale Herrschaften.

Die Kenntnis, die ich während meiner Wanderjahre erlangte, sollte mir meine Existenz für 25 Jahre in einem schwierigen Umfeld sichern. Schon damals zeichnete sich ab, dass Spitzengastronomie zwar teuer, aber dennoch nicht sehr wirtschaftlich ist. 1988 erreichten mein Vater und ich die höchste Bewertung im Gault Millau in Österreich! 1989 kam mein Vater dann auf die Idee, das Deuring-Schlössle in Bregenz zu kaufen. 1994 trennten sich meine Eltern, finanzieller Druck, ständiges Auf-dem-Prüfstand-Stehen, irgendwann wurde ihnen das zu viel. Zwei großartige Menschen, die in dem Moment irgendwie aufgegeben hatten. Ich war gerade einmal 32, als ich das Deuring-Schlössle mit einem hohen Schuldenberg übernommen hatte. Scheitern war nie eine Option. Vier Jahre später: Koch des Jahres Gault Millau, drei Hauben, kurz darauf Trophée Gourmet A la Carte bis hin zur Goldenen Kugel 2010 von Gault Millau und Casinos Austria.

Ganz elementar betrachtet: Ursprünglich ging es beim Kochen ums Überleben. Dieses Problem ist längst nicht Geschichte. Vielen Menschen auf unserem Planeten ist die nächste Ebene, nämlich abwechslungsreich und ausreichend essen zu können, verwehrt. Praktisch jedes Lebensmittel für sein Wirken zur Verfügung zu haben, ist ein außerordentliches Geschenk des Lebens. Das war mir immer bewusst, denn die Lokale, in denen ich mit Anfang zwanzig gearbeitet hatte, hätte ich mir damals nie leisten können. Heute ist Spitzengastronomie mein Beruf und vieles ist selbstverständlich. Aber eben aus diesem Bewusstsein heraus habe ich von Anbeginn auf ein Gesamtkonzept gesetzt. Produkte aus nachhaltiger, wenn möglich biologischer Produktion, das musste ich vor 15 Jahren noch verschweigen, um nicht im Strickpullover-Müsli-Eck zu landen. Regionalität wurde oft genug mit Einfallslosigkeit verwechselt. So wie viele ihr Heil in Internet-Aktien suchten, hatten wir ebenso in der Küche unsere Blasen. Nouvelle Cuisine und Molekularküche zum Beispiel. Und auch hier war die Übertreibung am Markt das Signal für den Crash. Heute ganz klar: Damals wollte jeder noch verrückter sein als der andere. Ich habe deshalb ganz bewusst Rezepte ausgewählt, die sozusagen, um in der Börsensprache zu bleiben, echte „Blue Chips" sind.

Werte, die Trends überlebt haben und überleben werden, Rezepte, die das Herz berühren und den Gaumen zum Lachen bringen.

Euer Heino Huber

Meine Lieblingsrezepte

SALATE

- 4 **V** Sommersalat mit Pfifferlingen und Artischocken
- 6 **V** Romanesco-Kerbelwurzelsalat
- 6 **V** Fenchel-Orangensalat
- 9 **V** Grüner Spargel roh mariniert mit Limette und Maldon-Salz
- 11 **V** Romanasalat mit Avocado, rosa Grapefruit und Basilikum
- 12 Gartensalate mit schwarzen Nüssen und teegeräucherter Ente
- 14 Gebackenes Bio-Ei mit Vogerlsalat
- 16 Kartoffel-Vogerlsalat mit roten Zwiebeln
- 16 Blattsalate mit Blauschimmelkäse und Feigen

SUPPEN

- 20 Rindsbouillon
- 20 Wildgeflügel-Consommé
- 23 Meine liebsten drei Suppeneinlagen
- 24 Basis-Suppenansatz für Kräuterschaumsuppen
- 26 Weiße Tomatenschaumsuppe
- 27 **V** Kokos-Curryschaumsuppe mit Zitronengras und Rondini-Kürbis
- 28 Hummerbisque
- 30 Bodenseefischsuppe mit Lachsforellennockerl
- 32 Klare Tomatenessenz mit Flusskrebsschöberl
- 35 Schwarzwurzelcremesuppe mit Bärlauchschaum

VORSPEISEN

- 39 Weißes Tomatenmousse
- 40 Bärlauch-Frischkäse-Mousse
- 43 Mousse von der roten Paprika mit mariniertem Felsenhummer
- 44 Spargel
- 47 Gebeizte Seeforelle mit Salat, Blüten und Trüffelremoulade
- 48 Rollmops vom Bodenseefelchen mit Chili, Fenchel und Karottenöl
- 51 Räucherlachsroulade mit Wasabi-Sauerrahm-Mousse
- 52 Marinierter Bodenseehecht auf Kräuterpolenta mit Rucola
- 55 Ceviche vom Bodenseezander mit Guacamole
- 56 Hummersalat mit Apfelgelee
- 59 Dörrzwetschken mit Vulcano-Speck und Räucheraal
- 60 Geröstete Flusskrebse mit Ratatouille
- 62 **V** Carpaccio von Roten Rüben mit Gemüse-Vinaigrette
- 64 Variation von der Gänseleber mit Marillen-Chutney

VEGAN

- 68 **V** In der Holzkohle gegrillte Artischocken
- 70 **V** Trilogie von der Aubergine
- 71 **V** Mit Chili-Glasnudeln gefüllte Kohlrabi, Kokosschaum, Perlsago
- 72 **V** Gefüllte Zucchiniblüten
- 75 **V** Gefüllte Zuckerhuttäschchen mit Tomaten-Koriander-Salsa
- 77 **V** Mit Bulgur, Grillgemüse, schwarzen Oliven und getrockneten Tomaten gefüllte Zucchini
- 78 **V** Sobanudeln mit Steinpilzen, Safrankarotten und Liebstöckel

FISCH & MEERESFRÜCHTE

- 82 Gebratene Aal-Koteletts auf Tomaten-Oliven-Fondue mit Basilikumöl
- 84 Bodenseefelchen in Kartoffel-Sellerie-Kruste mit gefüllter Zucchiniblüte
- 86 Zander mit Sauce von roten Paprika gratiniert
- 88 Hechtwürstchen mit Krebsen auf Balsamicolinsen
- 90 Lachsforelle mit Artischocken-Spargel-Gröstl und Kalamata-Olivenschaum
- 93 Kümmelbratl vom Wels auf papriziertem Wirsing
- 94 Gefüllter Steinbutt in der Folie gegrillt
- 96 Pochierter Stockfisch auf Chorizo-Ragout
- 98 Seeteufel-Piccata
- 101 Loup de mer auf glaciertem Chicorée mit Balsamicoschaumsauce
- 102 Seezunge im Ganzen gebraten mit Tomaten und Kapern
- 104 Seezungenroulade mit kleinem Kräutersalat
- 106 Austern auf 6 verschiedene Arten
- 108 Hummer mit Sherrycreme gratiniert
- 111 Kaisergranat mit Rucola und Zitrone
- 112 Heuschreckenkrebse mit Wirsing und rosa Grapefruit
- 113 Vongole im Safransud mit Tomaten und Dill
- 114 Miesmuscheln in der Folie gegart
- 117 Gegrillte Calamari

V **Vegane Spezialitäten** für alle, die bewusst auf Tierprodukte verzichten, und all jene, welche die vegane Alternative erst entdecken und wie ich leichter und gesünder genießen und dennoch nicht auf den vollen Geschmack verzichten wollen.

KLASSIKER

- 120 Beef Tatar
- 122 Carpaccio alla Cipriani
- 124 Kalbsbeuscherl
- 125 Kalbsrahmgulasch
- 126 Geschmorte Kalbshaxe
- 128 Wiener Schnitzel nach Franz Ruhm
- 130 Ossobuco
- 133 Saltimbocca von der Hirschkalbkeule
- 134 Geschmorte Kalbsbäggle
- 136 Gekochtes Hüferschwanzerl
- 138 Bistecca Fiorentina
- 141 Pfifferlingsgulasch mit Semmelknödel
- 142 Forelle blau mit schaumiger Butter
- 145 Eglifilets in Bierteig

FLEISCH

- 148 Crepinette vom Kalbsfilet
- 151 Entrecôte in der Markkruste
- 152 Rosa gebratenes Roastbeef
- 154 Rinderfilet mit Zwiebeltäschchen und Schaum von grünem Pfeffer
- 157 Jungschweinsbraten mit Kruste
- 159 Hirsch-Entrecôte in der Nuss-Brioche-Kruste
- 160 Rehfilet im Brickteig
- 163 Gegrillte Rehkeule mit Wacholder-Rosmarin-Öl und Alexander-Birnen
- 164 Lammkoteletts mit BBQ-Sauce
- 166 Gefüllter Kaninchenrücken
- 167 Kaninchenfilets in Rotwein pochiert
- 168 Gebratenes Masthuhn mit frischen Morcheln, Pfifferlingen und den ersten Erbsen
- 170 Zart angeräuchertes Wachtelbrüstchen auf Lauch und Sellerie
- 172 Fasan im Speckmantel mit Rosmarin

BEILAGEN

- 176 [V] Gemüse-Pürees
- 178 Gedünsteter Rahm-Knoblauch
- 179 [V] Rotkraut mit Äpfeln und Ingwer
- 180 Orangen-Speck-Wirsing
- 180 [V] Apfel-Schalotten-Confit
- 181 Kohlrabi-Morchel-Ragout
- 182 Rösti
- 183 Kartoffelblinis
- 184 Kartoffelbaumkuchen
- 184 Kartoffelgratin
- 187 Kartoffelpürees
- 188 Gnocchi
- 189 Schupfnudeln
- 190 Cremige Trüffel-Polenta
- 190 Palffy-Knödel
- 191 Mit Waldpilzen gefüllter Kartoffelknödel

PASTA & RISOTTO

- 195 V Nudel-Grundteige
- 196 V Füllungen für Ravioli und Tortellini
- 199 Pastaspezialitäten herstellen
- 202 Garganelli mit Steinpilzsauce
- 202 Pilzravioli in Rotwein mit Kräutern gekocht
- 204 Ravioli mit Blumenkohl-Püree gefüllt, jungem Blattspinat und schwarzem Trüffel
- 207 Selbst gemachte Tagliatelle mit schwarzem Trüffel
- 208 V Risotto-Grundrezept
- 210 V Risotto-Variationen

NACHSPEISEN

- 214 Vanille-Bavaroise
- 216 Kastanienmousse mit Orangen-Amaretto-Sauce
- 217 Schokomousse marmoriert
- 219 Crème brûlée
- 220 Geflämmter Passionsfruchtflan mit Beeren-Coulis
- 222 Scheiterhaufen mit Vanillesauce
- 224 Apfelstrudel
- 227 Lebkuchen-Timbale
- 228 Schoggi-Chuache
- 231 Karamellisierter Kaiserschmarrn
- 232 Topfenknödel mit Sauerkirschenröster
- 235 V Gegrillter Ananas-Vanillespieß mit Kokossorbet
- 236 Buttermilch-Limettenmousse in der Schokoladen-Träne mit Johannisbeeren
- 238 Beeren-Trifle
- 241 Tartelette mit weißer Schokoladenmousse und Physalis
- 242 Meine idealen Begleiter zu Espresso, Kaffee und Co

GRUNDREZEPTE

- 248 Fonds
- 252 Grundsaucen & Ableitungen
- 256 V Dressings
- 258 Farcen
- 260 Gewürzmischungen
- 261 V Hausgemachtes

- 262 *Register*
- 264 *Danke*

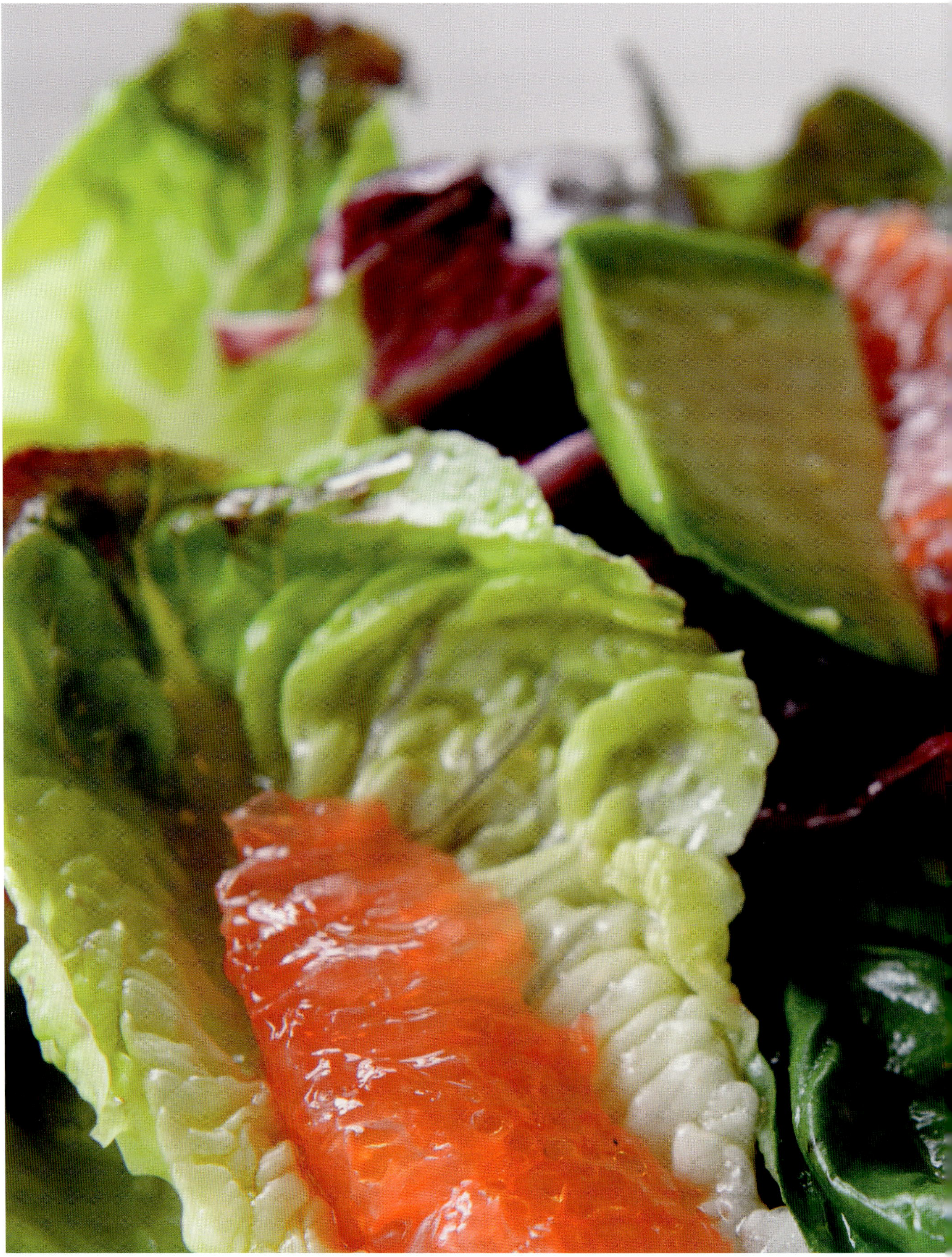

Salate

MEINE LIEBLINGSREZEPTE **SALATE**

Sommersalat mit Pfifferlingen und Artischocken V

Für Pfifferlinge und Pilze gilt generell: nie waschen, da sie sich sonst mit Wasser vollsaugen! Sollte es doch notwendig sein, weil sie zum Beispiel zu stark vom Waldboden und von Tannennadeln verschmutzt oder sehr sandig sind, rasch abspülen und sofort auf ausreichend Küchenpapier gut abtropfen lassen und trocken tupfen.

FÜR 6–8 PORTIONEN

Für die Artischocken:
- 6 kl. Artischocken
- Salz
- 1 Zitrone
- 2 EL glattes Mehl
- 20 ml natives Olivenöl

Für die Pfifferlinge:
- 250 g frische Pfifferlinge
- 20 ml natives Olivenöl
- 1 EL gehackte Schalotten
- 1 TL gehackter Estragon
- Salz, Pfeffer aus der Mühle

Für den Salat:
- frische Blattsalate der Saison
- 30 ml Grund-Vinaigrette ▸ **256**
- Kräuter und Blüten nach Lust und Laune
- natives Olivenöl

ZUBEREITUNG

Von den Artischocken die grünen, außen liegenden Blätter abzupfen, bis die gelben zum Vorschein kommen und nur noch die Spitzen der Blätter grün sind. Diese dann deutlich im gelben Bereich abschneiden; auch der Stängelansatz wird mit einem scharfen, kleinen Messer sauber zugeschnitten, sodass möglichst wenig von der Artischocke entfernt wird. Die dunkelgrünen Teile bleiben nachher immer noch hart und zäh, während lediglich die gelblich-weißen Teile der Artischocke zart sind. Dann die Artischocken in einem Sud aus Salzwasser, Zitronensaft und Mehl ca. 15 Minuten kochen – das konserviert ein wenig die Farbe und macht die Artischocken zudem etwas milder. Ideal gegart sind sie, wenn ein spitzes, scharfes Messer mühelos in den unteren Teil der Artischocke gesteckt werden kann; man spürt dann genau, ob ein Widerstand da ist. Nun aus dem Sud nehmen, der Länge nach achteln und mit Olivenöl marinieren.

Die Pfifferlinge mit einem Tuch oder noch besser mit Küchenpapier einzeln abreiben. Zugegeben, das ist aufwendig, aber es lohnt sich. Den Strunk mit Erdresten kannst du mit einem scharfen Gemüsemesser abschneiden. Große Pilze vierteln, kleine ganz lassen. In wenig Olivenöl anbraten, Schalotten und Estragon dazugeben und mit Salz und Pfeffer abschmecken.

Die Blattsalate anrichten, mit der Grund-Vinaigrette beträufeln, die lauwarmen Artischocken und Pfifferlinge darübergeben und mit Kräutern und Blüten verzieren. Ein paar Tropfen eines herrlichen Olivenöls darüberträufeln und voilà!

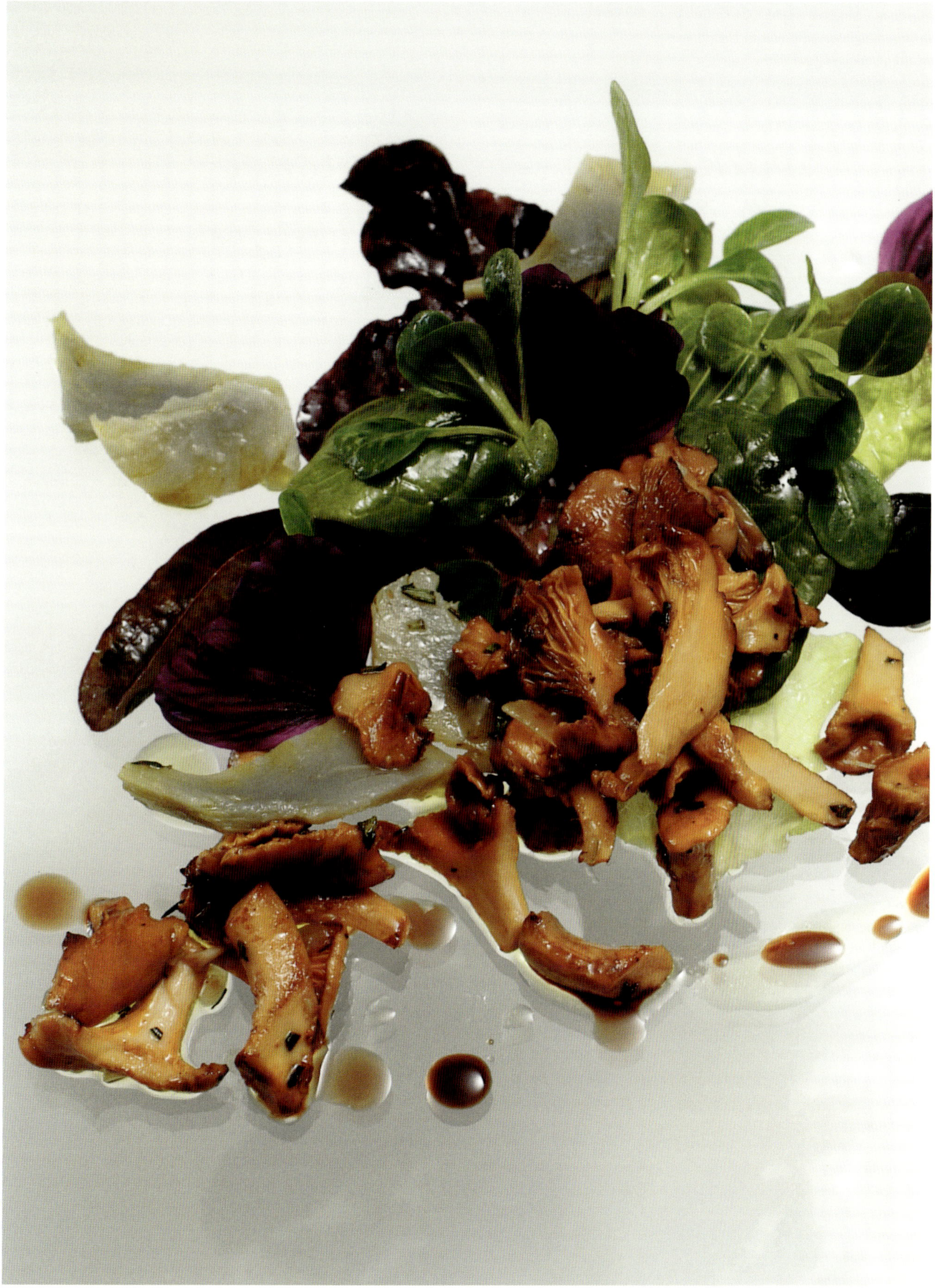

MEINE LIEBLINGSREZEPTE **SALATE**

Romanesco-Kerbelwurzel-salat 🅥

Kerbelwurzeln findest du immer wieder auf gut sortierten Gemüsemärkten. Ich liebe ihr süßlich-anisartiges Aroma. Durch das Kochen im Safransud kommt es besonders schön zur Geltung.

FÜR 6–8 PORTIONEN

- 6 Kerbelknollen
- einige Safranfäden
- Salz
- 1 kl. Kopf Romanesco
- 1 Tamarillo
- 1 EL Erdnussöl
- 360 g Romanasalat, geputzt und gewaschen
- 100 ml Karibik-Dressing ▸ 257
- frischer Koriander oder Kerbel

ZUBEREITUNG

Die Kerbelknollen schälen, längs in Spalten schneiden, mit Safran und etwas Salz bissfest kochen. Den Romanesco in kleine Röschen zerteilen und ebenfalls in kräftigem Salzwasser knackig abkochen. Dann in Eiswasser abschrecken. Die Tamarillo mit einem scharfen Messer dünn abschälen, in Scheiben schneiden und im Erdnussöl anbraten. Den Romanasalat in breite Streifen schneiden und mit Karibik-Dressing marinieren. Die Kerbelspalten, Romanesco-Röschen und Tamarilloscheiben schön darauf anrichten. Als Garnitur passt frischer Koriander oder Kerbel.

Fenchel-Orangen-salat 🅥

Unter dem Gemüse zählt Fenchel (in jeder Form) zu meinen absoluten Lieblingen, ob roh, gekocht, püriert, gegrillt, gedünstet oder gebraten. Er ist sehr gesund und im Übrigen auch ein Favorit von Hildegard von Bingen.

FÜR 6–8 PORTIONEN

- 2 Fenchelknollen
- 2 unbehandelte Orangen
- 1 Bd. Kerbel
- 50 ml Karibik-Dressing ▸ 257

ZUBEREITUNG

Die grünen Stiele der Fenchelknollen abschneiden und die ganzen Knollen quer mit dem Gemüsehobel so dünn wie möglich hobeln. Die dünnen Scheiben in Eiswasser legen. So werden sie ganz „crispy" und verbiegen sich hübsch. Der Salat sieht so noch attraktiver aus!
Von einer Orange die Schale mit einem scharfen Messer so abschneiden, dass möglichst wenig von den weißen Schalenanteilen mit abgeschnitten wird. Dann die Schale in ganz feine Streifen schneiden. Nun die beiden Orangen mit einem Messer abschälen und filetieren. Dazu die Filets sauber aus den Trennhäutchen schneiden – so erhältst du Fruchtfleisch pur.
Nun den Fenchel in Schüsselchen schlichten, die Orangenfilets dazulegen, etwas von den fein geschnittenen Orangenschalen darüberstreuen und mit reichlich gezupftem Kerbel garnieren. Unmittelbar vor dem Servieren mit dem Karibik-Dressing beträufeln.

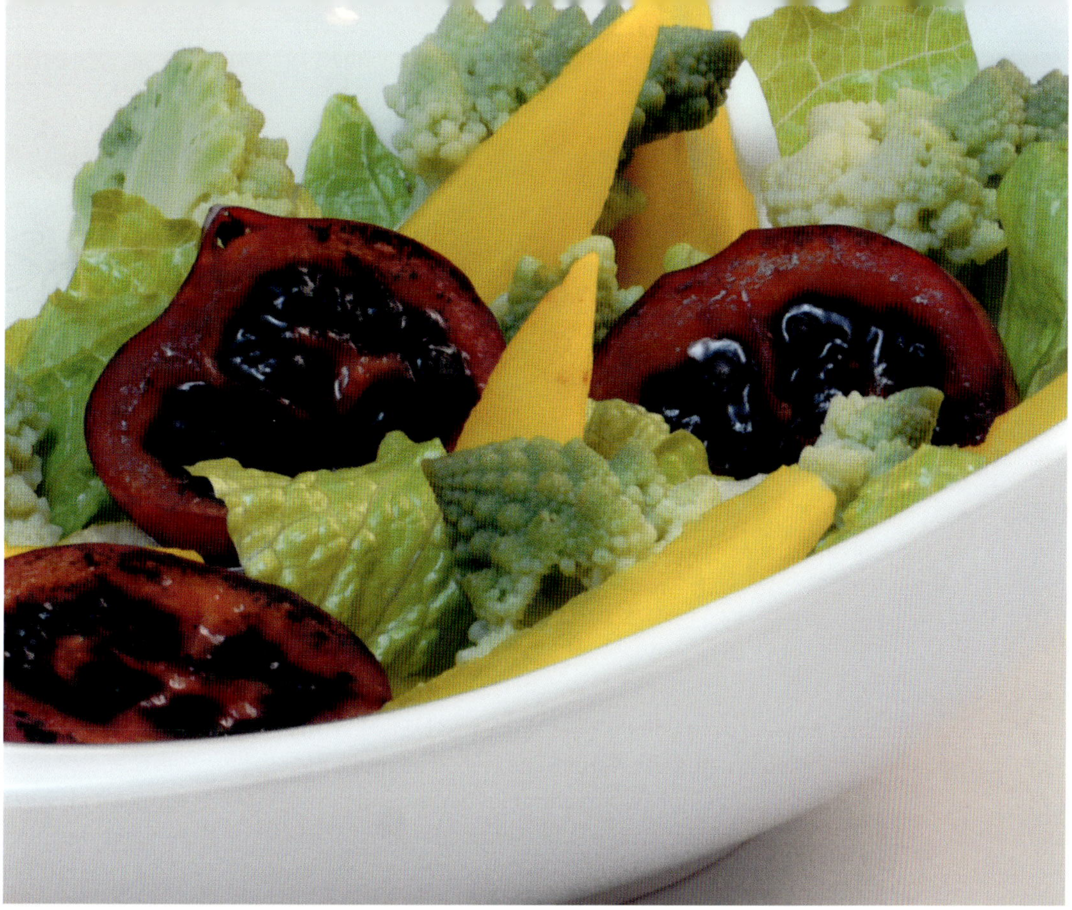

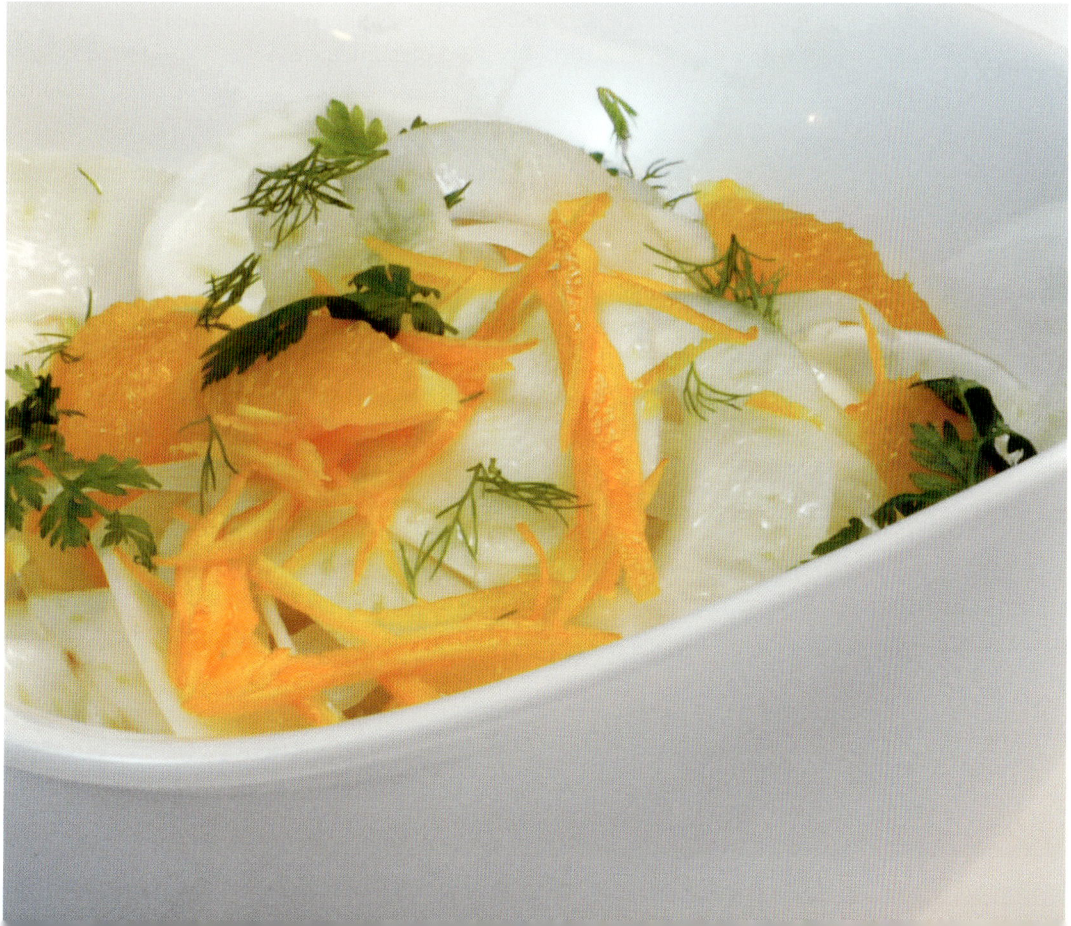

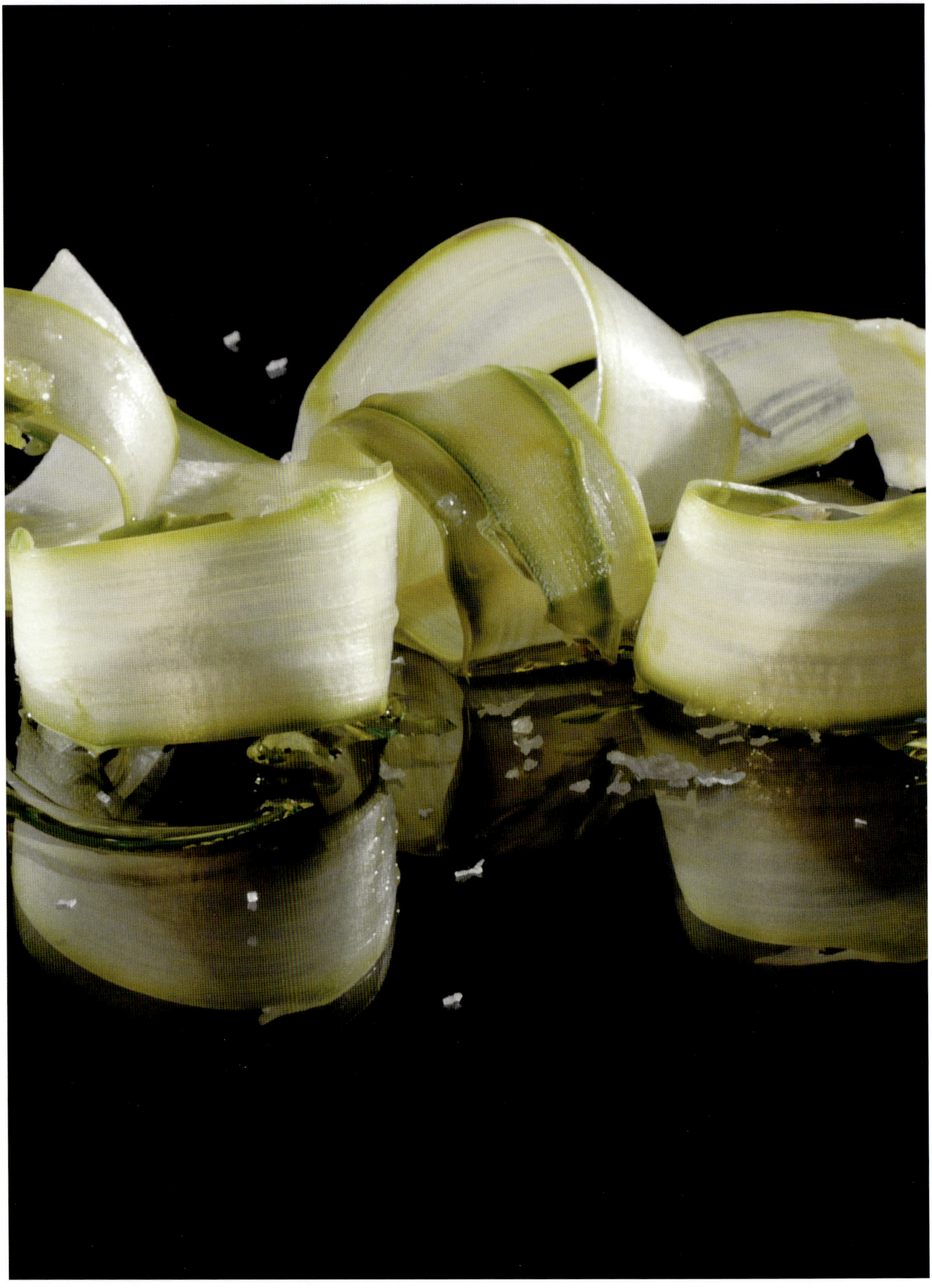

MEINE LIEBLINGSREZEPTE **SALATE**

Grüner Spargel roh mariniert mit Limette und Maldon-Salz [V]

Ein erfrischender Salat, der bitter und süß herrlich verbindet. Die zarten Kristalle des Maldon-Salzes machen dieses an sich einfache Gericht zu einem Geschmackserlebnis. Dieser Salat schmeckt solo genauso gut wie in Kombination mit mariniertem Fisch, gegrillter Hühnerbrust, Garnelen, gegrilltem Rocklobster und vielem mehr. Einfach ausprobieren.

FÜR 4–6 PORTIONEN

300 g	dicker, grüner Spargel
1	Limette
	Maldon-Salz (oder Meersalz)
	fein geriebene Muskatnuss
	Pfeffer aus der Mühle
10 ml	natives Olivenöl

ZUBEREITUNG

Den grünen Spargel muss man meist nur ab der Hälfte schälen, denn vom Kopf bis zur Mitte der Stangen ist die Schale häufig so zart, dass es ein Genuss ist, sie mitzuessen. Das Ende ist oft etwas holzig, deshalb schneide ich immer am Ende ca. 3 cm ab. Dann mit einem scharfen Gemüsehobel oder der Aufschnittmaschine in hauchdünne Bänder schneiden, diese mit Limettensaft marinieren, mit Maldon-Salz, Muskat und Pfeffer würzen und mit hochwertigem Olivenöl beträufeln.

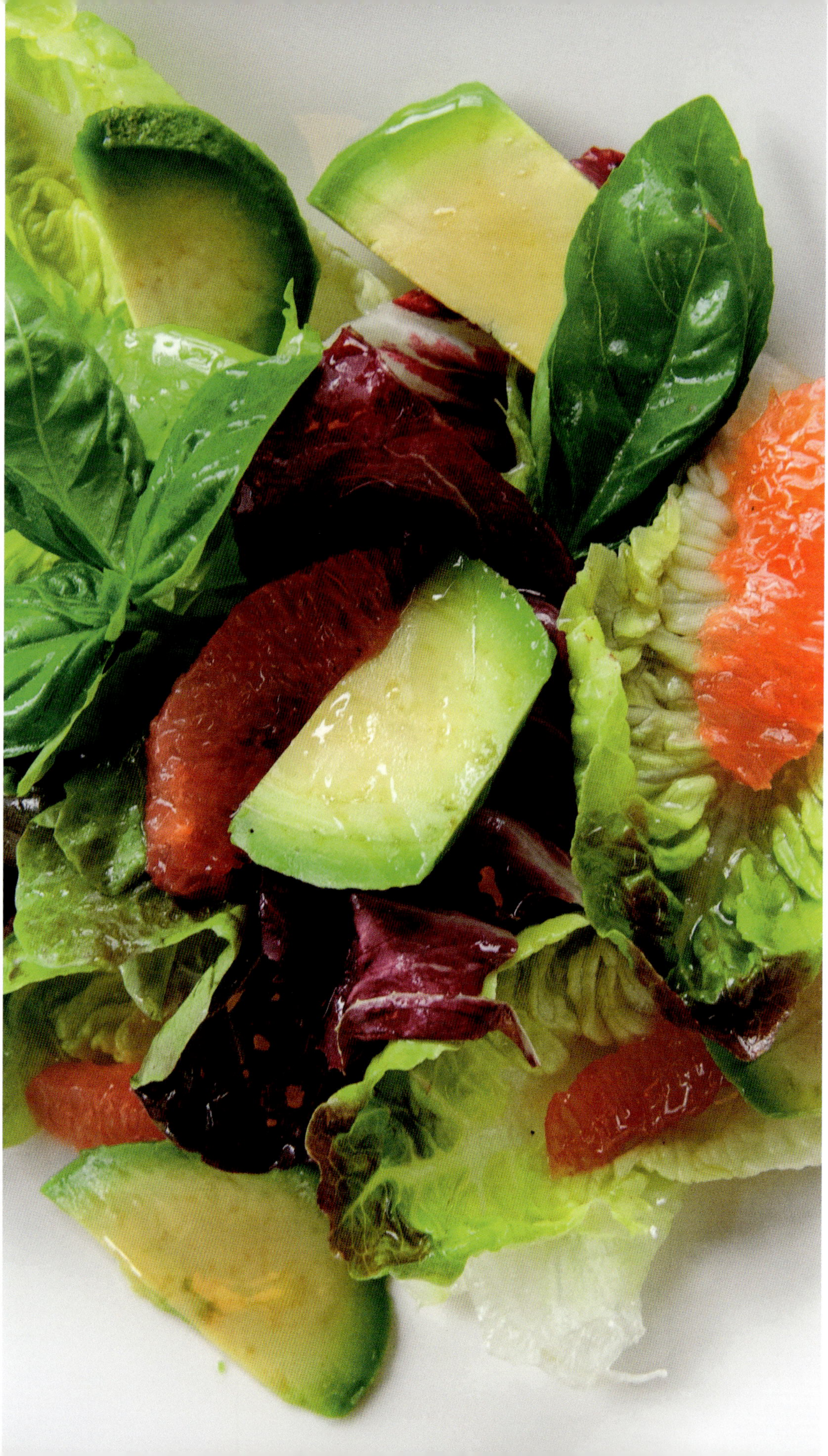

MEINE LIEBLINGSREZEPTE **SALATE**

Romanasalat mit Avocado, rosa Grapefruit und Basilikum **V**

Dieser Salat ist ein vitalisierender Sommerhit. Ich liebe Avocados. Wichtig ist, auf die richtige Reifestufe zu achten, denn erst perfekt gereifte Avocados bieten den unverwechselbaren Geschmack und die geschmeidige Konsistenz. Gepaart mit der Frische der Grapefruit und dem würzigen Basilikum echtes Soul Food.

FÜR 6 PORTIONEN

- 2 Köpfe Mini-Romanasalat
- 2 Avocados
- 2 rosa Grapefruits
- 1 Bd. frisches Basilikum
- 10 ml natives Olivenöl
- 30 ml biologisches Avocadoöl
- 4 EL Grund-Vinaigrette ▸ 256
- 1 Limette

ZUBEREITUNG

Den Romanasalat putzen. Dazu die Strünke großzügig abschneiden, die Blätter auffächern, größere Blätter mit einem Gemüsemesser zerkleinern und unter fließendem, kaltem Wasser waschen. Gut abtropfen lassen und wenn du den Salat recht früh vorbereitest, auf jeden Fall kalt stellen, denn dann ist er so richtig knackig.

Avocados schälen und in Scheiben schneiden. Die Grapefruits mit einem scharfen Messer schälen, sodass das pure Fruchtfleisch sichtbar ist, und dann die Filets zwischen den Häutchen herausschneiden. Basilikumblätter zupfen. Alles miteinander vermischen und mit Olivenöl, Avocadoöl, Grund-Vinaigrette und etwas Limettensaft marinieren.

MEINE LIEBLINGSREZEPTE **SALATE**

Gartensalate mit schwarzen Nüssen und teegeräucherter Ente

Der zarte Rauch von Hickory-Holz und schwarzem Tee rundet den Geschmack des gebratenen Entenfleisches auf wundersame Weise ab. Diese Methode eignet sich auch für Wachtelbrüstchen, Reh- oder Hirschfilets und sogar für vorher vorsichtig gegarte Fische.

FÜR 6–8 PORTIONEN

	frische Blattsalate der Saison
2	saftige, dennoch feste Birnen
etwas	Zitronensaft
1	Papaya
1	Granatapfel
2	schwarze Nüsse (in Sirup eingelegt)
30 ml	Traubenkernöl-Grapefruit-Emulsion ▸ 256 oder Walnuss-Dressing ▸ 257
	Kräuter und Blüten nach Lust und Laune

ZUBEREITUNG

Salate putzen, klein zupfen und in kaltem Wasser kurz, aber gründlich waschen. Gut abtropfen lassen. Die Birnen gut abreiben, vierteln und das Kerngehäuse herausschneiden, dann längs in dünne Spalten schneiden und mit etwas Zitronensaft beträufeln. Die Papaya schälen und in möglichst gleichmäßige Scheiben schneiden. Den Granatapfel halbieren und die Kerne sorgfältig herauslösen. Dabei darauf achten, dass die Kerne einzeln und ohne die weiß-gelblichen Zwischenhäute vorbereitet werden. Nun die Salate auf großen Tellern verteilen, die Papayascheiben darauflegen, mit den Granatapfelkernen bestreuen und das Arrangement mit dünnen Scheiben von den schwarzen Nüssen vollenden. Den fertigen Salat mit dem Walnuss-Dressing beträufeln, mit Kräutern und Blüten verzieren und dünne Scheibchen von der Entenbrust hübsch in den Salat drapieren.

MEINE LIEBLINGSREZEPTE SALATE

TEEGERÄUCHERTE ENTENBRUST

3 schöne Entenbrüste
Wild-Gewürzmischung
▸ 260
frisch gehackte Kräuter

Sonst noch:
Hickory-Grillholzspäne
1 EL loser Darjeeling

Entenbrüste entsehnen, zuputzen und einschneiden. Mit der Gewürzmischung würzen, mit den Kräutern bestreuen und auf beiden Seiten goldbraun anbraten. Dann im vorgeheizten Rohr bei 220 Grad (Umluft) rund 6 Minuten fast fertig braten. Die Brüste sollen knapp medium gegart sein, da das Räuchern die Garung noch ein bisschen voranschreiten lässt. Für den Räuchervorgang brauchst du einen Räucherofen oder etwas Ähnliches. Du kannst ihn im Fischerei-Bedarf kaufen oder aus einem großen, alten Topf mit Deckel und einem Rost auch selbst eine Konstruktion anfertigen. Dann mit dem Bunsenbrenner die Holzspäne zum Glühen bringen, Tee darüberstreuen und sofort die Entenbrüste auf den Rost legen und zudecken. Der Vorgang sollte 15 Minuten und länger dauern, je nachdem, wie intensiv du das Rauch-Aroma haben möchtest.

MEINE LIEBLINGSREZEPTE **SALATE**

Gebackenes Bio-Ei mit Vogerlsalat

Die Eier können nach dem Pochieren und Abkühlen ohne Weiteres im Kühlschrank einige Stunden kalt gestellt werden. Das Panieren muss allerdings unmittelbar vor dem Backen geschehen.

FÜR 6 PORTIONEN

Für die gebackenen Bio-Eier:

- 6 Bio- oder Freilandeier
- Salz nach Bedarf
- 1 EL weißer Weinessig
- 100 g Mehl
- 1 Ei
- 100 g Semmelbrösel
- 60 g Butterschmalz

Für den Salat:
- Vogerlsalat oder frische Gartensalate nach Wahl
- 20 ml Grund-Vinaigrette ▸ 256
- etwas Olivenöl

ZUBEREITUNG

Die 6 Eier aufschlagen und darauf achten, dass die Dotter ganz bleiben. Dann Wasser aufstellen, salzen, Essig beigeben und aufkochen. Die Hitze auf kleine Stufe drehen, die Eier vorsichtig ins Wasser gleiten lassen. Nur so lange pochieren, bis das ganze Eiweiß gar ist, der Dotter sollte innen noch flüssig sein, denn beim Anstechen soll er herausquillen. Wenn sie allerdings zu knapp gegart sind, ist es schwer, die Eier zu panieren. Hier hilft nur: über die Erfahrung an das richtige Ergebnis herantasten. Dann die Eier vorsichtig aus dem Wasser heben, in Eiswasser abkühlen, auf einem Tuch abtropfen lassen und kalt stellen. Die abgekühlten Eier wie Wiener Schnitzel panieren und in Butterschmalz goldbraun backen. Vogerlsalat mit der Grund-Vinaigrette marinieren, anrichten und mit Olivenöl beträufeln. Die heißen, knusprigen Eier an den Vogerlsalat legen und sofort servieren.

MEINE LIEBLINGSREZEPTE **SALATE**

Kartoffel-Vogerl-salat mit roten Zwiebeln

Ein herausragender Kartoffelsalat gehört für mich unbedingt in das Repertoire eines österreichischen Kochs – egal ob Mann oder Frau, Profi oder Amateur. Dieses Rezept macht jedes Backhendl oder Wiener Schnitzel zum Klassiker und schmeckt besonders gut zu Gebackenem.

FÜR 6–10 PORTIONEN

1,2 kg	Kartoffeln
½ TL	Kümmel, ganz
150 ml	Rindsbouillon ▸ 20 (oder Gemüsefond ▸ 248)
50 g	Senf
80 ml	Grund-Vinaigrette ▸ 256
50 ml	Sonnenblumenöl
	Salz, Pfeffer
1 Prise	Kristallzucker
1	mittelgroße Zwiebel

ZUBEREITUNG

Für einen perfekten Kartoffelsalat brauchst du die richtigen Kartoffeln. Festkochend sollten sie sein und eine satte, gelbe Farbe haben. Kipfler sind genau richtig, allerdings etwas klein, das heißt, das Schälen macht richtig Arbeit. Die Kartoffeln werden in kräftigem Salzwasser mit etwas Kümmel gekocht. Der Einstich mit einem kleinen, scharfen Messer soll mühelos sein, aber die Kartoffeln dürfen auf gar keinen Fall zu stark gekocht sein. Noch heiß schälen, in feine Scheiben schneiden und dann mit der heißen Suppe angießen. Senf, Grund-Vinaigrette, Öl, Salz, Pfeffer und Zucker beigeben und vorsichtig, aber gründlich mischen. Zum Schluss die Zwiebel hinzufügen. Dazu die Zwiebel vierteln und mit einem scharfen Messer in feine Streifen schneiden.

Blattsalate mit Blauschimmel-käse und Feigen

Der zuweilen doch etwas schärfer anmutende Geschmack des Blauschimmelkäses braucht eine süße Abrundung. Frische Feigen, aber auch saftige, reife Birnen eignen sich perfekt. So wird dieser Salat zu einer Geschmacksexplosion.

FÜR 6–8 PORTIONEN

360 g	gewaschene und gezupfte Blattsalate
180 g	Blauschimmelkäse
40 g	getrocknete Cranberrys
4	frische Feigen
80 ml	Africa-Dressing ▸ 256
100 g	Weißbrotwürfel
30 ml	Olivenöl
20 g	gestiftelte Mandeln
2 EL	frisch gehackte Petersilie

ZUBEREITUNG

Blattsalate, Blauschimmelkäsewürfel, Cranberrys und in Spalten geschnittene Feigen mit dem Dressing marinieren und in einer großen Schüssel anrichten. Darauf achten, dass der schwere Käse und die Feigen nicht komplett unter dem Salat zu liegen kommen. Die Weißbrotwürfel in Olivenöl anrösten, Mandelstifte beigeben, kurz mitrösten und mit frischer Petersilie vermengen. Diese Mischung über den fertig angerichteten Salat streuen.

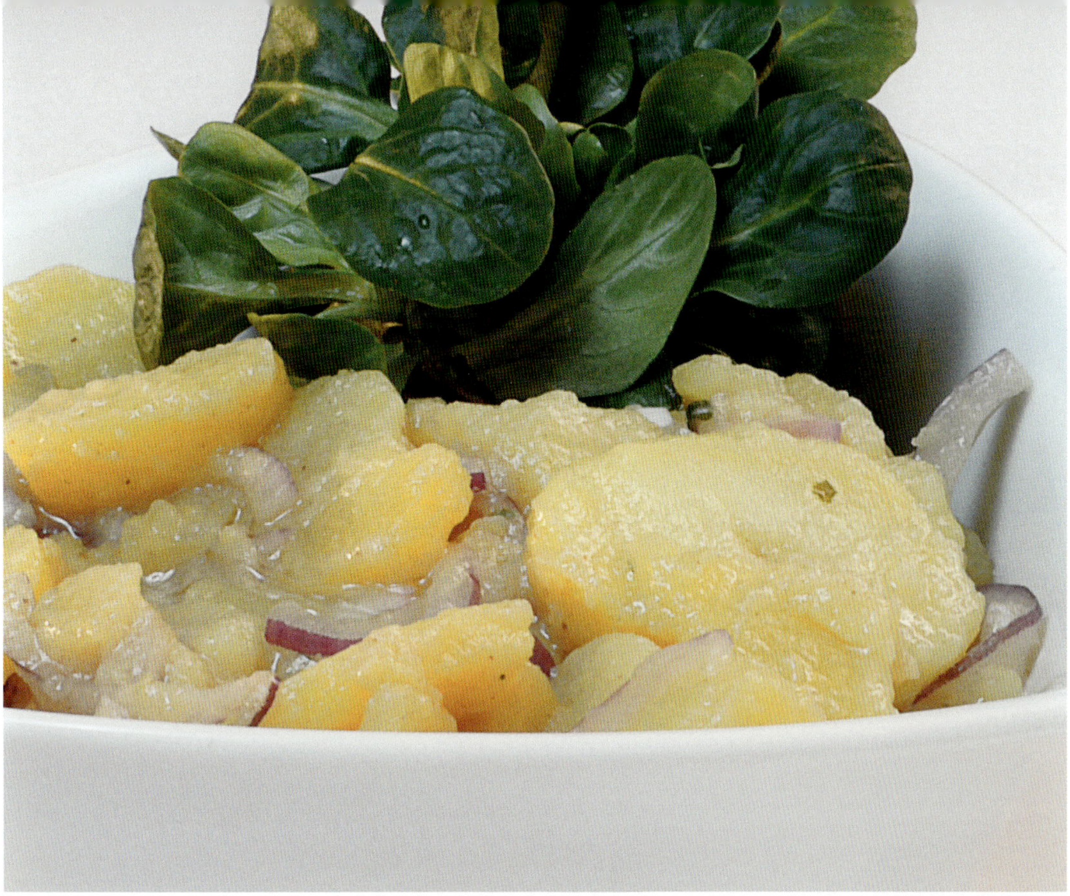

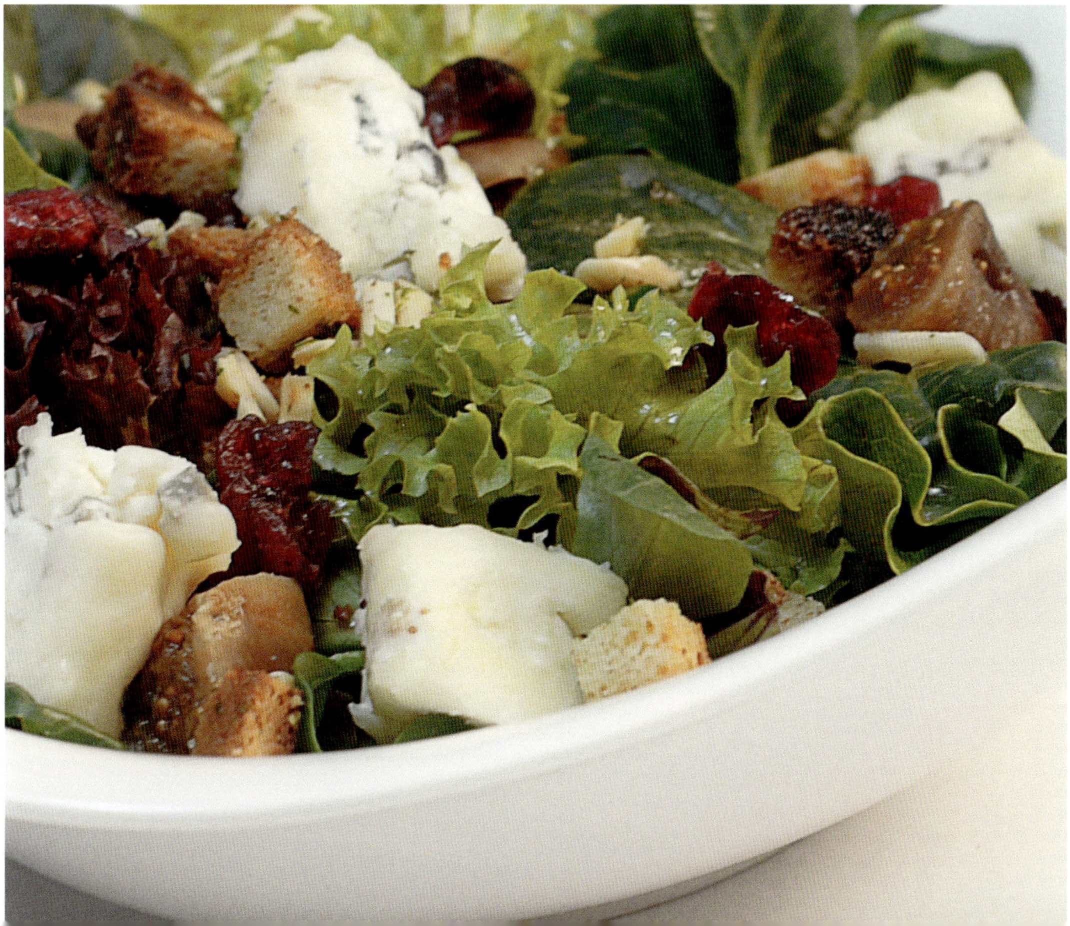

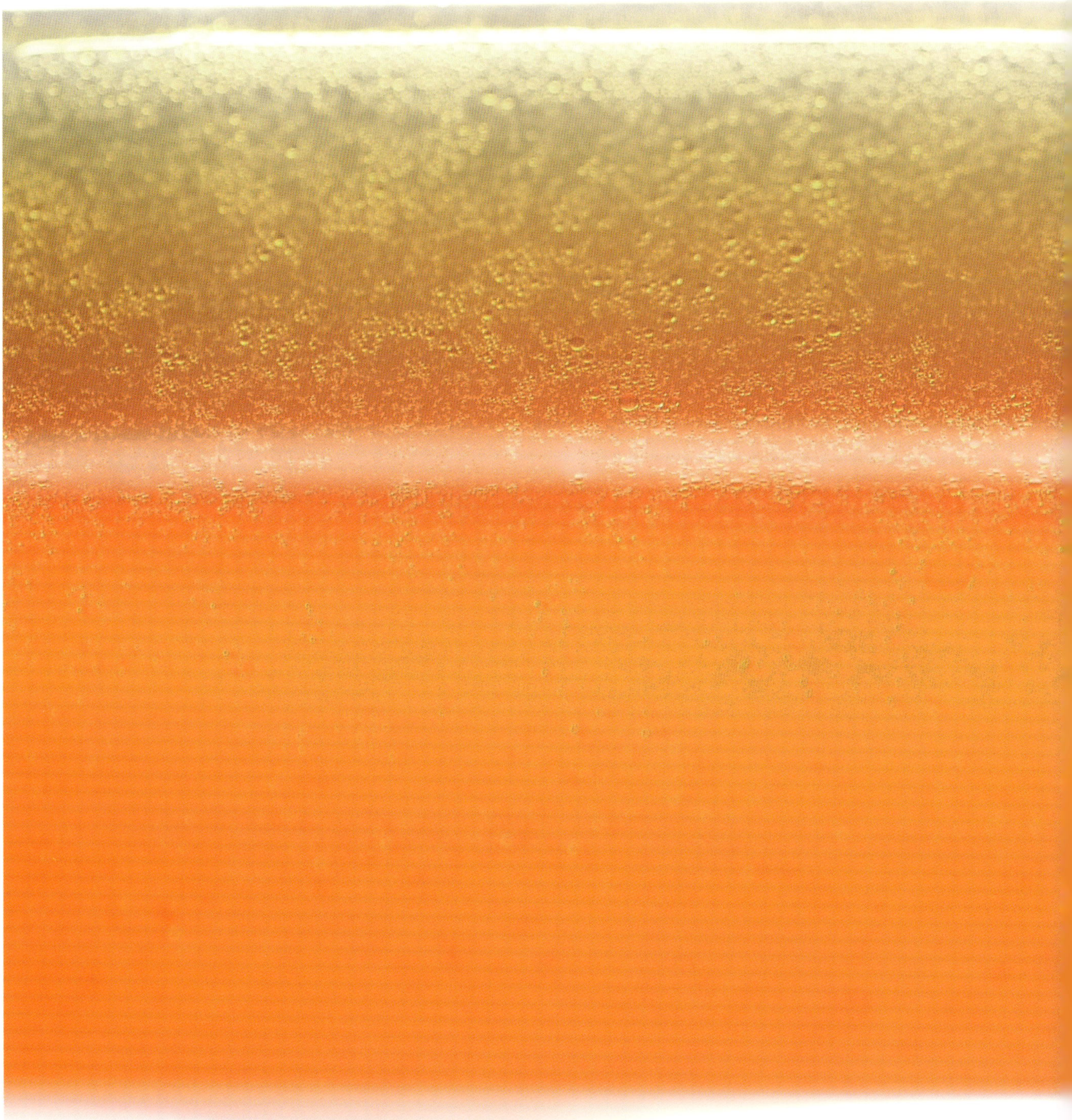

Suppen

MEINE LIEBLINGSREZEPTE **SUPPEN**

Rindsbouillon

Für mich ist die Rindsbouillon die Visitenkarte eines jeden österreichischen Gasthauses. An ihr kann man sofort die Liebe und Sorgfalt des Koches erkennen – und schmecken. Mit der richtigen Einlage immer ein Hochgenuss. Meine liebsten drei sind Frittaten, Grießnockerl und Milzschnitten ▸ 23.

FÜR 12 PORTIONEN

200–500 g	Rindfleisch
300 g	Rindsknochen (mit Fleisch und 2–3 Stück Markknochen)
3 l	Wasser
250 g	Wurzelgemüse (Karotte, Sellerie, Lauch)
2	Zwiebeln, mit Schale
	einige Lorbeerblätter
	einige schwarze Pfefferkörner
1	Nelke
3–4	Sternanis (nicht unbedingt notwendig)
	einige Wacholderbeeren
	Liebstöckl
	Petersilienstängel
	Salz
	fein geriebene Muskatnuss

ZUBEREITUNG

Fleisch und Knochen kurz abspülen, kalt aufsetzen, aufkochen lassen, abschäumen und dann das geschälte und klein geschnittene Gemüse, Gewürze, Kräuter und Salz beigeben. 4–5 Stunden kochen lassen. Gegen Ende der Kochzeit mit Muskat abschmecken. Nötigenfalls nachsalzen. Zum Schluss vorsichtig durch ein sauberes Tuch passieren. Die Suppe sollte möglichst klar sein.

Wildgeflügel-Consommé

Diese Suppe braucht Zeit und ist kochtechnisch ein großer Aufwand. Für ein Fest mit mehreren Personen lohnt es sich, und sie wird alle begeistern.

FÜR 12 PORTIONEN

300 g	mageres Wildfleisch (Reh- oder Hirschschulter)
200 g	Wurzelgemüse (Karotte, Sellerie, Lauch)
15	Wacholderbeeren
1 Bd.	Thymian
2	Eiweiß
3 l	Wildfond ▸ 249
	Salz, Pfeffer
	fein geriebene Muskatnuss

ZUBEREITUNG

Fleisch mit Gemüse, Wacholder und Thymian faschieren, mit Eiweiß vermischen und mit einem Schneebesen in den kalten Fond rühren. Dann aufsetzen und rasch erhitzen. Das ist die heikle Phase, denn das Eiweiß kann am Topfboden anhaften und verbrennen, obwohl es mit Suppe bedeckt ist. Man muss also so lange sorgfältig, aber behutsam umrühren, bis das Eiweiß zu gerinnen beginnt und langsam hochsteigt. Nun nicht mehr stören, da genau das der Prozess ist, der die wundersam klare Consommé ergibt. Bei geringer Hitze ein bis zwei Stunden simmern lassen und dann vorsichtig durch ein Tuch passieren. Nun mit Salz, Pfeffer (wenig, wenn überhaupt notwendig) und Muskat abschmecken. Schmeckt herrlich mit etwas trockenem Sherry verfeinert.

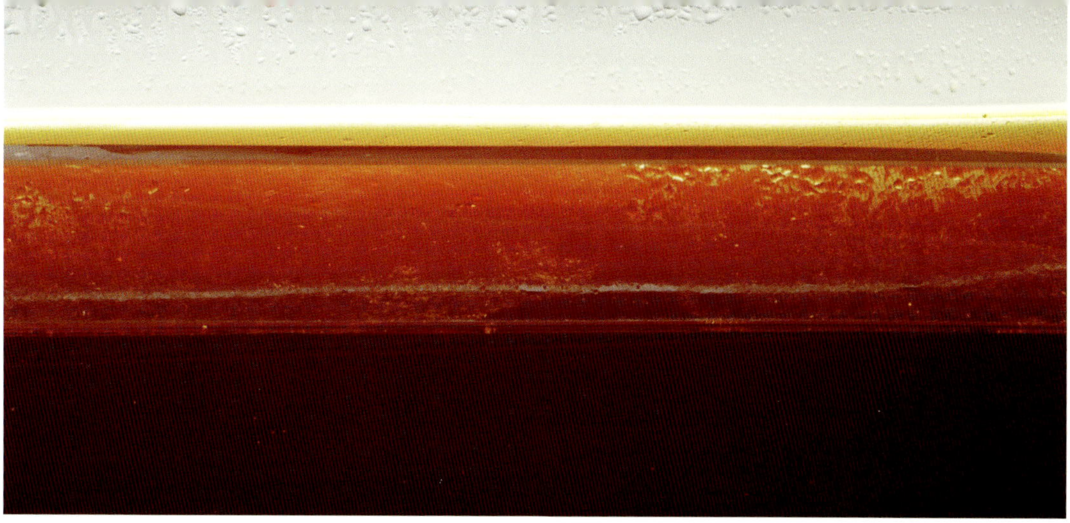

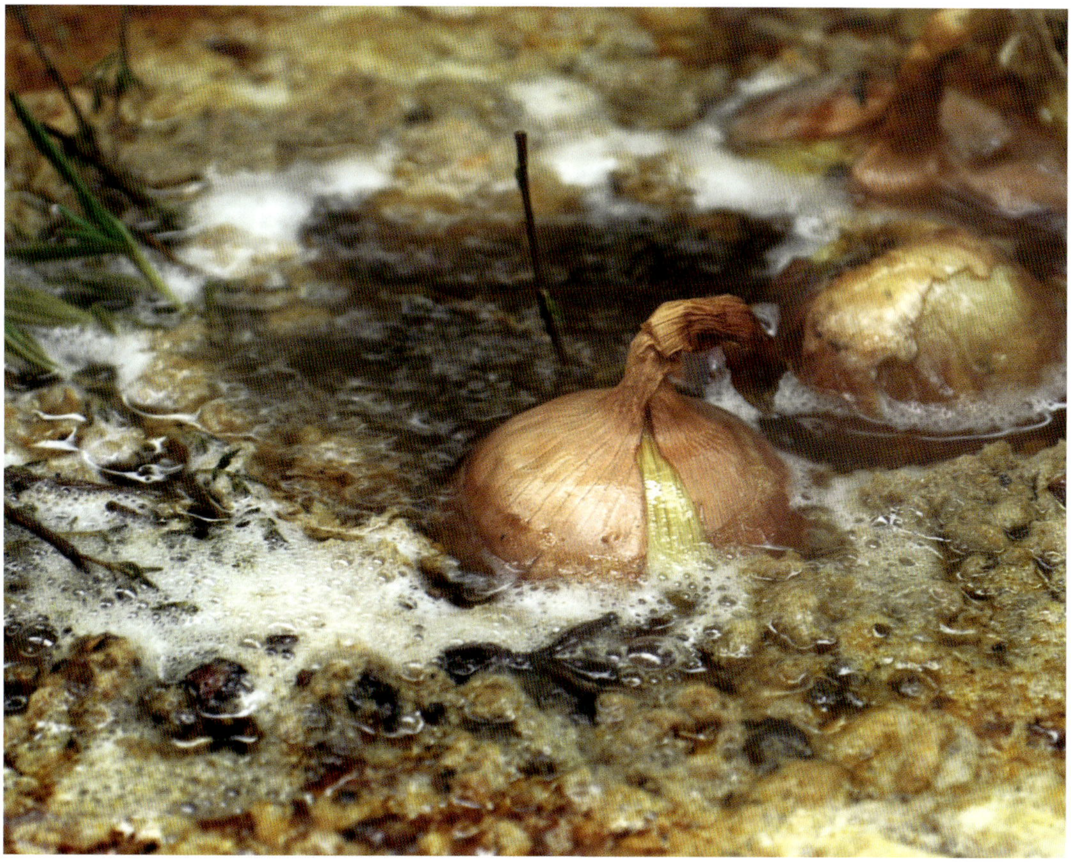

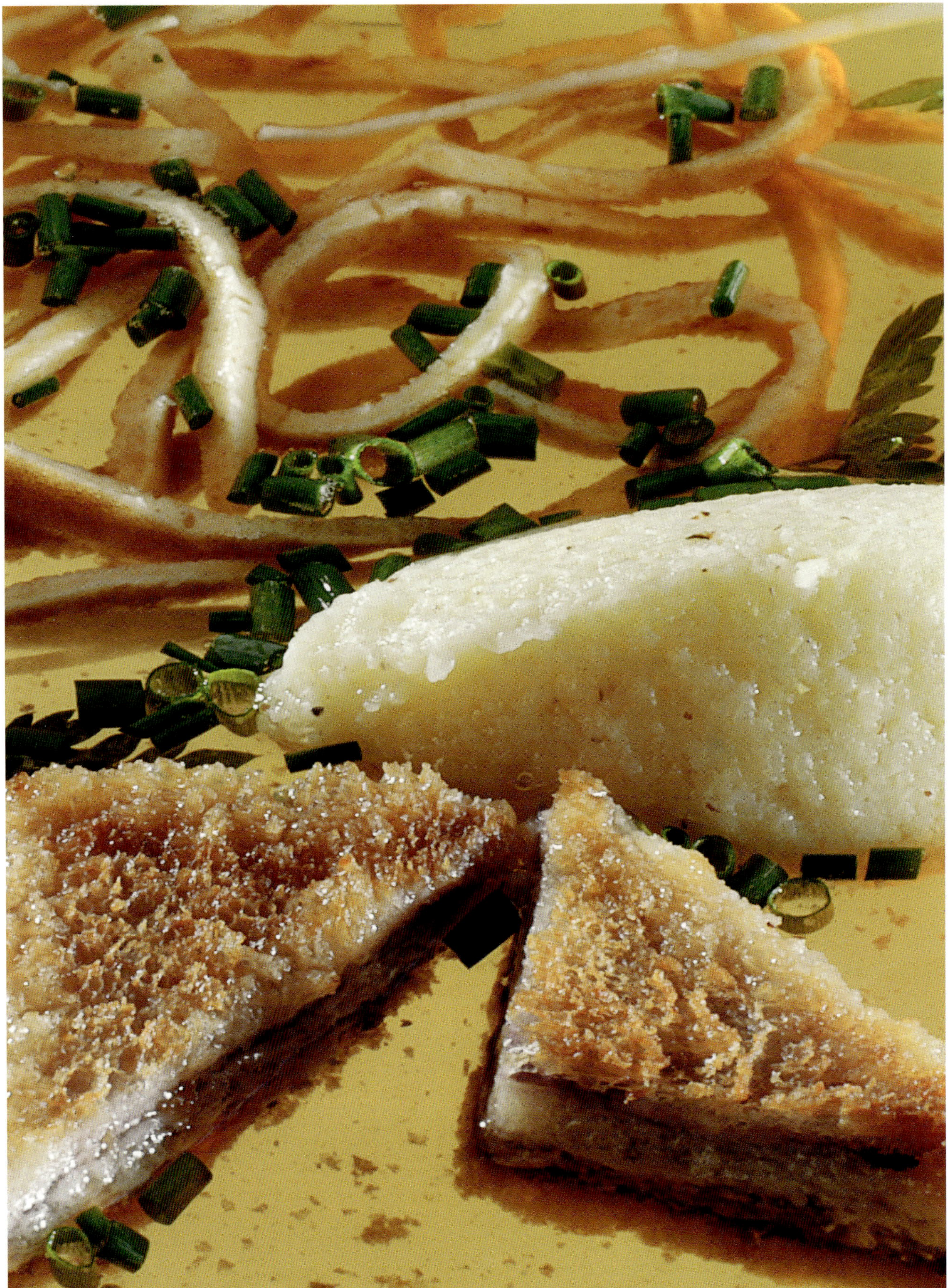

Meine liebsten drei Suppeneinlagen

FRITTATEN
FÜR 12 PORTIONEN

Traditionelle Variante:

80 g	glattes Mehl
2	Eier
160 ml	Milch
1 Prise	Salz

Vollwert- bzw. Bio-Variante:

40 g	Dinkel-Vollmehl
50 g	Dinkel-Feinmehl
2	Eier
160 ml	Milch
1 Prise	Salz
etwas	Butterschmalz

Die Zutaten zu einem gut fließenden Teig versprudeln. Dann eine Crêpes-Pfanne heiß werden lassen, ein paar Tropfen Butterschmalz hinzufügen und etwas Teig in die Pfanne geben, genau so viel, dass es ausreicht, den ganzen Boden der Pfanne hauchdünn zu überziehen. Schön an den Rand auslaufen lassen und durch geschicktes Drehen der Pfanne den Teig in ihrer ganzen Innenfläche verteilen. Goldbraun backen, wenden und kurz fertig backen. In dünne Streifen schneiden und möglichst frisch servieren.

GRIESSNOCKERL
FÜR 6 PORTIONEN

Für 12 mittelgroße Nockerl:

1	Ei
½ ei-schwer	Butter
1 ei-schwer	Weizengrieß
	fein geriebene Muskatnuss
	Salz

Die Butter sehr schaumig rühren – gar nicht so einfach bei der kleinen Menge –, Ei und Grieß hinzufügen und zu einem gleichmäßigen Teig verrühren. Mit Muskat abschmecken. Mit zwei Kaffeelöffel schöne Nocken formen und für 1 Stunde kalt stellen, dann in leicht siedendes, gut gesalzenes Wasser geben, 1 Minute leicht sieden lassen, dann zudecken, die Hitze reduzieren und mindestens 15 Minuten ziehen lassen.

MILZSCHNITTEN
FÜR 6 PORTIONEN

1 kl.	Zwiebel, fein gehackt
2 EL	gehackte Petersilie
ca. 80 ml	Butterschmalz zum Ausbacken
30 g	Butter
50 g	geschabte Rindermilz
1	Ei
	Salz, Pfeffer
	fein geriebene Muskatnuss
2	schnittfeste Semmeln (am besten 2 Tage alt)

Zwiebel und Petersilie in wenig Butterschmalz anschwitzen und erkalten lassen. Butter schaumig rühren, mit der geschabten Milz, Ei, Zwiebel und Petersilie vermischen und gut mit Salz, Pfeffer und Muskat abschmecken. Nun gibt es zwei Möglichkeiten: entweder die Masse dicker auf dünn geschnittene Semmelscheiben auftragen und auf beiden Seiten in heißem Butterschmalz ausbacken. Oder – und diese Variante bevorzuge ich – die Milzmasse zwischen drei möglichst dünne Semmelscheiben streichen und dann ausbacken – so schmecken sie noch besser.

MEINE LIEBLINGSREZEPTE **SUPPEN**

Basis-Suppenansatz für Kräuterschaumsuppen

Dieser Basis-Suppenansatz dient sozusagen als „Trägerrakete" für die Aromen der unterschiedlichsten Kräuter. Hier sind der Fantasie keine Grenzen gesetzt. Ich staune jedes Mal wieder darüber, wie vielschichtig diese Suppe schmecken kann, wenn mir Gertrud aus dem Bio-Garten einfach eine Mischung der verschiedensten Kräuter zusammenstellt.

FÜR 9–12 PORTIONEN

- 1 mittelgroße Zwiebel
- 150 g Lauch
- 80 g Butter
- 1 große, mehlige Kartoffel
- 125 ml Weißwein
- 1 l Gemüsefond ▸ 248
- 200 ml Milch
- 300 ml Sahne
- Salz, Pfeffer
- fein geriebene Muskatnuss

ZUBEREITUNG

Die fein würfelig geschnittene Zwiebel und den fein geschnittenen Lauch in Butter anschwitzen, ohne Farbe nehmen zu lassen. Die Kartoffel schälen, in Scheibchen schneiden und ebenfalls mit anschwitzen. Dann mit dem Weißwein ablöschen und mit Gemüsefond aufgießen. 15 Minuten kochen lassen und dann mit Milch und Sahne auffüllen. Mit Salz, Pfeffer und Muskat abschmecken. Dieser Suppenansatz kann mit verschiedenen frischen Kräutern (Bärlauch, Brunnenkresse, Kerbel, Petersilie, Portulak, Wiesenkräutermischung) und blanchiertem Blattgemüse (Mangold, Spinat, Melde) gemixt werden. Dann durch ein Sieb passieren und nötigenfalls etwas abschmecken.

VARIATIONEN

Bärlauch: Waschen, gut abtropfen, fein schneiden und einmixen.
Brunnenkresse: Waschen, gut abtropfen und einmixen.
Kerbel: Frische Kerbelblätter in größerer Menge einmixen und mit Pernod aromatisieren.
Petersilie: Zusätzlich zur Kartoffel geschälte und fein geschnittene Petersilienwurzel verwenden und mit ausreichend blanchierter Petersilie aufmixen.
Portulak: Waschen, gut abtropfen und einmixen.
Wiesenkräutermischung: Löwenzahn, Spitzwegerich, Liebstöckel, Estragon, Kerbel wäre eine herrliche Kombination, variiere selbst und mische nach Belieben!
Spinat: Blätter von den groben Stängeln zupfen, gründlich waschen, in kräftigem Salzwasser blanchieren und in Eiswasser abschrecken.
Mangold: siehe Spinat.

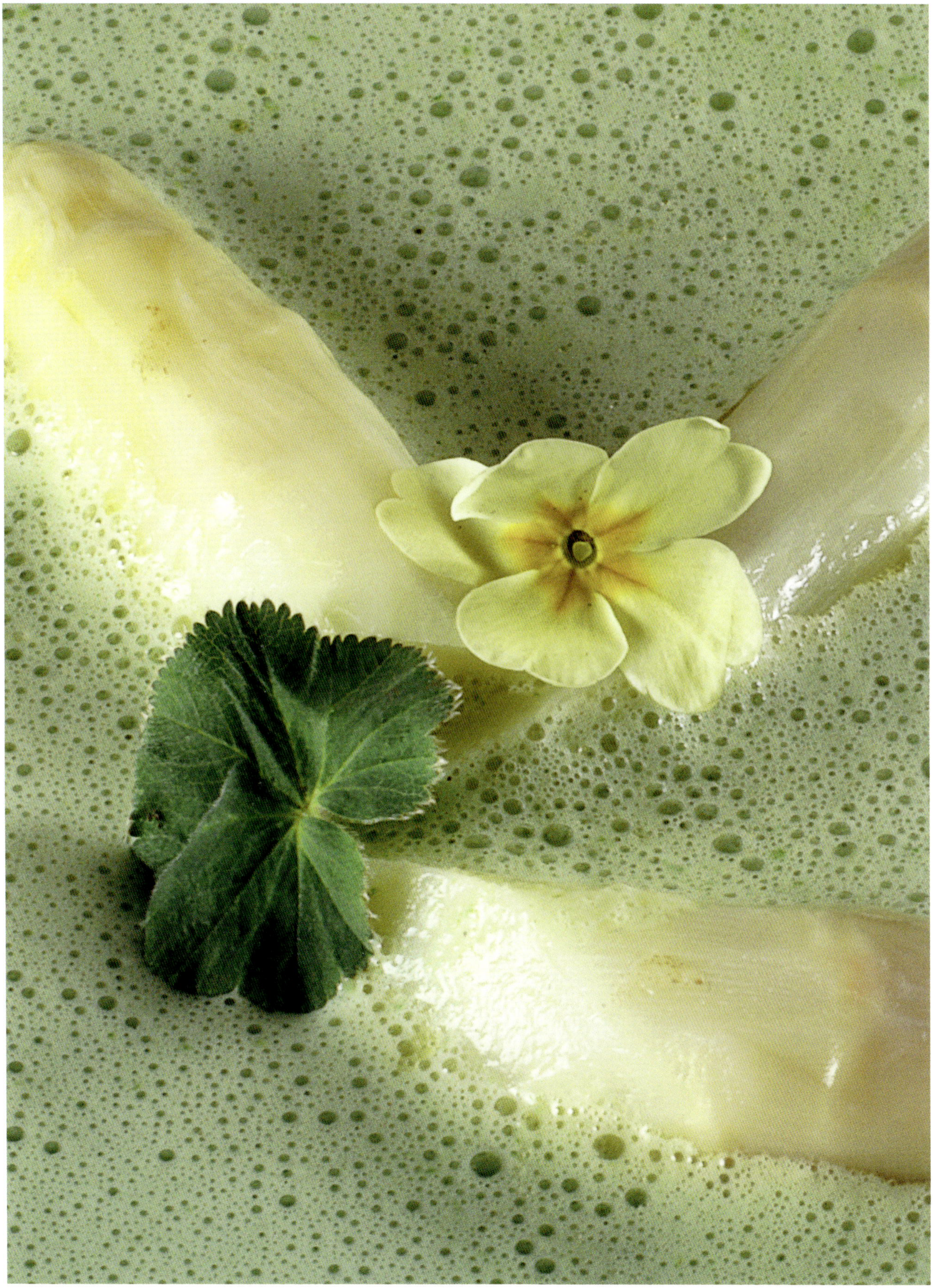

MEINE LIEBLINGSREZEPTE **SUPPEN**

Weiße Tomatenschaumsuppe

Diese Suppe gelingt am besten mit sonnengereiften Tomaten, also im Sommer. Frische vollreife Tomaten sind dafür unumgänglich. Das Erstaunliche dabei ist, dass die Suppe, obwohl sie weiß ist, intensiv nach Tomaten schmeckt.

FÜR 6 PORTIONEN

- 1 kg vollreife Tomaten
- 1 Zwiebel
- 1 Knoblauchzehe
- 50 ml Olivenöl
- 1 mehlige Kartoffel
- 100 ml Weißwein
- 500 ml Sahne
- Salz, Pfeffer
- fein geriebene Muskatnuss
- Cayennepfeffer

ZUBEREITUNG

Tomaten waschen, vierteln und im Mixer pürieren. In ein Tuch geben, zusammenbinden und aufhängen. In einem ausreichend großen Topf den klaren Saft auffangen. Das dauert mehrere Stunden. Wenn der Saft abgetropft ist, die Zwiebel und den Knoblauch fein schneiden, in Olivenöl anschwitzen, dann die geschälte, in dünne Scheiben geschnittene Kartoffel dazugeben und mit Weißwein ablöschen. Mit dem klaren Tomatensaft aufgießen, 10 Minuten köcheln lassen. Dann Sahne dazugeben, mit Salz, Pfeffer, Muskat und Cayennepfeffer abschmecken.

MEINE LIEBLINGSREZEPTE **SUPPEN**

Kokos-Curryschaumsuppe mit Zitronengras und Rondini-Kürbis v

Eine intensive, durchaus etwas scharfe Curry-Mischung macht diese Suppe aus. Ich liebe sie vor allem, wenn es draußen kalt ist und in Kombination mit gebackenen Gemüsetäschchen (Wan Tans) oder gebratenen Garnelen.

FÜR 10 PORTIONEN

2–3 Stangen	Zitronengras
2	mittelgroße, fein geschnittene Zwiebeln
80 g	Erdnussöl
300 g	Kürbisfruchtfleisch (Butternuss, Hokkaido etc.)
1 TL	Currypulver
100 ml	Orangensaft
1 l	Gemüsefond ▸ 248
80 ml	Kokosmilch
	Salz, Pfeffer
	fein geriebene Muskatnuss
	Five Spice
1	kl. Stück frischer Ingwer, geschält
6	Rondini-Kürbisse (Squash)

ZUBEREITUNG

Zitronengras fein schneiden und mit den Zwiebeln im Öl andünsten, dann das Kürbisfruchtfleisch dazugeben und nochmals gemächlich andünsten. Nun den Curry hinzufügen und nur kurz mit anschwitzen. Mit Orangensaft, Gemüsefond und Kokosmilch aufgießen und den Kürbis langsam weich kochen. Die Gewürze beigeben, den Ingwer mit einer feinen Raspel hineinreiben, nochmals kurz verkochen lassen, mixen und passieren. Es kann sein, dass bei mehligeren Kürbisarten die Suppe zu stark bindet, dann kann sie mit Orangensaft und/oder Gemüsefond auf die gewünschte Konsistenz gebracht werden. Die Rondini-Kürbisse aushöhlen (das Fruchtfleisch kann natürlich für die Suppe verwendet werden, ist aber eher hell und neutral im Geschmack) und in kräftig gesalzenem Wasser blanchieren. Dann in Eiswasser abschrecken, damit sie die Farbe behalten. Vor dem Anrichten nochmals in heißem Wasser kurz ziehen lassen, außen abtrocknen und die aufgeschäumte Suppe einfüllen.

MEINE LIEBLINGSREZEPTE **SUPPEN**

Hummerbisque

Zugegeben, diese Suppe ist aufwendig. Eine echte Diva unter den Suppen. Ich koche sie immer dann, wenn ich Hummer auf der Karte habe und somit die Schalen übrig sind. Mittlerweile kann man beim Fischhändler aber auch tiefgefrorene Hummerkarkassen bestellen.

FÜR 9–12 PORTIONEN

- 750 g Hummerschalen
- 50 g Butter
- 40 ml Olivenöl
- 80 g fein geschnittene Zwiebel oder Schalotten
- 1 Knoblauchzehe
- 250 g Wurzelgemüse (Karotte, Lauch, Sellerie, Petersilienwurzel, Fenchel)
- 50 g Tomatenmark
- 6 cl Weinbrand
- 10 cl Noilly Prat
- 4 cl Pernod
- 100 ml Weißwein
- 500 ml Fischfond ▸ 248
- 1 l Sahne
- 150 ml Crème fraîche
- Pfefferkörner
- Lorbeerblatt
- Fenchelsamen
- Curry
- einige Safranfäden
- Petersilienstängel oder Kräuter nach Belieben
- 1 Zitrone
- Salz
- Cayennepfeffer

ZUBEREITUNG

Hummerschalen zerstoßen und im Rohr bei 150 Grad (Umluft) langsam trocknen. In Butter und Olivenöl anrösten, bis sich das Öl rot färbt. Aber bitte darauf achten, dass nicht zu stark geröstet wird, da sonst der Fond bitter wird. Nun die fein geschnittene Zwiebel, die gehackte Knoblauchzehe und das geschnittene Wurzelgemüse beigeben, kurz weiterrösten. Tomatenmark dazu, ganz kurz durchrösten und mit Weinbrand, Noilly Prat, Pernod und Weißwein ablöschen. Dann Fischfond, Sahne, Crème fraîche, die Gewürze und die Kräuter beigeben. Eine knappe Stunde köcheln lassen. Passieren und mit Zitronensaft, Salz und Cayennepfeffer abschmecken. Vor dem Servieren mit dem Mixstab aufschäumen.

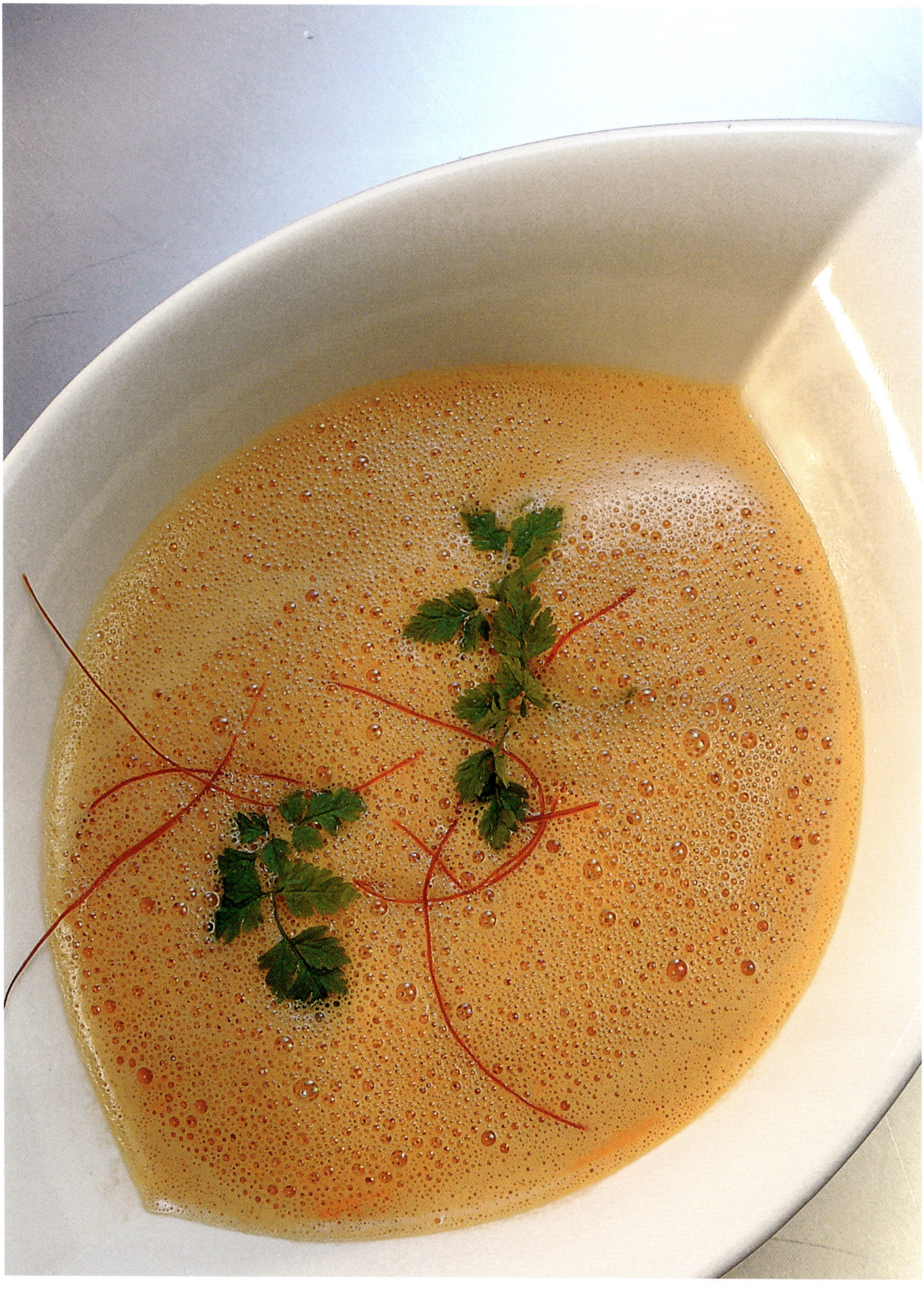

Bodenseefischsuppe mit Lachsforellennockerl

Der Geschmack einer feinen, klaren Bodenseefischsuppe ist an Subtilität kaum zu übertreffen. Damit die klare und feine Aromatik erhalten bleibt, darf der Fond weder zu lange gekocht noch zu stark gewürzt werden. Die Fischstücke immer separat pochieren, da sonst die Suppe trüb wird.

FÜR 6 PORTIONEN

Für die Suppe:
- 800 ml Fischfond ▸ 248
- 1 EL Pernod
- 60 ml Noilly Prat
- Salz, Pfefferkörner, Lorbeerblatt, Fenchelsamen, Cayennepfeffer
- frischer Dill und einige Safranfäden für die Garnitur
- 50 g enthäutete, gewürfelte Tomaten

Für die Einlage:
- 300 g Fischfilets (Egli, Felchen, Forelle oder Saibling, aber auch Wels und Aalstückchen sind möglich)
- 500 ml Weißweinsud ▸ 250

Für die Nockerl:
- 200 g Lachsforellenfilet
- 1 Ei
- 180 ml Sahne
- 1 Spritzer Pernod
- 1 Spritzer Noilly Prat
- Salz, Pfeffer
- Cayennepfeffer

ZUBEREITUNG

Für die Fischsuppe den Fischfond mit Pernod, Noilly Prat und den Gewürzen erhitzen.
Die Fischstückchen im Weißweinsud vorsichtig pochieren und in tiefen Suppentellern anrichten.
Für die Lachsforellennockerl entgrätetes und grob zerkleinertes Fischfleisch mixen. Das Ei einmixen und dann nach und nach die Sahne einarbeiten. Mit Pernod, Noilly Prat, Salz, Pfeffer und Cayenne abschmecken. Von der Farce kleine Nockerl abstechen und in Salzwasser pochieren. Ebenfalls in die tiefen Teller geben.
Die Teller mit der heißen Fischsuppe auffüllen und mit Dill, Safranfäden und Tomatenwürfeln garnieren.

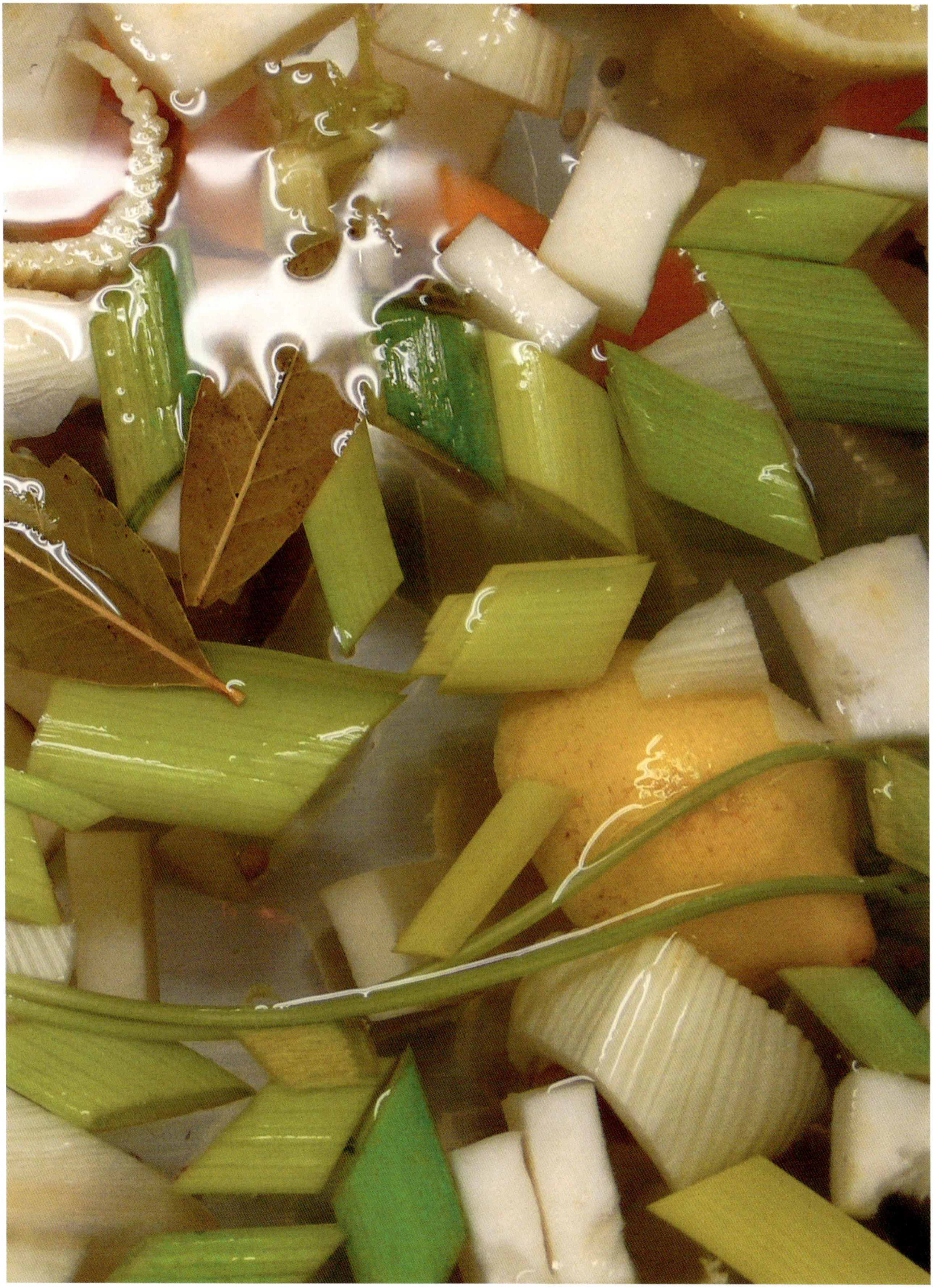

MEINE LIEBLINGSREZEPTE **SUPPEN**

Klare Tomatenessenz mit Flusskrebsschöberl

Der unerwartet kräftige Geschmack der frischen Tomaten verblüfft mich immer wieder. Dazu liebe ich Fische und Schalentiere – die Flusskrebsschöberl sind schnell gemacht und treten in eine geschmackliche Symbiose mit Süße und Säure der Tomaten.

FÜR 6 PORTIONEN

Für die Suppe:
- 1 kg vollreife Tomaten
- 300 ml Fischfond ▸ 248
- Salz, Pfeffer
- Cayennepfeffer
- Kristallzucker
- 100 g enthäutete, gewürfelte Tomaten
- frisches Basilikum

Für die Flusskrebsschöberl:
- 2 Eier
- 40 g glattes Mehl
- Salz, Pfeffer
- fein geriebene Muskatnuss
- 40 g junge Erbsen
- 50 g würfelig geschnittenes Krebsfleisch
- 30 g geriebener Parmesan

ZUBEREITUNG

Tomaten waschen, vierteln und im Mixer pürieren. In ein Tuch geben, zusammenbinden und aufhängen. In einem ausreichend großen Topf den klaren Saft auffangen. Das dauert mehrere Stunden. Den hocharomatischen Tomatensaft zusammen mit schönem, klarem Fischfond aufstellen und erhitzen. Mit Salz, Pfeffer und Cayenne abschmecken. Sollten die Tomaten noch zu viel Säure haben, eine Prise Zucker beigeben, das rundet das Aroma auf fast wundersame Weise ab. Für die Flusskrebsschöberl die 2 Eiweiß steif schlagen, die Dotter hineinrühren und das gesiebte Mehl unterheben. Mit wenig Salz, Pfeffer und Muskat würzen.

Dann die Erbsen, das Krebsfleisch und den Parmesan vorsichtig untermischen und auf ein mit Backpapier belegtes Blech fingerdick aufstreichen. Im vorgeheizten Rohr bei ca. 190 Grad (Ober- und Unterhitze) 10 Minuten goldgelb backen. Bitte gut aufpassen: Backen die Schöberl zu lange, werden sie trocken und das Krebsfleisch zäh! Nun die Schöberl mit den Tomatenwürfeln und dem frisch geschnittenen Basilikum in heiße Suppenteller geben und erst unmittelbar vor dem Servieren die heiße Tomatenessenz eingießen.

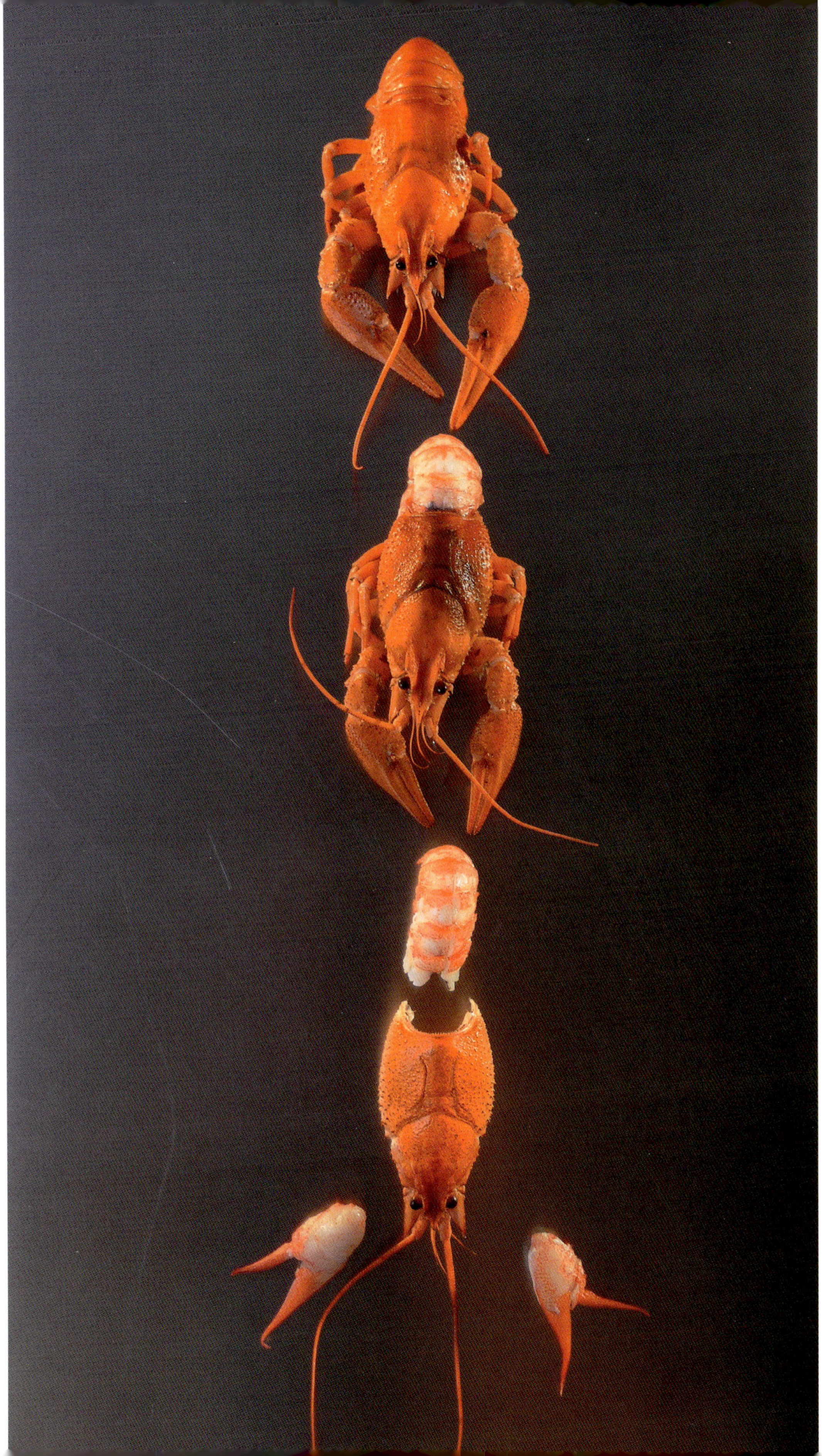

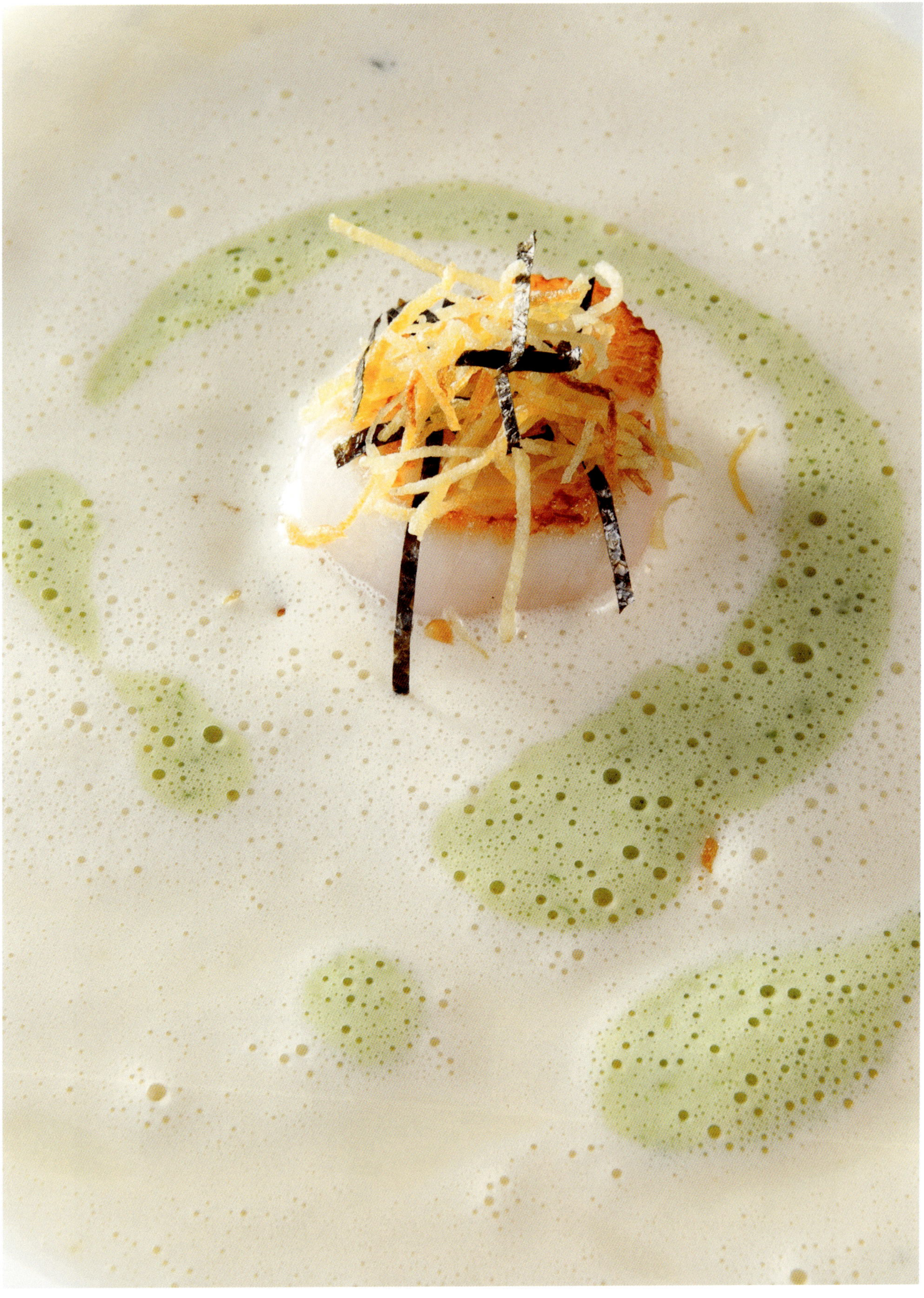

MEINE LIEBLINGSREZEPTE **SUPPEN**

Schwarzwurzelcremesuppe mit Bärlauchschaum

Schwarzwurzeln sind ein herrliches Gemüse, das eher stiefmütterlich behandelt wird. Zu Unrecht, wie ich finde, denn der feine, nussige Geschmack lässt sehr viele Kombinationen zu – Schwarzwurzeln sind für mich daher fast „Kombinationsweltmeister". Zudem ist der Nährwert der Schwarzwurzel ähnlich hoch wie der von Erbsen und Bohnen. Die wichtigsten Inhaltsstoffe sind 78 % Wasser, die Glycoside Inulin, Asparagin – weshalb Schwarzwurzeln auch als der Spargel des einfachen Mannes bezeichnet werden –, Eiweiß, Fett, die Mineralien Kalium, Calcium, Phosphor, Eisen und Natrium, das Provitamin A und die Vitamine B1, E und C.

FÜR 8–10 PORTIONEN

- 1 mittelgroße Zwiebel
- 1 große, mehlige Kartoffel
- 300 g gewaschene und geschälte Schwarzwurzeln
- 80 g Butter
- 1 l Gemüsefond ▸ 248
- 125 ml Weißwein
- 500 ml Sahne
- 10 ml Cointreau
- Salz, Pfeffer
- fein geriebene Muskatnuss
- 1 Bd. frischer Bärlauch
- 30 g kalte Butter

ZUBEREITUNG

Zwiebel, Kartoffel und Schwarzwurzeln grob schneiden und in der Butter anschwitzen, ohne Farbe nehmen zu lassen. Schwarzwurzeln sind oft sehr sandig. Am besten reinigst du sie mit einer Bürste unter fließendem, kaltem Wasser. Dann mit dem Gemüsefond und dem Weißwein aufgießen, ca. eine Viertelstunde köcheln lassen, die Sahne und einen Schuss Cointreau beigeben und nochmals 10 Minuten köcheln lassen. Mit einem Mixbecher oder Pürierstab mixen: Prinzipiell erzielst du mit einem Mixbecher das bessere Ergebnis. Danach mit Salz, Pfeffer und Muskat abschmecken und durch ein Sieb passieren.

Für den Bärlauchschaum gibst du ca. 200 ml von der Suppe in einen Mixbecher und fügst fein geschnittenen Bärlauch sowie die kalte Butter hinzu. Anschließend kräftig mixen.

Die Schwarzwurzelsuppe in tiefen Tellern anrichten, mit dem aufgeschäumten Bärlauch verzieren. Fisch, Hühnchen, geräucherte Wachtelbrüstchen und vor allem scharf angebratene Jakobsmuscheln adeln diese herrliche Suppe.

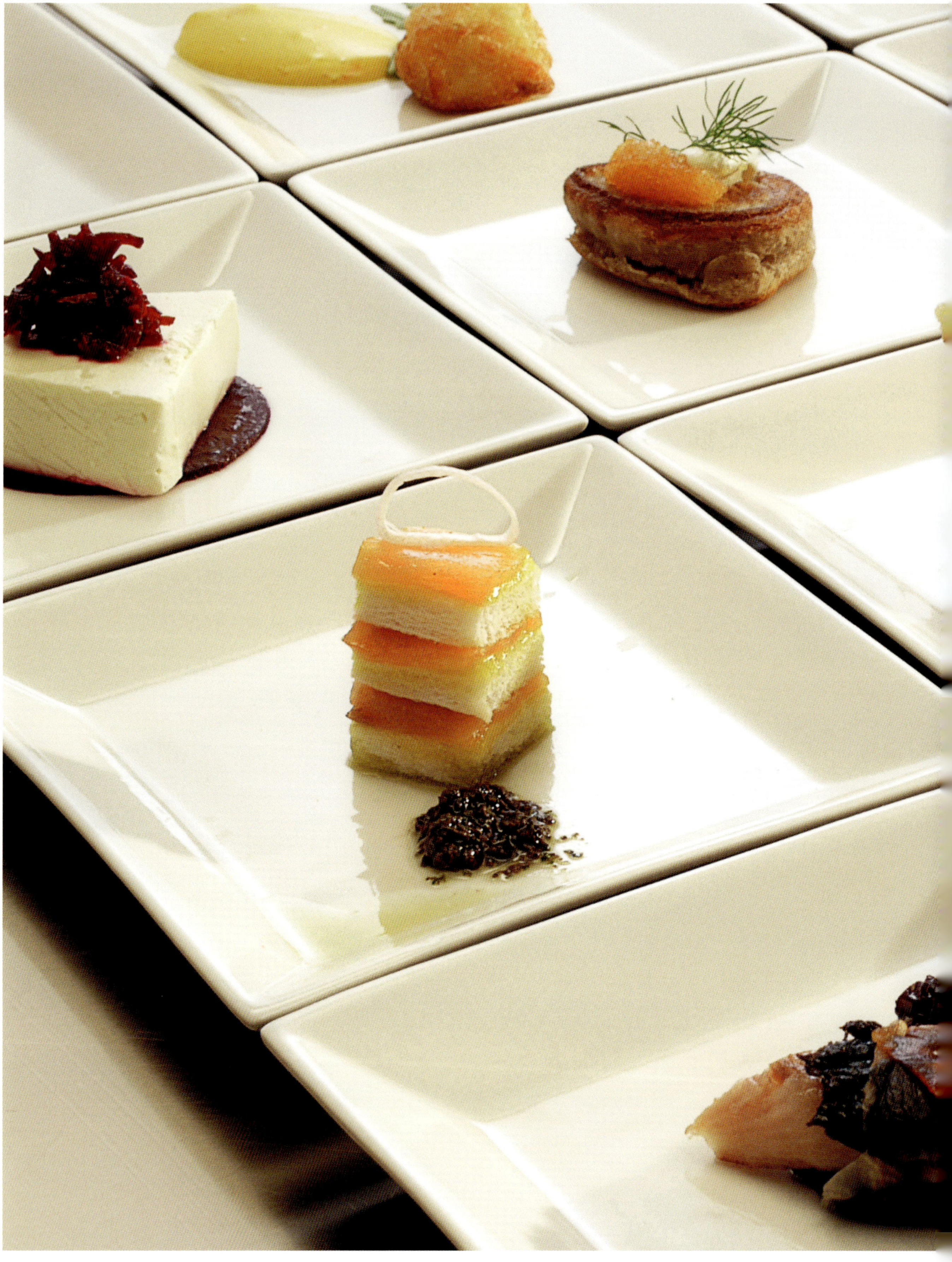

Vorspeisen

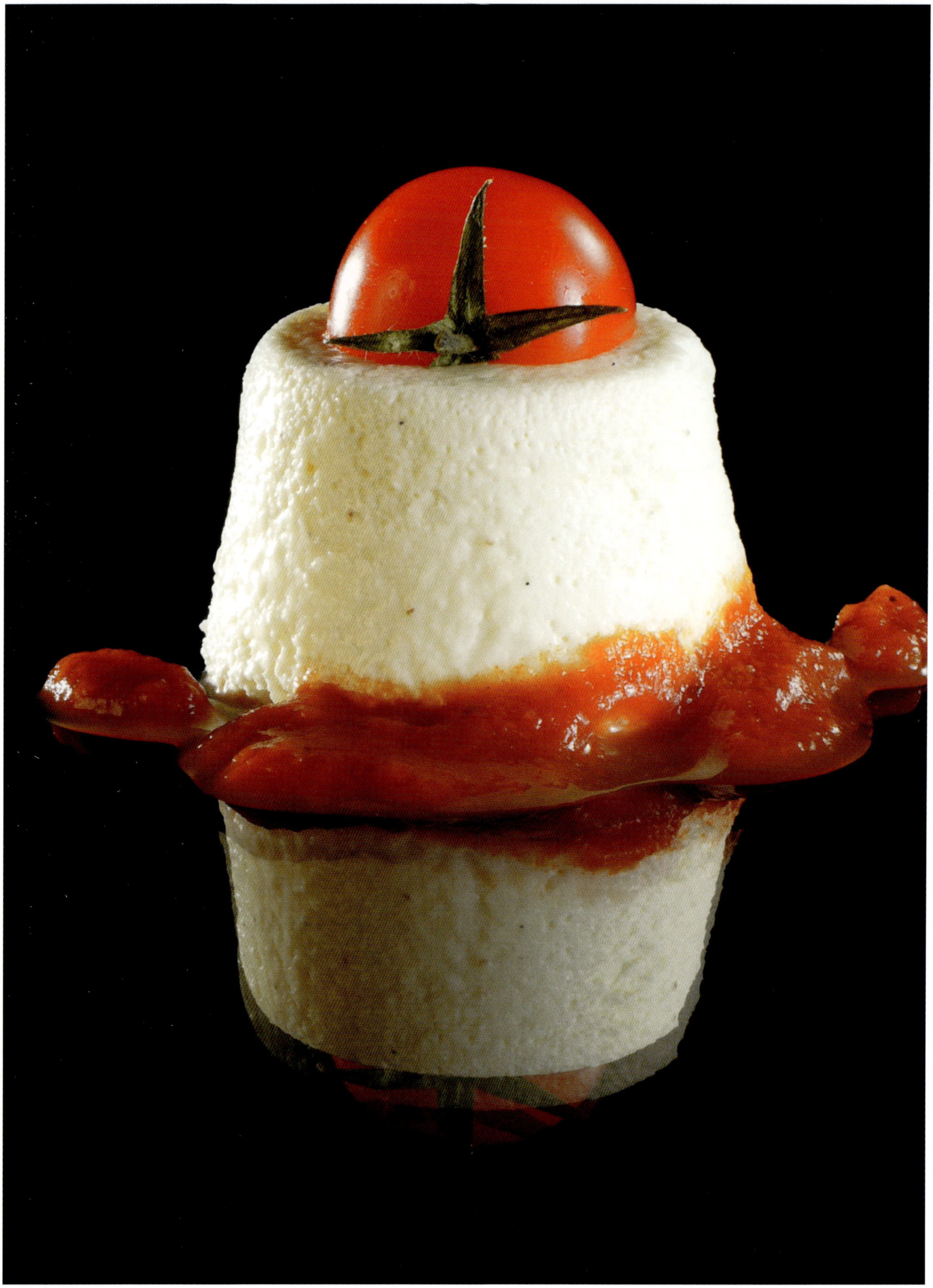

MEINE LIEBLINGSREZEPTE **VORSPEISEN**

Weißes Tomatenmousse

Ich liebe die zart-cremige Konsistenz, die eine exakt zubereitete Mousse aufweist. Am besten finde ich Mousses als Bestandteil einer Vorspeisen-Variation.

Tomaten sind in sehr vielen Sorten erhältlich. Vor allem die alten haben es mir angetan. Mitte Sommer gibt es eine regelrechte Schwemme, und ich liebe genau den Geschmack, der nur dann zustande kommt, wenn die Tomaten schon sehr viel Sonne gespeichert haben.

FÜR 10 PORTIONEN

- 500 g vollreife Tomaten
- 9 Blatt Gelatine
- 400 ml Sauerrahm
- 500 ml Sahne
- Salz, Pfeffer
- fein geriebene Muskatnuss

ZUBEREITUNG

Tomaten waschen, grob schneiden, mixen und in ein Passiertuch geben. Ein wenig von diesem Tomatenfond erhitzen und darin die zuvor in kaltem Wasser eingeweichte Gelatine auflösen. Mit dem restlichen Tomatenfond mischen, Sauerrahm dazugeben und vorsichtig die nicht ganz steif geschlagene Sahne unterheben. Mit Salz, Pfeffer und Muskat würzen. In Förmchen füllen und mindestens 3 Stunden kalt stellen.

Serviervorschlag: Die einfachere Variante ist, die Mousse in Förmchen zu servieren. Vorteil: Man kann bei dieser Variante den Anteil der Gelatine um 2 Blatt reduzieren. Die zweite Variante: Förmchen in heißes Wasser tauchen, die Mousse auf Teller stürzen und nach Lust und Laune ausgarnieren.

MEINE LIEBLINGSREZEPTE **VORSPEISEN**

Bärlauch-Frischkäse-Mousse

Er ist ein wahrhaft aromatisches Kraut, dieser Bärlauch. Seit Urzeiten als Waldknoblauch geschätzt, macht er nach altem germanischen Glauben sogar bärenstark. Auf jeden Fall hat der Bärlauch trotz ähnlich positiver Wirkungen wie der Knoblauch einen entscheidenden Vorteil: Der Geruch bleibt nicht haften. Du kannst Bärlauchgerichte also auch bedenkenlos vor einem wichtigen Meeting oder während eines Dates genießen.

FÜR 10 PORTIONEN

- 250 g Ziegenfrischkäse (auch Ricotta oder Topfen)
- 5 Blatt Gelatine
- 360 ml Sahne
- Salz, Pfeffer
- fein geriebene Muskatnuss
- 1 Bd. frischer Bärlauch

ZUBEREITUNG

Frischkäse mit etwas Sahne mischen und leicht erwärmen. Die zuvor eingeweichte und in einem Töpfchen aufgelöste Gelatine in die Masse einrühren, abkühlen lassen und am Schluss die restliche, nicht allzu steif geschlagene Sahne vorsichtig unterheben. Mit Salz, Pfeffer und Muskat abschmecken. Abschließend den gehackten Bärlauch untermischen. In Förmchen füllen und mindestens 3 Stunden kalt stellen.

Serviervorschlag: Die einfachere Variante ist, die Mousse in Förmchen zu servieren. Vorteil: Man kann bei dieser Variante den Anteil der Gelatine um 1 Blatt reduzieren. Die zweite Variante: Förmchen in heißes Wasser tauchen, die Mousse auf Teller stürzen und nach Lust und Laune ausgarnieren.

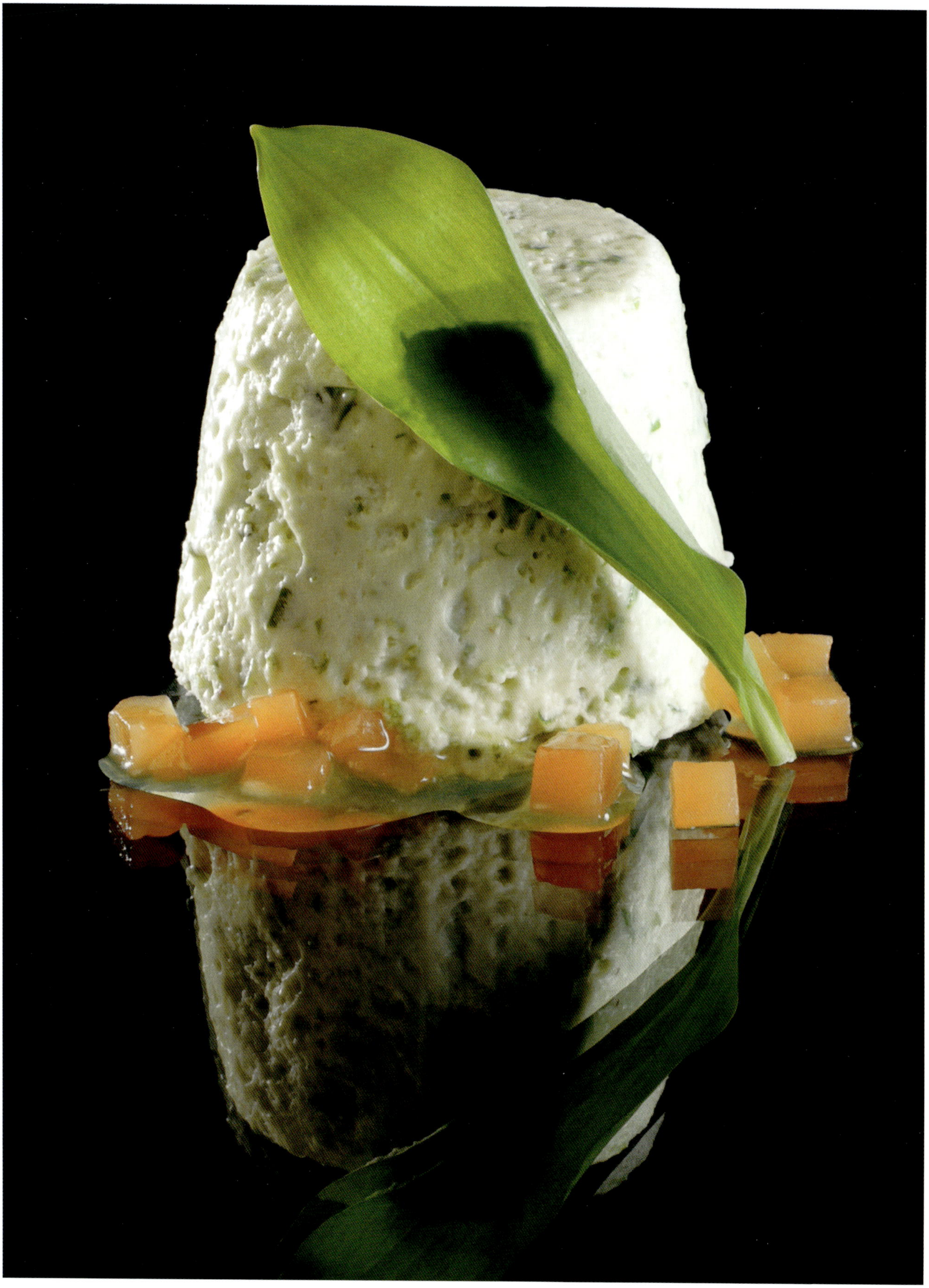

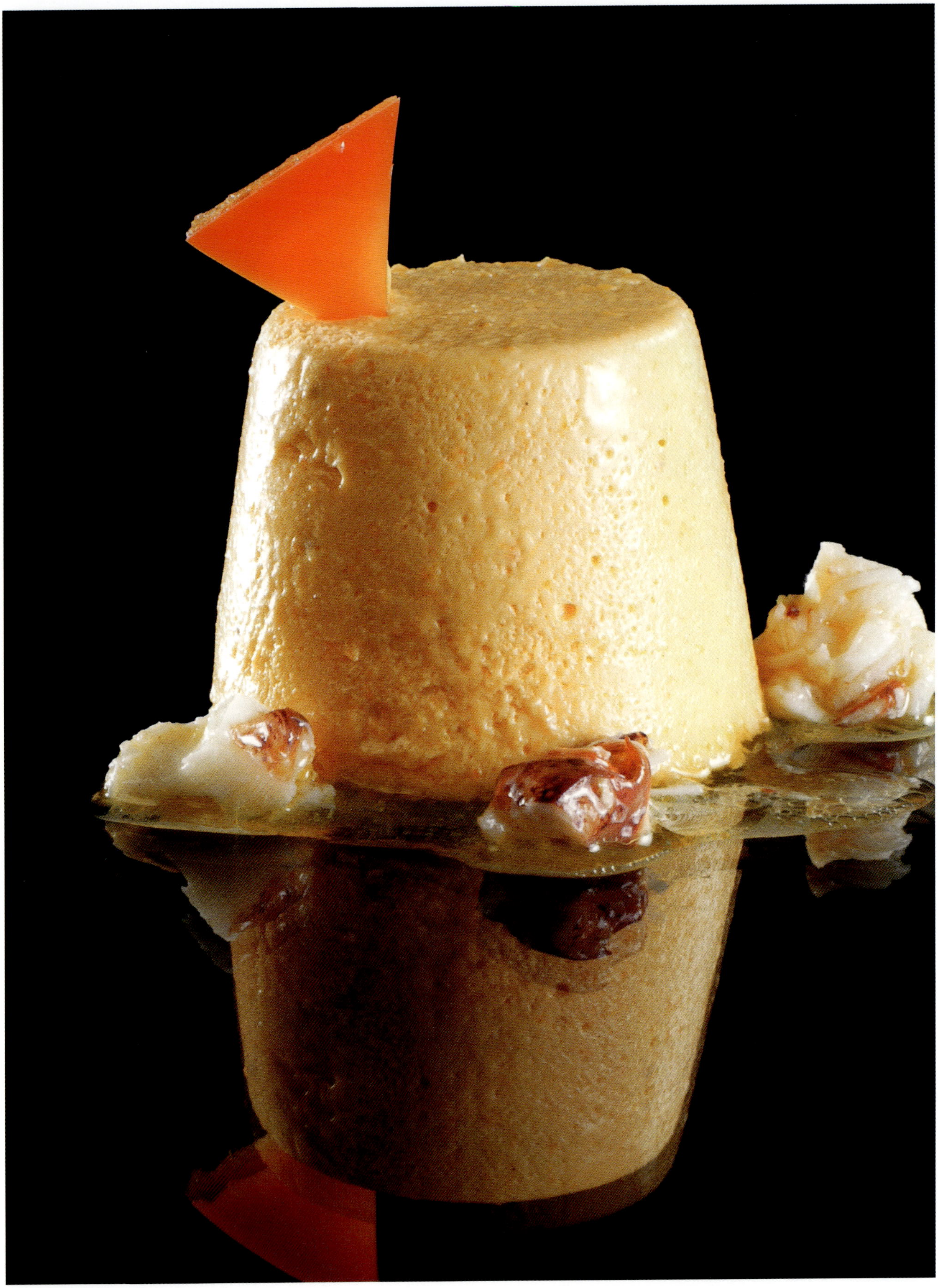

MEINE LIEBLINGSREZEPTE **VORSPEISEN**

Mousse von der roten Paprika mit mariniertem Felsenhummer

Felsenhummer (Rocklobster) werden in gut sortierten Fischgeschäften meist tiefgefroren angeboten. Häufig auch nur die Schwänze. Nach dem Auftauen mit einem scharfen Messer halbieren und dann am besten grillen oder scharf und kurz anbraten. Sie haben ein feines, saftiges Fleisch und ein sehr gutes Preis-Leistungs-Verhältnis.

FÜR 10 PORTIONEN

- 3 rote Paprika
- etwas Olivenöl
- 1 kl. Knoblauchzehe
- 150 g Ziegenfrischkäse (auch Ricotta oder Topfen)
- 6 Blatt Gelatine
- 350 ml Sahne
- Salz, Pfeffer
- fein geriebene Muskatnuss
- Chili

ZUBEREITUNG

Für die Mousse zuerst die Paprika waschen, entkernen, grob schneiden, in etwas Olivenöl mit wenig Knoblauch anschwitzen, mixen und abpassieren. Den Frischkäse mit dem Paprikasaft mischen und leicht erwärmen. Die zuvor eingeweichte und in einem Töpfchen aufgelöste Gelatine in die Masse einrühren, abkühlen lassen und am Schluss die nicht allzu steif geschlagene Sahne vorsichtig unterheben. Mit Salz, Pfeffer, Muskat und Chili abschmecken. In Förmchen füllen und mindestens 3 Stunden kalt stellen. Serviervorschlag: Die einfachere Variante ist, die Mousse in Förmchen zu servieren. Vorteil: Man kann bei dieser Variante den Anteil der Gelatine um 1 Blatt reduzieren. Die zweite Variante: Förmchen in heißes Wasser tauchen, die Mousse auf Teller stürzen, nach Lust und Laune ausgarnieren und mit dem marinierten Felsenhummer anrichten.

MARINIERTER FELSENHUMMER

- 5 Felsenhummerschwänze, à 100 g
- 1 Limette
- 30 ml natives Olivenöl

Die Hummerschwänze auftauen lassen, mit einem scharfen Messer halbieren und in wenig Olivenöl mit der Schale kurz scharf anbraten. Hummerfleisch aus der Schale lösen, in schöne Stücke schneiden und mit Limettensaft und Olivenöl marinieren.

Spargel

Spargel ist eine mehrjährige Pflanze, die sich über Rhizome vermehrt. Er kommt als Wild- oder Kulturpflanze in den Handel. Er kann mehr oder weniger in drei Gruppen unterteilt werden. Weißer Spargel wird gestochen, sobald die Köpfe sichtbar werden und noch ganz weiß sind, violetter Spargel, der teils im Dunklen und teils am Licht wächst, und grüner Spargel. Der große Unterschied: Weiße und violette Spargel sollen von der Spitze her sorgfältig und eher großzügig geschält werden, beim grünen ist das nicht erforderlich. Je nach Größe und Sorte ist es ausreichend, das letzte Drittel abzuschälen. Im Geschmack gibt es große Unterschiede, von herb-würzig bis mild süßlich.

Darüber hinaus sind ausgefallene Sorten erhältlich wie Mini-Grünspargel oder auch Wildspargel, ein in Spezialkulturen in Frankreich gezogenes Gemüse oder den echten Wildspargel (Sizilien und Sardinien), der aber nur selten bei uns angeboten wird. Für die Verarbeitung gilt das Gleiche wie beim grünen Spargel. Letzten Endes ist es eine Frage des persönlichen Geschmacks, zu welcher Sorte du greifst.

WIE KOCHE ICH WEISSEN / VIOLETTEN SPARGEL?

Auf einen Liter Wasser 10 g Salz, 8 g Kristallzucker, 10 g Butter, Saft von ½ Zitrone und ca. 100 ml Weißwein aufkochen und darin die zu Bündeln gebundenen, geschälten Spargelstangen ca. 12–15 Minuten mehr köcheln als kochen. Ich rechne für eine Vorspeise ca. 300 g, für einen Hauptgang ca. 500 g frischen Spargel.

WIE KOCHE ICH GRÜNEN SPARGEL?

Ca. 10 g Salz auf einen Liter Wasser und die grünen Spargel darin knackig kochen. In Eiswasser kurz abschrecken und nochmals kurz in das heiße Wasser geben. Nicht zugedeckt kochen und keine Säure dazugeben (die grüne Farbe ist nicht säureresistent!).

WAS TUN BEI BITTEREM SPARGEL?

Da hilft nach meinen Erfahrungen nur eine Methode: Nach dem Kochen den Spargel in Eiswasser legen. Durch diesen Temperaturschock verschwinden die meisten Bitterstoffe, da die Garung gestoppt wird. Der Spargel kann aber bei Bedarf im heißen Kochsud wieder heiß gemacht werden. Das dauert ca. 2 Minuten. Kochsud aufkochen lassen, auf kleine Flamme drehen und den Spargel für ca. 2 Minuten heiß ziehen lassen.

KANN ICH GEKOCHTEN SPARGEL LAGERN?

Weißer und violetter Spargel: Gekochter, abgekühlter Spargel kann problemlos einige Stunden aufbewahrt werden. Bei längerer Lagerung im Kühlschrank verändert sich jedoch leicht der Geschmack.
Grüner Spargel: Aufgrund der kurzen Garzeit empfehle ich Spargel immer erst bei Bedarf (à la minute) zu kochen.

MEINE LIEBLINGSREZEPTE **VORSPEISEN**

MIT ZIEGENKÄSE GRATINIERTER SPARGEL

2 kg gekochter Spargel // 250 g milder Ziegen-Camembert // 60 g braune Butter // 1 kl. Bd. frischer Liebstöckel

Spargel wie beschrieben kochen, gut abtropfen lassen und mit dünnen Scheiben Ziegen-Camembert belegen. Mit etwas brauner Butter beträufeln und im Rohr bei starker Oberhitze (Grillstufe) gratinieren, bis eine schöne Bräunung erreicht, aber der Käse noch nicht komplett zerlaufen ist. Mit frisch geschnittenem Liebstöckel bestreuen.

SPARGEL MIT POLNISCHER SAUCE

2 kg gekochter Spargel // 4 hart gekochte Eier // 100 g Semmelbrösel // 150 g Butter // 1 kl. Bd. glatte Petersilie

Spargel wie beschrieben kochen. Die Semmelbrösel in der Butter aufschäumen. Eier und Petersilie fein hacken und den heißen, gut abgetropften Spargel damit bestreuen. Dann die Bröselbutter nochmals aufschäumen lassen und sofort über den Spargel gießen.

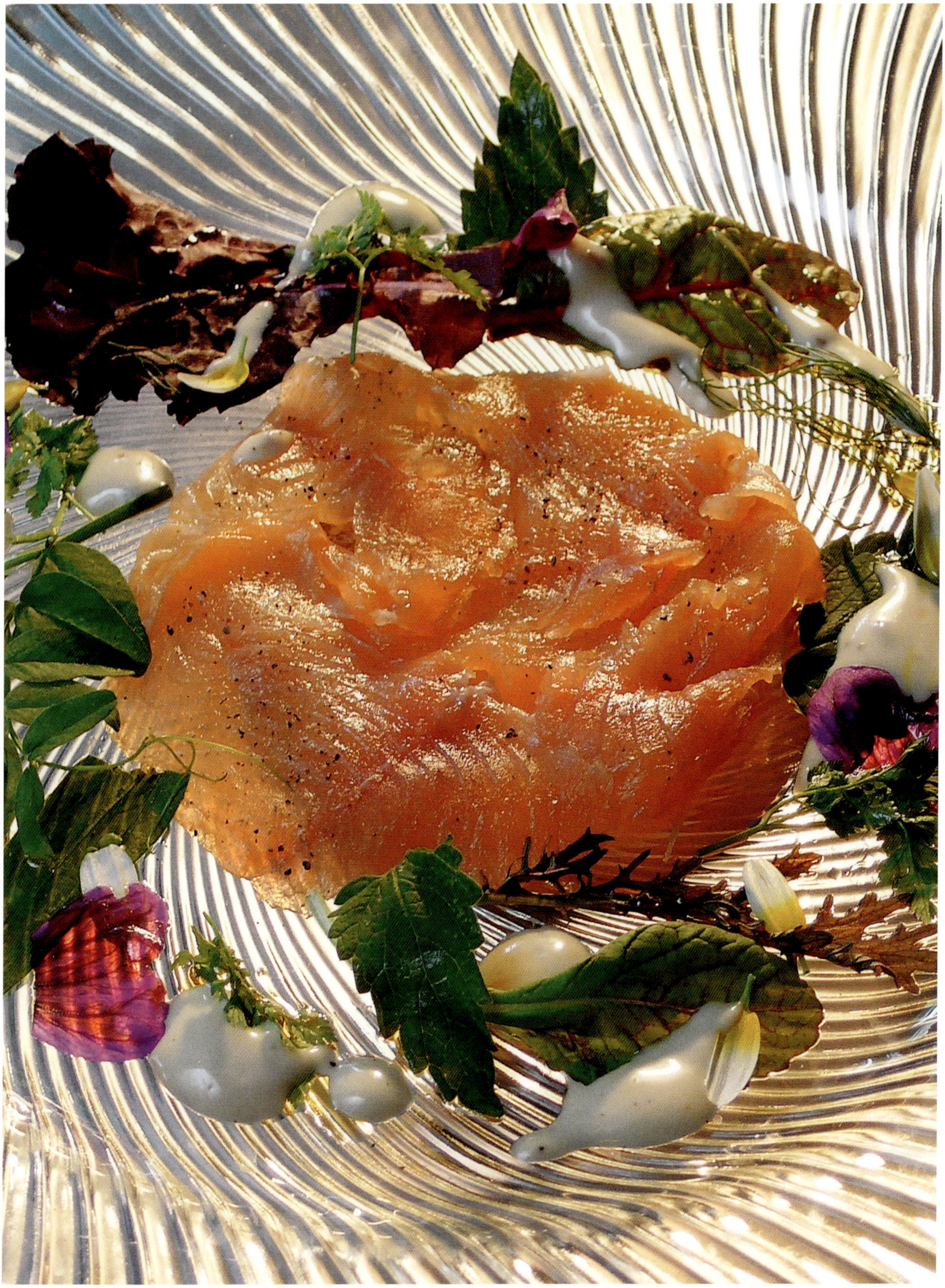

MEINE LIEBLINGSREZEPTE **VORSPEISEN**

Gebeizte Seeforelle mit Salat, Blüten und Trüffelremoulade

Im Bodensee fängt meine Fischerin gar nicht mal so selten große See-, oder wie viele dazu auch sagen, Lachsforellen mit 3 kg und mehr. Das Fleisch hat eine wunderbare orangene Farbe, ist etwas fester als jenes vom Zuchtlachs und hat auch einen deutlich niedrigeren Fettgehalt. Vielleicht der edelste Fisch, den der Bodensee zu bieten hat.

FÜR 6–8 PORTIONEN

- 1 Seeforellenfilet (oder Alpenlachs) ca. 600–800 g, gezupft
- 1 Orange
- 1 TL Korianderkörner
- 1 TL Pfefferkörner
- 1 Bd. Dill
- 45 g Salz
- 25 g brauner Zucker
- 100 ml Trüffelremoulade ▸ 252
- 1 Zitrone
- Olivenöl
- Wiesenkräuter und Salat nach Saison
- essbare Blüten, sofern vorhanden (Zitronen-Tigate, Bergstiefmütterchen, Malven, Kapuzinerkresse etc.)

ZUBEREITUNG

Das Seeforellenfilet sauber zuschneiden, unter fließendem kalten Wasser kurz abwaschen und trocken tupfen. Mit einem scharfen Messer die Schale einer unbehandelten und zuvor heiß abgewaschenen Orange hauchdünn abschälen und in feine Streifen schneiden. Koriander und Pfeffer im Mörser grob zerstoßen und den Dill grob durchhacken. Dann alles zusammen mit Salz und Zucker mischen, gleichmäßig über das Filet streuen und kalt stellen. Je nach Stärke des gewünschten Geschmackes kannst du mit dieser Menge bis zu zwei Filets beizen.

Nach 24 Stunden die Filets abwaschen, trocken tupfen und mit einem Lachsmesser hauchdünn aufschneiden. Mit Trüffelremoulade und den in Zitrone und Olivenöl marinierten Kräutern, Blüten und Salaten servieren.

MEINE LIEBLINGSREZEPTE **VORSPEISEN**

Rollmops vom Bodenseefelchen mit Chili, Fenchel und Karottenöl

Bodenseefelchen haben ein sehr weiches Fleisch, das vorsichtig gegart werden muss. Wenn alles richtig gemacht wird, kommen Struktur und Saftigkeit ideal zur Geltung. Bodenseefelchen haben einen durchaus höheren Fettgehalt und vertragen deshalb auch kräftigere Aromen.

FÜR 6 PORTIONEN

- 6 Felchenfilets (Reinanke)
- 1 kl. Fenchelknolle
- 1 kl., weiße Zwiebel
- 50 g Zuckerschoten
- 1 rote Chilischote
- etwas Olivenöl
- 1 Prise Kristallzucker
- Salz, Pfeffer
- Cayennepfeffer
- 1 EL Weißweinessig
- 30 ml Karottenöl
- 50 ml Olivenöl
- 1 Limette

Sonst noch:
kl. Bambus- oder Holzspießchen

ZUBEREITUNG

Die Felchenfilets schön zuschneiden und entgräten. Fenchel, Zwiebel und Zuckerschoten und je nach gewünschter Schärfe Chili fein nudelig schneiden und in wenig Olivenöl kurz andünsten. Mit Zucker, Salz, Pfeffer und Cayennepfeffer würzen und mit etwas Essig ablöschen.

In einer Pfanne 30 ml Karottenöl, 50 ml Olivenöl und den Saft einer Limette erhitzen und darin die Felchenfilets langsam leicht glasig garen. Dann das Gemüse gebündelt auf die zuvor leicht mit Salz und Pfeffer gewürzten Filets legen, diese dann einrollen und mit einem kleinen Holzspießchen fixieren. Im Kühlschrank für ca. 12 Stunden durchziehen lassen.

KAROTTENÖL

- 1 kg Karotten
- 500 ml Olivenöl
- 4 cl Pernod

Karotten schälen, in Würfel schneiden und im Olivenöl ca. 45 Minuten langsam bei kleiner Hitze ziehen lassen. Pernod dazugeben und nochmals ca. 10 Minuten dünsten, dann mixen. Nun alles zusammen in ein Tuch geben und das aromatisierte Öl abtropfen lassen.

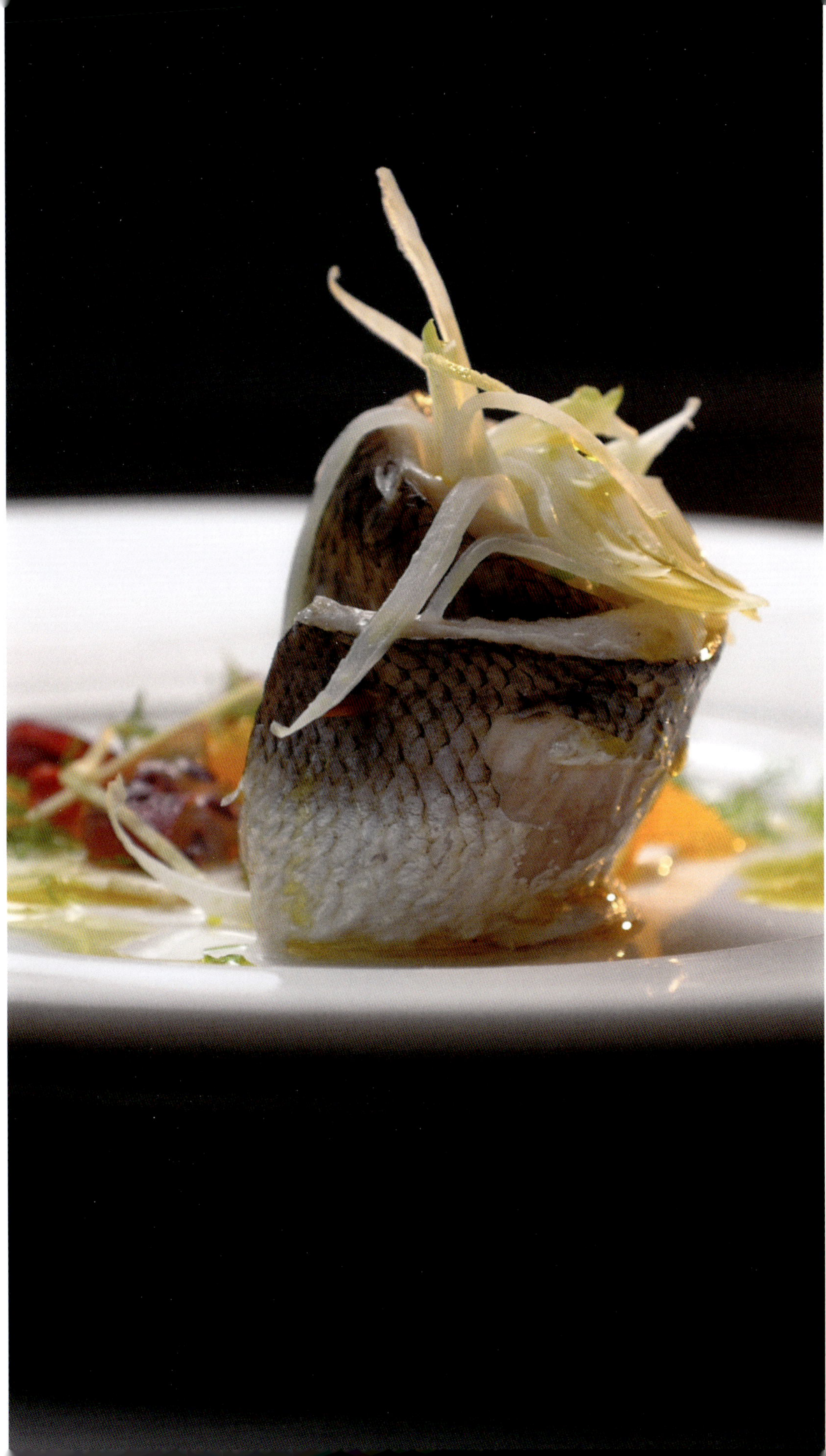

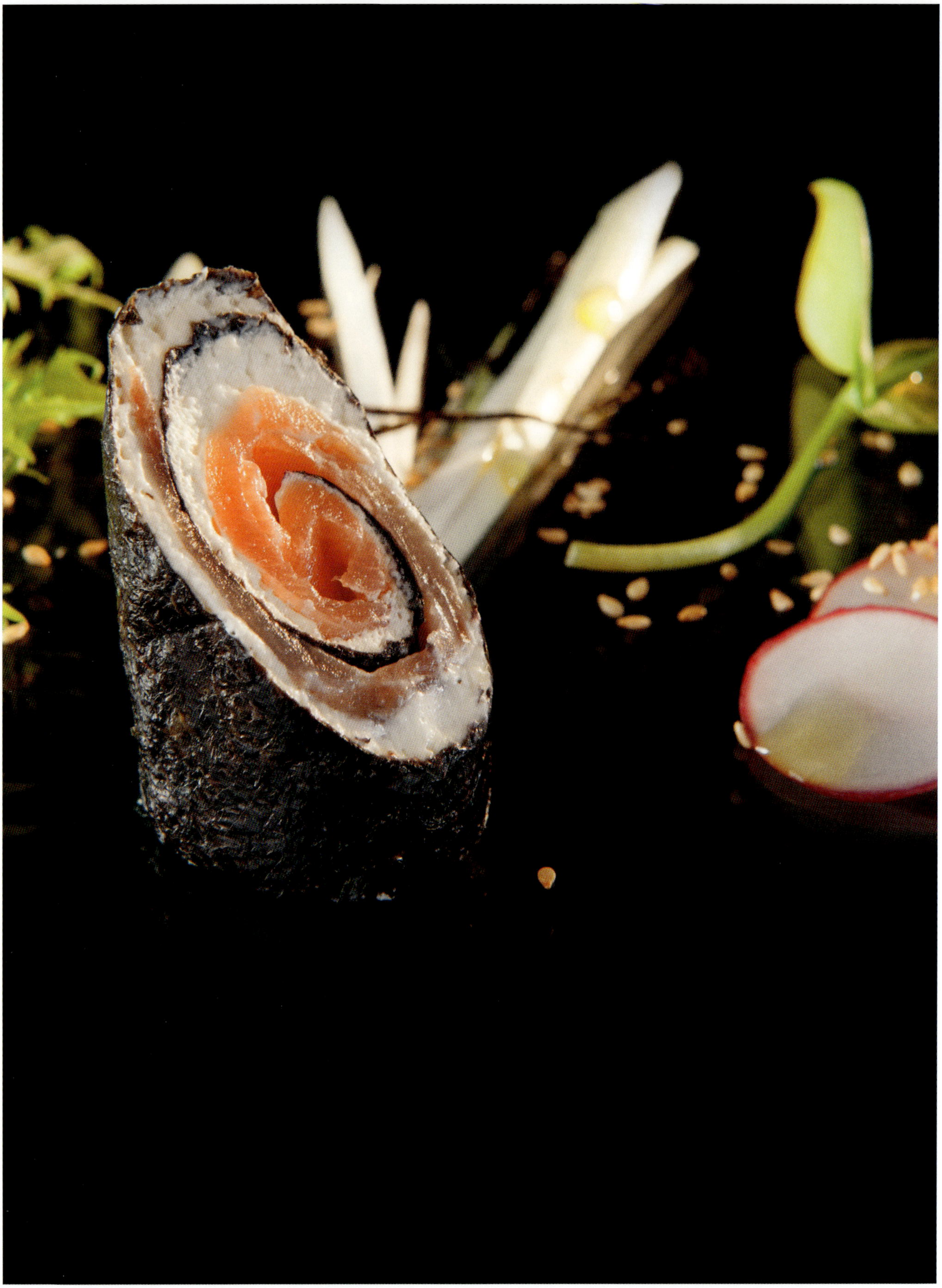

MEINE LIEBLINGSREZEPTE **VORSPEISEN**

Räucherlachsroulade mit Wasabi-Sauerrahm-Mousse

Das Schneiden der Roulade ist ein bisschen knifflig, es hilft ein scharfes Messer mit schmaler Klinge. Tauche es zuerst in heißes Wasser und schneide dann die Roulade MIT der Folie. Diese erst entfernen, wenn die Scheiben wohlbehalten auf dem Teller angerichtet sind!

FÜR 6 PORTIONEN

- 4 große Noriblätter
- 300 g Räucherlachs, geschnitten

Für die Wasabi-Sauerrahm-Mousse:

- 1 TL Wasabi
- 1 EL Zitronensaft
- 250 ml Sahne
- 250 ml Sauerrahm
- 5 Blatt Gelatine
- Salz, Pfeffer
- fein geriebene Muskatnuss

ZUBEREITUNG

Für die Mousse Wasabi, Zitronensaft, 50 ml Sahne und Sauerrahm vermischen. Einen Teil leicht erwärmen und darin die zuvor in kaltem Wasser eingeweichte Gelatine auflösen. Dann mit der restlichen Sahne-Wasabi-Masse vermischen und vorsichtig die restliche, nicht ganz steif geschlagene Sahne unterheben. Mit Salz, Pfeffer und Muskat abschmecken.

Jeweils 2 Noriblätter auf eine Klarsichtfolie legen, dünn mit Wasabi-Sauerrahm-Mousse bestreichen und mit den Räucherlachsscheiben belegen. Vorsichtig straff einrollen und für mindestens 3 Stunden kalt stellen.

MEINE LIEBLINGSREZEPTE **VORSPEISEN**

Marinierter Bodenseehecht auf Kräuterpolenta mit Rucola

Das feste, weiße und äußerst schmackhafte Fleisch des Hechtes wird aufgrund seiner vielen Gräten oft verschmäht. Mit dieser Zubereitung ist maximaler Genuss garantiert.

FÜR 6 PORTIONEN

- 300 g Hechtfilet
- 1 l Wasser
- 125 ml Weißwein
- einige Tropfen Pernod
- 100 g Wurzelgemüse (Karotte, Sellerie, Lauch)
- Salz, Pfeffer
- Cayennepfeffer
- Lorbeerblätter
- Fenchelsamen
- Koriander
- 30 ml Grund-Vinaigrette ▸ 256
- frische Kräuter
- kalt gepresstes Olivenöl
- frischer Rucola oder Wiesenkräutersalat

ZUBEREITUNG

Das Hechtfilet sauber putzen. Aus Wasser, Weißwein, Pernod, dem zerkleinerten Wurzelgemüse und den Gewürzen einen Fond aufsetzen. Den Hecht einlegen und so lange pochieren, bis er sich leicht von den Gräten löst. Nicht zu lange pochieren, der Hecht wird gerne trocken und spröde, wenn er zu lange gegart wird. Dann das Fleisch von den Gräten zupfen. Dabei sehr sorgfältig vorgehen.
Mit Grund-Vinaigrette, frischen Kräutern und Olivenöl marinieren und nötigenfalls noch etwas abschmecken. Nun einen Rucolakranz anrichten, in die Mitte der Teller etwas Kräuterpolenta geben und auf der heißen Polenta den marinierten Hecht anrichten.

KRÄUTERPOLENTA

- 80 ml Sahne
- 80 ml Fisch- ▸ 248 oder Geflügelfond ▸ 249
- 100 g Polenta
- Olivenöl
- Salz, Pfeffer
- fein geriebene Muskatnuss
- frische Gartenkräuter
- 30 g Butter

Sahne und den jeweiligen Fond aufkochen, die Polenta einrühren und unter stetigem Rühren garen. Mit Olivenöl, Gewürzen und Kräutern abschmecken. Sollte die Masse zu fest werden, noch etwas Flüssigkeit nachgeben. Diese Beilage schön cremig halten. Schmeckt köstlich mit aufgeschäumter Butter.

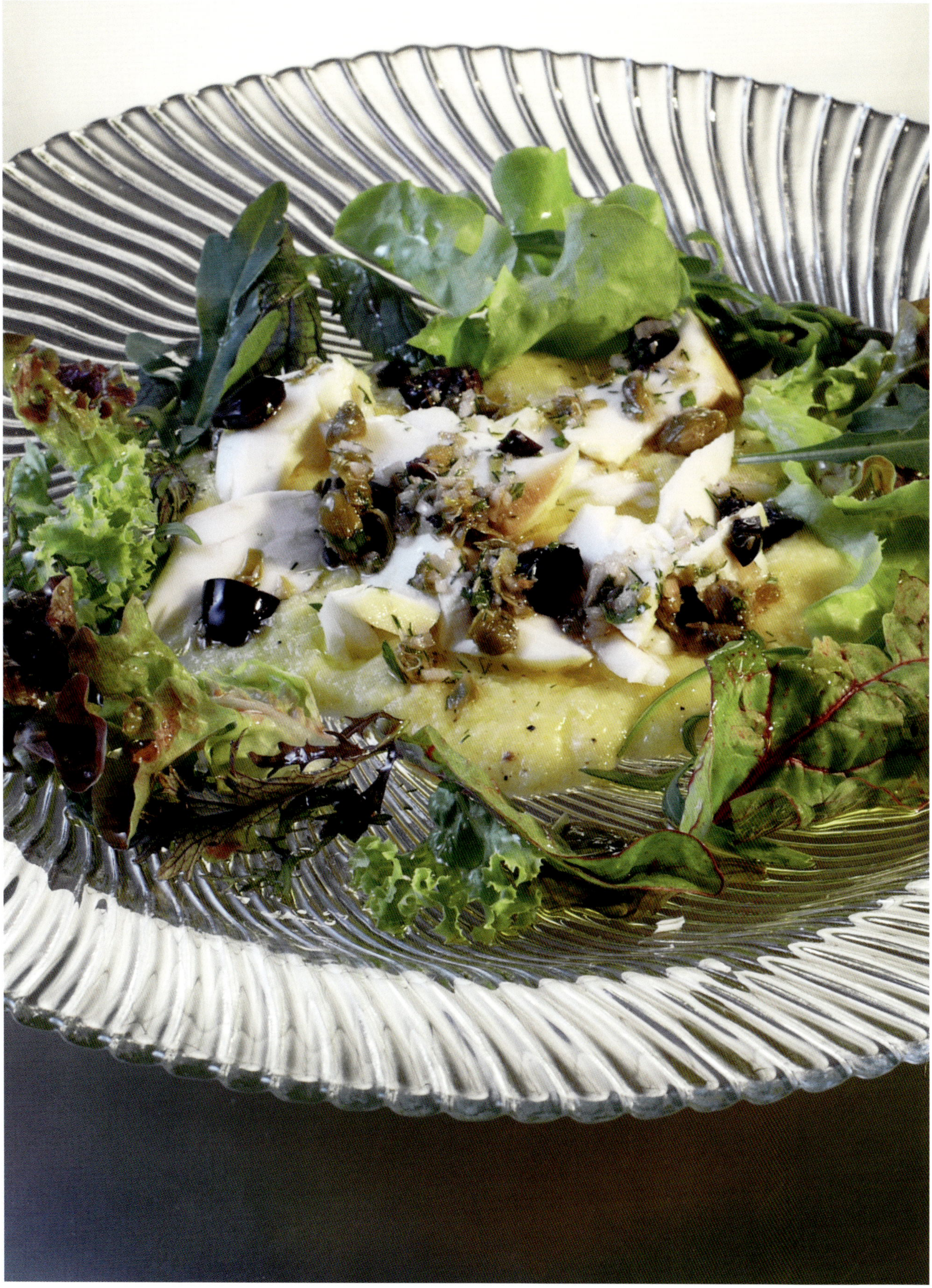

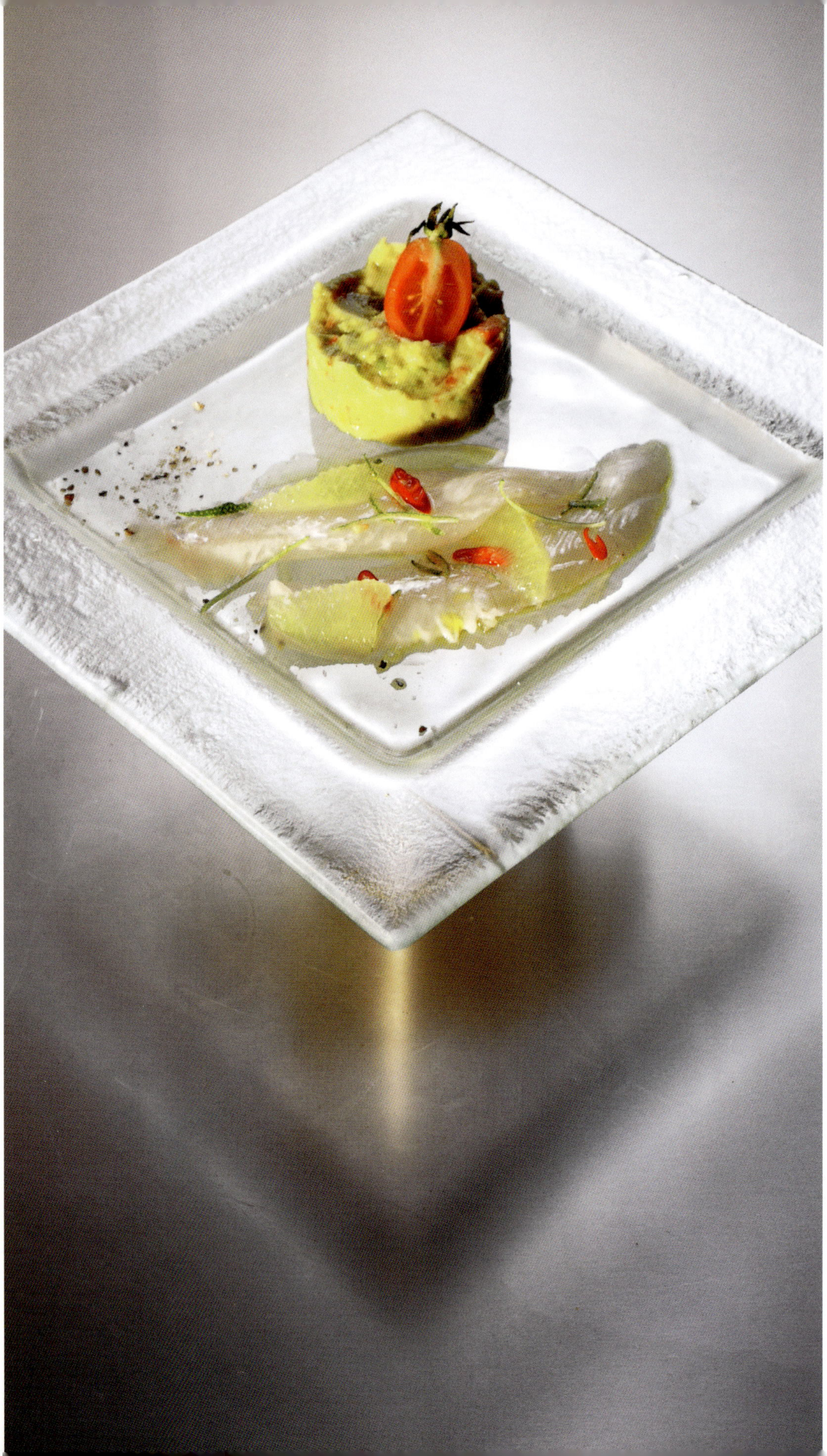

Ceviche vom Bodenseezander mit Guacamole

Diese Garungsmethode ist der mexikanischen Küche entlehnt. Das Eiweiß des hauchdünn geschnittenen Zanderfilets wird mit der Säure der Limetten und den Chilis denaturiert und so tatsächlich gegart. Konsistenz und Geschmack sind dadurch einzigartig.

FÜR 4 PORTIONEN

Für den Zander:
- 1 Zanderfilet, à 200 g
- grobes Meersalz
- Pfeffer aus der Mühle
- Staudensellerie
- Radieschen
- Limettenwürfel
- Schnittlauch
- 50 g Felchenkaviar (Reinanke)

Für die Marinade:
- 1 EL Limettensaft
- dünn abgeschälte Limettenschale, fein gewürfelt
- 2 TL frisch gerissener Kren
- 3 Tropfen Tabasco

ZUBEREITUNG

Das Zanderfilet mit einer Grätenpinzette zupfen, mit kaltem Wasser kurz abwaschen und mit einem scharfen Messer in hauchdünne Scheiben schneiden.

Für die Marinade alle Zutaten vermischen und die Zanderscheiben darin einlegen. Kalt stellen. Nach einigen Minuten die Zanderscheibchen in tiefen Tellern vorsichtig auslegen und mit wenig grobem Meersalz und Pfeffer bestreuen. Mit dem fein geschnittenen Staudensellerie und den feinen Blättern des Staudenselleries, den fein geschnittenen Radieschen, Limettenwürfeln und Schnittlauch bestreuen. Kleine Häufchen Felchenkaviar und ein Nockerl der frischen Guacamole als Garnitur anrichten. Zuletzt die Marinade darüberträufeln.

GUACAMOLE

- 1 große, reife Avocado
- 50 g enthäutete, gewürfelte Tomaten
- 2 fein geschnittene Schalotten
- frische Petersilie
- Koriandergrün
- Zitronensaft
- Olivenöl
- Salz, Pfeffer
- Chili

Die reife Avocado schälen, mit einer Gabel zerdrücken und mit den restlichen Zutaten vermischen.

… MEINE LIEBLINGSREZEPTE **VORSPEISEN**

Hummersalat mit Apfelgelee

Hummer gehört sicherlich zu den exklusivsten Lebensmitteln. Das kommt nicht von ungefähr, das Fleisch ist fest, aromatisch süßlich und hat eine wunderbare Konsistenz – wichtig ist, die Hummer nie zu lange kochen lassen und sofort nach dem Kochen kurz in Eiswasser abschrecken.

FÜR 6 PORTIONEN

Für das Apfelgelee:
- 4 Granny Smith
- 1 Prise Ascorbinsäure (Vitamin C)
- 1½ Blatt Gelatine

Für den Hummersalat:
- 50 g Staudensellerie, in Streifen geschnitten
- 50 g Knollensellerie, in Streifen geschnitten
- 2 Hummer, à 250 g
- 2 EL Trüffelremoulade ▸ 252 (aber kein Trüffelöl hinzufügen) fein gewürfelte Limettenfilets (Fruchtfleisch)

Für den Wiesenkräutersalat:
- Kresse
- Portulak und/oder Feldsalat
- Wiesenkräuter nach Belieben
- kalt gepresstes Olivenöl
- 2 EL Grund-Vinaigrette ▸ 256

ZUBEREITUNG

Für das Gelee: Einen halben Apfel mit Schale in Würfel schneiden (für die Dekoration). Die restlichen Äpfel vom Kerngehäuse befreien, grob würfelig schneiden, mit einer Prise Vitamin C im Mixer pürieren. Den Saft durch ein Sieb mit Tuch passieren, 240 ml abmessen, leicht erwärmen und die Gelatine darin auflösen. Den Sellerie kurz blanchieren, die Hummer 6–7 Minuten kochen, kalt abschrecken, ausbrechen, grob würfelig schneiden und mit den Selleriestreifen mischen. Remoulade und Limettenfilets dazugeben. Nochmals mischen. So erhältst du eine schöne, saftige Masse. Nun in Ringe mit 5–6 cm Durchmesser füllen, leicht andrücken. So kann überschüssiger Saft ablaufen. Kalt stellen. Vor dem Servieren die Hummersalate (nun in zylindrischer Form) aus dem Kühlschrank holen und auf tiefe Teller setzen. Das Apfelgelee mit einer Gabel kurz aufrühren, in einen Spritzsack füllen und mit der großen, glatten Tülle rund um den Hummersalat spritzen. Mit den vorbereiteten Apfelstücken garnieren und auf den Hummersalat ein kleines Häufchen Wiesenkräutersalat setzen. Mit Olivenöl und der Grund-Vinaigrette marinieren.

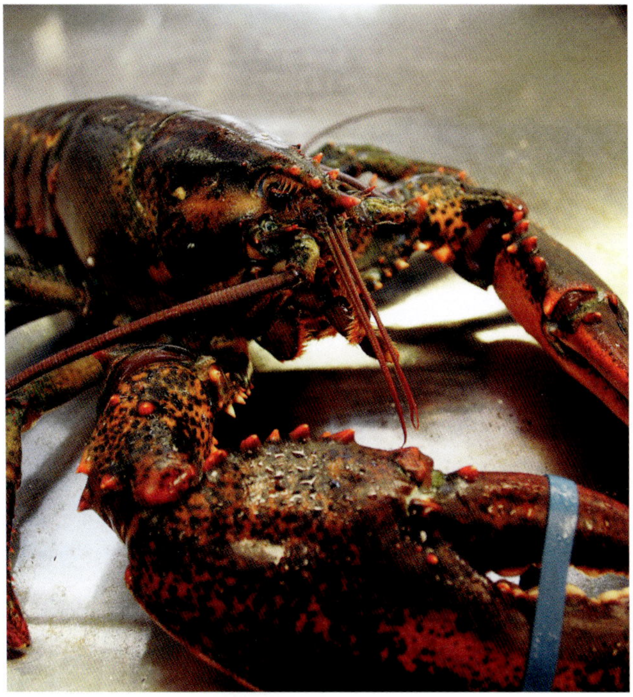
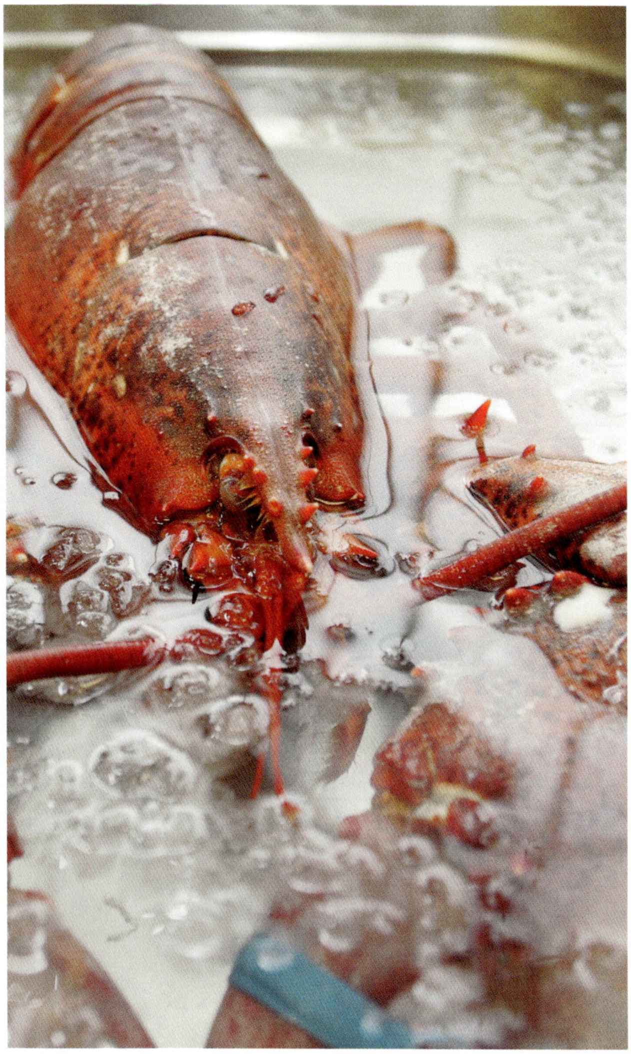
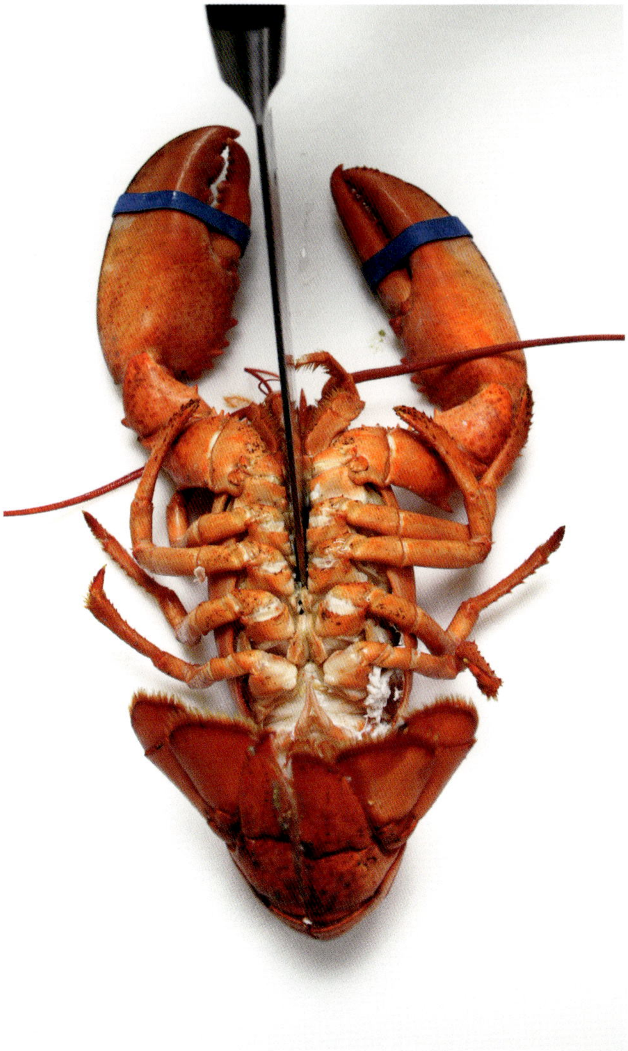
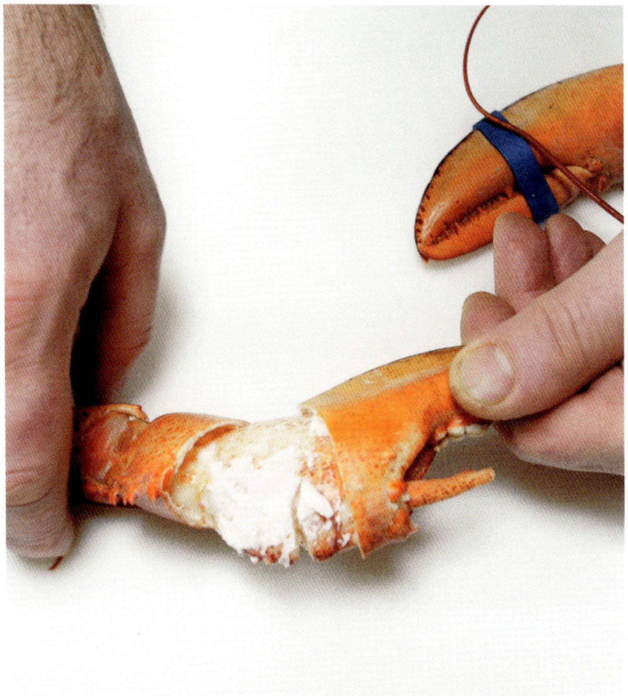

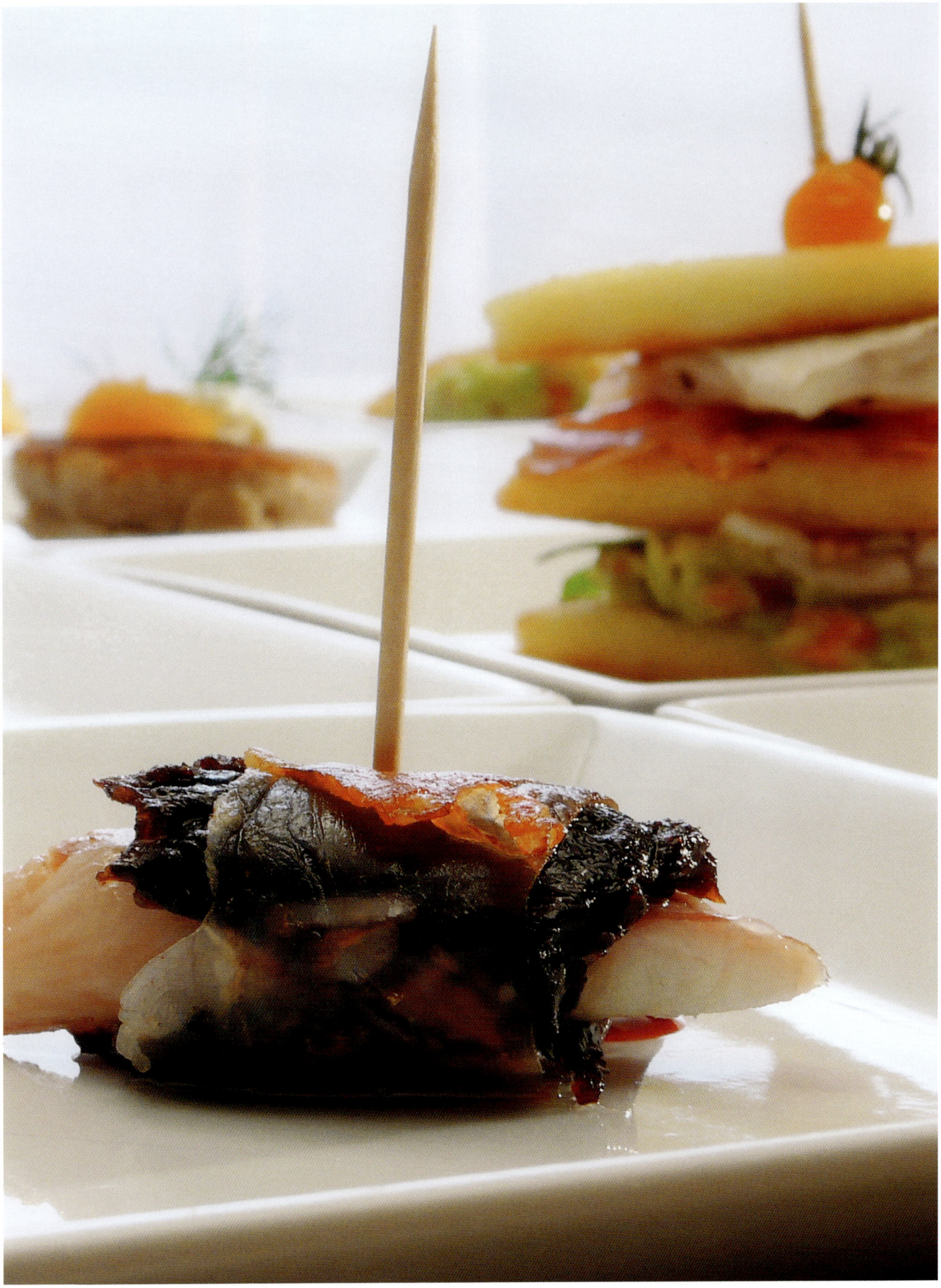

Dörrzwetschken mit Vulcano-Speck und Räucheraal

Aal gehört sicher mit zu den fettesten Fischen. Gerade deshalb ist er hervorragend zum Räuchern geeignet. Regula – meine Bodenseefischerin – macht das für mich. Sie beherrscht das wundervoll. Die Fische sind zart, hoch aromatisch und gehen mit den Zwetschken und dem Vulcano-Speck eine edle Liaison ein.

FÜR 4 PORTIONEN

- 20 Dörrzwetschken
- 200 g Räucheraalfilet
- 20 Scheiben Vulcano-Speck (Bauchspeck)

ZUBEREITUNG

Dörrzwetschken entsteinen und möglichst ganz lassen. Mit fingerdicken Räucheraalstückchen füllen und mit den Speckscheiben umwickeln. Dann mit einem Holzspießchen fixieren und in einer heißen Eisenpfanne ohne Fett rundherum knusprig braten. Eine herrliche, flippige Ergänzung zu Fischvorspeisen, aber auch als Beilage zu deftigen Fischsuppen hervorragend geeignet.

MEINE LIEBLINGSREZEPTE **VORSPEISEN**

Geröstete Flusskrebse mit Ratatouille

Zu Zeiten von Maria Theresia war es per Erlass verboten, den Arbeitern mehr als einmal in der Woche Flusskrebse als Mahl vorzusetzen. Dies deshalb, weil unsere Bäche voll davon waren und sie als unergiebiges, billiges Nahrungsmittel galten. Heute sind sie nicht zuletzt durch die Krebspest sehr selten geworden. Aber durch Zucht und das Wiedereinsetzen in unsere heimischen Gewässer haben sich die Bestände erholt. Ich liebe die Aromastoffe, die sich durch das Rösten der Schalen ergeben.

FÜR 6 PORTIONEN

- 18 Flusskrebse
- 3 l Weißweinsud ▸ 250
- 3 EL Olivenöl

Für die Ratatouille:
- 80 g fein gehackte Schalotten
- 2 Knoblauchzehen
- 50 ml Olivenöl
- 2 Artischockenböden
- 1 kl. Zucchini
- 120 g Fruchtfleisch von eingelegten Tomaten
- 80 g schwarze Oliven
  Salz, Pfeffer
  Cayennepfeffer
- 1 TL frisch gehackte Kräuter (Rosmarin, Salbei, Thymian, Basilikum)

ZUBEREITUNG

Flusskrebse in kochenden Weißweinsud geben und ca. 1 Minute garen. Kurz in kaltem Wasser abschrecken und anschließend mit einem scharfen Messer der Länge nach teilen. Sauber auswaschen und mit der Schnittfläche auf ein Tuch legen, damit sie schön abtropfen können.

Für die Ratatouille Schalotten und Knoblauch (angedrückt oder fein geschnitten) in Olivenöl anschwitzen. Artischockenböden und die Zucchini würfelig schneiden und beigeben. Gut anrösten und dann mit den Tomaten auffüllen. Die Ratatouille so lange einkochen, bis sie schön eingedickt ist. Am Schluss Oliven hinzufügen und mit Salz, Pfeffer, etwas Cayennepfeffer und den frisch gehackten Kräutern würzen.

Die Flusskrebshälften mit der Schnittfläche zuerst in Olivenöl anbraten, bis sie etwas Farbe nehmen, dann kurz durchschwingen und mit der Ratatouille füllen.

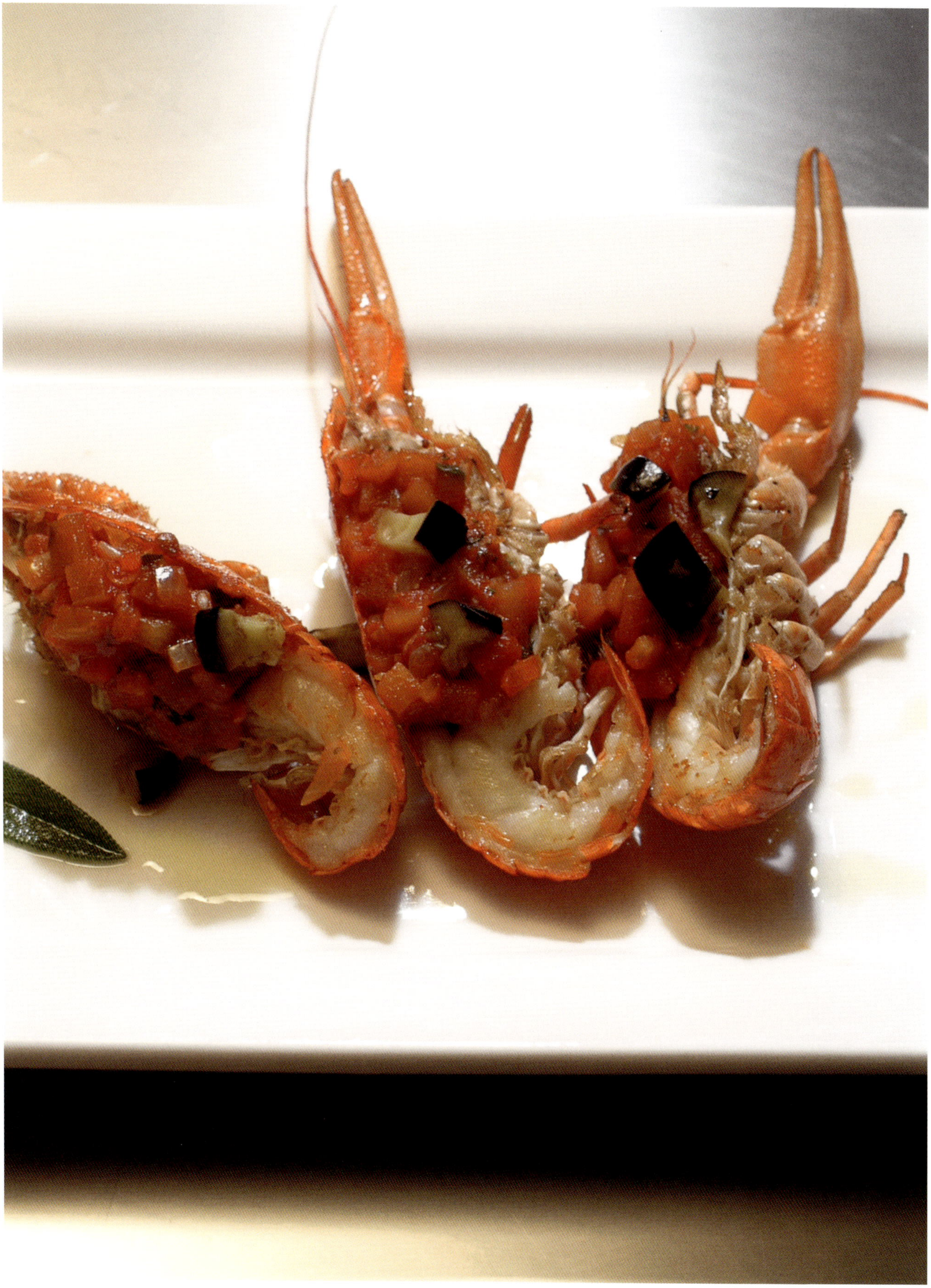

MEINE LIEBLINGSREZEPTE **VORSPEISEN**

Carpaccio von Roten Rüben mit Gemüse-Vinaigrette V

Kalbsbries (oder Milchner) mag ich sehr gerne. Durch das Anbraten in Butter wird es knusprig, hat eine feine, glatte Struktur und einen herrlich nussigen Geschmack. Es lässt sich mit sehr vielen Zutaten kombinieren. Hier ein Favorit von mir. Für die **vegane Variante** das Kalbsbries durch gebratene Würfel von Räuchertofu ersetzen.

FÜR 6–8 PORTIONEN

- 2 Rote Rüben
- Salz
- 1 EL Weißweinessig
- ½ TL Kümmel, ganz

Für das Kalbsbries:
- 500 g Kalbsbries
- 1 l Weißweinsud ▸ 250
- 40 ml Butterschmalz
- Salz, Pfeffer

Für die Marinade:
- 2 EL fein geschnittene Schalotten
- 100 g fein gewürfeltes Wurzelgemüse (Karotte, Sellerie, Lauch)
- 2 EL natives Olivenöl
- 2 EL Grund-Vinaigrette ▸ 256
- 1 EL frisch gehackte Kräuter (Schnittlauch, Petersilie, Kerbel, Estragon, Liebstöckel)
- Salz, Pfeffer aus der Mühle

ZUBEREITUNG

Rote Rüben in leicht gesalzenem Wasser mit Essig und Kümmel langsam weich kochen. Bei großen Rüben kann das schon bis zu einer Stunde dauern, sogar auch etwas länger. Unter fließendem Wasser schälen. Das geht am besten mit einem dünnen Latex-Handschuh. Einfach die durch das Kochen weich gewordene Außenhaut abreiben. In möglichst dünne Scheiben schneiden und auf Teller anrichten. Kalbsbries für ca. 2 Stunden wässern, dann im Weißweinsud pochieren und abschrecken. Nun die Haut vorsichtig entfernen, in Scheiben schneiden und in Butterschmalz kross und ansehnlich anbraten. Mit Salz und Pfeffer würzen.

Schalotten und Wurzelgemüse in Olivenöl glasig anschwitzen, mit Dressing auffüllen.

Nun das Bries auf dem vorbereiteten Carpaccio anrichten, dann mit der Marinade beträufeln und mit den frisch gehackten Kräutern, Salz und Pfeffer abschmecken.

MEINE LIEBLINGSREZEPTE **VORSPEISEN**

MEINE LIEBLINGSREZEPTE **VORSPEISEN**

Variation von der Gänseleber mit Marillen-Chutney

Sehr aufwendig und auch teuer – aber ebenso delikat. Der feine, edle Geschmack der Gänseleber kommt mit süßen Komponenten noch besser zur Geltung. Als Crème brulée zubereitet oder gebraten, zeigt sie für mich ihre kulinarische Klasse am besten. In diesem Rezept in Kombination mit einem feinen Marillen-Chutney.

FÜR 10 PORTIONEN

- 1 Gänseleber, ca. 500 g
- 1 EL Mehl
- Salz, Pfeffer
- etwas Balsamico
- 100 g Marillen-Chutney
- Wiesenkräutersalat nach Saison
- 4–5 EL Grund-Vinaigrette ▸ 256

Für die Crème brulée:
- 110 ml Reduktion (Portwein, Süßwein, Weinbrand, Madeira mit etwas Sahne und den Gänseleberabschnitten eingekocht und abpassiert)
- 120 g frische Gänseleber
- 165 ml Sahne
- 1 Ei
- 2 Eidotter
- Salz, Pfeffer aus der Mühle
- fein geriebene Muskatnuss
- etwas brauner Zucker

ZUBEREITUNG

Die Gänseleber vorsichtig von den feinen Häutchen und den größeren Blutgefäßen befreien. Dann zuschneiden und 10 hübsche Scheiben portionieren.

Für die Crème brulée die Abschnitte mit Portwein, Süßwein, Weinbrand, Madeira und etwas Sahne – das Mengenverhältnis der alkoholischen Zutaten spielt keine so große Rolle –, ca. 15 Minuten leise köcheln lassen. Abpassieren. 110 ml abmessen und mit 120 g frischer Gänseleber mixen. Sahne, Ei, Dotter und Gewürze beigeben und nochmals kurz mixen, abpassieren und in kleine Schälchen füllen. Diese im Wasserbad im vorgeheizten Backrohr bei ca. 120 Grad (Umluft) für eine gute halbe Stunde pochieren. Die Wassertemperatur sollte 85 Grad nicht übersteigen. Die Crèmes sind fertig, wenn sie stocken. Kalt stellen.

Die Gänseleberscheiben in Mehl wenden, in einer heißen Pfanne ohne Fett braten, da aus der Leber selbst genügend Fett austritt. Dann mit Salz, Pfeffer und Balsamico würzen und auf Marillen-Chutney anrichten.

Die Crèmes mit braunem Zucker bestreuen, abflämmen und ebenso anrichten. Am Schluss den kleinen Kräutersalat marinieren, anrichten und rasch servieren.

MARILLEN-CHUTNEY

50 g	Schalotten
1	Knoblauchzehe
1 EL	Marillenkernöl (ersatzweise neutrales Pflanzenöl)
500 g	Marillen
15 g	Ingwer, geschält und fein geschnitten
1 TL	Senfkörner
3	Sternanis
	Cayennepfeffer nach Bedarf
60 ml	Weißweinessig
80 g	brauner Zucker
50 g	Gelierzucker

Schalotten und Knoblauchzehe fein schneiden, im Marillenkernöl glasig anschwitzen, ohne Farbe nehmen zu lassen. Marillen waschen, halbieren, Steine entfernen und in akkurate Stücke (erbsengroß) schneiden, dazugeben und zusammen mit den Gewürzen, Essig und dem Zucker aufkochen, 3 Minuten köcheln lassen und in kleine Gläser abfüllen.

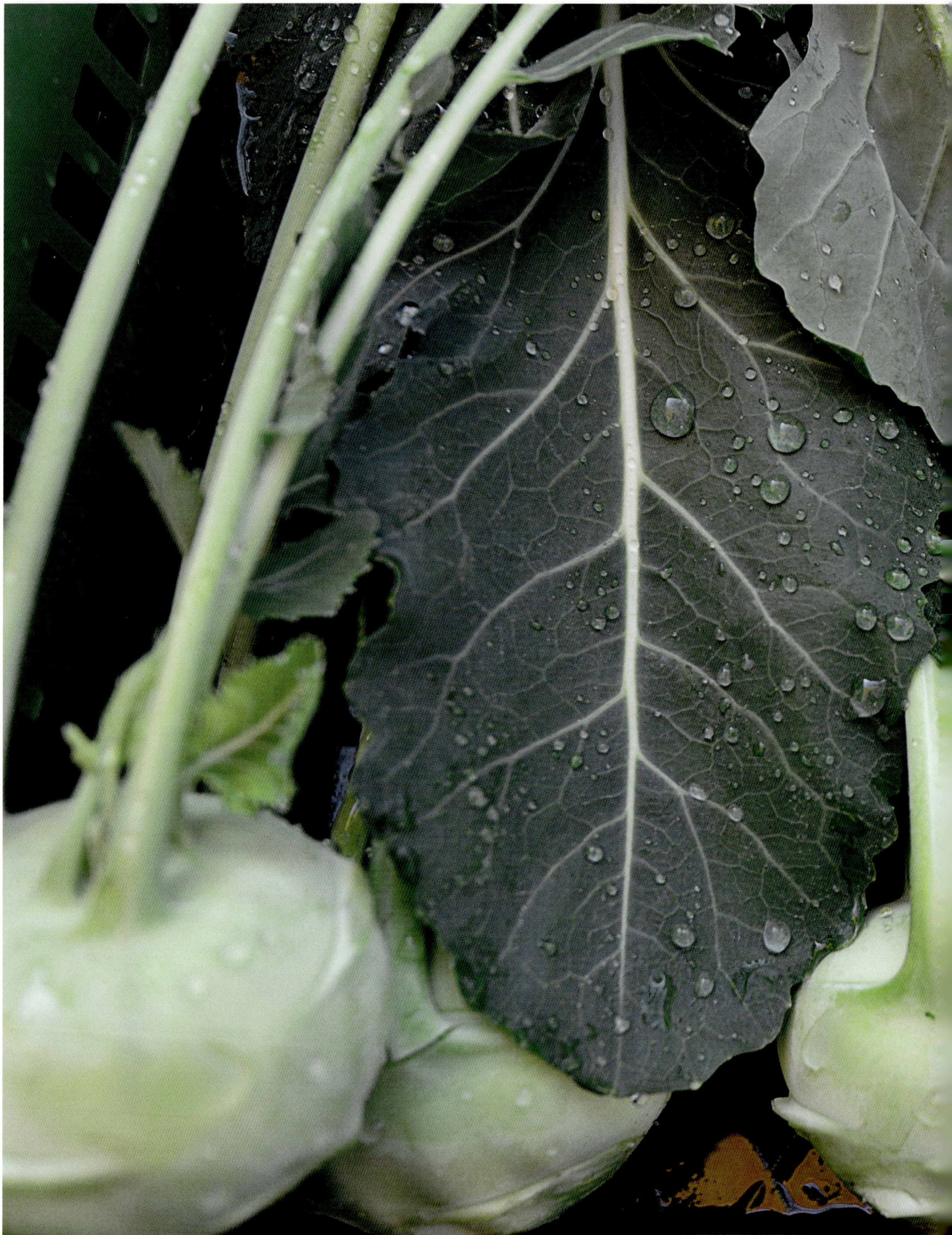

Vegan

MEINE LIEBLINGSREZEPTE **VEGAN**

In der Holzkohle gegrillte Artischocken

FÜR 6 PORTIONEN

6 Artischocken (mittlere Größe)
etwas grobes Meersalz
60 ml natives Olivenöl

ZUBEREITUNG

Das ist wohl eine der spannendsten Gemüse-Geschichten, die ich auf meinen Reisen erleben durfte. Auf einer Erkundungsfahrt quer (eigentlich eher längs) durch Italiens Weinbauregionen führte unser Weg schließlich nach Sizilien, wo wir unsere Freunde, die Planetas – ein richtiger sizilianischer Clan, der für Siziliens beste Weine und bestes Olivenöl verantwortlich ist –, einfach besuchen mussten. Ihrer herzlichen Gastfreundschaft haben wir es zu verdanken, dass wir im Süden dieser imposanten Insel Vittorio kennenlernen durften. Er grillt für sein Leben gern, tut das nicht nur mit unglaublicher Hingabe, sondern ist auch ein kreativer Perfektionist, wie wir bald feststellen durften.

Wir waren die einzigen Gäste – außer ein paar Freunde von Vittorio, die lärmend einen Tisch bevölkerten und für perfekte, italienische Stimmung sorgten. Wir saßen direkt am Grill, in dem schon eine herrliche Glut aus Rebholz der Dinge harrte, die da kommen würden. Neben dem Grill lag ein ganzer Haufen Artischocken, die um diese Zeit die Insel auf riesigen Feldern bewuchsen. Als ich das sah, sprach ich meinen Freund Walter Tucek darauf an und sagte ihm, dass ich große Lust hätte, ein paar dieser herrlichen Artischocken einfach in die Glut zu legen – das stellte ich mir himmlisch vor.

Ich war nicht ganz fertig mit dem Satz, da brach Vittorio eine Artischocke nach der anderen vom krautigen Stängel und legte sie behutsam in die Glut. Wir dachten, wir sehen nicht richtig und dann wurde uns klar, die ganz kurz genial anmutende „Erfindung" meinerseits war alles andere als neu! Und perfekt entwickelt noch dazu: Denn nach wenigen Minuten begannen die Artischocken sich leicht zu öffnen und schon war Vittorio mit Meersalz und Olivenöl zur Stelle, streute etwas Salz zwischen die leicht geöffneten Blätter und träufelte dann etwas von diesem genialen Planeta-Öl hinein. Nach 15 Minuten begannen sie aus den Öffnungen zu dampfen, ein klarer Hinweis, dass es nicht mehr lange dauern konnte. Und genau, nur wenige Minuten später hob Vittorio voller Stolz diese Kunstwerke aus der Glut auf unsere Teller. Wir entfernten die äußeren, komplett verkohlten Blätter und dann saugten wir an den Enden der ersten perfekt gegarten Artischockenblätter, tauchten sie gelegentlich in Öl, mhm. Ich kann mich nicht erinnern, je etwas Köstlicheres gegessen zu haben. Wow!!!!

V Achte auf meine Auszeichnung der veganen Rezepte in den anderen Kapiteln!

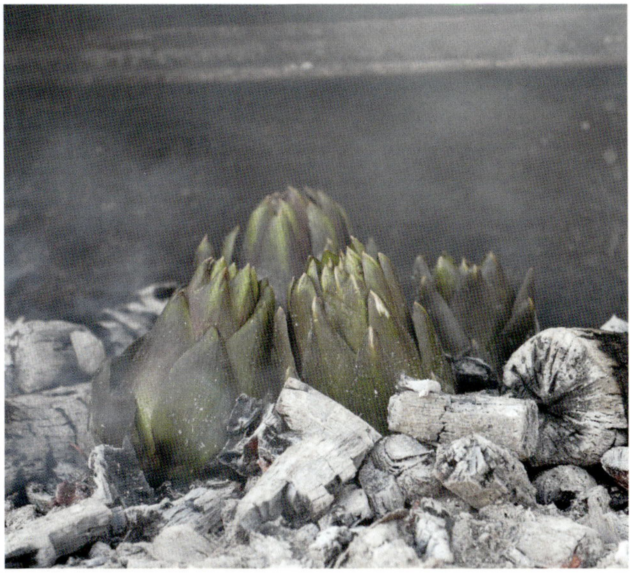
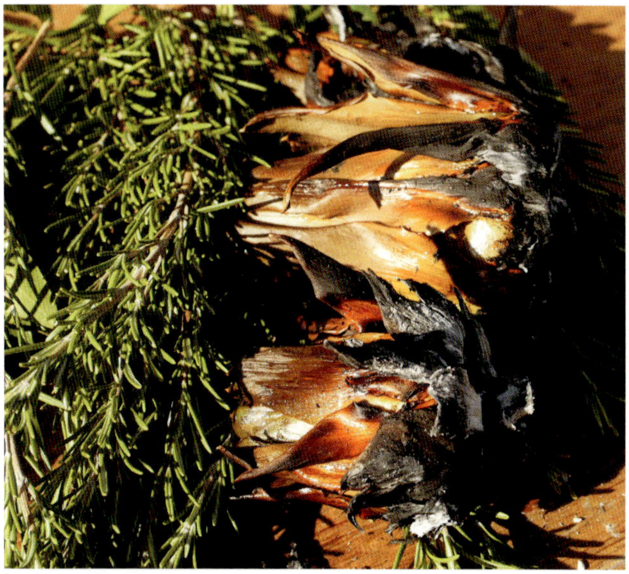
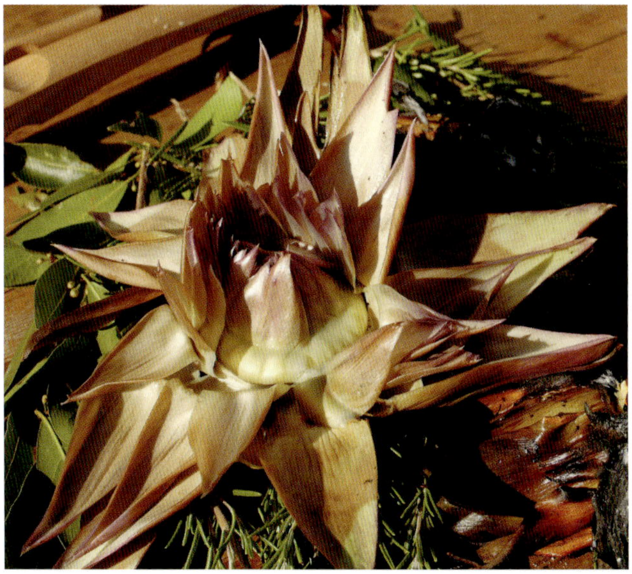
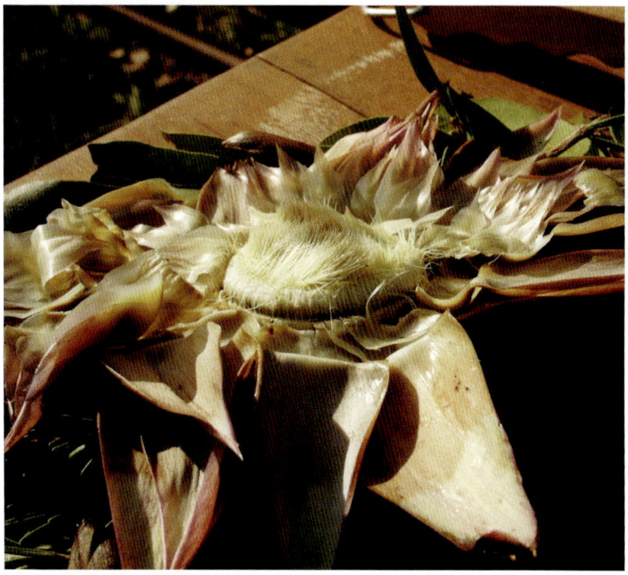
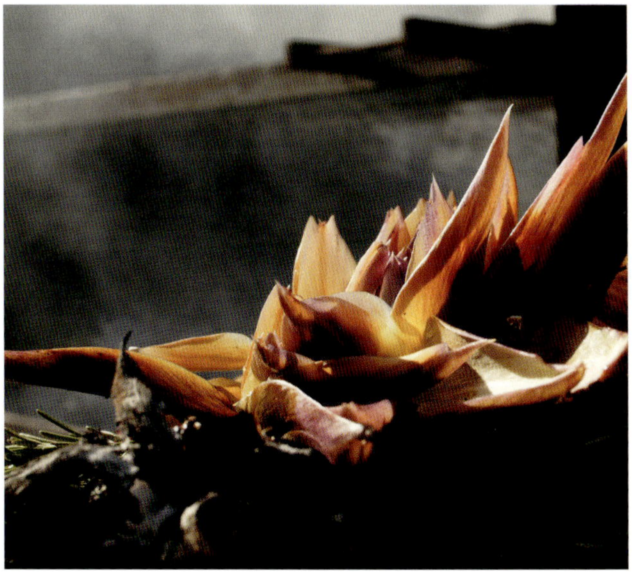
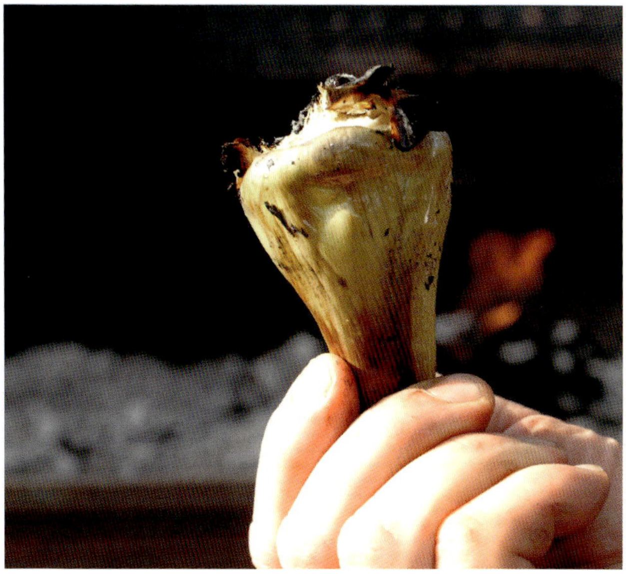

MEINE LIEBLINGSREZEPTE **VEGAN**

Trilogie von der Aubergine

Einem Impuls folgend wollte ich dem oft etwas banalen Geschmack der Aubergine helfen und dachte mir, es fehlt meistens an Pfiff und Frische. Bei diesen beiden Attributen war Minze nicht nur in meinem Kopf, sondern auch auf meinen Papillen. Dann war es nicht mehr weit bis zum Auberginen-Püree mit Minze und so wurde diese Trilogie daraus: Aubergine auf drei Arten – Püree mit Minze, Chips sowie gefülltes Röllchen.

FÜR 6 PORTIONEN

Für das Auberginen-Minz-Püree:

1	mittelgroße Aubergine
60 ml	natives Olivenöl
	Salz, Pfeffer
	fein geriebene Muskatnuss
	Kardamompulver
1	frisches Minzesträußchen

Für die Chips:

1	mittelgroße Aubergine
500 ml	Erdnussöl
etwas	Salz

Für die Auberginen-röllchen:

1	Aubergine
3 EL	Olivenöl
500 ml	Gemüsefond ▶ 248
200 g	Bulgur
1 EL	gehackte Cranberrys
1 EL	gehackte Korianderblätter
1 EL	gehackte Pinienkerne
2 EL	kalt gepresstes Avocadoöl

ZUBEREITUNG

Für das Püree die Aubergine der Länge nach halbieren und mit etwas Olivenöl beträufeln. 20 Minuten im heißen Rohr bei ca. 200 Grad (Umluft) garen. Dann mit einem Löffel das breiige Fruchtfleisch ausschaben, würzen und mit dem restlichen Olivenöl mixen. Abpassieren und mit frisch gehackter Minze abschmecken.

Für die Chips die Aubergine der Länge nach in dünne Scheiben schneiden und diese in heißem Erdnussöl frittieren. Leicht salzen.

Die Auberginenröllchen sind etwas aufwendiger. Zuerst schneidest du die Aubergine längs in Scheiben – etwas dicker als die Chips –, dann brätst du sie in wenig Olivenöl an. Auskühlen lassen und indessen den Bulgur vorbereiten: Den Gemüsefond aufkochen, Bulgur hineingeben und zugedeckt beiseite stellen. Nach ca. 10 Minuten sollte der Bulgur die Flüssigkeit aufgenommen haben. Mit einem Löffel auflockern. Den ausgequollenen Bulgur mit gehackten Cranberrys, Koriander und Pinienkernen mischen. Mit etwas Avocadoöl bekommst du eine leichte Bindung und der Bulgur wird herrlich saftig und aromatisch. Diese Masse auf die Auberginenscheiben geben, einrollen und in eine Form schlichten. Im Rohr bei 200 Grad (Umluft) 6 Minuten backen. In Olivenöl scharf gebratene Paprikawürfel, frische Minz- und Korianderblätter sowie Limettenzesten runden dieses Gericht präzise und intensiv ab. Nun gilt es nur noch die drei Komponenten liebevoll auf heiße Teller anzurichten.

V Achte auf meine Auszeichnung der veganen Rezepte in den anderen Kapiteln!

MEINE LIEBLINGSREZEPTE **VEGAN**

Mit Chili-Glasnudeln gefüllte Kohlrabi, Kokosschaum & Perlsago

Wer liebt nicht die Kombination: Chili, Zitronengras, Limette, Kokos – und dann noch das milde, süßlich warme Aroma der Kohlrabi.

FÜR 6 PORTIONEN

- 6 kleine, feste Kohlrabis
- 200 g sehr fein geschnittene Gemüsestreifen (Lauch, Karotte, Staudensellerie, Zwiebel, Austern- oder Shiitake-Pilze, Zuckerschoten, Paprika – lass deiner Fantasie freien Lauf!)
- 2 EL kalt gepresstes Erdnussöl
- 2 EL milde Sojasauce
- 40 g frischer Ingwer, geschält und in Streifen geschnitten
- 4 EL Chicken-Chili-Sauce
- Salz, Cayennepfeffer nach Bedarf
- 300 g feine Glasnudeln
- 80 g Perlsago, grün

Für den Kokosschaum:
- 3 Stangen Zitronengras
- 200 ml Kokosmilch
- ½ Limette, nur der Saft
- 1 Prise Salz

ZUBEREITUNG

Die Kohlrabis mit einem scharfen Messer schälen. Wenn sie noch knackige, frische Blätter haben, schneide ich den Deckel separat ab und blanchiere ihn kurz, das sieht sehr dekorativ aus und die zarten Blätter schmecken super. Allerdings bleibt der ungeschälte Deckel holzig. Genuss nur für Hartgesottene! Dann die Kohlrabis aushöhlen, das Innere fein schneiden und zusammen mit den Gemüsestreifen im Erdnussöl – am besten im Wok – scharf anbraten. Sojasauce, Ingwer, Chicken-Chili-Sauce beigeben und mit Salz und Cayenne nach dem persönlich gewünschten Schärfegrad abschmecken. Indessen die Glasnudeln kochen. Das dauert je nach Stärke nur wenige Minuten.

In der Zwischenzeit den Kokosschaum zubereiten. Zitronengras zerklopfen und mit Kokosmilch und Limettensaft aufkochen. Dazu können die Stangen getrost in Stücke geschnitten werden. Mit einer Prise Salz würzen. Absieben, in einen Mixbecher geben und mit dem Stabmixer aufschäumen. Nun die heißen Kohlrabi – du kannst sie gerne im Kochwasser etwas ziehen lassen – mit den Nudeln, die du vorher mit dem saftigen, scharfen Gemüse vermengst, füllen. Den Schaum und allenfalls die Deckel mit anrichten. Zuletzt die grünen Sagoperlen in den Schaum purzeln lassen – nicht nur optisch ein Highlight.

MEINE LIEBLINGSREZEPTE **VEGAN**

Gefüllte Zucchiniblüten

Mit einer feinen Tomatensauce ein herrlicher, leichter Hauptgang, aber auch eine schöne Beilage.

FÜR 20 BLÜTEN

- 20 Zucchiniblüten
- 200 g Fenchel, in feine Würfel geschnitten
- 200 g gewürfelte, rote Paprika
- 1 große Zwiebel, fein gehackt
- 80 ml Distelöl
- 100 g gekochte, zerdrückte Kichererbsen
- 1 EL Estragonblätter, kurz durchgehackt
- Kurkuma
- Salz, Pfeffer
- fein geriebene Muskatnuss
- 1/8 l Weißwein

ZUBEREITUNG

Die Blüten öffnen, den Blütenstempel entfernen. Dies sollte unmittelbar nach dem Kauf passieren, denn wenn die Blüten im Kühlschrank auch nur ein bisschen feucht werden, kleben sie zusammen und dann kann das Füllen mitunter zu einer Nervenprobe werden. Einfach inzwischen etwas Küchenpapier hineinstopfen, so kannst du sie dann problemlos füllen.

Für die Füllung Fenchel, Paprika und Zwiebel in Distelöl anschwitzen und zugedeckt einige Minuten garziehen lassen. Dann die Kichererbsen dazugeben, gut durchmischen und mit Estragon, Kurkuma, Salz, Pfeffer und Muskat abschmecken.

In die Blüten füllen, diese mit Weißwein übergießen und im heißen Rohr bei 200 Grad (Ober- und Unterhitze) oder auf dem Grill kräftig erhitzen. Dies dauert nur wenige Minuten, bis die Füllung richtig heiß und die kleinen Zucchini knackig gegart sind.

V Achte auf meine Auszeichnung der veganen Rezepte in den anderen Kapiteln!

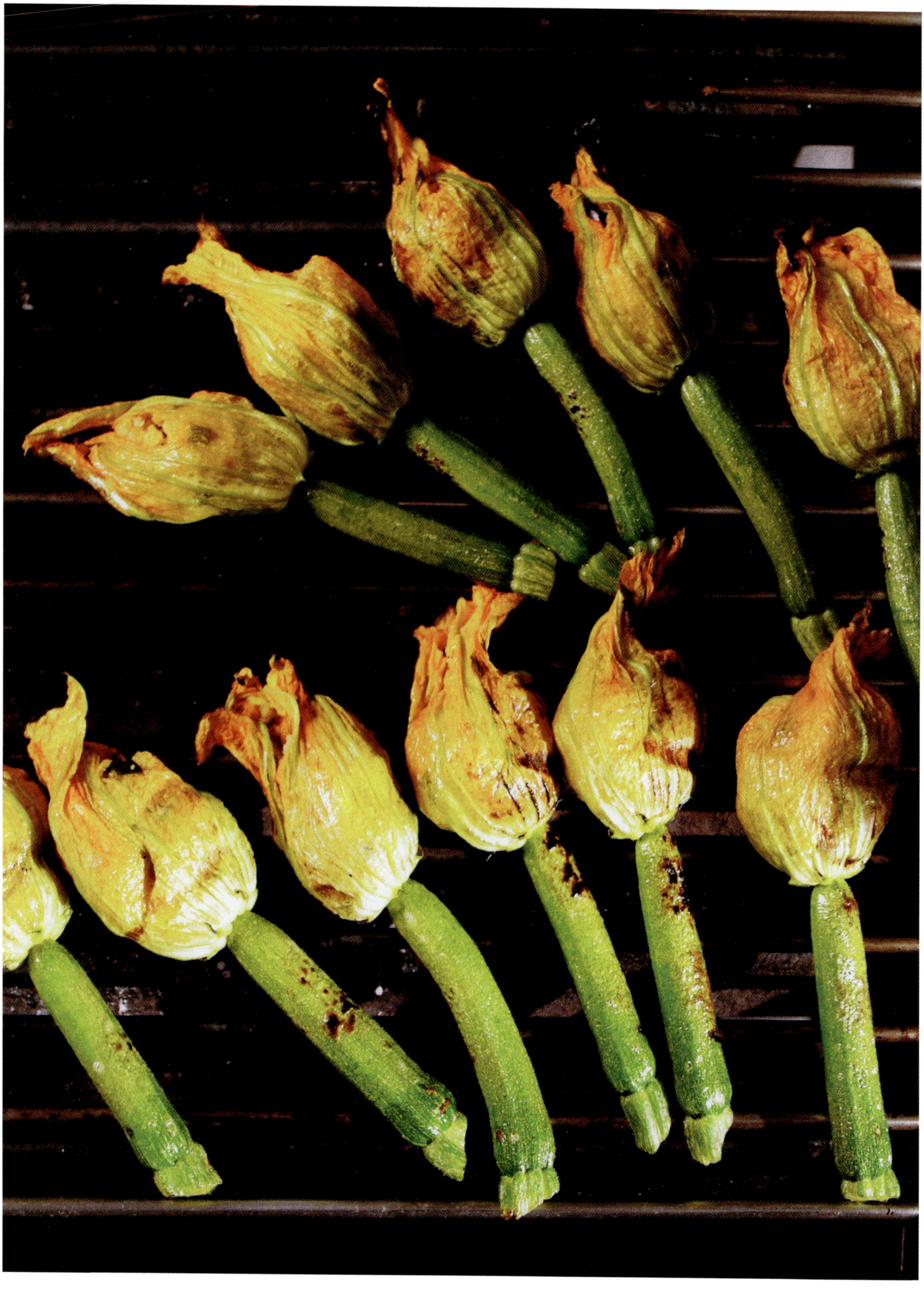

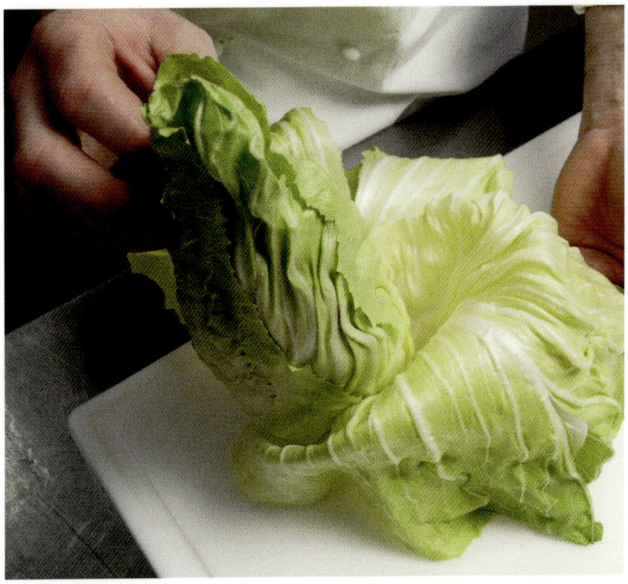
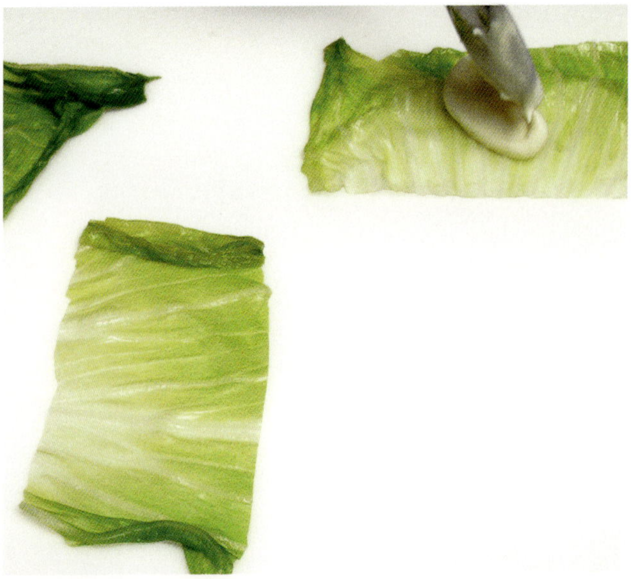
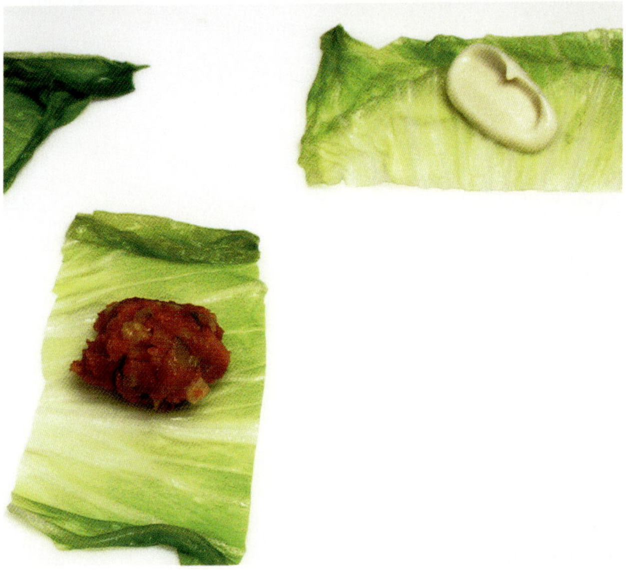
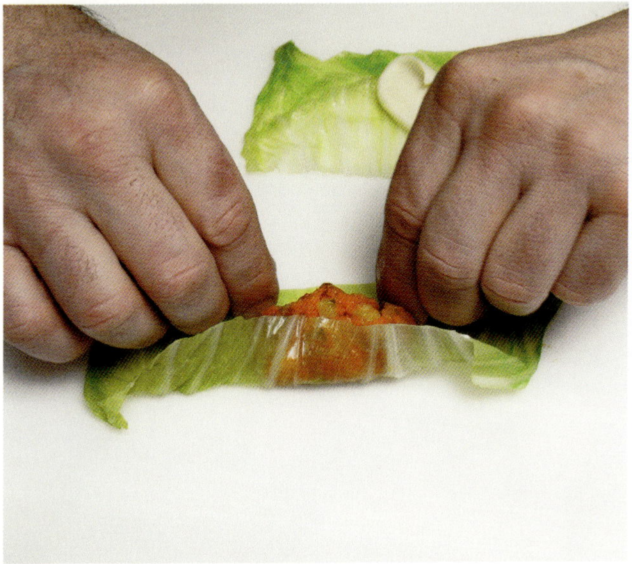
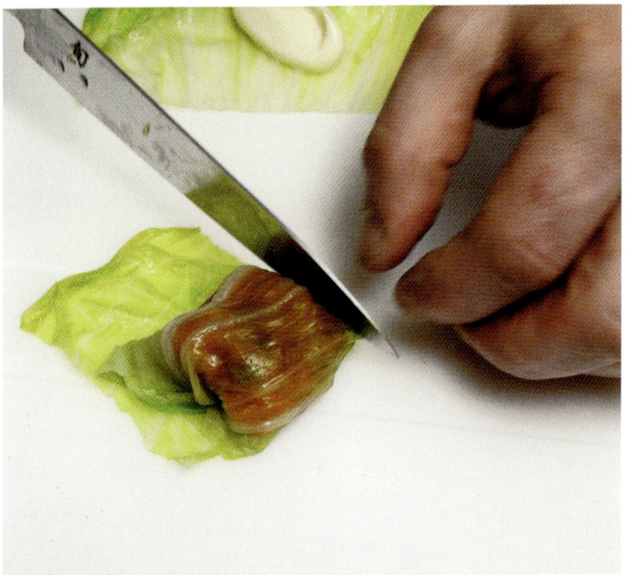
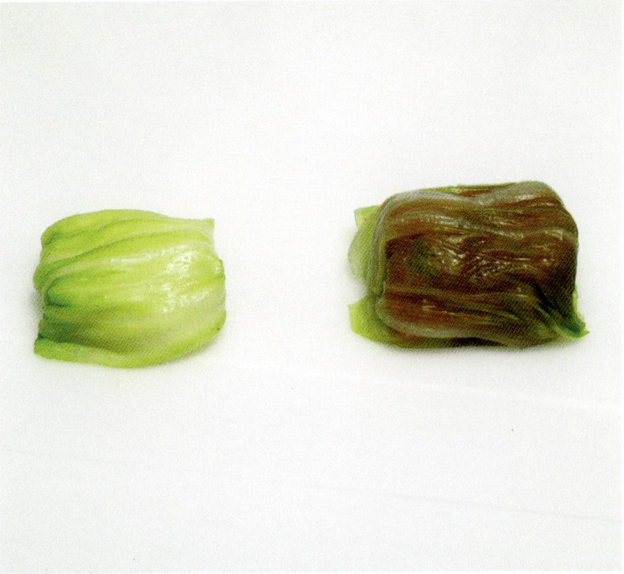

Gefüllte Zuckerhuttäschchen mit Tomaten-Koriander-Salsa

Eine Art Ravioli, die anstelle von Nudelteig ein hauchzartes Mäntelchen aus Zuckerhutblättern haben. Ich halte das für eine sehr feine und elegante Art, Gemüsearomen in großer Vielfalt miteinander zu verbinden, und je nach „Füllstoff" kann ich auch bei Saucen- oder Schaumvielfalt unglaublich variabel sein.

FÜR 6 PORTIONEN

- 1 großer Zuckerhut
- 150 g Brokkoli-Püree ▸ 176
- 150 g Butternusskürbis-Püree ▸ 177
- 150 g Fenchel-Püree ▸ 177
- 50 ml Olivenöl
- 50 ml Weißwein

Für die Salsa:
- 4 schöne Tomaten
- 50 g fein geschnittene Schalotten
- 1 Bd. frische Korianderblätter
- 20 ml milder Weißweinessig
- 50 ml Olivenöl
- 1 EL Honig
- Salz, Pfeffer
- Cayennepfeffer

ZUBEREITUNG

Den Zuckerhut aufblättern und die Blätter in gut gesalzenem Wasser wenige Sekunden blanchieren. Dann in Eiswasser abschrecken. Große Blattadern mit einem scharfen Messer herausschneiden. Die Zuckerhutblätter auf einem Tuch ausbreiten, trocken tupfen und mit den verschiedenen Pürees füllen (siehe Bildfolge). Wähle eine bunte Mischung an Pürees, das schmeckt herrlich und ist sehr dekorativ. Dann Olivenöl und Weißwein in eine große, flache Pfanne geben, die Täschchen hineinschlichten, kurz aufkochen lassen und zugedeckt beiseite stellen, sodass sie schön heiß ziehen können, ohne allzu heiß zu werden.
Für die Salsa die Tomaten ca. 15 Minuten in Salzwasser kochen, in Eiswasser abschrecken, schälen und das Kerngehäuse mit einem scharfen Messer entfernen. Anschließend fein würfeln. Die Schalotten und die Hälfte des Korianders (fein gehackt) sowie Weißweinessig, Olivenöl und Honig beigeben. Gut verrühren und mit Salz, Pfeffer und Cayenne abschmecken. Die Sauce kalt auf Tellern anrichten und die lauwarmen Täschchen in die Sauce setzen. Mit frischen Korianderblättern bestreut servieren.

V Achte auf meine Auszeichnung der veganen Rezepte in den anderen Kapiteln!

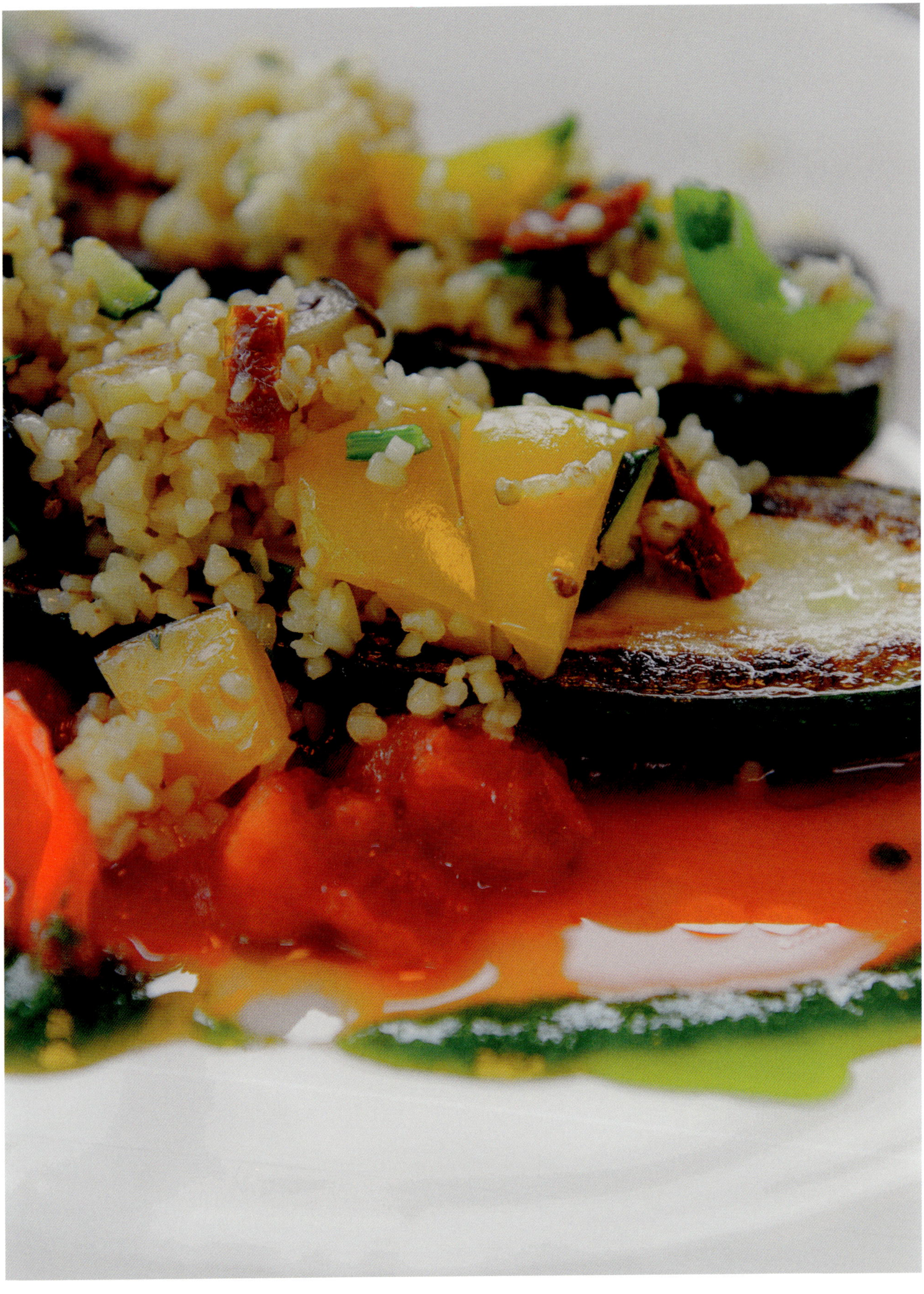

MEINE LIEBLINGSREZEPTE VEGAN

Mit Bulgur, Grillgemüse, schwarzen Oliven und getrockneten Tomaten gefüllte Zucchini

Ein Hauptgang, der an Einfachheit und Aromatik kaum zu übertreffen ist. Eines der veganen Gerichte in meinem Lokal Maurachbund in Bregenz, ohne das wir keine Speisekarte machen dürfen. Zu viele Fans. Ich inklusive!

FÜR 6 PORTIONEN

- 500 ml Gemüsefond ▸ 248
- 200 g Bulgur
- 6 mittelgroße Zucchini
- 80 ml Olivenöl
- 1 mittelgroße rote Zwiebel
- 100 g Champignons
- 100 g gelbe Paprika
- 100 g grüne Paprika
- 2 EL schwarze Oliven
- 50 g getrocknete Tomaten
- 1 EL gehackte Petersilie
- Salz, Pfeffer
- 1 Msp. scharfer Curry
- Cayennepfeffer
- 3 EL Basilikumpesto ▸ 261

Für die Sauce:
- 200 g gewürfeltes Tomatenfleisch aus der Dose
- 100 ml Olivenöl
- 50 ml Gemüsefond ▸ 248
- Salz, Pfeffer

ZUBEREITUNG

Den Gemüsefond aufkochen, Bulgur hineingeben und zugedeckt beiseite stellen. Nach ca. 10 Minuten sollte der Bulgur die Flüssigkeit aufgenommen haben. Mit einem Löffel auflockern. Dann die Zucchini längs halbieren, mit dem Melonen-(Parisienne-)Ausstecher aushöhlen. Das Fruchtfleisch kurz durchhacken. Ein Backblech mit 30 ml Olivenöl beträufeln, die Zucchini mit der Schnittfläche auflegen und im heißen Rohr bei 240 Grad (Ober- und Unterhitze) ca. 5 Minuten garen. Ideal ist es, wenn die Zucchini auf der Schnittfläche eine leichte Bräunung haben.

Nun die Zwiebel schälen und grob würfeln. Ebenso Champignons, gelbe und grüne Paprika in Würfel schneiden und alles zusammen im restlichen Olivenöl anbraten. Dann die Oliven und die getrockneten Tomaten schneiden und mit der Petersilie zum Gemüse geben. Mit Salz, Pfeffer, Curry und etwas Cayenne abschmecken. Gut durchmischen. Diese Mischung in die Zucchini füllen.

Für die Sauce das Tomatenfruchtfleisch mit Olivenöl und Gemüsefond erhitzen, leicht mit Salz und Pfeffer abschmecken und auf Tellern anrichten. Dann die gefüllten Zucchini draufsetzen und mit Basilikumpesto beträufelt servieren.

V Achte auf meine Auszeichnung der veganen Rezepte in den anderen Kapiteln!

MEINE LIEBLINGSREZEPTE **VEGAN**

Sobanudeln mit Steinpilzen, Safrankarotten und Liebstöckel

Sobanudeln waren bei uns bis vor einigen Jahren nur Kennern ein Begriff. Wieso eigentlich? Buchweizen ist ein Hauptbestandteil und wer könnte sich Blinis, Schwarzplenten-Schlutzkrapfen oder Heidensterz aus unserem kulinarischen Verständnis wegdenken? Vielleicht doch eher ein geografisches Problem, da sie ursprünglich aus Japan kommen. Ich mag den nussigen Geschmack und die wunderbare Konsistenz. Versuche es auch mal mit kalten Sobanudeln als Salat.

FÜR 6–8 PORTIONEN

- 500 g Sobanudeln
- 120 g geraspelte Karotten
- 2 EL kalt gepresstes Rapsöl
- 1 EL helle, milde Sojasauce
- 1 EL Weißweinessig
- einige Safranfäden
- 200 g geputzte und blättrig geschnittene Steinpilze
- 1 kl. Zwiebel
- einige Liebstöckelzweige
- 1 EL Pinienkerne

ZUBEREITUNG

Die Sobanudeln in gut gesalzenem Wasser schön bissfest kochen. Abseihen und mit kaltem Wasser abspülen. Indessen die Karotten in 1 EL Rapsöl langsam anschwitzen, mit Sojasauce und Weißweinessig ablöschen, den Safran beigeben und zugedeckt bei kleiner Hitze ein paar Minuten ziehen lassen. Das gibt dir Zeit, die Steinpilze in 1 EL Rapsöl langsam zu braten. Die fein geschnittene Zwiebel dazugeben und erneut anbraten. Nun die Nudeln in einem Sieb nochmals kurz in kochendes Salzwasser hängen, gut abtropfen und zu den Steinpilzen geben. Die Karotten hinzufügen, frisch gezupften Liebstöckel und am Schluss die Pinienkerne beigeben, die zuvor in einer heißen Pfanne ohne Fett goldbraun geröstet wurden. Kurz durchmischen und heiß servieren.

V Achte auf meine Auszeichnung der veganen Rezepte in den anderen Kapiteln!

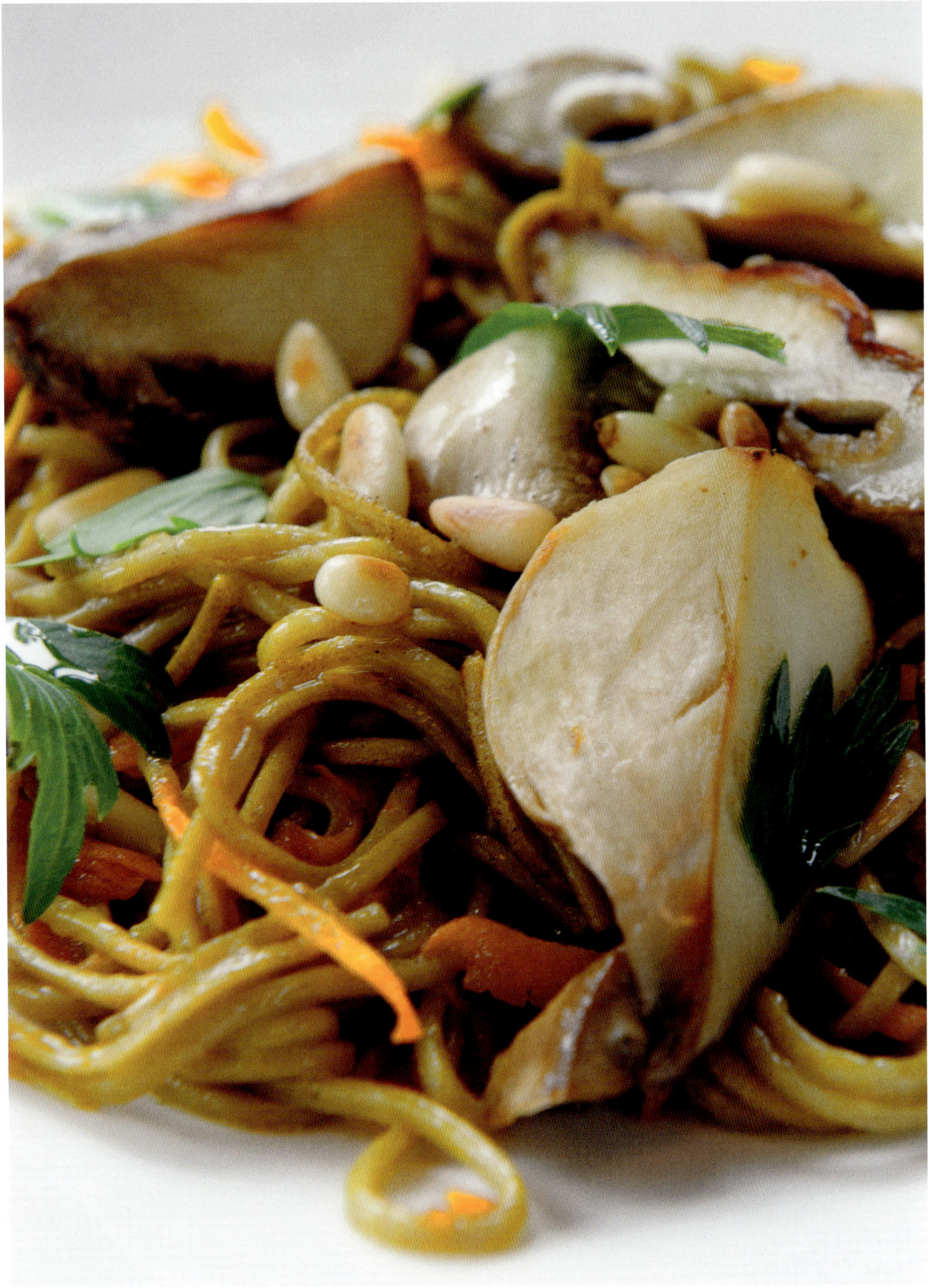

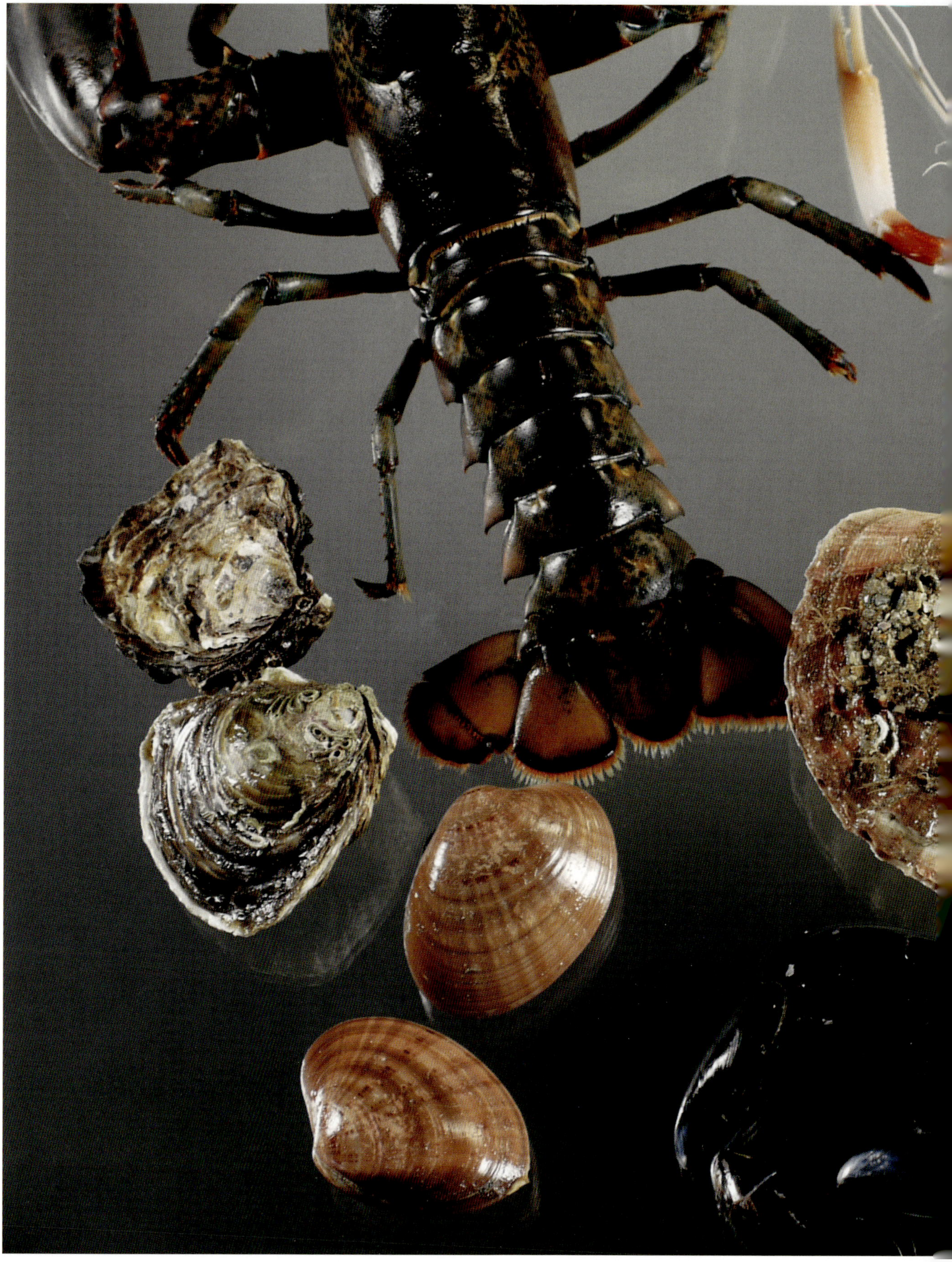

Fisch & Meeresfrüchte

Gebratene Aal-Koteletts auf Tomaten-Oliven-Fondue mit Basilikumöl

Der Clou bei diesem Gericht ist, dass durch das Braten der Aalstücke in einer richtig heißen Pfanne so viel Fett austritt, dass zum Anbraten nur eine kleine Menge Butterschmalz oder Olivenöl benötigt wird. Dadurch kommt der herrliche Geschmack erst richtig zum Vorschein und das Fleisch ist fest und saftig. In der Kombination mit Tomaten, schwarzen Oliven und Basilikum ein Traum.

FÜR 6 PORTIONEN

- 1 Aal, ca. 600 g
- 1 Zitrone
- Salz, Pfeffer
- Cayennepfeffer
- Butterschmalz

Für das Tomaten-Oliven-Fondue:

- 1 TL fein gehackte Schalotten
- wenig Knoblauch
- 3 EL Olivenöl
- 120 g Cherrytomaten (rot, gelb)
- 120 g Fruchtfleisch von eingelegten Tomaten
- 1 Spritzer Weißwein
- 1 TL Basilikum und/oder Blattpetersilie, gehackt
- Salz, Pfeffer
- Chili
- 80 g schwarze Oliven

Für das Basilikumöl:

- 30 ml Basilikumpesto ▶ 261
- 30 ml natives Olivenöl

MEINE LIEBLINGSREZEPTE **FISCH & MEERESFRÜCHTE** | SÜSSWASSERFISCHE

ZUBEREITUNG

Den abgezogenen Aal in Scheiben (Koteletts) schneiden, mit Zitronensaft beträufeln, salzen, pfeffern und mit etwas Cayennepfeffer bestreuen. In Butterschmalz goldbraun anbraten. Am besten gelingt das in einer heißen Eisenpfanne mit wenig Butterschmalz, sodass der Aal sein Fett schön ausbraten kann.

Für das Tomaten-Oliven-Fondue Schalotten und gehackten Knoblauch in Olivenöl kurz anrösten, dann Tomaten, etwas Weißwein und die Kräuter dazugeben. Nun bei geringer Hitze die Tomaten „schmelzen" lassen. Mit Salz, Pfeffer und Chili abschmecken. Die würfelig geschnittenen Oliven erst kurz vor dem Servieren beigeben. Über das fertige Gericht einige Tropfen Basilikumöl und frisch gezupfte Basilikumblätter geben.

MEINE LIEBLINGSREZEPTE FISCH & MEERESFRÜCHTE | SÜSSWASSERFISCHE

Bodenseefelchen in Kartoffel-Sellerie-Kruste mit gefüllter Zucchiniblüte

Felchen haben ein weiches Fleisch, das schnell zu viel gegart sein kann. Die Kruste aus Kartoffeln und Sellerie ist nicht nur sehr geschmackvoll, sie schützt die Filets gewissermaßen auch vor zu viel Hitze. So können die Filets schonend garen. Das Ergebnis ist saftiges, zartes Fleisch umhüllt von knusprigen Kartoffeln und Sellerie.

FÜR 6 PORTIONEN

- 12 Felchenfilets (Reinanke)
- Salz, Pfeffer
- Cayennepfeffer
- 60 g glattes Mehl
- 1 Ei
- 3 große Kartoffeln
- 1 Sellerieknolle
- 80 g Butterschmalz

Gefüllte Zucchiniblüte ▸ 72

Für den Spinat:
- 200 g frischer Blattspinat
- 50 g Butter
- 50 ml Sahne
- Salz, Pfeffer
- fein geriebene Muskatnuss

Für die Sauce:
- 1 TL Schalotten, fein geschnitten
- 100 g Butter
- 100 ml Weißwein
- 100 ml Fischfond ▸ 248
- 100 ml Sahne
- Salz, Pfeffer
- etwas Zitronensaft
- 1 EL Felchenkaviar (Reinanke)
- 1 EL frisch gehackte Kräuter (Dill, Kerbel, Petersilie)

ZUBEREITUNG

Felchenfilets mit einem scharfen Messer sauber zuschneiden und entgräten. Mit Salz, Pfeffer, Cayennepfeffer würzen, die Fleischseite leicht mehlieren und mit dem verquirlten Ei bestreichen. Dann die Kartoffeln und den Sellerie in feine Streifen schneiden, mischen und auf die Filets legen. Leicht andrücken und die Filets mit der Kruste nach unten in eine mittelheiße Pfanne mit dem Butterschmalz geben und goldbraun braten. Wenden und auch auf der Hautseite braten. Auf Küchenpapier abtropfen lassen.

Butter in einer Pfanne bräunen, den gewaschenen Spinat dazugeben und kurz zusammenfallen lassen. Durchschwenken, dann mit der Sahne verfeinern und mit Salz, Pfeffer aus der Mühle und Muskat abschmecken. (Für Knoblauchliebhaber: In der braunen Butter eine ganze, geschälte Knoblauchzehe mitschwenken. Das genügt schon, um einen dezenten Knoblauchgeschmack in den Spinat zu bekommen.)

Für die Sauce Schalotten in 1 EL Butter anschwitzen und mit Weißwein ablöschen. Fischfond dazugeben, einreduzieren, Sahne angießen und erneut einreduzieren. Mit Salz, Pfeffer und Zitronensaft abschmecken. Am Schluss mit der restlichen Butter montieren. Felchenkaviar und frische Kräuter der Saison beigeben. Der Felchenkaviar darf nicht zu heiß werden, da er sofort durchgart und hart wird. Das Felchenfilet auf einem Blattspinatbett anrichten, mit der Sauce angießen und mit der gefüllten Zucchiniblüte servieren.

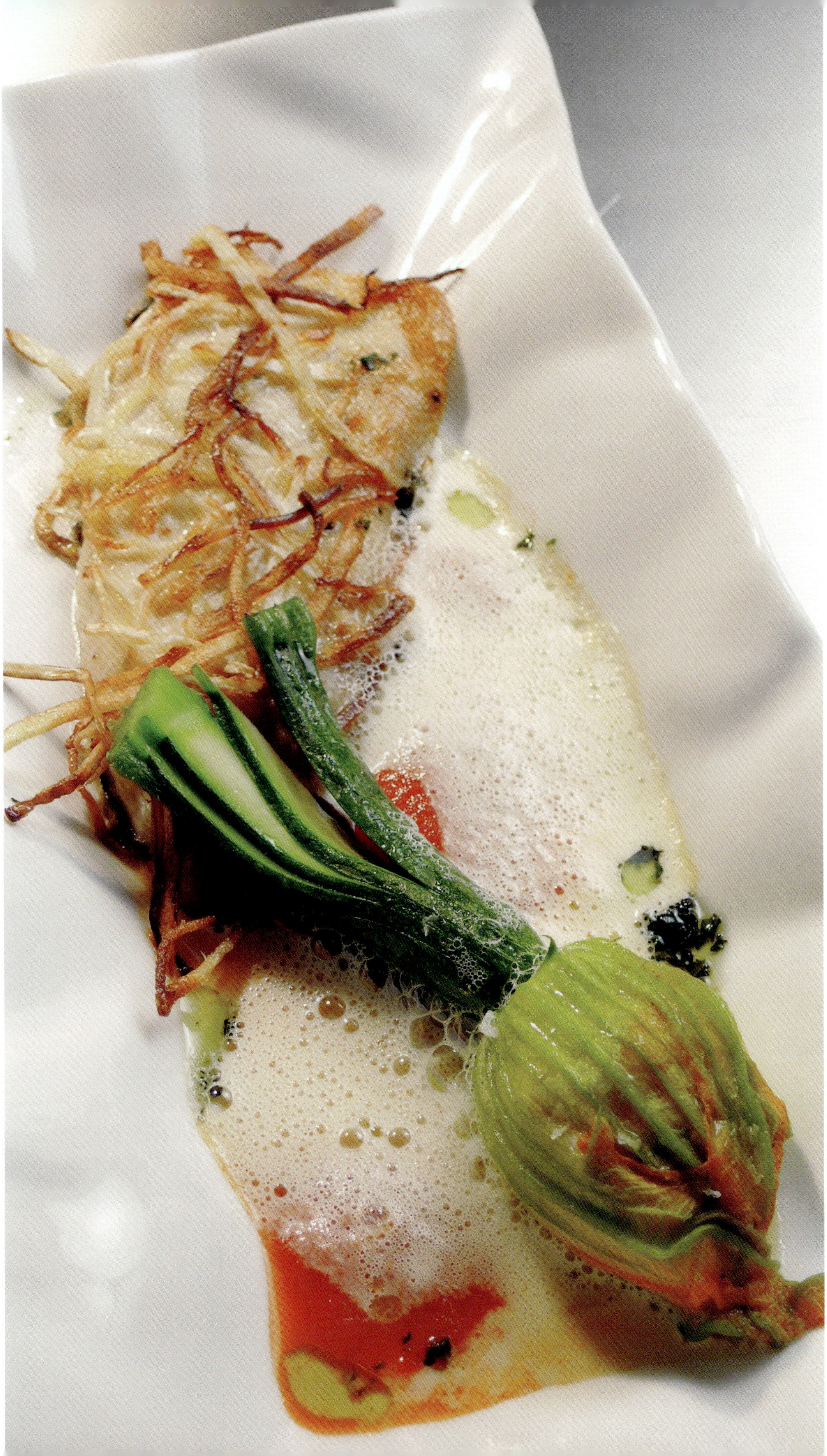

MEINE LIEBLINGSREZEPTE **FISCH & MEERESFRÜCHTE** | SÜSSWASSERFISCHE

Zander mit Sauce von roten Paprika gratiniert

Nach meinem ersten Frankreichaufenthalt Mitte der 1980er-Jahre war ich fasziniert von all den Gratins, Aufläufen und Soufflés, die die französische Küche zu einem guten Teil ausmachen. Wieder zu Hause am Bodensee habe ich dieses Gericht kreiert, das mich bis heute erfreut.

FÜR 4–6 PORTIONEN

Für den Zander:
- 400 g Zanderfilet
- etwas Butter für die Teller
- Salz, Pfeffer
- Cayennepfeffer
- 1 Schalotte
- 80 ml Weißwein

Für die Gratinsauce:
- 100 ml Paprikaschaumsauce ▸ 253
- 100 ml Sauce hollandaise ▸ 253
- 50 ml geschlagene Sahne

ZUBEREITUNG

Zanderfilet entgräten und mit einem scharfen Messer in hauchdünne Scheibchen schneiden. Diese in gebutterte, tiefe Teller legen und mit Salz, Pfeffer und Cayennepfeffer würzen. Die Schalotte ganz fein schneiden und über den Zander streuen. Mit etwas Weißwein beträufeln und im Rohr bei starker Oberhitze nur kurz steif werden lassen.

Dann Paprikaschaumsauce erwärmen, von der Platte nehmen, die Sauce hollandaise und die geschlagene Sahne unterheben und damit den Zander nappieren, das heißt, vollständig mit der Sauce überziehen. Unter dem Salamander oder im Rohr bei großer Oberhitze so lange gratinieren, bis das Ganze eine schöne Farbe erhält.

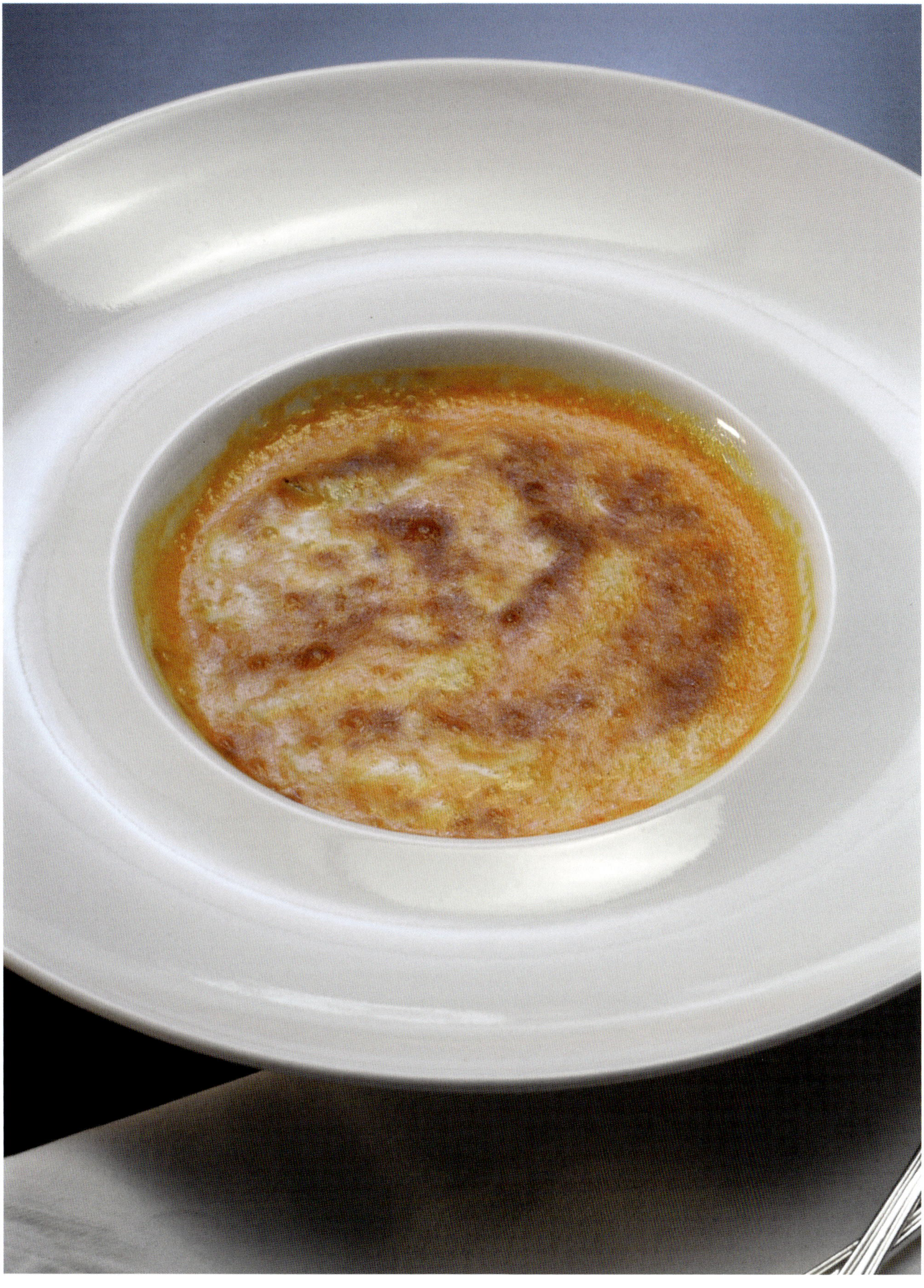

Hechtwürstchen mit Krebsen auf Balsamicolinsen

Hechtfleisch eignet sich bestens für Farcen, denn durch das Abpassieren sind sämtliche Gräten entfernt. Zusammen mit den Flusskrebsen und den eher deftigen Linsen ein Leibgericht.

FÜR 6–8 PORTIONEN

- 400 g Hechtfleisch
- 2 Eier
- 250 ml Sahne
- Salz, Pfeffer
- fein geriebene Muskatnuss
- 1 l Fischfond ▸ 248
- Butterschmalz zum Braten

Für die Krebse:
- 24 Flusskrebse
- 30 ml Olivenöl
- 2 Schalotten
- 1 Schuss Cognac
- 100 ml Sahne
- 1 Prise Cayennepfeffer
- Salz, Pfeffer

Für die Balsamicolinsen:
- 100 g Belugalinsen
- 40 g gewürfelte Schalotten
- 150 g Gemüsewürfel (Karotte, Sellerie, Lauch)
- 30 g Butter
- 2 EL alter Balsamico
- 50 ml Gemüsefond ▸ 248
- Salz, Pfeffer

ZUBEREITUNG

Aus dem Hechtfleisch, 2 Eiern und 250 ml Sahne eine Hechtfarce herstellen: Gekühltes Hechtfleisch kurz ancuttern, dann nach und nach die Eier und 100 ml Sahne eincuttern. Durch ein Sieb streichen und kalt stellen. Nach ca. einer halben Stunde die restliche Sahne nach und nach einrühren. Mit Salz, Pfeffer und Muskat abschmecken und erneut kalt stellen. Die Flusskrebse kochen und ausbrechen. Das Fleisch beiseite stellen. Die Schalen zerstoßen und in Olivenöl anrösten, die Schalotten kurz mitrösten und mit Cognac ablöschen. Dann die Sahne zugießen und kurz aufkochen lassen. Die Sauce einreduzieren und mit Cayenne, Salz und Pfeffer abschmecken. Die Sauce komplett auskühlen lassen und in die Hechtfarce einarbeiten. Am Schluss das Flusskrebsfleisch beigeben und vermischen.

Aus dieser Masse mit einem Spritzsack ohne Tülle kleine Würstchen aufdressieren. In Fischfond bzw. leicht gesalzenem Wasser pochieren und auskühlen lassen. In Butterschmalz anbraten.

Für die Balsamicolinsen Belugalinsen einweichen (4 Stunden) und in Salzwasser bissfest kochen. Schalotten und Gemüsewürfel in Butter anschwitzen und mit Balsamico ablöschen. Dann mit Gemüsefond aufgießen und bis zur leichten Bindung einköcheln lassen. Mit Salz und Pfeffer abschmecken und die Linsen in der Sauce nochmals kurz durchköcheln lassen.

Die Würstchen auf den Linsen anrichten und mit Röstzwiebeln oder gerösteten Schalotten garnieren.

MEINE LIEBLINGSREZEPTE **FISCH & MEERESFRÜCHTE** | SÜSSWASSERFISCHE

MEINE LIEBLINGSREZEPTE **FISCH & MEERESFRÜCHTE** | SÜSSWASSERFISCHE

Lachsforelle mit Artischocken-Spargel-Gröstl und Kalamata-Olivenschaum

In meiner Zeit in Frankreich habe ich die Vielseitigkeit von Artischocken lieben gelernt. In immer wieder neuen Kombinationen habe ich diese in meine Küche eingebaut. Ein besonders gelungenes Rezept ist das Artischocken-Spargel-Gröstl mit jungem Spinat. Passt zu Fisch, aber auch zu hellem Fleisch und Lamm.

FÜR 6 PORTIONEN

- 6 Lachsforellenfilets
- Salz, Pfeffer
- Olivenöl zum Braten

Für das Artischocken-Spargel-Gröstl:

- 4 Artischocken
- etwas Zitronensaft
- 100 g grüner Spargel
- 30 ml Olivenöl
- 20 g Butter
- 120 g Mangold oder Blattspinat
- 2 Knoblauchzehen
- 30 g fein gehackte Schalotten
- Salz, Pfeffer
- Cayennepfeffer
- 1 TL frisch gehackte Kräuter (Petersilie, Basilikum)

ZUBEREITUNG

Artischocken entblättern und die Böden sorgfältig zuputzen. Diese dann blättrig schneiden und mit etwas Zitronensaft beträufeln. Den leicht schräg geschnittenen grünen Spargel in Olivenöl und Butter anbraten, Artischocken dazugeben und gut durchrösten. Nun den Mangold (oder Spinat) beigeben sowie die leicht angedrückten Knoblauchzehen und die geschnittenen Schalotten. Mit Salz, Pfeffer, Cayenne und den Kräutern abschmecken. Lachsforellenfilets unter fließendem, kaltem Wasser abspülen, trocken tupfen und sorgfältig mit einer Pinzette entgräten. Die so vorbereiteten Filets leicht salzen und pfeffern und in Olivenöl auf der Hautseite knusprig braten. Nach dem Wenden sofort auf dem Artischocken-Spargel-Gröstl anrichten, da sonst der Fisch zu trocken wird. Mit Kalamata-Olivenschaum umkränzen.

KALAMATA-OLIVEN-SCHAUM

- 250 ml Beurre blanc ▸ 255
- 80 g Kalamata-Oliven
- 1 cl weißer Balsamico- oder Weißweinessig
- Cayennepfeffer

Beurre blanc nach dem Grundrezept herstellen. Kalamata-Oliven entsteinen, hacken und in die Sauce geben. Kräftig mixen und durch ein nicht allzu feines Sieb gießen. Mit etwas weißem Balsamico- oder Weißweinessig abschmecken. Eine Prise Cayennepfeffer bringt das Aroma der Oliven noch besser zur Geltung. Vor dem Servieren mit dem Mix- oder Pürierstab aufschäumen.

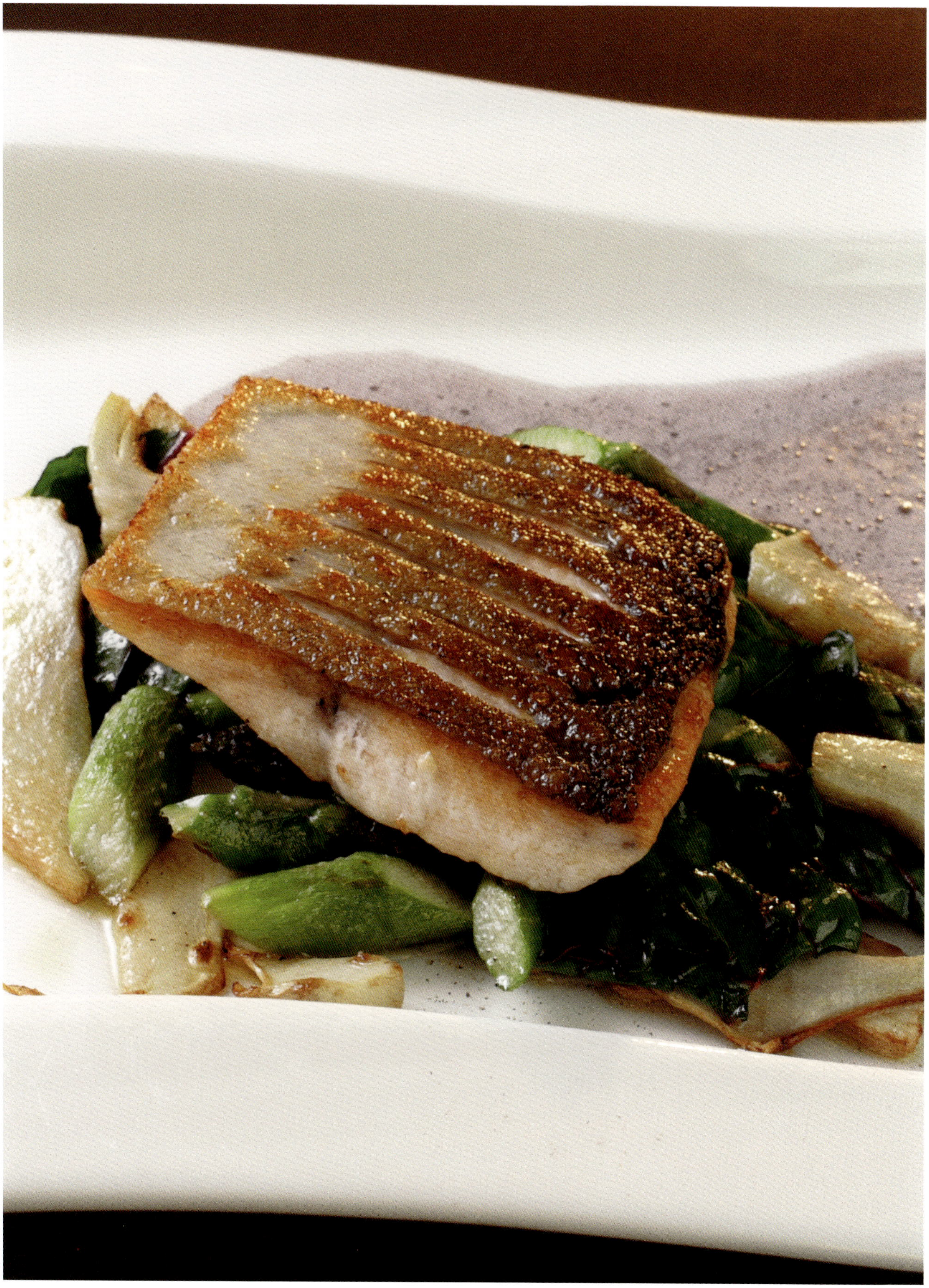

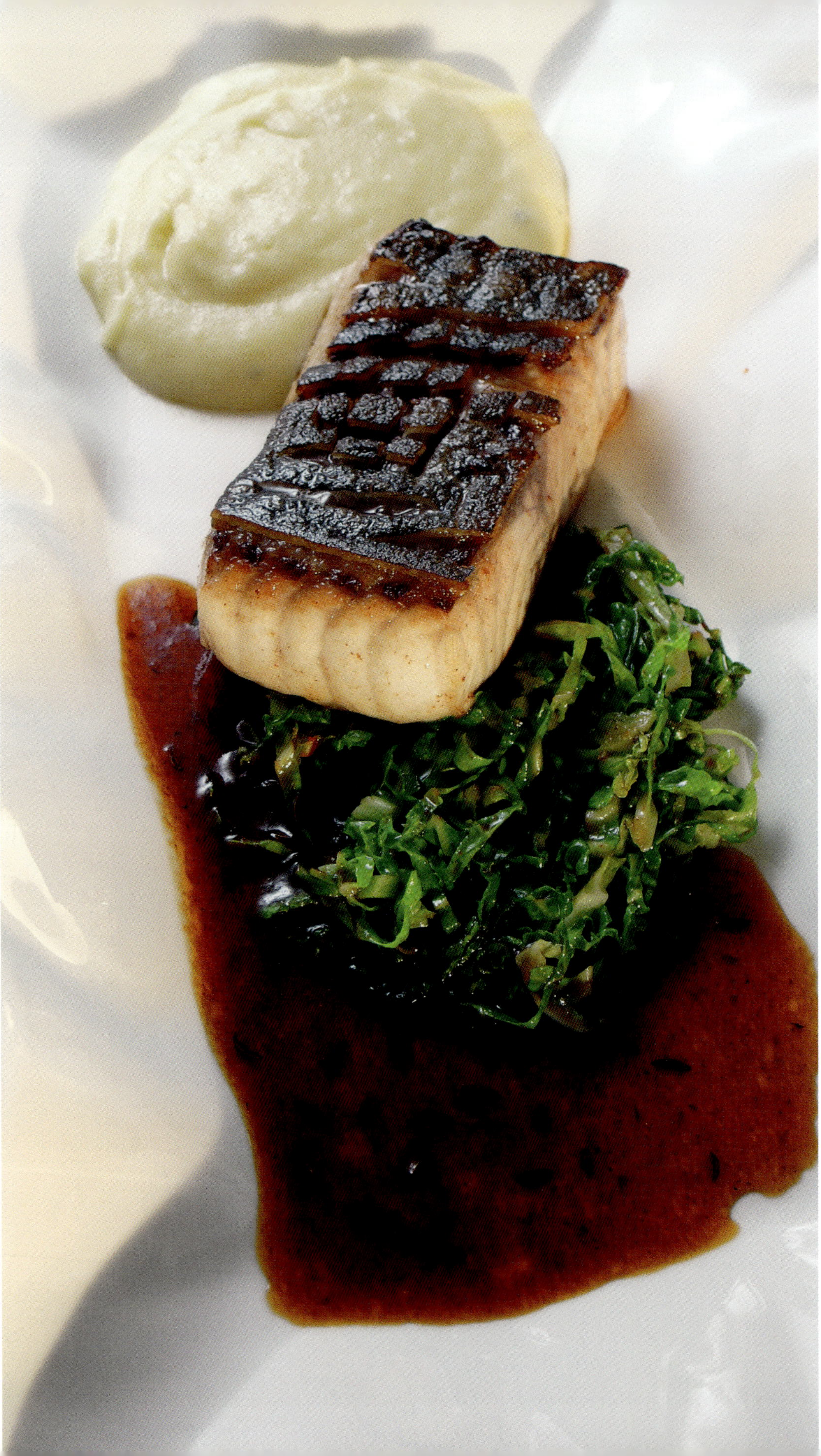

Kümmelbratl vom Wels auf papriziertem Wirsing

Fette Fische sind – wenn sie richtig zubereitet werden – den mageren vorzuziehen. Es geht aber immer darum, das Fett auszubraten, damit es das Fischfleisch saftig machen kann und nicht schmierig bleibt. Dieser kross gebratene Wels mit dem würzigen Wirsing und der deftigen Sauce schmeckt göttlich.

FÜR 6 PORTIONEN

Für den Wirsing:

- 250 g Wirsing
- 40 g Butter
- 50 g Schalotten
- 40 g fein geschnittener Speck
- Kümmel
- Rosenpaprikapulver
- Salz, Pfeffer
- 1 EL Weißweinessig
- 50 ml Weißwein
- 50 ml Gemüsefond ▸ 248

Für den Fisch:

- 600 g Welsfilet, mit Haut
- Butterschmalz
- 50 ml Kalbsjus ▸ 250
- ½ zerdrückte Knoblauchzehe
- Kümmel
- Rosenpaprikapulver
- 1 TL Balsamicoessig

ZUBEREITUNG

Den Wirsing in feine Streifen schneiden. Butter zergehen lassen, Schalotten und Speck glasig anschwitzen und den Wirsing dazugeben. Unter ständigem Wenden ebenfalls anschwitzen, so bekommt er eine schöne Farbe. Dann Kümmel, Paprika, Salz, Pfeffer dazugeben, kurz durchschwenken und mit Weinessig, Weißwein und Gemüsefond aufgießen. Kurz dünsten. Der Wirsing darf ruhig ein bisschen Biss haben.
Das Welsfilet schröpfen. Das heißt, mit einem scharfen Messer auf der Hautseite in regelmäßigen Abständen einschneiden. Dann auf der Hautseite in Butterschmalz kross braten, wenden und fertig garen. Als Sauce passt eine paprizierte Kümmelglace. Hierfür reduzierten Kalbsjus mit Knoblauch, Kümmel, Paprika und Balsamicoessig abschmecken.

MEINE LIEBLINGSREZEPTE FISCH & MEERESFRÜCHTE | MEERESFISCHE

Gefüllter Steinbutt in der Folie gegrillt

In Frankreich nennt man den Steinbutt Turbot und er gilt als einer der edelsten Fische überhaupt. Für mich kommen nur Exemplare aus Wildfang infrage. Der Geschmack von gezüchtetem Steinbutt kann da ganz einfach nicht mithalten. Die Methode, wie man einen Steinbutt zum Füllen vorbereitet, habe ich in Frankreich bei Henri Faugeron gelernt. Ich mache dieses Gericht aufgrund des hohen Aufwandes nur auf Vorbestellung oder an Festtagen für Freunde und Familie.

FÜR 8 PORTIONEN

1	Steinbutt, ca. 2 kg
40 g	Butter
2	Knoblauchzehen
150 g	Babyspinat
	Salz, Pfeffer
	fein geriebene Muskatnuss
50 g	Pinienkerne
30 g	Butterschmalz
4 Scheiben	Toastbrot
etwas	Butter
200 ml	Beurre blanc ▸ 255

ZUBEREITUNG

Den Steinbutt unter fließendem, kaltem Wasser sorgfältig abwaschen. Dann die oberen Filets (dunkle Seite) von der Mittelgräte her ablösen, aber so, dass sie außen noch mit dem Fisch verbunden sind und sich so links und rechts zwei Taschen bilden (siehe Fotos).

Die Butter bräunen und die ungeschälten Knoblauchzehen leicht andrücken. Kurz in der braunen Butter anbraten, dann den gewaschenen und sehr gut abgetropften Spinat dazugeben und unter kurzem Durchschwenken zusammenfallen lassen. Mit Salz, Pfeffer und Muskat würzen. Die Pinienkerne in einer heißen Pfanne ohne Fett leicht bräunen und zum Spinat geben. Dann das Butterschmalz in der Pfanne erhitzen und darin das in kleine Würfel geschnittene Toastbrot knusprig rösten. Auch die Croûtons mit dem Spinat vermischen und alles zusammen in den Steinbutt füllen. Eine Alufolie mit etwas Butter bepinseln, den gefüllten Fisch vorsichtig darauflegen und sorgfältig komplett einschlagen. Den Fisch mit der gefüllten Seite nach unten auf den Rost legen und bei mittlerem Rostabstand und noch recht kräftiger Glut ca. 20 Minuten grillen, dann vorsichtig umdrehen und nochmals 15–20 Minuten grillen. In der Folie noch einige Minuten nachziehen lassen und erst unmittelbar vor dem Servieren die Folie öffnen, sodass der Fisch sein köstliches Aroma verströmen kann. Mit heiß aufgeschäumter Beurre blanc servieren.

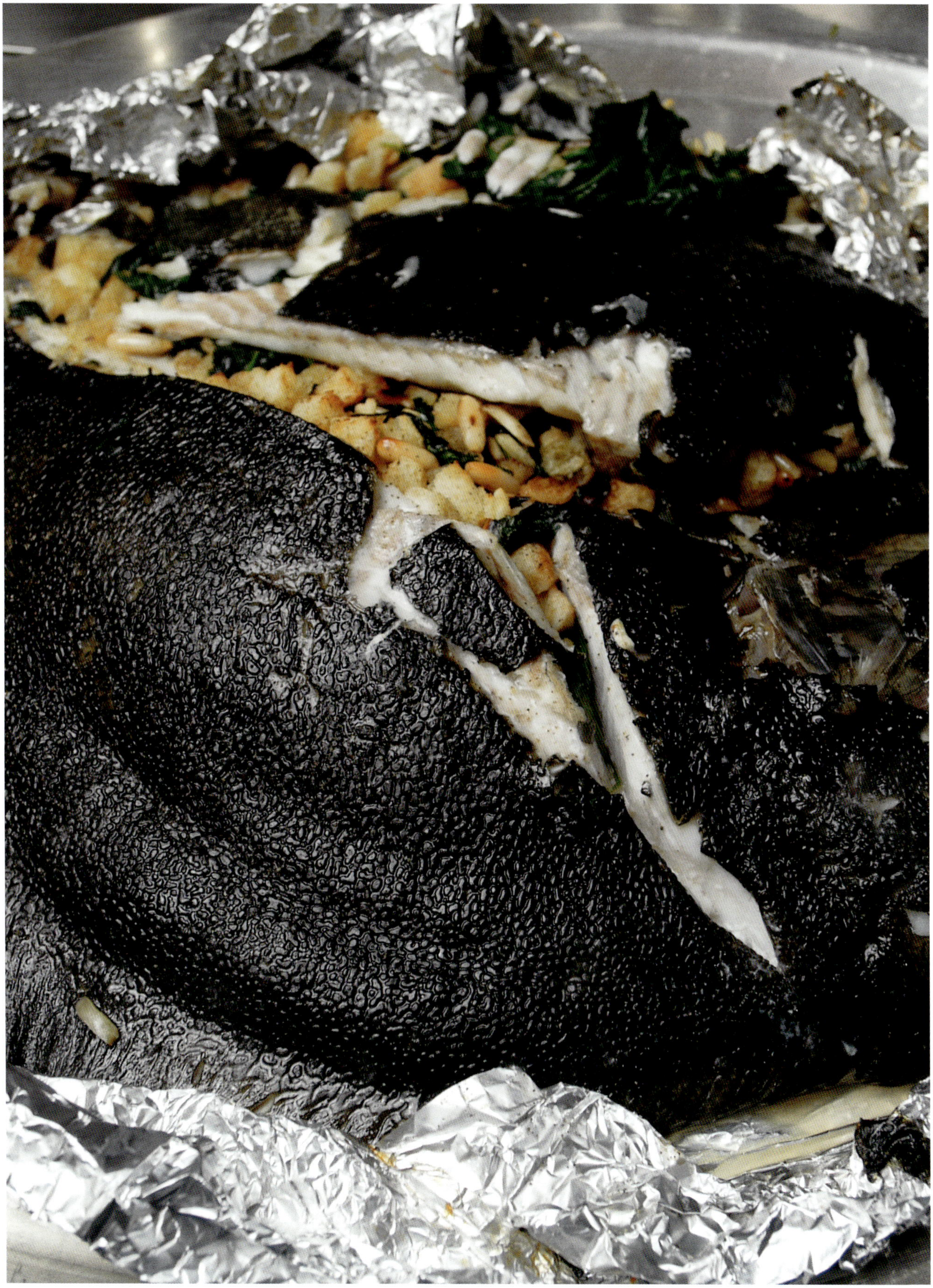

Pochierter Stockfisch auf Chorizo-Ragout

Stockfisch ist getrockneter Kabeljau – auch Bacalao genannt. Auf der iberischen Halbinsel ist er mit unzähligen Zubereitungsmöglichkeiten weit verbreitet. Mein Favorit ist der pochierte Stockfisch auf einem würzigen Ragout mit Chorizo und Wurzelgemüse. Sehr, sehr geil!

FÜR 6 PORTIONEN

500 g	gut gewässerter Stockfisch

Für das Chorizo-Ragout:

150 g	Wurzelwerk (Sellerie, Karotte, Zwiebel, Lauch)
1	Zwiebel
150 g	Chorizo
50 ml	Olivenöl
1 EL	Rosenpaprikapulver
3	Knoblauchzehen
2	Lorbeerblätter
einige	schwarze Pfefferkörner
3 Zweige	Rosmarin
30 ml	Noilly Prat
100 ml	Geflügel- ▸ 249 oder Gemüsefond ▸ 248
	Salz, Pfeffer Cayennepfeffer oder Fisch-Gewürzmischung ▸ 260

Für den Stockfischsud:

1 l	Wasser
50 ml	Weißweinessig
150 ml	Weißwein
	Lorbeerblätter
	Fenchelsamen
	Pfefferkörner
	wenig Salz
150 g	Karotten
150 g	Sellerie

Für den Pernodschaum:

150 ml	Beurre blanc ▸ 255
1 EL	Pernod

MEINE LIEBLINGSREZEPTE **FISCH & MEERESFRÜCHTE** | MEERESFISCHE

ZUBEREITUNG

Für das Chorizo-Ragout das Gemüse, Zwiebel und Chorizo in erbsengroße Würfel schneiden und in Olivenöl anschwitzen. Paprika dazugeben und mit anschwitzen. Dann die geviertelten Knoblauchzehen, Lorbeerblätter, Pfefferkörner und die Rosmarinzweige beigeben. Mit Noilly Prat ablöschen und bei milder Hitze dünsten. Nun den Geflügelfond nach und nach angießen. Mit wenig Salz, Pfeffer und Cayennepfeffer oder etwas Fisch-Gewürzmischung abschmecken. Die Zutaten für den Stockfischsud in einen ausreichend großen Topf geben, aufkochen lassen und dann den gut gewässerten Stockfisch vorsichtig pochieren. Achte bitte darauf, den Sud nur vorsichtig zu salzen, da der Stockfisch je nach Qualität doch noch recht salzig sein kann. Das hängt auch davon ab, wie sorgfältig er von deinem Fischhändler gewässert wurde. Für den Pernodschaum die Beurre blanc mit Pernod erhitzen, mit dem Mixer aufschäumen und über den Stockfisch und das Chorizo-Ragout geben.

MEINE LIEBLINGSREZEPTE FISCH & MEERESFRÜCHTE | MEERESFISCHE

Seeteufel-Piccata

Dieses Gericht erfüllt exakt mein Credo: Weniger ist mehr. Die Zubereitung ist simpel, sehr geschmackvoll, und dieses Fischgericht lässt sich zu einer Vielzahl von Risottos und Pasta variieren.

FÜR 4–6 PORTIONEN

- 500 g Seeteufel
- Salz, Pfeffer
- Mehl zum Wenden
- 60 g geriebener Parmesan
- 1 EL frisch gehackte Kräuter (Rosmarin, Salbei, Petersilie, Thymian)
- 2 Eier
- 20 ml Sahne
- Butterschmalz zum Ausbacken

ZUBEREITUNG

Der Seeteufel ist sehr einfach zu filetieren: Schneide mit einem scharfen Messer von der Kopfseite in Richtung Schwanzflosse und zwar so, dass sich die Klinge parallel zur Mittelgräte bewegt. Dazu muss man den Fisch seitlich hochkantig mit der Bauchseite zu sich selbst legen, dann lässt sich das hervorragend kontrollieren. Die so abgeschnittenen Filets müssen nun von der Haut befreit werden. Halte dazu diese mit zwei Fingern und spanne sie so, dass die Klinge knapp darunter von vorne bis hinten geführt werden kann. Dann in Schnitzelchen schneiden, salzen, pfeffern und in Mehl wenden. Parmesan, Kräuter, Eier und Sahne mischen. Die gemehlten Fischstücke durch dieses Gemisch ziehen und in Butterschmalz goldbraun ausbacken. Die Piccata auf Küchenpapier abtropfen lassen.

Serviervorschlag: Mit Artischocken-Safran-Risotto oder Pesto-Risotto ▸ 211 mit eingelegtem Paprika genießen.

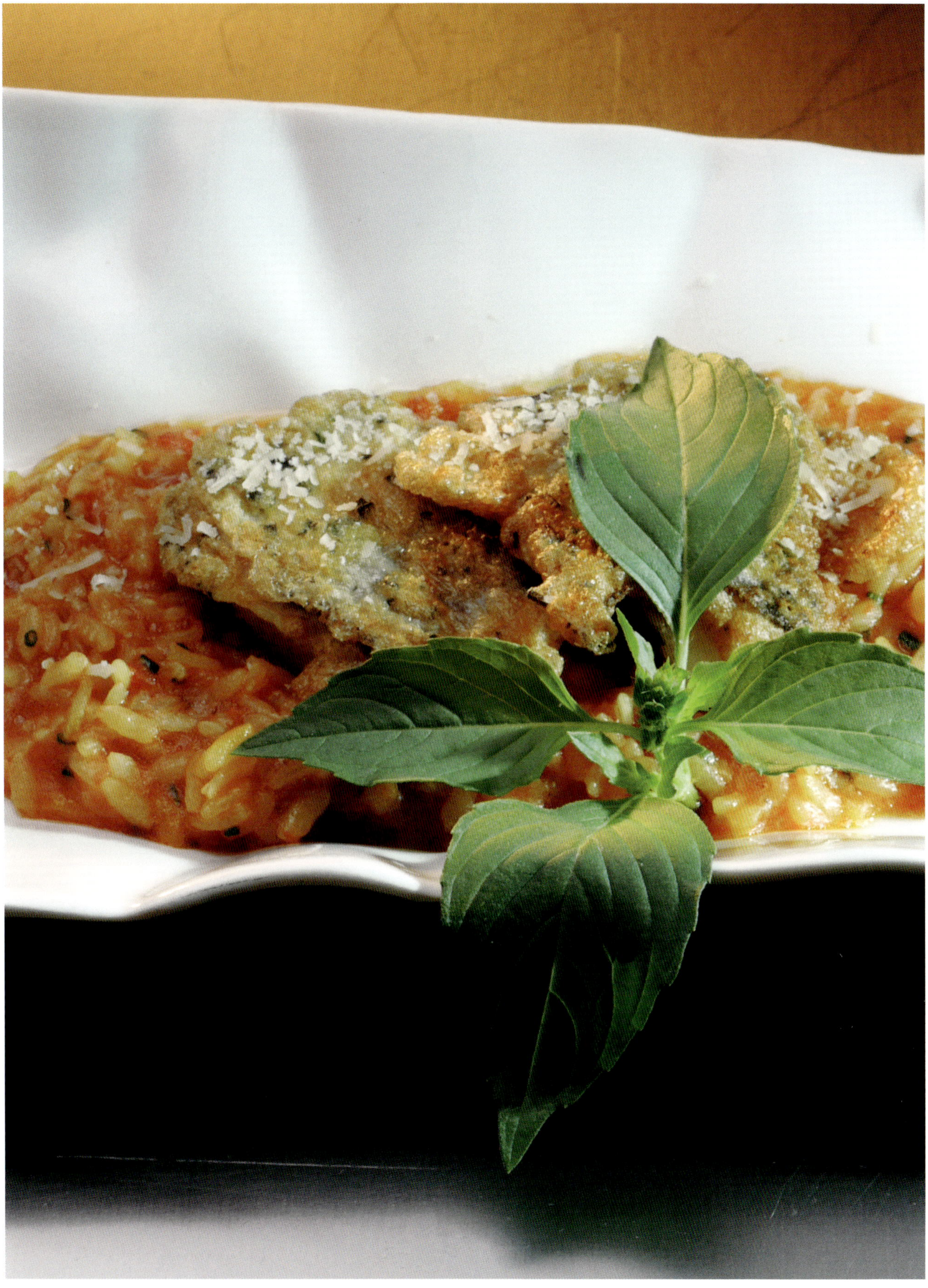

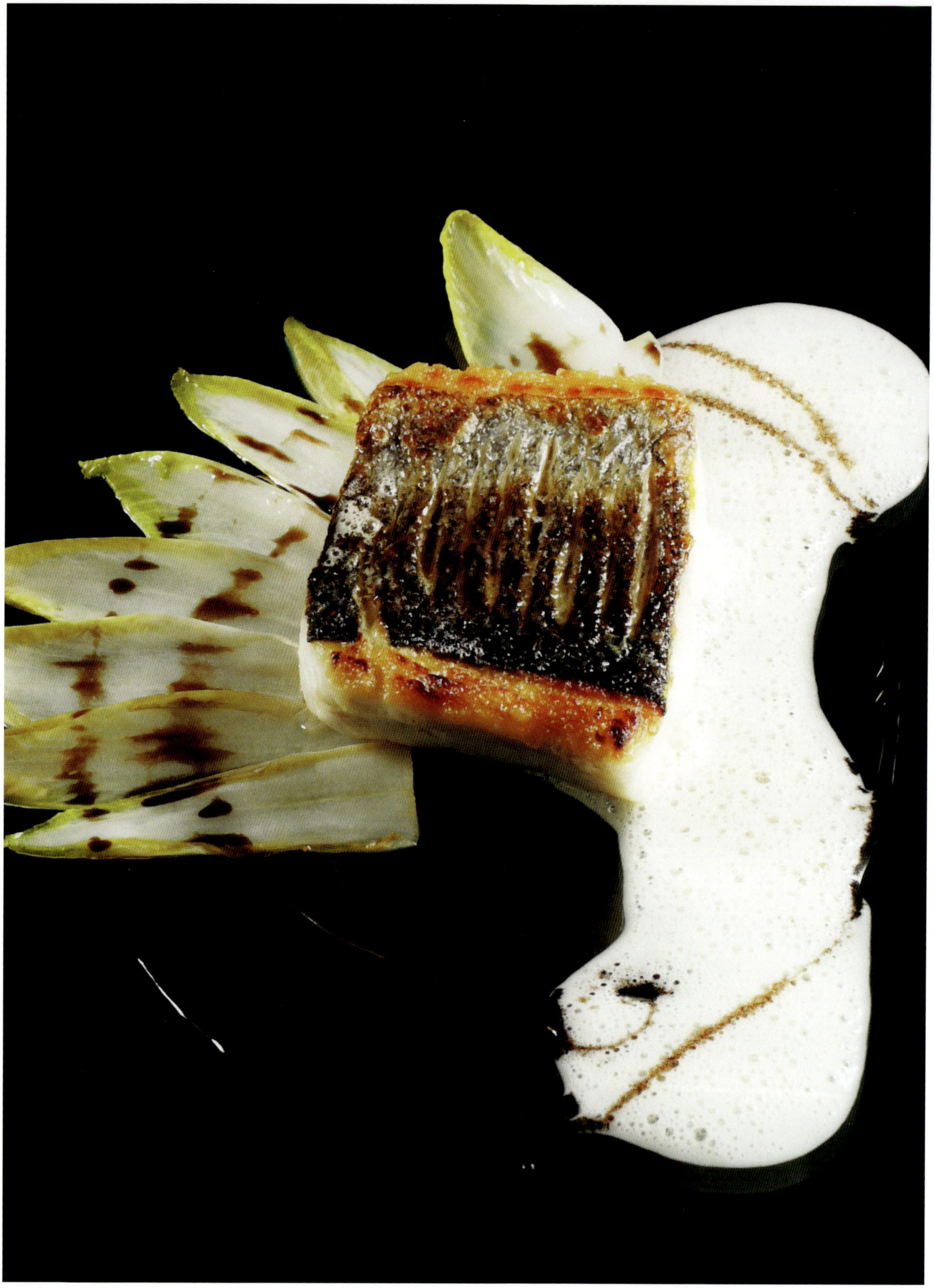

Loup de mer auf glaciertem Chicorée mit Balsamicoschaumsauce

Karamellisierter Chicorée, alter Balsamico, dazu gebratener Loup de mer – Herz, was willst du mehr?

FÜR 6 PORTIONEN

- 1 mittelgroßer Loup de mer, 1,5–2 kg
- Salz, Pfeffer
- Cayennepfeffer
- 80 g Butterschmalz
- 3 Chicoréestangen
- 40 g frische Butter
- 1 EL Karamell
- 80 ml Weißwein

Für die Balsamicoschaumsauce:
- 100 ml Beurre blanc ▸ 255
- 1 EL kräftiger, alter Balsamico

ZUBEREITUNG

Loup de mer sauber filetieren und zuputzen. In 12 gleichmäßig große Stücke schneiden, mit Salz, Pfeffer und Cayennepfeffer würzen. In Butterschmalz goldbraun anbraten.

Die Chicoréestangen halbieren und den Strunk v-förmig ausschneiden. In Butter anbraten, etwas Karamell beigeben und mit Weißwein ablöschen. Zugedeckt gar dämpfen. Die austretende Flüssigkeit und der Weißwein sollten ausreichen, ansonsten noch etwas Weißwein nachgießen. Der Chicorée sollte schön glänzen.

Für die Balsamicoschaumsauce die Beurre blanc mit dem Balsamico erhitzen, mit dem Mixer aufschäumen, über den Loup de mer geben und mit dem Chicorée servieren.

Seezunge im Ganzen gebraten mit Tomaten und Kapern

Auf meiner ersten Reise nach Italien – Mitte der 1980er-Jahre – lernte ich in Harrys Bar die Küche Venedigs kennen. Ein Klassiker ist die Zubereitung „alla carlina", deren Hauptbestandteile herrliche Kapern und saftige Tomaten sind. Die ideale Art und Weise eine gegrillte Seezunge zum Hochgenuss werden zu lassen.

FÜR 3–6 PORTIONEN

- 3 Seezungen (je 300–400 g)
- 80 ml Olivenöl
- Salz, Pfeffer
- 6 große Tomaten
- 2 Schalotten
- 100 ml natives Olivenöl
- 2 EL grob gehackte Petersilie
- 1 Knoblauchzehe
- 2 EL Kapern
- ½ Zitrone
- Salz
- Worcester Sauce

ZUBEREITUNG

Die Seezungen enthäuten. Dazu die Schwanzflosse 2–3 Sekunden in kochendes Wasser tauchen, dann mit einem Messer die Haut in Richtung Kopf vorsichtig abschaben. Mit einem Tuch fassen und abziehen. Den Vorgang auf der anderen Seite wiederholen. Den Bart abschneiden. Mit Olivenöl bepinseln und auf jeder Seite 5–6 Minuten bei mittlerer Hitze grillen. Mit Salz und Pfeffer würzen. Die Tomaten enthäuten und würfeln. Schalotten fein schneiden und in Olivenöl anschwitzen. Tomaten, grob gehackte Petersilie, die angedrückte Knoblauchzehe, Kapern und ein paar Spritzer Zitronensaft beigeben. Mit etwas Salz und einigen Spritzern Worcester Sauce abschmecken, durchschwingen und über den fertig gegrillten Fisch gießen.

MEINE LIEBLINGSREZEPTE **FISCH & MEERESFRÜCHTE** | MEERESFISCHE

Seezungenroulade mit kleinem Kräutersalat

Die Roulade schmeckt sowohl heiß als Fisch-Vorspeise oder Hauptgang, ebenso wie in dieser Variante lauwarm mit Salat und Aioli. Sicherlich etwas aufwendig, aber sehr attraktiv und aus meinem Repertoire nicht wegzudenken.

FÜR 4–6 PORTIONEN

- 500 g Fischfarce ▸ 258
- 1 Msp. Safranpulver
- 3 Seezungen (je 300–400 g)
- Salz, Pfeffer
- 1 Noriblatt
- Wiesenkräutersalat nach Marktangebot
- 2 EL Grund-Vinaigrette ▸ 256

Für die Safran-Aioli:
- 1 Knoblauchzehe
- Salz
- 80 g Grund-Mayonnaise ▸ 252
- 1 Briefchen Safranpulver
- 50 g Naturjoghurt
- 50 g Crème fraîche

ZUBEREITUNG

Die Fischfarce mit Safranpulver mischen. Die Seezungen enthäuten. Dazu die Schwanzflosse 2–3 Sekunden in kochendes Wasser tauchen, dann mit einem Messer die Haut in Richtung Kopf vorsichtig abschaben. Mit einem Tuch fassen und abziehen. Den Vorgang auf der anderen Seite wiederholen. Den Bart abschneiden und die Seezunge von der Mitte (Längsachse) vorsichtig filetieren. Die Filets sauber auf einer Klarsichtfolie aneinanderlegen. Dann mit Folie abdecken und leicht klopfen. Die Folie auf einer Seite abziehen, mit Salz und Pfeffer leicht würzen und dann das Noriblatt darauflegen. Die Fischfarce nochmals kurz durchrühren, auf das Noriblatt streichen und nun vorsichtig mithilfe der Folie einrollen. Dann auf eine gebutterte Alufolie rollen lassen, einwickeln und im Dampfgarer oder in einem Topf mit Fischfond garen. Bei ca. 85 Grad dauert das eine gute halbe Stunde. Leicht auskühlen lassen, die Filets auspacken und mit einem scharfen Messer in ca. 1 cm dicke Scheiben schneiden. Mit marinierten Wiesenkräutern und Safran-Aioli anrichten. Für die Safran-Aioli die Knoblauchzehe mit etwas Salz fein zerdrücken, mit Grund-Mayonnaise und den restlichen Zutaten vermischen.

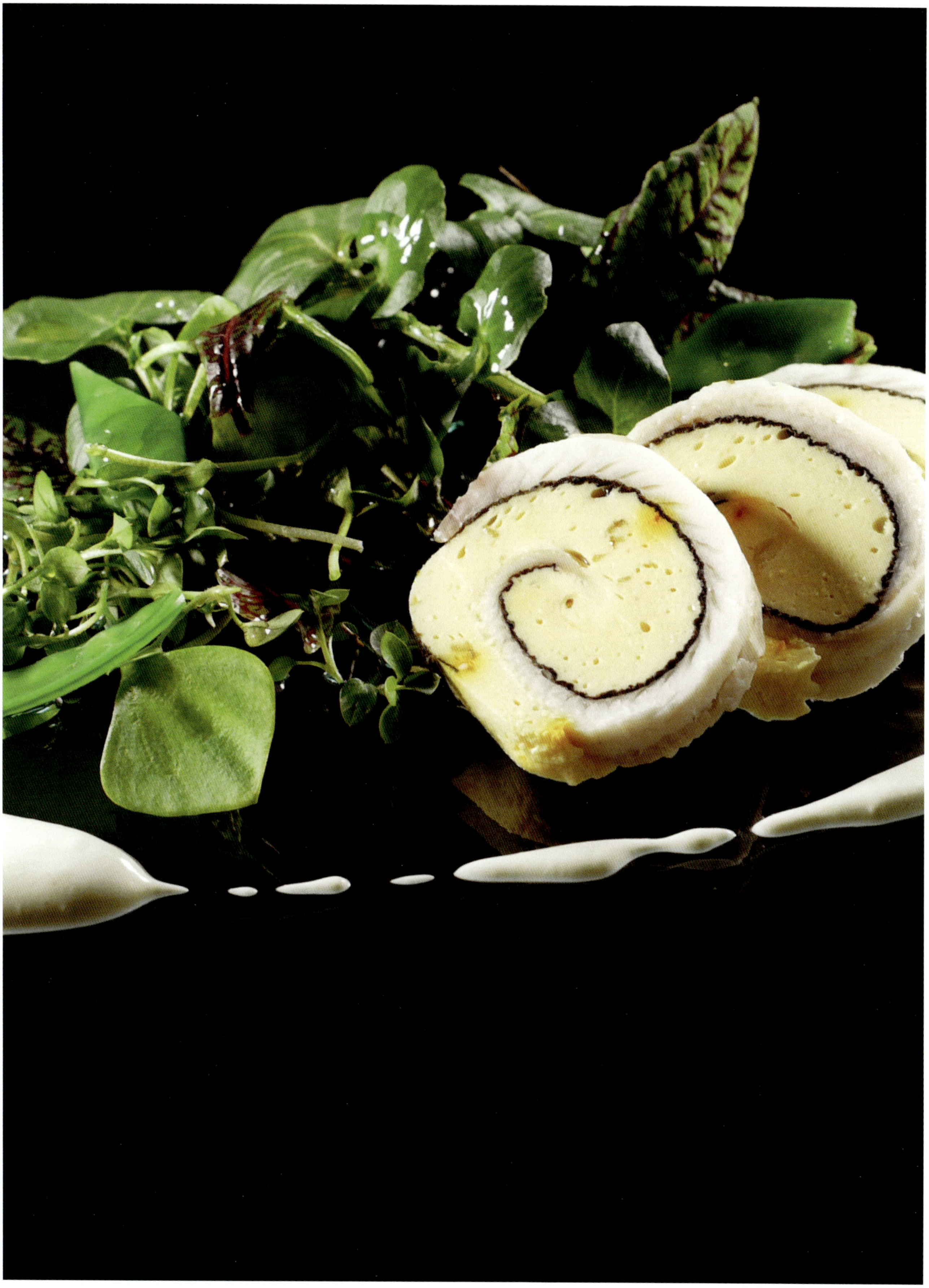

MEINE LIEBLINGSREZEPTE FISCH & MEERESFRÜCHTE | MEERESFRÜCHTE

Austern auf 6 verschiedene Arten

Mein zweiter Paris-Aufenthalt führte mich zu Jean-Claude Vrinat ins Restaurant Taillevent – damals eines von 4 Drei-Michelin-Sterne-Restaurants in Paris. Es war Winter und an jeder Ecke wurden vor den Brasserien und Bistrots frische Austern geöffnet. Obwohl ich heute noch Austern am liebsten roh und natur esse, finde ich es unglaublich, welches kulinarische Potenzial in ihnen steckt. Hier ein kleiner Auszug davon. Die Mengenangaben sind jeweils für 6 Portionen.

ZUBEREITUNG

Austern immer sofort und top-frisch verwenden. Alle Austern öffnen, am besten auf einen Eierkarton setzen, damit die Austern nicht umfallen können und der köstliche Saft nicht ausläuft. Nun die Zutaten vorbereiten und die Austern zubereiten wie beschrieben. Sie stehen natürlich nicht richtig auf einem Teller, weil sie sonst auslaufen würden. Ich knuddle ein Stück Alufolie und setze die Auster drauf, das schaut schön aus und ist sehr praktisch. Meersalz erfüllt fast den gleichen Dienst. Die rohen Varianten kann man auch auf Crushed Ice servieren.

NATUR

- 6 Sylter Royal (sie sind sehr klein und auch für Austern-Anfänger gut im Ganzen zu essen)

Die Auster natur wird so, wie sie ist, angerichtet. Man kann sie, damit sie auch aus der Schale geschlürft werden kann, mit einem Messerchen in der Schale ablösen.

MIT ROTWEINSCHALOTTEN

- 6 Fines de claires
- 100 g fein gewürfelte Schalotten
- 300 ml kräftiger Rotwein
- 10 ml Rotweinessig
- Pfeffer aus der Mühle

Rotweinschalotten einkochen, bis sie schön dunkelrot sind, abkühlen lassen und mit Essig und Pfeffer abschmecken. Auf den Austern servieren.

MIT CHAMPAGNER

- 6 Fines de claires
- 50 ml Champagner (ersatzweise Winzersekt)
- eventuell Felchenkaviar

Austern mit Champagner aufgefüllt und, wenn vorhanden, mit Felchenkaviar servieren.

IM SPECKMANTEL AUF ROTEN LINSEN

- 6 Fines de claires
- 6 Scheiben geräucherter Bauchspeck
- 2 EL Wurzelgemüsebrunoise
- 30 g Butter
- 1 TL gehackte Schalotten
- 50 g rote Linsen
- 80 ml Weißwein
- 1 EL Balsamico
- Salz, Pfeffer

Austern auslösen, leicht abtropfen und in die Speckscheiben wickeln. Gemüsebrunoise in Butter anschwitzen, Schalotten dazugeben, ebenfalls kurz mit anschwitzen. Dann die Linsen beigeben, durchrühren und mit Weißwein und Balsamico aufgießen. Mit Salz und Pfeffer würzen. Die Linsen in vorgewärmte Austernschalen füllen, die Austern anbraten und auf den Schalen platzieren.

AUF BLATTSPINAT GRATINIERT

30 g	Butter
50 g	Blattspinat
	Salz, Pfeffer
	fein geriebene Muskatnuss
6	Sylter Royal oder Bélon
80 ml	Sauce hollandaise ▸ 253 (6 große EL voll)

Die Butter aufschäumen, leicht bräunen lassen und darin den Spinat anschwitzen, mit Salz, Pfeffer und Muskat würzen. Die Austern aus der Schale lösen, den Spinat auf die sechs Schalen aufteilen, Austern daraufbetten und mit Sauce hollandaise überziehen. Bei starker Oberhitze kurz gratinieren.

JAPANISCH MARINIERT

50 g	Wakame Algen
1 Pck.	eingelegter Ingwer (derselbe wie für Sushi)
1 Prise	Wasabi
15 ml	Sojasauce
1 Msp.	feine Zitronenzeste
2 Spritzer	Zitronensaft
1 EL	Grund-Vinaigrette ▸ 256
6	Sylter Royal

Wakame Algen in kaltem Wasser einweichen. Aus den restlichen Zutaten eine Marinade rühren. Die Austern damit beträufeln und mit den aufgequollenen Wakame Algen ausgarnieren.

Hummer mit Sherrycreme gratiniert

Im Endeffekt handelt es sich bei diesem Lieblingsrezept von mir um eine Anleihe aus der Haute Cuisine – Homard Thermidor. Hier allzu viel zu verändern, wäre wie das Rad neu zu erfinden. Schon Auguste Escoffier wusste, viel besser geht's nicht.

FÜR 6 PORTIONEN

- 3 Hummer, 400–500 g
- 2 fein geschnittene Schalotten
- 30 g Butter
- 1 EL glattes Mehl
- 1 TL scharfer Curry
- 40 ml Sherry, trocken
- 100 ml Fischfond ▸ 248 oder Weißwein
- 180 ml Sahne
- 2 Eidotter
- 1 gehackte Knoblauchzehe
- Fisch-Gewürzmischung ▸ 260 zum Abschmecken
- 50 g geriebener Bergkäse oder Tilsiter

ZUBEREITUNG

Die Hummer in kräftigem Salzwasser 8 Minuten kochen. Dann in kaltem Wasser abschrecken. Halbieren, das Fleisch herauslösen und grob würfeln.

Für die Sauce die Schalotten in Butter anschwitzen, Mehl und Curry dazugeben und durchrösten, dann mit Sherry und Fischfond aufgießen und kurz verkochen lassen. 120 ml Sahne hinzufügen und nochmals 10 Minuten leise köcheln lassen. Die Eidotter mit 60 ml Sahne verquirlen und in die heiße Sauce rühren. Das nennt man legieren, die Sauce wird so dicklicher und bräunt schöner beim Gratinieren. Mit einem Hauch Knoblauch und etwas Fisch-Gewürzmischung abschmecken. Eine zweite Möglichkeit ist, die Sauce statt zu legieren mit ein paar Löffeln Sauce hollandaise ▸ 253 zu mischen.

Nun den Hummer in die heiße Sauce geben und den Blattspinat in brauner Butter zubereiten, diesen in den vorbereiteten Hummerschalen verteilen und dann den Hummer mit der Sauce auf den Spinat geben. Mit geriebenem Käse bestreuen und im Rohr bei starker Oberhitze (Grillstufe) gratinieren.

BLATTSPINAT IN BRAUNER BUTTER

- 150 g frischer Blattspinat
- 40 g Butter
- 1 Knoblauchzehe
- Salz, Pfeffer
- fein geriebene Muskatnuss
- 20 ml Sahne

Den Blattspinat von den Strünken befreien, dabei den Stängel mit der Unterseite des Blattes nach oben Richtung Blattspitze ziehen. Das bewirkt ein sauberes Entfernen zusammen mit den Fasern, die vom Stängel ins Blatt übergehen. Dann in kaltem Wasser durchwaschen. Meist ist es notwendig, den Spinat mehrmals zu waschen, um Sand und Erde vollständig zu entfernen.

Die Butter in einer flachen, großen Pfanne leicht bräunen lassen, eine ganze Knoblauchzehe andrücken und darin anbraten. Dann den gut abgetropften Blattspinat dazugeben und kurz durchschwenken. Mit Salz, Pfeffer und Muskat abschmecken. Am Schluss die Sahne angießen, kurz einköcheln lassen. Dies sorgt für einen schönen Glanz und einen wunderbar cremigen Geschmack.

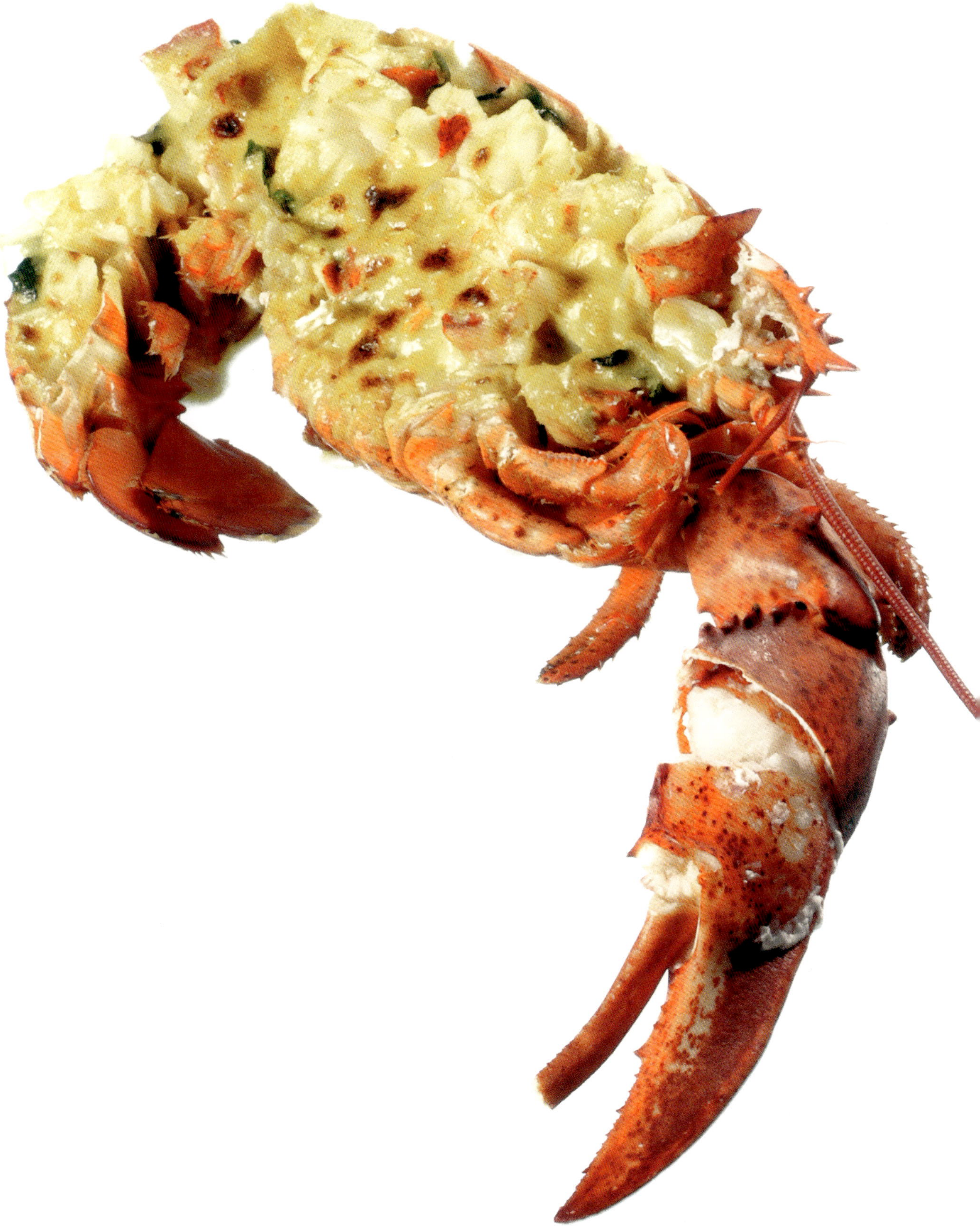

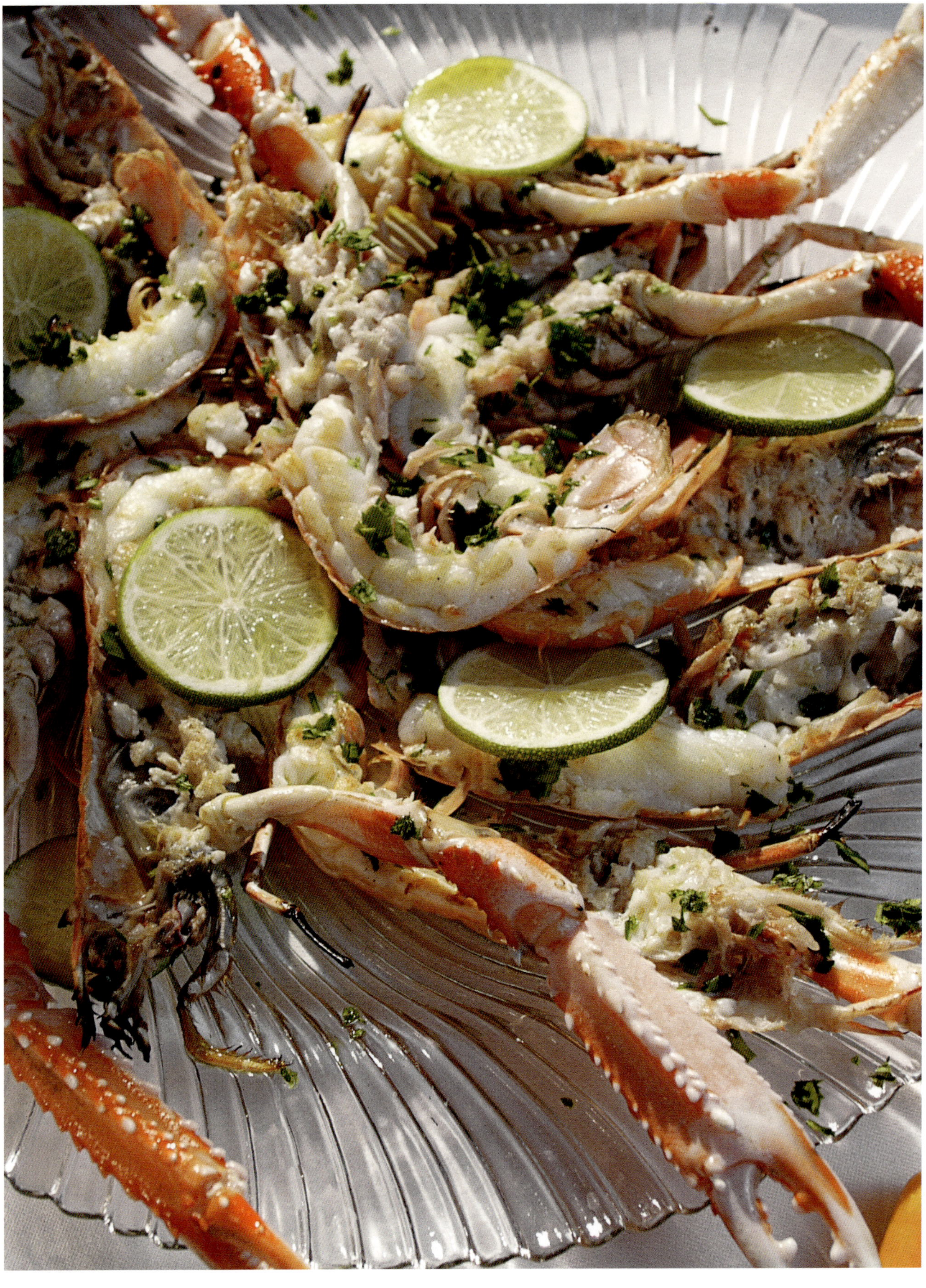

MEINE LIEBLINGSREZEPTE **FISCH & MEERESFRÜCHTE** | MEERESFRÜCHTE

Kaisergranat mit Rucola und Zitrone

Der Kaisergranat wird auch Kaiser- oder Norwegischer Hummer genannt. Diese Bezeichnungen werden aber nur eher selten gebraucht. Viel wichtiger ist, dass er in Italien Scampi (wird gerne mit der Vielzahl von Riesengarnelen verwechselt) und in Frankreich Langostine genannt wird. Am besten sind sie frisch. Wenn ich direkt am Meer frische Kaisergranaten kaufen kann, esse ich sie am liebsten roh – nur mit etwas Zitrone, Olivenöl, ganz wenig Salz und Pfeffer. Dazu frischer Rucola, fein geschnitten – ein Traum.

FÜR 6 PORTIONEN

- 2 kg Kaisergranaten (ca. 6–8 große bzw. 8–10 mittelgroße Kaisergranaten entsprechen 1 kg)
- 100 ml bestes, kalt gepresstes Olivenöl
- Salz, Pfeffer
- Cayennepfeffer
- Five Spice
- 2 Bd. frischer Rucola
- 1 Zitrone

ZUBEREITUNG

Kaisergranaten mit einem großen, scharfen Messer, wie am Bild zu sehen, teilen. Den Darm entfernen und die Fleischseite leicht mit etwas Olivenöl einpinseln. Dann Salz mit Pfeffer, Cayenne und Five Spice gut vermischen und die Kaisergranaten mit dieser Mischung leicht würzen. Bei geringem Rostabstand und kräftiger Glut eine Minute auf der Schnittfläche grillen, dann wenden und nochmals 2–3 Minuten grillen. Den Rucola waschen, gut abtropfen lassen und grob schneiden. Die Zitrone halbieren. Kaisergranaten auf einer Platte anrichten, mit Zitronensaft und dem restlichen Olivenöl beträufeln und mit Rucola bestreut auftragen. Einen herrlichen trockenen Weißwein von der ligurischen Küste, knuspriges Weißbrot und der Tag ist gerettet.

MEINE LIEBLINGSREZEPTE **FISCH & MEERESFRÜCHTE** | MEERESFRÜCHTE

Heuschreckenkrebse mit Wirsing und rosa Grapefruit

Heuschreckenkrebse sind perfekte Jäger und greifen ihre Gegner/Opfer mit den vorschnellenden Greifern mit bis zu 100 m/s an. Dies hinterlässt auch bei gepanzerten Artgenossen einen bleibenden, nicht selten tödlichen Eindruck. Ihr Panzer ist weich und sie haben vergleichsweise wenig Fleisch. Dennoch schmecken sie hervorragend. Dieses Rezept kannst du auch mit Wildfang-Garnelen oder Rocklobster zubereiten.

FÜR 6–8 PORTIONEN

- 2 kg frische Heuschreckenkrebse
- 200 ml Weißwein
- 30 ml Weißweinessig
- 1 Kopf Wirsing
- 2 rosa Grapefruits
- 50 ml Grund-Vinaigrette ▶ 256
- 30 ml natives Olivenöl
- rosa Pfefferkörner

ZUBEREITUNG

Die Heuschreckenkrebse in kräftig gesalzenem Wasser mit Weißwein und etwas Weinessig ca. 3 Minuten kochen. Wirsingblätter ablösen und die mittleren Stücke herausschneiden. In ebenfalls kräftig gesalzenem Wasser kurz abkochen, in Eiswasser abschrecken, aber sofort wieder herausnehmen, sodass der Wirsing noch lauwarm ist.

Die Grapefruits filetieren, den Saft in die Grund-Vinaigrette drücken. Wirsingblätter und Grapefruitfilets auf Teller verteilen, mit Grund-Vinaigrette und Olivenöl beträufeln und einige rosa Pfefferkörner darüberstreuen. Die Panzer der gekochten Krebse der Länge nach aufschneiden und auf dem Wirsing-Salat anrichten.

MEINE LIEBLINGSREZEPTE **FISCH & MEERESFRÜCHTE** | MEERESFRÜCHTE

Vongole im Safransud mit Tomaten und Dill

In Harrys Bar in Venedig spielen Pasta und Meeresfrüchte gleichermaßen eine große Rolle. Ich liebe Spaghetti Vongole und habe nach einer Verfeinerung dieses Gerichtes gesucht. Die von mir gewählte Pasta sind köstliche, selbst gemachte Tortellini mit saftiger Meeresfrüchtefüllung und die Vongole sind mit Safran, Dill, Tomaten und Knoblauch gekocht.

FÜR 4–6 PORTIONEN

- 400 g Vongole
- 40 g fein geschnittene Schalotten
- 1 fein gehackte Knoblauchzehe
- 50 ml natives Olivenöl
- Safran
- ½ Zitrone
- 20 ml Fischfond ▸ 248, falls kein Fischfond verfügbar, entsprechend mehr Weißwein verwenden
- 20 ml trockener Weißwein
- 4 Tomaten, enthäutet, entkernt und würfelig geschnitten
- 1 Bd. frischer Dill
- 50 g Butter
- 24 Meeresfrüchte-Tortellini ▸ 195 (Nudelteig), ▸ 196 (Meeresfrüchte-Füllung)
- Pfeffer aus der Mühle

ZUBEREITUNG

Vongole mit Schalotten und Knoblauch in Olivenöl kurz durchschwenken, Safran, Zitronensaft, Fischfond und/oder Weißwein beigeben, durchschwenken, zudecken und ca. 1 Minute garen, bis sich die Muscheln öffnen. Dann den Saft abgießen, einreduzieren, Tomatenwürfel und gehackten Dill dazugeben, nötigenfalls noch etwas mit Zitronensaft abschmecken und mit kalten Butterflocken unter ständigem Rühren leicht binden.
Die Muscheln zusammen mit den Meeresfrüchte-Tortellini in dieser hocharomatischen Sauce schwenken. Nach Belieben mit etwas schwarzem Pfeffer abrunden.

Miesmuscheln in der Folie gegart

Miesmuscheln grillen? Ja!! Mit Wurzelgemüse, grob gehacktem Knoblauch, Petersilie und Olivenöl fest in Alufolie gepackt einige Minuten am Grill – dann etwas Weißwein darübergeträufelt und direkt aus der Folie essen. Frisches Baguette dazu und ein Glas trockener Weißwein wie der Verdejo von Duquesa. Wow! Wie einfach kann höchster Genuss sein.

FÜR 6 PORTIONEN

- 1 kg Miesmuscheln
- 1 Karotte
- 150 g Lauch
- 100 g Staudensellerie
- 1 kl. Zwiebel
- frische Petersilie
- 1/8 l Weißwein
- 1/16 l Olivenöl

ZUBEREITUNG

Die Muscheln unter fließendem Wasser kurz abwaschen und den Bart entfernen. Dann das Gemüse und die Zwiebel fein würfeln und die Petersilie hacken. Ein großes Stück Alufolie doppelt auf die Arbeitsfläche legen. Die Muscheln und das Gemüse daraufgeben und aus der Alufolie eine Art Schüssel formen. Dann den Weißwein und das Olivenöl über die Muscheln gießen und nun aus der Alufolie ein schönes Paket formen. Es ist wichtig, dass die Muscheln gut eingepackt sind, damit sie im eigenen Sud köcheln können und durch den entstehenden Dampf sanft gegart werden. Das dauert nur wenige Minuten. Schmeckt perfekt mit frischem Baguette und einem Glas Weißwein.

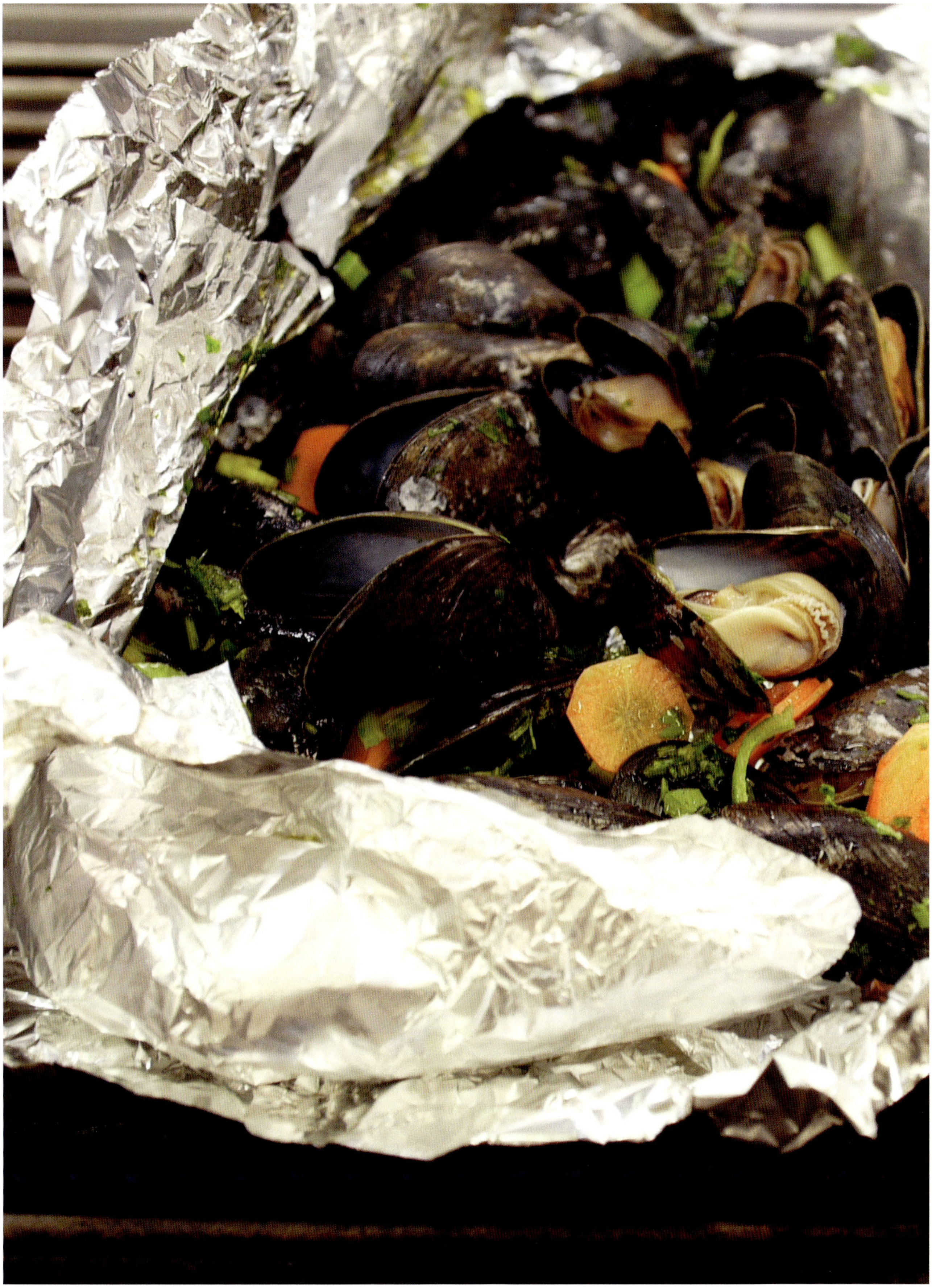

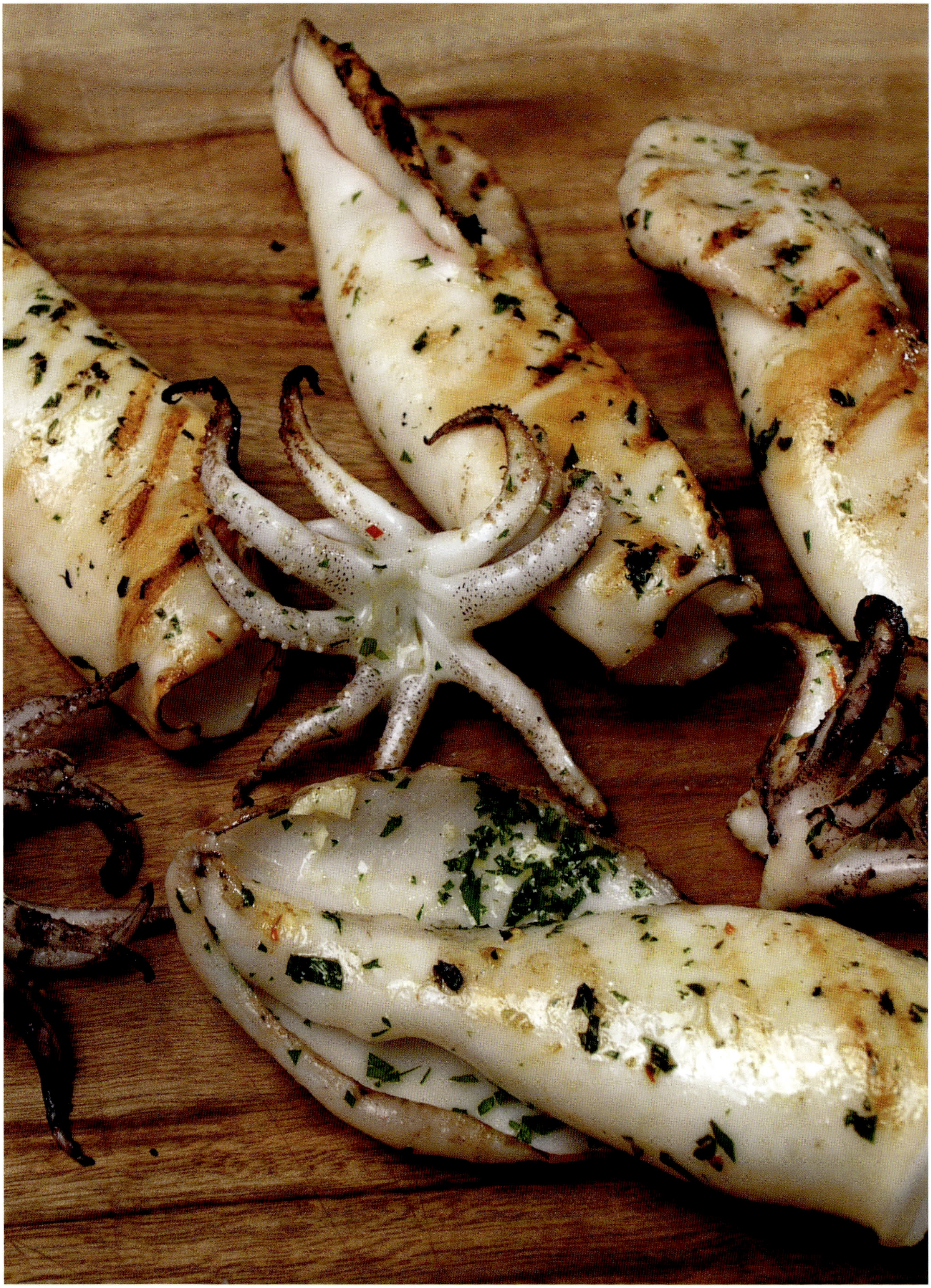

under # Gegrillte Calamari

Es gibt viele herrliche Rezepte für Calamari. Aber nichts bringt ihr köstliches, leicht süßlich-nussiges und dennoch rauchig-jodiges Aroma besser zur Geltung als eine kräftige Holzkohlenglut. Ein paar Spritzer Zitrone, gehackter Knoblauch und Petersilie, etwas Olivenöl und man schmeckt nur noch Meer und Sommer.

FÜR 8–10 PORTIONEN

Für die Bruschette:
- 1 kg frische Tomaten
- 1 kl. Zwiebel
- 1 Knoblauchzehe
- 100 g schwarze Oliven
- frisches Basilikum
- 80 ml Olivenöl
- Meersalz
- 1 toskanisches Weißbrot oder großes Baguette

Für die Calamari:
- 825 g geputzte Calamari
- 3 Knoblauchzehen
- 2 Zitronen
- 1 kl. Bd. Petersilie
- 1 Chilischote
- 60 ml Olivenöl
- Meersalz, Pfeffer
- 2 Bd. Rucola

ZUBEREITUNG

Die Tomaten kreuzweise einschneiden und in kochendes Wasser tauchen. Nicht länger als 10 Sekunden. Dann in Eiswasser geben und die Haut abziehen.

Nun die Tomaten vierteln, entkernen und das Fruchtfleisch grob würfeln. Zwiebel und Knoblauch fein hacken. Oliven entsteinen und in Spalten schneiden. Basilikum waschen und gut abtropfen. Nur grob durchhacken. Dann Tomaten, Oliven, Basilikum, Knoblauch und Zwiebel mit 50 ml Olivenöl mischen und mit etwas Meersalz abschmecken.

Das Brot in Scheiben schneiden und bei kräftiger Oberhitze (Grillstufe) im Backrohr rösten. Mit 30 ml Olivenöl beträufeln und dann die Tomaten-Oliven-Mischung auf die Bruschette häufen.

Die Calamari waschen und trocken tupfen. Sie sind sehr zart und werden auf beiden Seiten bei geringem Rostabstand und mittlerer Hitze je 3–4 Minuten gegrillt. Knoblauch, Zitronenschale, Petersilie und Chili fein hacken und mit Olivenöl vermengen. Mit Salz und frisch gemahlenem Pfeffer würzen. Rucola waschen und grob schneiden, die Calamari darauf anrichten und mit dem Knoblauch-Chili-Öl beträufeln.

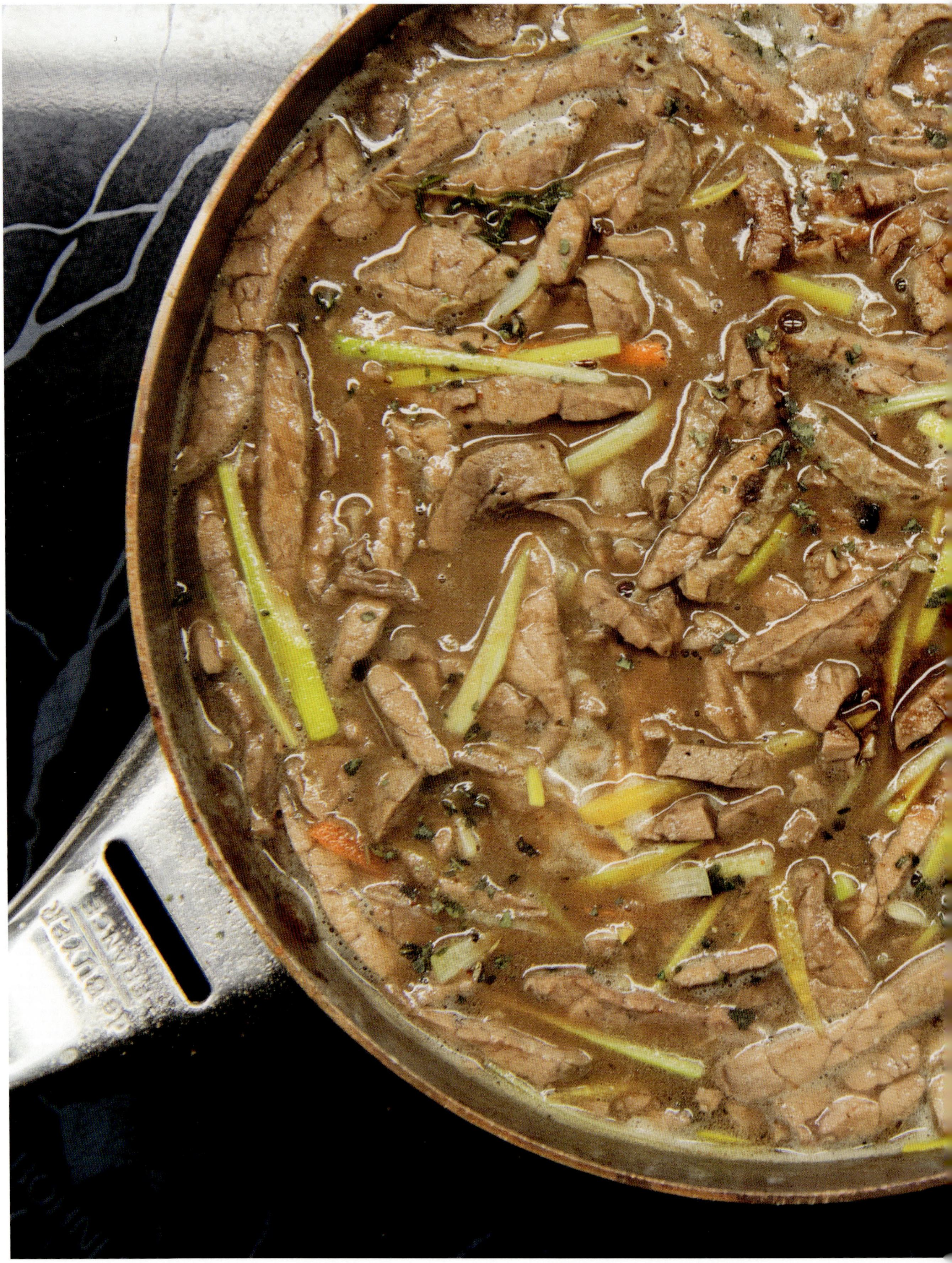

Klassiker

MEINE LIEBLINGSREZEPTE **KLASSIKER**

Beef Tatar

Bestes Fleisch – z. B. Bio-Rinderfilet – wird mit einem Messer klein würfelig geschnitten und dann kurz durchgehackt. Auf keinen Fall faschieren! Aus nicht nachvollziehbaren Gründen ist dieser Klassiker völlig aus der Mode gekommen. Für mich war das Beef Tatar immer etwas Besonderes und deshalb stand es eigentlich fast durchgehend auf meinen Speisekarten. Ich bevorzuge tatsächlich eine recht klassische Zubereitung.

FÜR 6 PORTIONEN

- 900 g Rinderfilet
- 70 g fein geschnittene Cornichons (Essiggurken)
- 50 g fein geschnittene Schalotten
- 2 EL frisch gehackte Petersilie
- 30 g fein geschnittene Kapern

Für die Sauce:
- 50 g Eidotter (ca. 2 Dotter)
- 20 g Dijon-Senf
- 30 g Tomatenketchup
- 6 ml Worcester Sauce
- 4 ml Cognac
- Tabasco, je nachdem wie scharf es sein soll, zwischen 4 und 12 Spritzern
- 1 kl. Knoblauchzehe
- 6 g Salz
- 1 Prise Five Spice
- 1 g schwarzer Pfeffer aus der Mühle
- 40 ml kalt gepresstes Erdnussöl

ZUBEREITUNG

Für die Sauce alle Zutaten bis auf das Öl vermischen, dieses wird zum Schluss und langsam in die Sauce eingerührt. Nun das fein gehackte Rinderfilet mit Cornichons, Schalotten, Petersilie, Kapern und der Sauce vermischen und genießen.

Meine persönlichen Tipps für ein perfektes Beef Tatar:
- Verwende nur frisches Bio-Rinderfilet, am besten vom Filetkopf.
- Das Fleisch niemals durch den Wolf lassen, sondern mit einem scharfen Messer in feinste Würfelchen schneiden.
- Für die Sauce entweder pasteurisierten Eidotter oder ganz frische Bio-Eier verwenden.
- Auf 100 g Fleisch verwende ich je einen gehäuften Teelöffel fein geschnittene Cornichons und Schalotten sowie ½ Teelöffel fein gehackte Petersilie und Kapern.

MEINE LIEBLINGSREZEPTE **KLASSIKER**

MEINE LIEBLINGSREZEPTE **KLASSIKER**

Carpaccio alla Cipriani

Heutzutage glaubt jeder, „Carpaccio" sei eine Kochtechnik, die besagt, dass egal was dünn aufgeschnitten wird. Somit kann man ja tatsächlich Carpaccio aus allem machen. Dies hat sich in den Köpfen fest verankert. In Wahrheit ein Irrtum! In Wirklichkeit wurde das Carpaccio in der Harrys Bar in Venedig erfunden und zwar für eine bekannte Schauspielerin, die kein gegartes Fleisch vertragen hatte, obwohl sie Fleisch liebte. Die Köche der Harrys Bar haben ihr dann rohes Entrecôte so dünn wie möglich aufgeschnitten und mit einer speziellen Sauce aus Mayonnaise und Worcester Sauce garniert. Der Name „Carpaccio" entstand in Anlehnung an einen venezianischen Maler, der intensive rote Farbenspiele liebte. In meiner Zeit in Venedig durfte ich einige hundert Portionen davon zubereiten – meiner Liebe zu diesem Gericht tat dies keinen Abbruch, ganz im Gegenteil.

FÜR 6–8 PORTIONEN

600 g	sauber pariertes Entrecôte
	Meersalz, schwarzer Pfeffer aus der Mühle
80 g	Mayonnaise
12–15 Spritzer	Worcester Sauce
1 TL	Dijon-Senf

ZUBEREITUNG

Die Qualität des Fleisches ist der Schlüssel zu einem perfekten Carpaccio. Die italienischen Rinder – z. B. das Chianina-Rind – sind dafür sehr gut geeignet. Aber auch Filets oder Entrecôtes von heimischen Rassen haben diese Voraussetzungen. Eine zu starke Marmorierung, die für Steaks ein Garant für Saftigkeit und Geschmack ist, wirkt im rohen Zustand beim Carpaccio nachteilig, da kaltes Rinderfett eher schmierig und unangenehm am Gaumen ist.

Ist das perfekte Fleisch gefunden, wird es in ein Tuch gewickelt, damit es recht trocken wird, gut kalt gestellt – am besten über Nacht – und dann mit der Aufschnittmaschine so dünn wie möglich aufgeschnitten. Nicht einfrieren, denn der Fleischgeschmack kommt erst so richtig zur Geltung, wenn die Fleischscheiben eine bestimmte Dicke haben. Dann mit wenig Meersalz und etwas Pfeffer aus der Mühle würzen. Nun aus Mayonnaise, Worcester Sauce und Dijon-Senf die klassische Harrys-Bar-Carpacciosauce herstellen und mit einer Gabel ein feines Gitter der Sauce über das Fleisch ziehen. Kein Rucola, kein Käse – nur das pure Fleisch mit der feinen Sauce. Einfach köstlich.

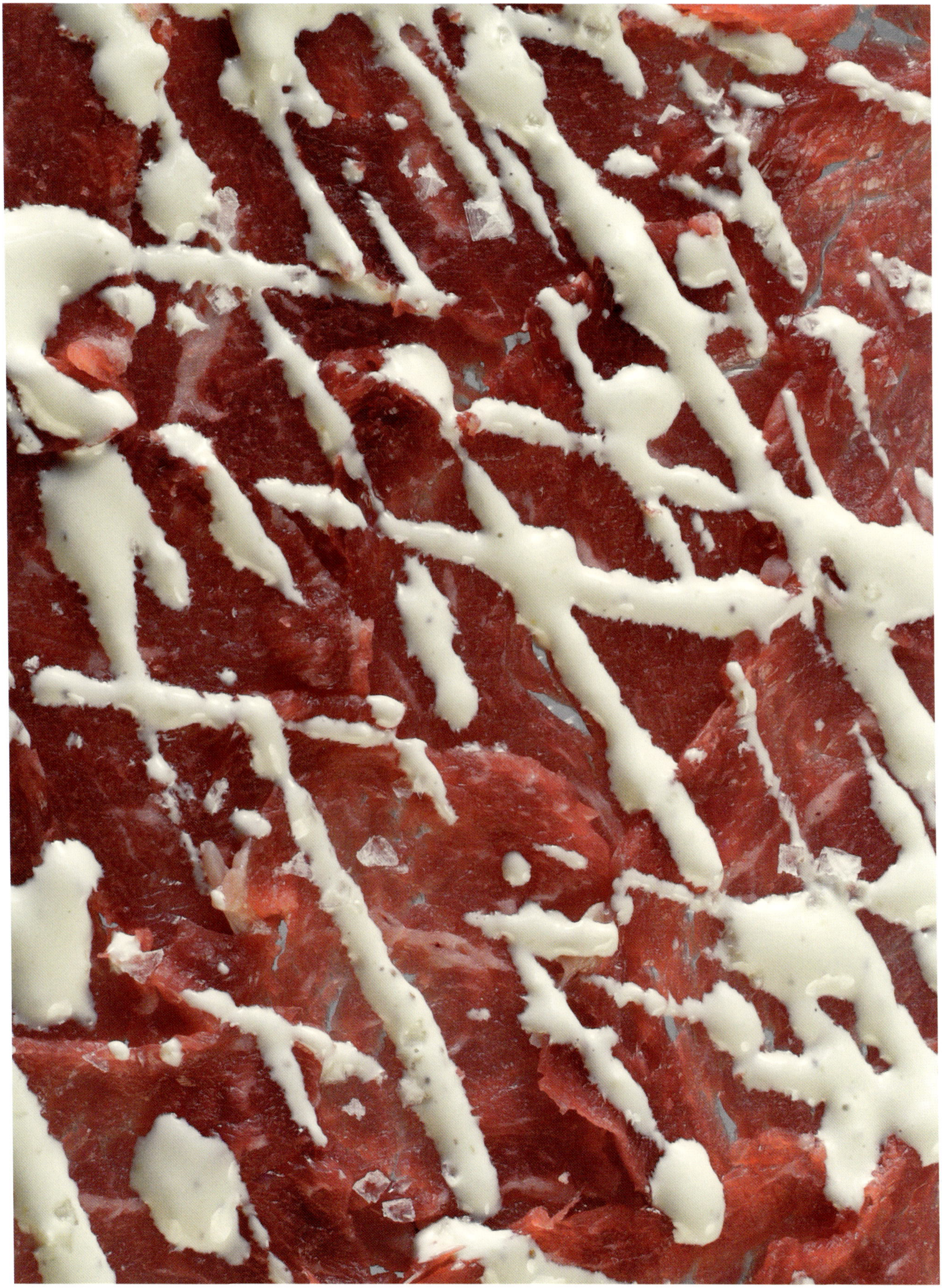

MEINE LIEBLINGSREZEPTE **KLASSIKER**

Kalbsbeuscherl

Es erstaunt mich immer wieder, wie viel liebevolle Kleinarbeit in so simpel erscheinenden Gerichten steckt. Jeder denkt eher an ein rustikales Wirtshausgericht als an eine subtile und recht aufwendig zu kochende Spezialität. Deshalb hat das Beuscherl – für mich ist ein Knödel dazu Pflicht – auf der Speisekarte meines Gasthauses Maurachbund in Bregenz einen fixen Platz. Nicht umsonst ist unser Motto dort *„sehrgutbürgerlich"*!

FÜR 10–12 PORTIONEN

Beuscherl kochen:
- 150 g Karotten, geschält und in grobe Würfel geschnitten
- 150 g Sellerie, geschält und in grobe Würfel geschnitten
- 1 große Zwiebel
- ½ Stange Lauch
- 3 Lorbeerblätter
- 1 TL schwarze Pfefferkörner
- 1 TL Wacholderbeeren
- 3 Thymianzweige
- Salz
- 300 ml Weißwein
- 2 EL Weißweinessig
- ½ Kalbslunge
- ½ Kalbsherz
- ½ Zitrone

Für die Einbrenn:
- 70 g Mehl
- 1 TL Kristallzucker
- 100 g Butterschmalz

Fürs „Pikante":
- 2 Gurkerl
- 1 kl. Zwiebel
- 1 TL Kapern
- etwas Zitronenschale gerieben von ½ Zitrone
- 2 Salzsardellenfilets
- 2 EL Petersilie

Zum Würzen:
- ½ TL Senf
- etwas Worcester Sauce
- Salz, Pfeffer
- 1 EL Weißweinessig

Zum Verfeinern:
- 80 ml Sahne
- 100 g Wurzelgemüse-Julienne, kurz blanchiert
- Wachtelspiegeleier

ZUBEREITUNG

Aus Gemüse, Gewürzen, 1 ½ Liter Wasser, Weißwein und Essig einen Sud aufsetzen. Darin Lunge und Herz weich kochen. Die Lunge nach der halben Garzeit (gut eine halbe Stunde) umdrehen, damit sie gleichmäßig gegart ist. Die Lunge herausnehmen und in kaltes Wasser geben. Das Herz noch eine Viertelstunde länger köcheln lassen und ebenfalls zum Auskühlen ins kalte Wasser geben. Danach Herz und Lunge in dünne Scheiben und anschließend fein nudelig schneiden. Bitte darauf achten, dass die Knorpel der größeren Gefäße gewissenhaft entfernt werden. Mit etwas Zitronensaft beträufeln und kalt stellen.

In der Zwischenzeit für die Einbrenn Mehl und Zucker in Butterschmalz goldbraun rösten. Dann das fein gehackte Pikante beigeben, kurz rösten und mit dem passierten Beuschelfond aufgießen. Gut verkochen lassen, erst dann das fein geschnittene Beuschel hinzufügen. Mit Senf, Worcester Sauce und wenn nötig Salz, Pfeffer aus der Mühle und etwas Weißweinessig abschmecken. Alles zusammen noch ca. 15 Minuten köcheln lassen. Kurz vor dem Servieren etwas frische Sahne und das Gemüse-Julienne beigeben und mit einem Wachtelspiegelei servieren. Fluffige Semmelknödel ▸ 141 passen hervorragend dazu und machen aus dem Beuscherl eine herzhafte Hauptspeise.

MEINE LIEBLINGSREZEPTE **KLASSIKER**

Kalbsrahmgulasch

Obwohl ich auch ein kräftiges Rindsgulasch liebe, favorisiere ich das feinere Kalbsrahmgulasch. Nachdem das Fleisch ausgestochen wurde, mixe ich die Sauce mit den Zwiebeln. Dadurch wird die Konsistenz der Sauce cremiger und durch die eingemixte Luft die Sauce auch gleichzeitig heller – so als wäre schon etwas Sahne drin. Erst dann gebe ich tatsächlich Sahne hinein, damit ich abschätzen kann, ob die Sauce nicht zu hell wird.

FÜR 6 PORTIONEN

- 600 g fein geschnittene Zwiebeln
- 150 g Butterschmalz
- 50 g Tomatenmark
- 100 g Paprikapulver, edelsüß
- 20 ml Rotweinessig
- 1 l Rindsbouillon ▸ 20 (Geflügel- ▸ 249 oder Gemüsefond ▸ 248 eignen sich ebenfalls)
- 15 g Gulasch-Gewürzmischung ▸ 260
- 1 Knoblauchzehe
- ½ Zitrone
- 1 kg Kalbsschulter, sauber pariert und in ca. 30 g schwere Würfel geschnitten
- Salz
- 100 ml geschlagene Sahne

ZUBEREITUNG

Zwiebeln in Butterschmalz goldbraun rösten. Am Anfang ziehen sie noch viel Wasser, aber sobald sie leicht zu bräunen beginnen, heißt es, aufpassen und regelmäßig, mit zunehmender Farbe immer häufiger, rühren. Wenn die Zwiebeln eine satte, hellbraune Farbe haben und sich ihr Volumen auf knapp die Hälfte reduziert hat, Tomatenmark und Paprika dazugeben, durchrösten und mit dem Rotweinessig ablöschen. Dann die Rindsbouillon dazugießen und die Sauce aufkochen lassen. Gewürzmischung, Knoblauch und Zitronenschale hinzufügen und erst dann das Fleisch dazugeben. Nun soll die Sauce nicht mehr stark kochen, sondern vor sich hin köcheln, so gart das Fleisch langsam und schonend und bleibt zart und saftig. Gut gelagertes Kalbfleisch benötigt eine gute Stunde, bis es gar ist. Das Fleisch mit einem Gitterschöpfer aus der Sauce heben und mit einem feuchten Tuch abdecken. Die Sauce kann jetzt etwas stärker kochen, und du lässt sie bis zur gewünschten Konsistenz einreduzieren. Mit Salz abschmecken, aufmixen und vor dem Anrichten mit etwas geschlagener Sahne verfeinern. Dann das Fleisch in die Sauce geben, kurz durchziehen lassen und das Gulasch deines Lebens genießen. Das kann echt was!

Geschmorte Kalbshaxe

Die geschmorte Kalbshaxe war eines jener Gerichte, die meine Oma mütterlicherseits perfekt beherrschte. Jedes Mal, wenn sie dieses goldbraune Wunder an Saftigkeit aus dem Rohr zog, schwor ich mir, dies eines Tages auch zu können. Die bis heute ungelöste Frage war stets, passt besser Erbsenreis oder cremig gekochte Polenta dazu. Ich habe mich für den stetigen Wechsel entschieden.

FÜR 6–8 PORTIONEN

- 2 schöne Kalbshaxen
- 60 g Butterschmalz
- 2 große Zwiebeln, geschält und in grobe Würfel geschnitten
- 300 g Karotten, geschält und in grobe Würfel geschnitten
- 300 g Sellerie, geschält und in grobe Würfel geschnitten
- ½ Stange Lauch
- 2 EL Tomatenmark
- 4 Lorbeerblätter
- 1 TL schwarze Pfefferkörner
- 1 TL Wacholderbeeren
- ein paar Thymian- und Rosmarinzweige
- Salz
- ½ l kräftiger Rotwein
- 600 ml Rindsbouillon ▸ 20 (oder auch Gemüsefond ▸ 248)

ZUBEREITUNG

Die Kalbshaxen in einem Bräter mit dem Butterschmalz goldbraun anbraten. Herausnehmen und beiseite stellen. Dann die Zwiebeln gemeinsam mit den Karotten und dem Sellerie im Bräter bräunen. Den Lauch der Länge nach aufschneiden, sauber waschen und grob zusammenschneiden. Zum Gemüse geben und nochmals kurz anschwitzen. Dann das Tomatenmark dazugeben, kurz anrösten, die Gewürze und Kräuter beigeben und mit dem Rotwein ablöschen. Etwas reduzieren lassen. Mit der Rindsbouillon auffüllen und die Haxen in die Sauce legen. Bei 120 Grad 4 Stunden garen. Am Ende der Garzeit überprüfen, ob die Haxen zart sind. Man kann dazu einen Kochlöffelstiel verwenden oder aber mit einem Finger ins Fleisch drücken. Selbstverständlich nur ganz kurz, das kann sonst heiß werden. Also Vorsicht. Eine weitere Möglichkeit ist, mit einer Fleischgabel hineinzustechen, auch dann merkt man, ob die Haxen weich sind. Zusätzlich sollte glasklarer Saft aus der Einstichstelle quellen.

Die Sauce in einen Topf sieben und nötigenfalls mit etwas Salz abschmecken. Die Sauce sollte eher einem Natursafterl gleichen als einer einreduzierten Glace.

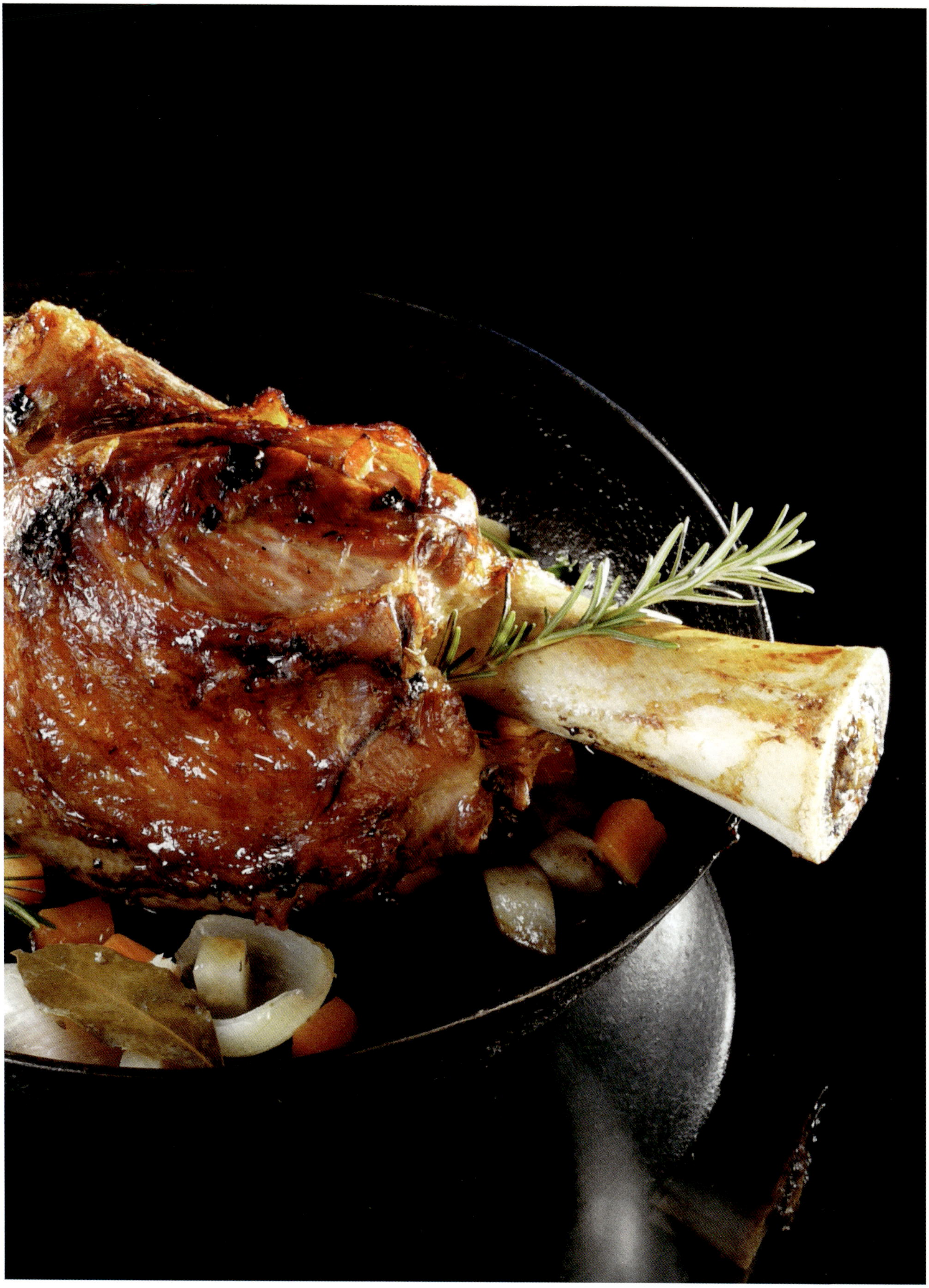

MEINE LIEBLINGSREZEPTE **KLASSIKER**

Wiener Schnitzel nach Franz Ruhm

Dieses Originalrezept aus dem Jahre 1926 ist beeindruckend klar formuliert, und man kann sich genau vorstellen, wie man zu einem perfekten Wiener Schnitzel kommt. Ich habe dazu aus heutiger Sicht auch nur einige kleine Anmerkungen:

Ich verwende, so wie schon mein Vater, ausschließlich das Fleisch der Karree-Rose (Rücken). Es ist sehr zart und hat für Schnitzel die beste Fleischstruktur. Durch die im Vergleich zum Schlegelfleisch etwas kürzere Garzeit und aufgrund der größeren Zartheit kann man rasch herrlich zarte und saftige Schnitzel ausbacken. Für die Panier schlage ich das Ei mit einem Schuss Sahne auf (anstelle von Öl und Wasser). Und schließlich bin ich ein Gegner allzu dünn und in die Fläche ausgeklopfter Schnitzel, denn ich finde, man sollte das Fleisch spüren und schmecken können. Von mehreren Paniervorgängen, wie das manchmal beschrieben ist, halte ich gar nichts.

Mit Petersilienkartoffeln und grünem Salat oder mit Butterreis und Preiselbeeren ▸ 261 sind für mich die zwei klassischen Kombinationen, wobei ich persönlich die seltenere Variante mit Reis und Preiselbeeren bevorzuge.

Die drei häufigsten Fehler mit den gravierendsten Folgen hat schon Franz Ruhm beschrieben: Das Andrücken der Brösel beim Panieren, das Einlegen der Schnitzel in zu kaltes Fett und zu frühzeitiges Panieren vor dem Backen. Alle drei Fehler führen zu einem minderwertigen Ergebnis. Außerdem „trockne" ich Schnitzel nie zu intensiv nach dem Braten und rate daher, sie nicht zwischen Küchenpapier „auszudrücken". Bei korrektem Braten werden sich die Schnitzel nicht mit Fett vollsaugen, sondern herrlich knusprig sein, und es reicht durchaus, sie kurz auf Küchenpapier zu legen, bevor sie auf die Teller gegeben werden.

ZUBEREITUNG

„Von den Wiener Speisen ist das gebackene oder ‚Wiener Schnitzel' am bekanntesten in der Welt. Allerdings ist es nicht immer gerade ein Wiener Schnitzel, das man unter diesem Namen vorgesetzt bekommt, und es genügt durchaus nicht, wenn es ‚paniert' und ‚gebacken' ist.
Für Wiener Schnitzel eignet sich jedes Schlegelfleisch, also sowohl Fricandeau wie auch Schale und Nuss, Ersteres aber besonders. Geschnitten wird das Fleisch im Gewicht von 12–14 Dekagramm (120–140 Gramm) je Portion immer so, dass eine schöne, möglichst rechteckige Fläche entsteht, wozu es notwendig ist, das Fleisch in zwei zusammenhängende Scheiben zu schneiden.
Das Schnitzel darf nicht zu dünn geklopft werden, da es sonst beim Backen zu leicht austrocknet. Die Hautränder werden an einigen Stellen ‚eingepickt', d. h. durchschnitten, womit ein Zusammenziehen beim Backen vermieden wird. Das Panieren geht der Reihenfolge nach vor sich, indem das Schnitzel zuerst gesalzen und von beiden Seiten bemehlt wird, sodann zieht man es durch Ei, wozu auf ein Ei eine halbe Eischale voll Wasser und ein Kaffeelöffel voll Öl kommt und gut verquirlt wird, nun hüllt man das Schnitzel in möglichst gleichkörnige Semmelbrösel ein, wobei die Brösel lediglich ein wenig angedrückt, nie aber angeklopft werden dürfen, wie das häufig geschieht.
Das Panieren soll immer erst knapp vor Tisch vor sich gehen, da durch zu langes Liegen die Brösel dann Fleischsaft anziehen und beim Backen dann nie mehr mürbe und knusprig werden können. Im Gegenteil passiert es häufig, dass in solchen Fällen die Bröseldecke beim Backen vollends aufweicht und abfällt. Dasselbe geschieht auch, wenn das Schnitzel in zu kaltes Fett eingelegt oder wenn es während des Backens öftere Male umgedreht wird im Schmalz.
Das Backfett muss so heiß sein, dass eine nass gemachte Gabelspitze, die man darin eintaucht, ein empörtes Zischen verursacht. Ferner soll so viel Fett in der Pfanne sein, dass das Schnitzel ‚schwimmen' kann, mindestens aber den Boden der Pfanne daumendick bedeckt. Ein Schnitzel, das in gut erhitztes Fett eingelegt wird, kann schon nach 1,5–2 Minuten, goldgelb geworden, umgedreht werden, worauf man es an der anderen Seite ebenso lange fertigbäckt, gut abtropfen lässt und mit Zitronenspalte und etwas gezupfter Petersilie garniert und sobald als möglich zu Tisch bringt.
Werden mehrere Schnitzel für eine Mahlzeit gebacken, dürfen sie nicht übereinandergelegt und auch nicht in einem Geschirr liegend zugedeckt warm gehalten werden, da dadurch die Bröseldecke aufweicht. Zum Warmhalten stellt man die Schnitzel am besten ins offene, mittelheiße Rohr."

MEINE LIEBLINGSREZEPTE **KLASSIKER**

Ossobuco

Ossobuco ist eine der großen Spezialitäten der italienischen Küche. Es wird aus den in Scheiben geschnittenen Hinterhaxen von Milchkälbern zubereitet, die in einer gut gewürzten Brühe so weich braisiert werden, dass man sie mit der Gabel essen kann. Der Name bedeutet „Knochen mit einem Loch", und jede Scheibe zeigt einen Querschnitt der Haxe: einen Fleischring um einen Knochen, der mit Mark gefüllt ist. Und dieses Mark gibt dem Schmorgericht seinen unnachahmlichen Geschmack. Zu meiner Zeit in Harrys Bar wurde dieses spezielle und zeitaufwendige Gericht immer nur an Sonntagen angeboten. Die Gäste – unter ihnen viele angesehene Venezianer – schätzten Ossobuco außerordentlich, und es lohnt sich nach wie vor, es an einem Sonntagmittag in der Originalversion in Venedig zu genießen.

FÜR 12 PORTIONEN

125 ml	Olivenöl
12 Scheiben	Ossobuco
	Fleisch-Gewürzmischung ▸ 260 oder Salz, Pfeffer
	Mehl zum Bestäuben
3 Stangen	Sellerie, fein gewürfelt
2	kl. Karotten, klein gewürfelt
1	große Zwiebel, fein gewürfelt
200 g	Champignons, fein gehackt
300 g	gewürfelte Dosen-Tomaten (Pelati)
125 ml	trockener Rotwein
½–1 l	heißer Geflügelfond ▸ 249 oder Rindsbouillon ▸ 20
1	Rosmarinzweig
einige	Thymianzweige
3	Lorbeerblätter

Für die Gremolata:

1 TL	fein gehackte Zitronenschale
1	gehackte, kleine Knoblauchzehe
2 EL	fein geschnittene, glattblättrige Petersilie
2 EL	geschnittener, frischer Rosmarin
30 g	weiche Butter

ZUBEREITUNG

In einem großen Bräter 60 ml Olivenöl auf mittlerer Flamme erhitzen. Die Fleischscheiben mit Fleisch-Gewürzmischung würzen und in Mehl wenden. Überschüssiges Mehl abschütteln. Das Fleisch in einer Schicht ins heiße Öl legen und über mittlerer Hitze 10–15 Minuten von beiden Seiten anbräunen. Das Fleisch herausnehmen und bereithalten. Das Bratöl aus dem Bräter schütten. Anschließend 3 EL Öl in den Bräter geben und auf mittlerer Flamme erhitzen. Darin Gemüse- und Zwiebelwürfel sowie die Champignons anrösten. Danach Tomaten, Rotwein und 500 ml heißen Fond dazugeben. Die Fleischscheiben zurück in den Bräter legen und mit der Sauce überziehen. Falls das Fleisch nicht ganz mit Flüssigkeit bedeckt ist, noch etwas heiße Brühe zugießen. Wenn du mehr als 1 l Brühe benötigst, ist der Bräter zu groß und du solltest alles in einen kleineren umfüllen. Kräuter und Lorbeerblätter dazugeben. Nach dem Aufkochen der Flüssigkeit die Hitze reduzieren und das Fleisch mit Alufolie abdecken, bei kleiner Hitze im Rohr 2 bis 2 ½ Stunden schmoren, bis das Fleisch schön weich ist. Inzwischen die Zutaten für die Gremolata vermischen und mit einer Gabel die weiche Butter einarbeiten. Etwa 10 Minuten vor dem Anrichten das Fleisch herausnehmen und in einer tiefen Servierschüssel warm halten. Falls die Sauce zu dünn ist, muss sie noch etwas eingekocht werden. Anschließend etwa die Hälfte der Gremolata einrühren und über geringer Hitze 1–2 Minuten ziehen lassen. Das Fleisch mit der restlichen Gremolata bestreichen und mit der Sauce überziehen.

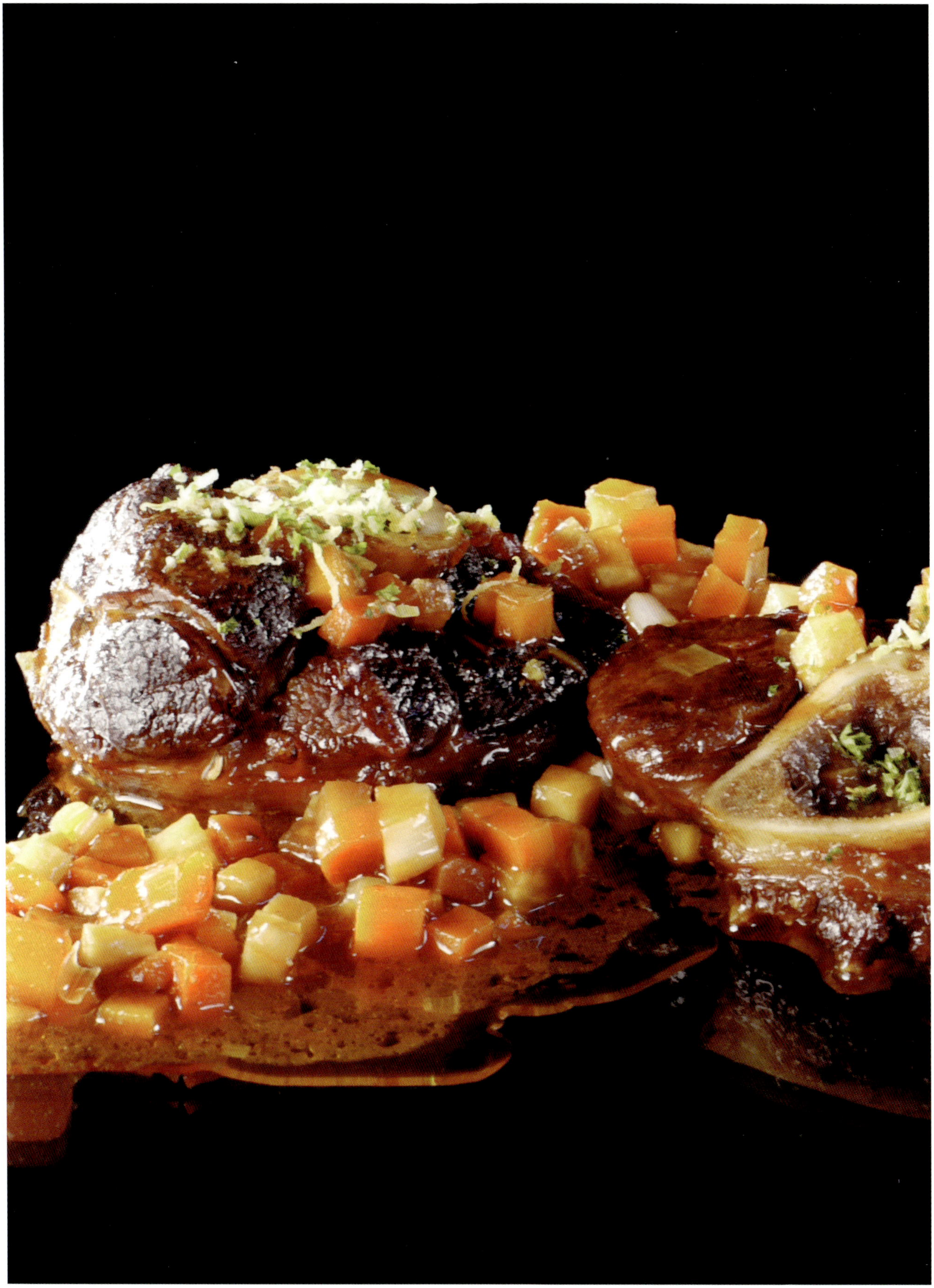

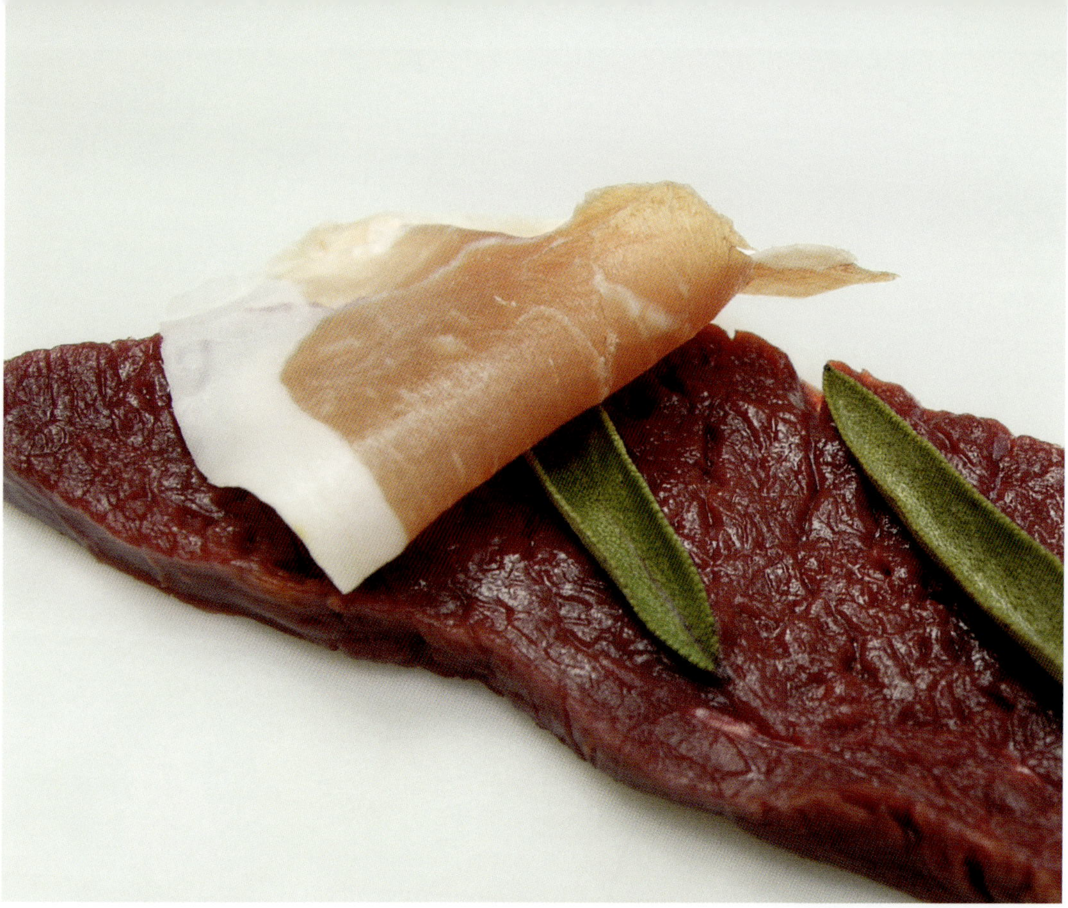

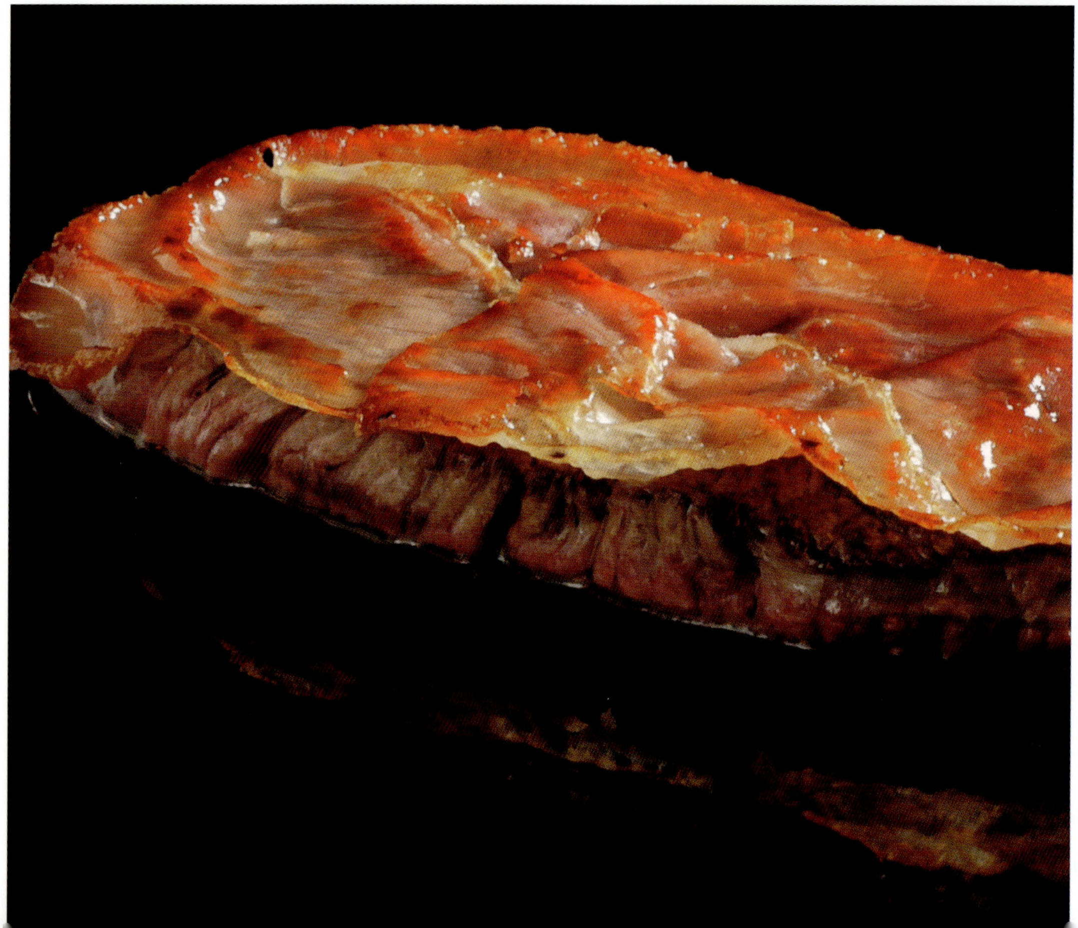

MEINE LIEBLINGSREZEPTE **KLASSIKER**

Saltimbocca von der Hirschkalbkeule

In den vielen Jahren Spitzengastronomie und Gourmetküche ist mir eines klar geworden. Es gibt Dinge, die einfach funktionieren und für den Fall, dass ihnen zu viel „Kreativität" angedeiht, allenfalls schlechter werden. Saltimbocca ist eines dieser Gerichte. Dünne Fleischscheiben, in diesem Fall Schnitzel vom Hirschkalb, werden mit Salbei und einem guten Rohschinken belegt. Saftigkeit und Aroma garantiert.

FÜR 6 PORTIONEN

- 12 kl. Hirschkalbschnitzel
- 24 frische Salbeiblätter
- 12 entsprechend große Scheiben von feinem Rohschinken
- 30 g Butterschmalz
  Wild-Gewürzmischung
  ▸ 260 oder Salz, Pfeffer und gestoßener Wacholder

ZUBEREITUNG

Hirschkalbschnitzel mit 2–3 Salbeiblättern belegen und mit dem Rohschinken bedecken. Dann vorsichtig mit dem Schinken nach unten in eine heiße Pfanne mit wenig Butterschmalz geben, scharf anbraten, mit Wild-Gewürzmischung würzen und wenden. Noch kurz fertig braten, rasch anrichten und mit Preiselbeersauce ▸ 261 servieren.

Ideale Begleiter: Orangen-Speck-Wirsing ▸ 180, Rotkraut mit Äpfeln und Ingwer ▸ 179. Als Sättigungsbeilage: Kartoffelblinis ▸ 183 oder Schupfnudeln ▸ 189.

MEINE LIEBLINGSREZEPTE **KLASSIKER**

Geschmorte Kalbsbäggle

Kalbsbäggle haben bei korrekter Zubereitung ein sehr delikates Fleisch. Mit viel Rotwein, langsam und geduldig geschmort, lassen sie sich mit der Gabel zerdrücken. Gerne serviere ich sie auch in Kombination mit einem kurz gebratenen Stück vom Kalb, z. B. Crépinette, Filet oder Rückensteak als zweierlei vom Kalb! Keine zu kleine Menge schmoren, weniger als 12 Bäggle machen keinen Sinn.

FÜR 6 PORTIONEN

- 12 schöne Kalbsbäggle (Wangerl)
- 30 g Butterschmalz
- 100 g Wurzelwerk (Sellerie, Karotte, Zwiebel, Lauch)
- ein wenig Olivenöl
- 30 g Tomatenmark
- 150 g gewürfelte Tomaten
- Salz, Pfeffer aus der Mühle oder Fleisch-Gewürzmischung ▸ **260**
- 1 EL fein gehackte Kräuter (Salbei, Thymian und Rosmarin)
- Pfefferkörner
- Wacholderbeeren
- 3 Lorbeerblätter
- Fenchelsamen
- ½ Flasche kräftiger Rotwein
- 30 g getrocknete Steinpilze oder Morcheln
- 50 ml Madeira
- ½ l Rindsbouillon ▸ **20** oder Gemüsefond ▸ **248**

ZUBEREITUNG

Kalbsbäggle von den gröbsten Häutchen und Sehnen befreien. In Butterschmalz anbraten, in einen kleinen Bräter schlichten und im Rohr bei 220 Grad (Ober- und Unterhitze) eine gute halbe Stunde schmoren. Dann das Gemüse in 1 × 1 cm große Würfel schneiden, dazugeben und mit etwas Olivenöl beträufeln. Nochmals eine halbe Stunde schmoren. Gelegentlich mit einer Bratschaufel das Fleisch und Gemüse wenden, damit es gleichmäßig braten kann. Tomatenmark hinzufügen und ein paar Minuten mitrösten lassen, dann die Tomatenwürfel, die Gewürze und die Hälfte des Rotweins beigeben. Die Hitze auf 170 Grad reduzieren und ca. 30 Minuten schmoren lassen. Den restlichen Rotwein angießen, getrocknete Pilze und Madeira dazugeben und mit der Rindsbouillon oder dem Gemüsefond auffüllen. Die Hitze nochmals etwas reduzieren. In weiteren 30–45 Minuten sind die Bäggle gar. Das ist leicht zu überprüfen: Das Einstechen eines spitzen, kleinen Messers darf keinen Widerstand zeigen. Die Garzeit der Bäggle nicht zu knapp bemessen. Sie müssen wirklich perfekt durchgeschmort sein und werden nur bei langsamem, sorgfältigem Schmoren wunderbar zart und saftig.

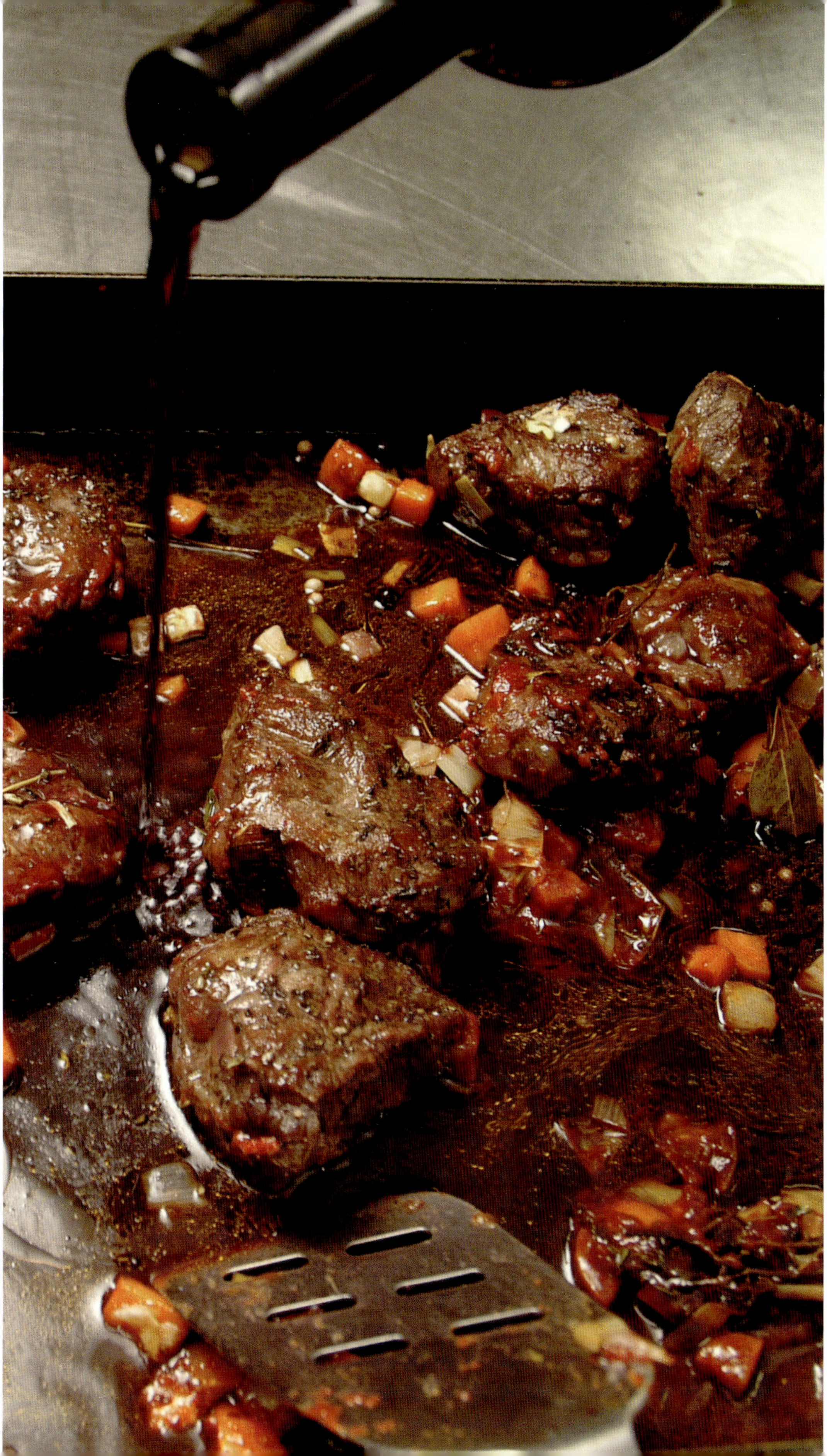

MEINE LIEBLINGSREZEPTE **KLASSIKER**

Gekochtes Hüferschwanzerl

Ich liebe gekochtes Rindfleisch, insbesondere das Hüferschwanzerl. Es wird auch der kleine Tafelspitz genannt, ist aber etwas herzhafter, feinfasriger und saftiger. Über das Kochen von Rindfleisch gibt es genug Theorien, die ein ganzes Buch füllen würden.

FÜR 4 PORTIONEN

- 1 Hüferschwanzerl
- 3–4 Markknochen
- Salz
- 150 g Wurzelwerk (Sellerie, Karotte, Zwiebel, Lauch)
- 1 große Zwiebel
- Pfefferkörner
- Wacholderbeeren
- 3–4 Lorbeerblätter
- fein geriebene Muskatnuss
- etwas Sternanis

ZUBEREITUNG

Ich habe nie verstanden, warum das Hüferschwanzerl (in Deutschland Bürgermeisterstück) in gleicher Fleischqualität halb so viel kostet wie der Tafelspitz, obwohl es die feinere Faserstruktur hat und perfekt gekocht auf jeden Fall zarter ist. Vielleicht liegt es daran, dass der Tafelspitz weltbekannt ist.

Das Entscheidende ist: Wer eine gute Suppe haben möchte, muss hochwertiges Fleisch verwenden. Es empfiehlt sich deshalb, das Fleisch immer mit lauwarmem Wasser anzusetzen. Das schadet dem Fleisch nicht wirklich und ergibt dennoch eine kräftige Suppe. Wenn es nur um die Suppe geht, bringt kaltes Wasser übrigens einen leichten Vorteil. Das Fleisch und die heiß abgespülten Knochen in lauwarmem Wasser (ca. 2–3 l) mit ein wenig Salz in einem ausreichend großen Topf auf den Herd stellen und zum Kochen bringen. Die Hitze reduzieren und leise ca. 1 Stunde köcheln lassen. Dann Gemüse, eine auf der Schnittfläche angebräunte Zwiebel und die Gewürze beigeben und das Fleisch weich kochen. Das soll immer langsam vor sich gehen, damit das Fleisch seine volle Saftigkeit und seinen vollen Geschmack erreicht.

MEINE LIEBLINGSREZEPTE **KLASSIKER**

MEINE LIEBLINGSREZEPTE **KLASSIKER**

Bistecca Fiorentina

Bei meinen Recherchen für mein Grillbuch „Feuer und Flamme" lernte ich in Panzano Dario Checcini kennen – ein Fleisch-Maniac, mit dem mich seit damals eine enge Freundschaft verbindet. Er hat mich in die hohe Kunst der Zubereitung des berühmten Chianina-Rindes eingeführt und mir gezeigt, wie man eine perfekte Bistecca auf jahrelang getrocknetem Holz von alten Reben und Olivenbäumen grillt. Im Vergleich dazu verzichte ich gerne auf das für meinen Geschmack schon fast zu fette Wagyū. Der Cut ist im Prinzip derselbe wie beim klassischen T-Bone-Steak, lediglich die Fleischqualität macht die Bistecca zur Bistecca. Serviert werden dazu lauwarme toskanische Bohnen mit Olivenöl.

FÜR 4 PORTIONEN

1 Bistecca (1,2–1,4 kg)
Meersalz, schwarzer Pfeffer aus der Mühle
Olivenöl
Zitronensaft

ZUBEREITUNG

Die Bistecca wird wie ein T-Bone-Steak aus dem ganzen Roastbeef geschnitten, wobei nur der untere Teil der Rippe verwendet wird, sodass auch ein entsprechender Filet-Anteil mitgeschnitten wird. Das namengebende T-förmige Knochenstück trennt Beiried vom Filet. Da bei gleicher Dicke das größere Stück – die Beiried – auch aufgrund seines festeren Fleisches länger für die entsprechende Garung benötigt als das Filet, klopfe ich die Beiriedseite leicht an und erreiche damit eine gleichmäßigere Garung. Eine Bistecca kann man eigentlich nur grillen. Wichtig ist, dass man eine ausreichende und starke Glut zur Verfügung hat: also eher zu viel als zu wenig Kohle anzünden! Dann sollte die Holzkohle etwas zur Seite geschoben werden, damit das schmelzende Fett nicht auf den glühenden Kohlen Feuer fängt. Es ist wichtig, schnell zu reagieren, wenn das trotzdem passiert. Das Fleisch einfach kurz vom Grill nehmen, bis die Flammen erlöschen und dann weitergrillen. Auf jeder Seite ca. 5 Minuten ergibt herrliche Steaks, die eher „medium rare" sind, was ich perfekt finde. Mit Meersalz, schwarzem Pfeffer aus der Mühle, Olivenöl und Zitronensaft servieren. Dieses köstliche Fleisch braucht in Wirklichkeit keine Beilage. Am besten passen ein kleiner Salat und lauwarme, geschmorte toskanische Bohnen.

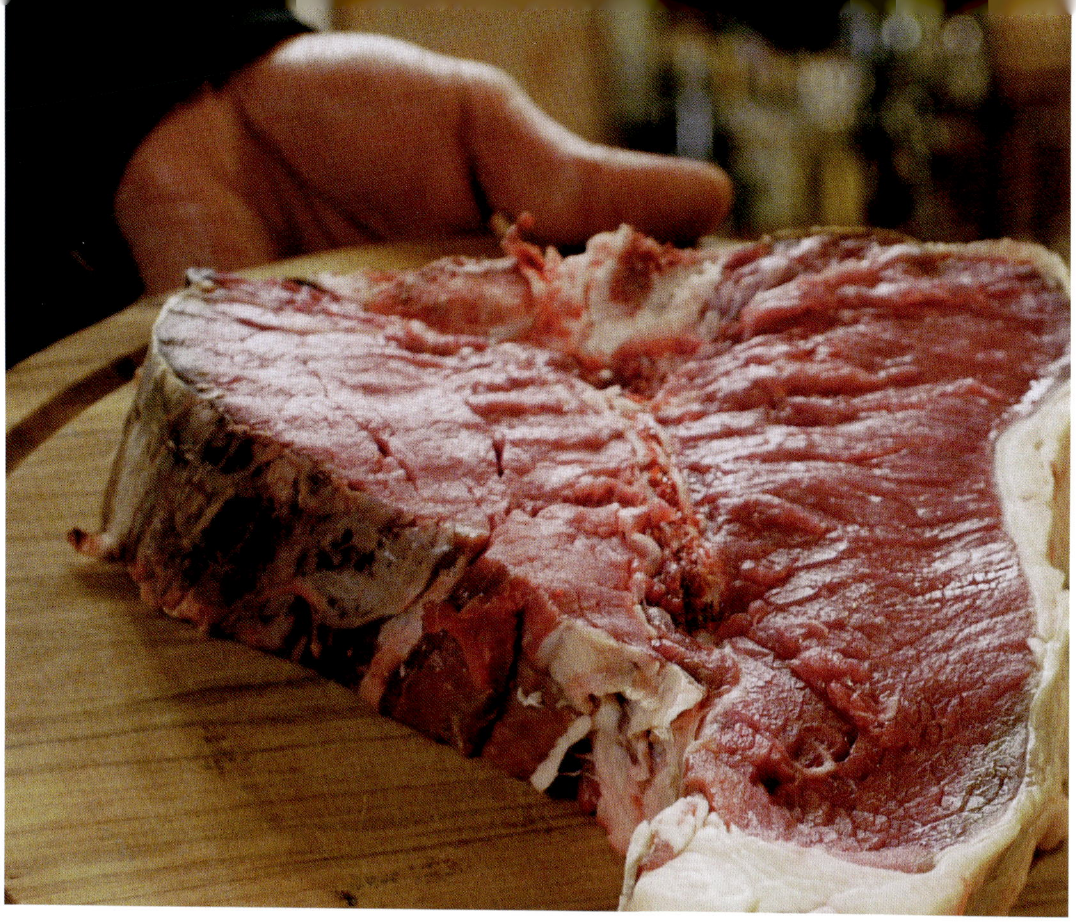

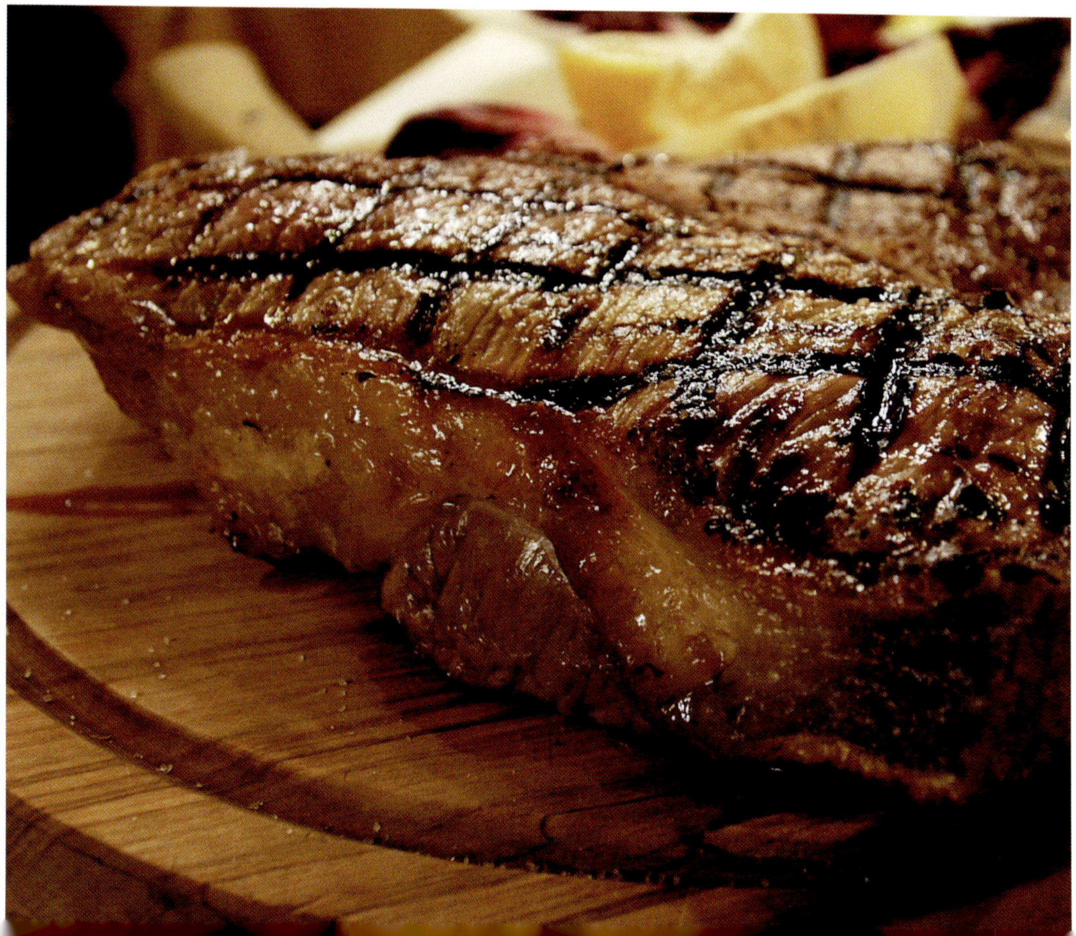

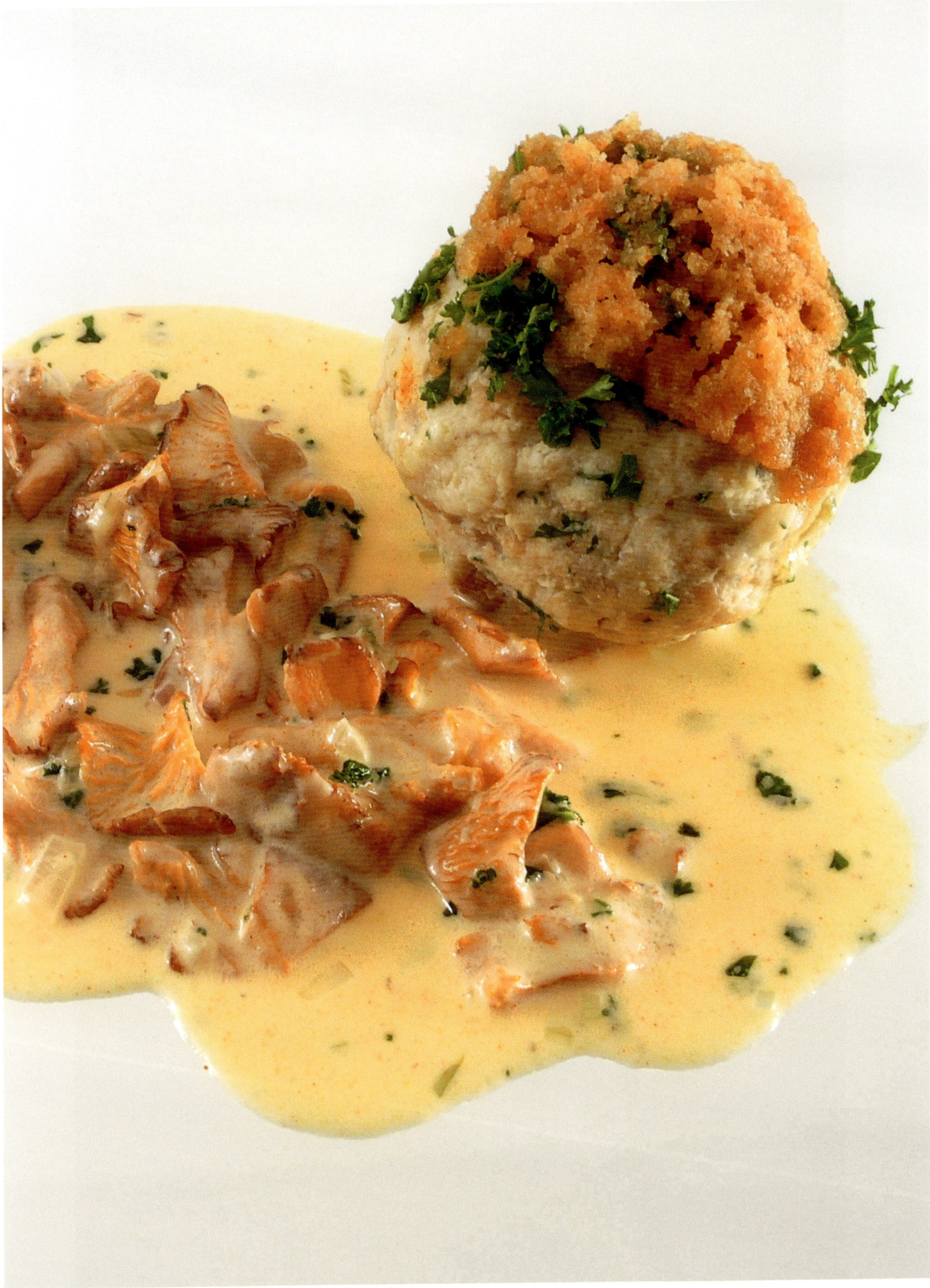

MEINE LIEBLINGSREZEPTE **KLASSIKER**

Pfifferlingsgulasch mit Semmelknödel

Flüssiger gehalten, kann dieses Gericht auch als Sauce zu Kalbfleisch und Wildgerichten gereicht werden. Mit Semmel- oder Tiroler-Knödeln ein Gedicht, aber auch zu Garganelli und allen Arten von frischer Pasta. Fast alle Pilze lassen sich auf diese Weise verarbeiten. Ideal auch für gemischte, gesammelte Pilze. Aber Achtung: Pilze niemals zu lange in der Sauce kochen, sie verlieren Geschmack und werden zäh.

FÜR 4 PORTIONEN

- 350 g frische Pfifferlinge (oder gemischte Waldpilze)
- 1 kl. Zwiebel
- 30 g Butterschmalz
- wenig Mehl zum Stauben
- ½ TL edelsüßes Paprikapulver
- 30 ml Weißwein
- 30 ml Kalbsjus ▸ 250
- 50 ml Sahne
- frische Kräuter (Petersilie, Estragon, Kerbel eignen sich am besten)
- Salz, Pfeffer aus der Mühle

ZUBEREITUNG

Die Pfifferlinge sauber putzen und zusammen mit der geschnittenen Zwiebel in Butterschmalz anbraten. Nicht alle Pilze auf einmal in die Pfanne geben, sondern nur immer so viele, dass sie braten können, ohne Wasser zu ziehen. Die Sauce machst du am besten mit der letzten Partie gebratener Pilze. Leicht mit Mehl und Paprika stauben, dann mit Weißwein ablöschen, die Kalbsjus dazu und kurz einreduzieren lassen. Die schon gebratenen Pilze in einem Sieb etwas abtropfen lassen, der Sauce beifügen und die Sahne und Kräuter dazugeben. Nun nur noch kurz mit Salz und Pfeffer abschmecken und rasch mit Semmelknödel servieren.

SEMMELKNÖDEL

- 350 g Knödelbrot
- 200 ml Milch
- 4 Eier
- 1 kl. Zwiebel
- 20 g Butter
- 2 EL frisch gehackte Petersilie
- 100 g kalter, ungesüßter Kaiserschmarrn
- Salz, Pfeffer
- fein geriebene Muskatnuss
- 80 g Mehl

Das Knödelbrot mit Milch und den Eiern mischen und 20 Minuten ziehen lassen. Es ist günstig, aber nicht notwendig, die Milch zuvor leicht zu erhitzen. Die Zwiebel fein schneiden, in Butter anschwitzen, Petersilie beigeben und ebenfalls anschwitzen. Nun zusammen mit dem fein gehackten Kaiserschmarrn zum eingeweichten Knödelbrot geben, würzen, Mehl darüberstreuen und einen lockeren Teig abmischen. Daraus Knödel formen und diese ca. 15 Minuten in Salzwasser kochen.
Für Tiroler Knödel lediglich Speck in die Grundmasse hinzufügen.

MEINE LIEBLINGSREZEPTE **KLASSIKER**

Forelle blau mit schaumiger Butter

Mindestens ebenso populär wie die nach Müllerinnenart gebratene Forelle ist die sogenannte abgesottene Forelle, über die Katharina Prato in ihrer berühmten „Süddeutschen Küche" (1887) schreibt: „Ihre Haut färbt sich nur dann blau, wenn man sie bis zur Bereitung lebend im Wasser lässt. Man tötet sie daher erst durch einen Schlag mit dem Messerrücken auf den Kopf, wenn Essig und gesalzenes Wasser bereits kochen, und gibt jeden Fisch gleich wieder in das Wasser. Mit dem Salzwasser (zu welchem man 1 Löffel Salz für je 1 Liter Wasser nimmt) kann man auch Zwiebelscheiben, Petersilie, Lorbeerblatt und Pfefferkörner kochen und es vor dem Zugießen seihen. Wenn man sie warm serviert, so nimmt man sie kurz vor dem Anrichten aus dem Sude und garniert sie auf der Schüssel mit Petersilie, werden sie kalt gegeben, so lässt man sie mit der Brühe erkalten." Man kann sie in diesem Zustand, schlägt Katharina Prato vor, auch sulzen.

FÜR 4 PORTIONEN

- 4 Forellen zu je 250–300 g
- 40 ml Weißweinessig
- Salz
- 250 g Butter
- 2 Zitronen
- Pfeffer
- 1 Bd. krause Petersilie

Für den Sud:

- 2 l Wasser
- 250 ml trockener Weißwein
- 1 Karotte
- 1 Zwiebel
- 100 g Lauch
- 1 Kräutersträußchen
- Salz
- Korianderkörner
- Pfefferkörner
- 1 Gewürznelke

ZUBEREITUNG

Zunächst den Sud aufsetzen: Alle Zutaten erhitzen und 20 Minuten heftig kochen lassen. Die Karotte dazu in Scheiben, die Zwiebel in Ringe und den Lauch in kleine Stücke schneiden, die Korianderkörner in einem Mörser zerstoßen. Nach dem Kochen den Sud durchseihen und wieder aufsetzen, am besten in einem Fischkochtopf mit Einsatz zum Herausheben der Fische. Die Forellen ausnehmen und abwaschen, dabei so wenig wie möglich anfassen, damit der Schleim, der sie umgibt, nicht zerstört wird – er sorgt schließlich später für die schöne blaue Farbe. Die fertig präparierten Fische mit dem Essig übergießen. Das Innere salzen, die Fische in den Sud legen und 4 Minuten pochieren, ohne sie aufkochen zu lassen.

In der Zwischenzeit die Butter schaumig schlagen. Dazu die Butter so weit erwärmen, dass sie weich wird, ohne zu schmelzen. Nun mit dem Schneebesen oder dem Handmixer 10 Minuten schlagen, bis aus der Butter eine weiche, weiße Creme geworden ist. Jetzt den Saft einer halben Zitrone einschlagen, mit Pfeffer und Salz abschmecken und in einer leicht vorgewärmten Sauciere anrichten.

Die Forellen vorsichtig aus ihrem Sud heben, abtropfen lassen und auf eine mit einer Serviette ausgelegten Platte gleiten lassen. Mit den halbierten Zitronen und einem Petersiliensträußchen garnieren. Unverzüglich mit der Sauce auftragen.

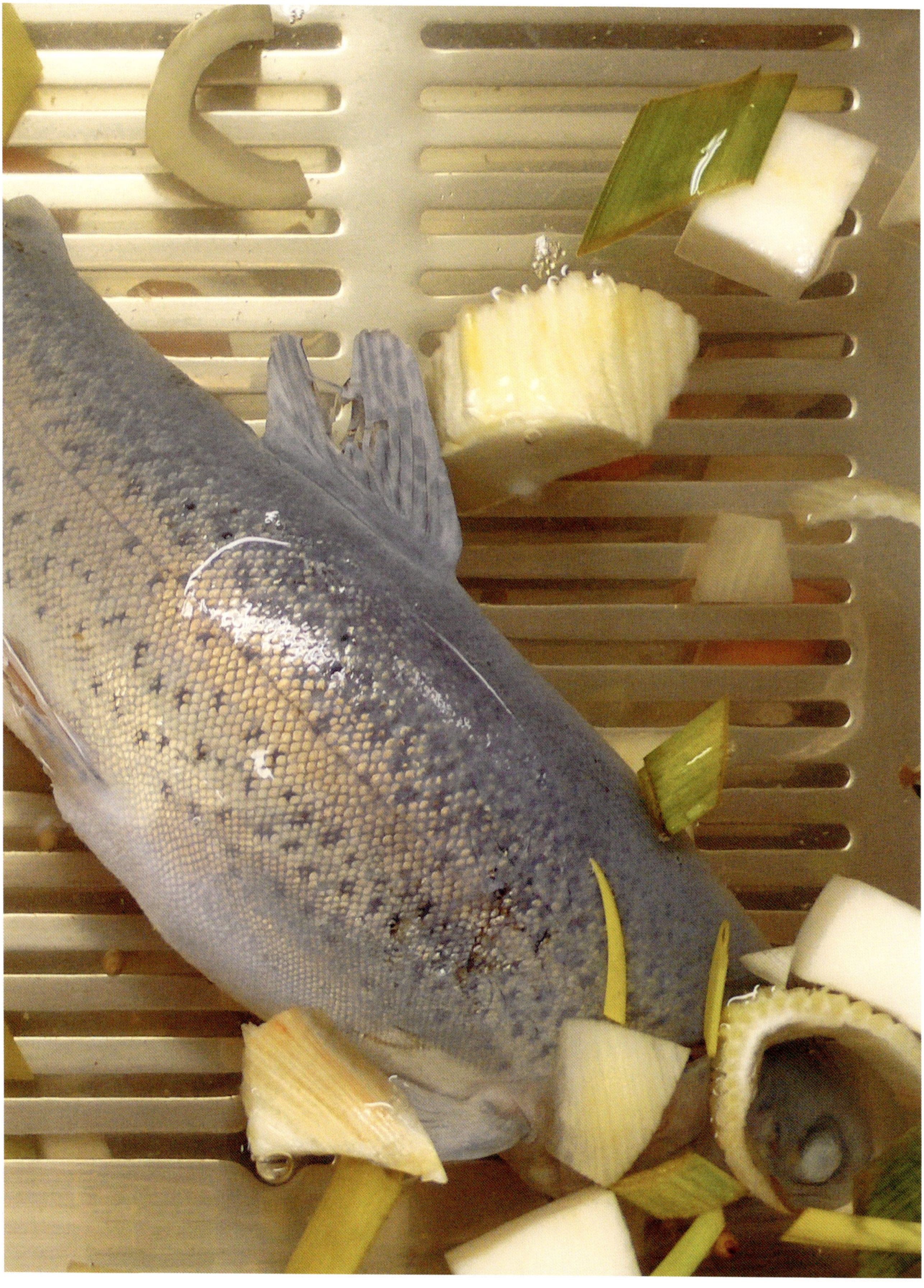

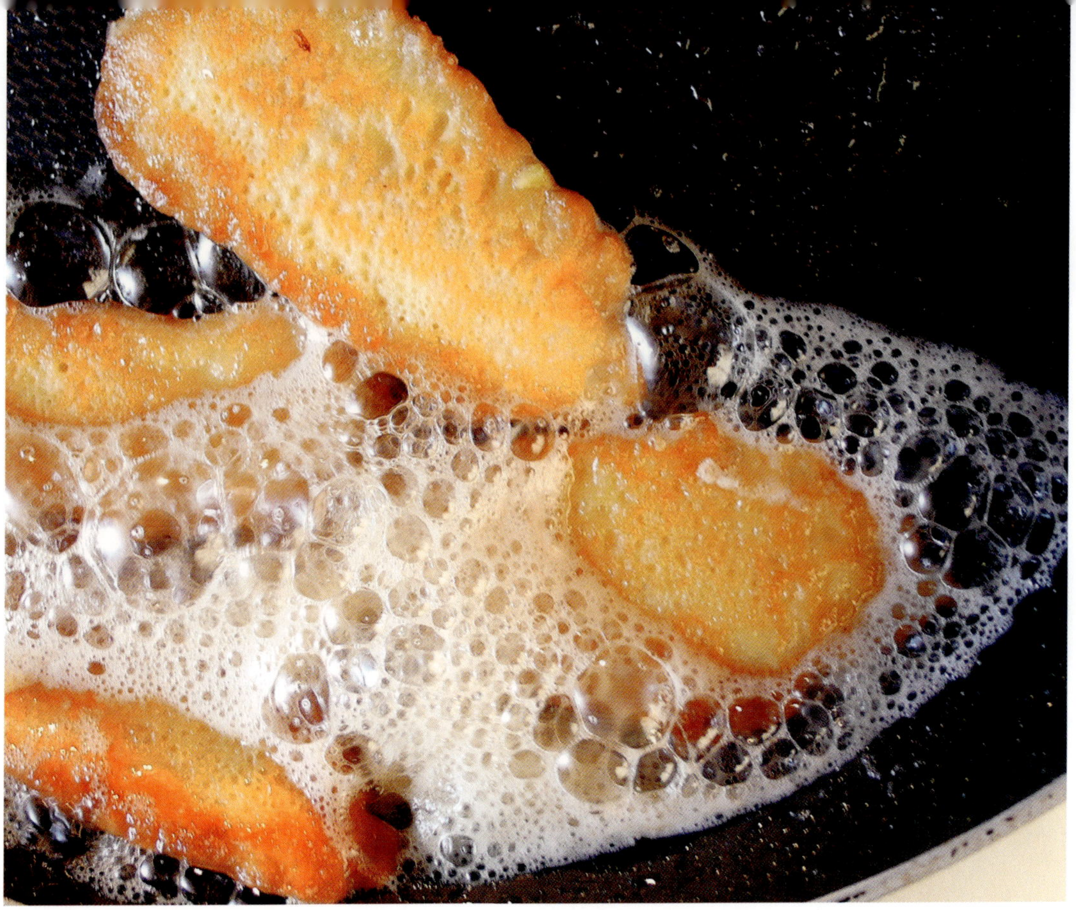

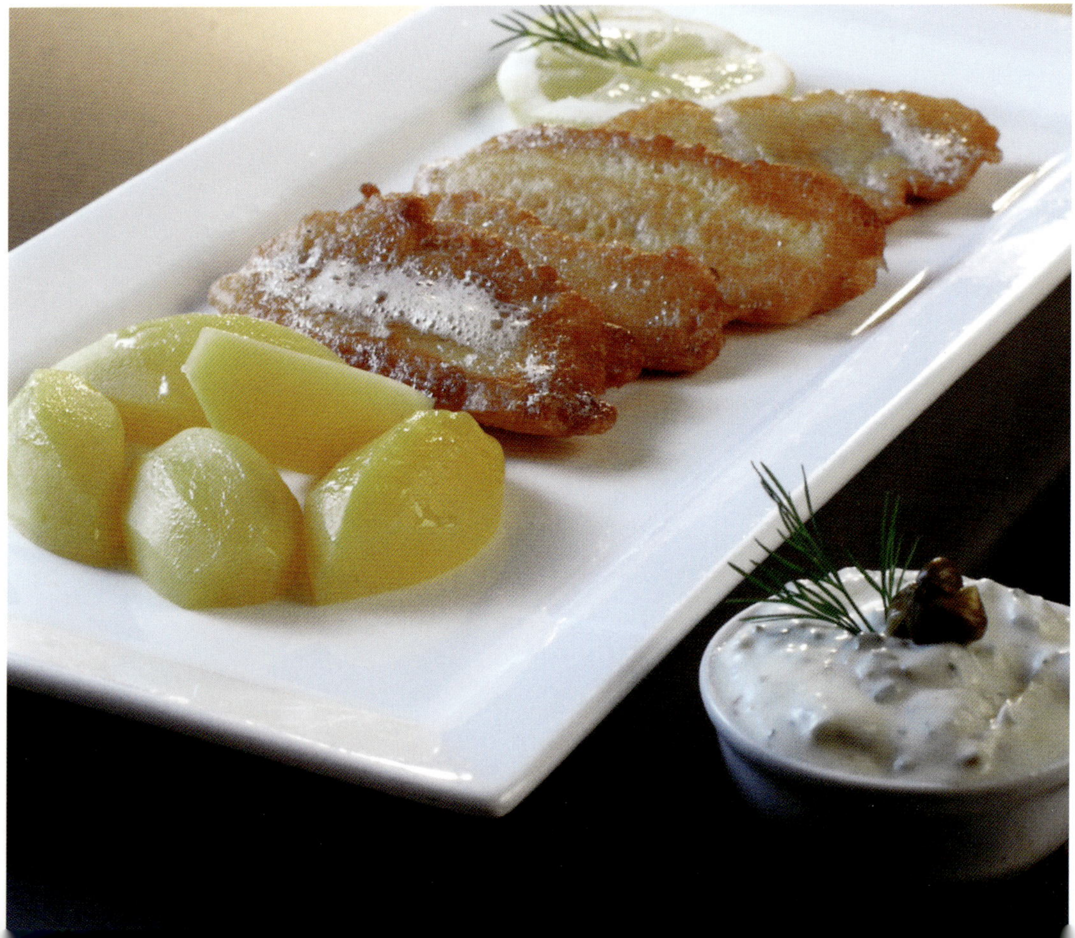

MEINE LIEBLINGSREZEPTE **KLASSIKER**

Eglifilets in Bierteig

Egli ist eine typische Bezeichnung für den Flussbarsch im Bodensee. Sie eignen sich perfekt für diese Zubereitung. Der Haken ist, dieser feine Fisch ist im See rar geworden. Sehr sauberes Wasser mit weniger Nährstoffen einerseits, intensive Befischung mit zu engmaschigen Netzen andererseits haben die Bestände drastisch schrumpfen lassen. Dennoch: mein Liebling unter den Bodenseefischen!

FÜR 4–6 PORTIONEN

Für den Bierteig:
- 150 g glattes Mehl
- 2 Eier
- ca. 180 ml Bier
- Salz

Für die Eglifilets:
- 36 schöne Eglifilets (Flussbarsch)
- Salz, Pfeffer
- wenig Cayennepfeffer
- etwas Zitronensaft
- Mehl zum Wälzen
- Butter- oder Schweineschmalz zum Backen
- Zitronenspalten zum Garnieren

ZUBEREITUNG

Zuerst den Teig zubereiten, indem du das Mehl mit den Eiern, dem Bier sowie einer Prise Salz zu einem glatten Teig vermengst und diesen mindestens ½ Stunde rasten lässt. Die Konsistenz sollte an einen perfekten Palatschinkenteig erinnern, der Unterschied ist ja nur, dass statt Milch Bier verwendet wird. Der Teig zieht dann in der Regel etwas nach und sollte, wenn notwendig, noch etwas verdünnt werden.

Währenddessen die Eglifilets waschen, mit Küchenpapier trocken tupfen und sorgfältig mit einer Küchenpinzette entgräten. Beidseitig leicht salzen und pfeffern. Mit einigen wenigen Tropfen Zitronensaft beträufeln, in Mehl wenden und gut abklopfen.

In einer großen Pfanne genügend Schmalz erhitzen. Die Eglifilets nacheinander durch den Bierteig ziehen und im heißen Schmalz beidseitig goldbraun backen. Die fertigen Filets herausheben, gut abtropfen lassen oder mit einem Küchenpapier abtupfen. Mit Zitronenspalten garnieren und servieren. Dazu passen Butterkartoffeln und Sauce tartare ▸ **253**.

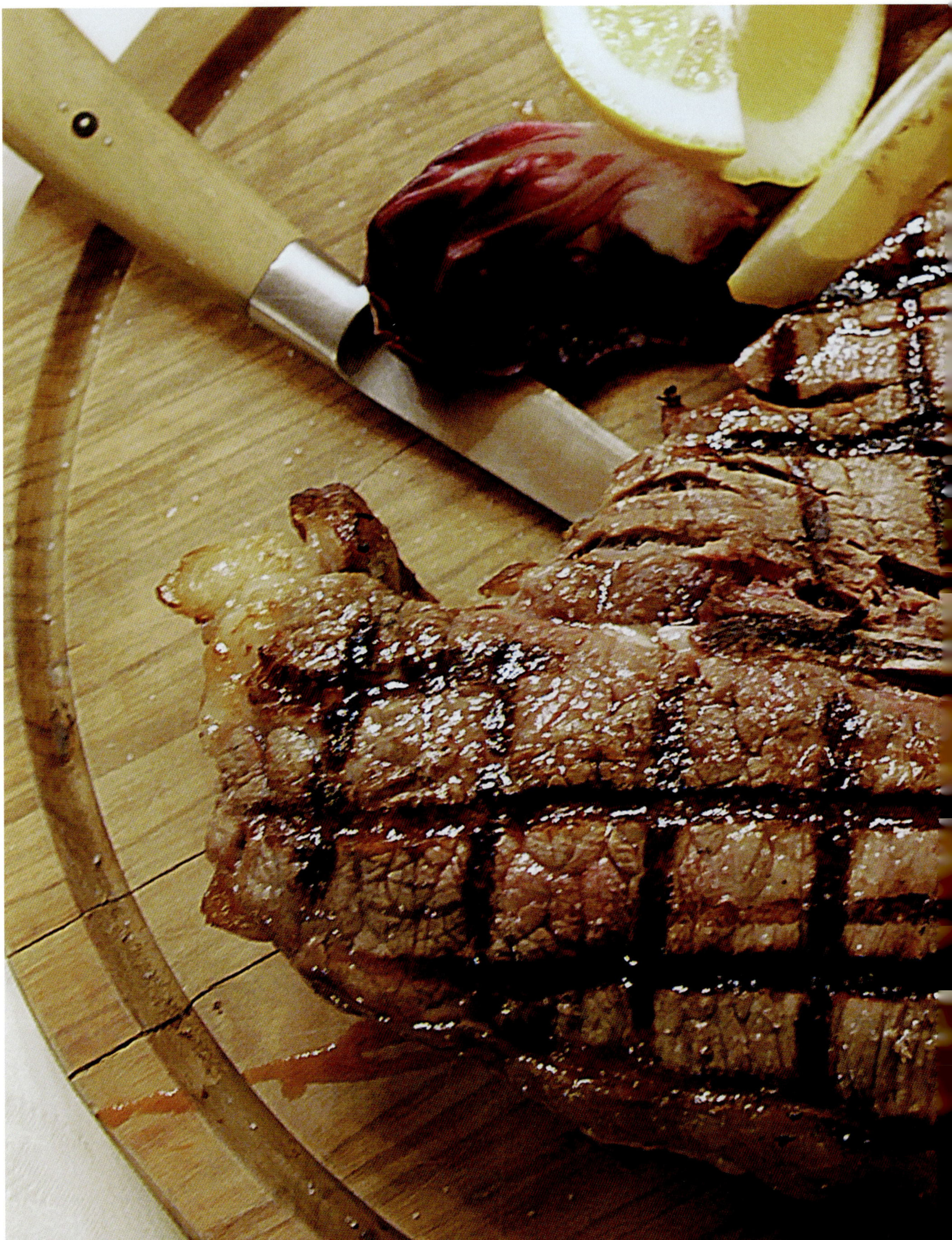

Fleisch

MEINE LIEBLINGSREZEPTE **FLEISCH**

Crepinette vom Kalbsfilet

Es gibt nicht allzu viele Arten, ein Kalbsfilet zuzubereiten, das auch für eine größere Anzahl von Gästen zu einem herausragenden Ergebnis führt. Rosa, saftig von der ersten bis zur letzten Portion. Ich liebe diese herrlichen Kalbsfiletscheiben besonders in Kombination mit einem zweiten – vorzugsweise geschmorten – Teil vom Kalb, wie zum Beispiel Kalbsbäggle.

FÜR 6–8 PORTIONEN

- 2 schöne Kalbsfilets, à ca. 600 g
- 70 g Butterschmalz
- Salz, Pfeffer aus der Mühle
- 2 EL fein gehackte Kräuter (Salbei, Thymian und Rosmarin)
- 200 g große, frische Spinatblätter oder Mangold
- 400 g Putenfarce ▸ 258
- 120 g feines Wurzelwerk (Sellerie, Karotte, Zwiebel, Lauch)
- 1 Schweinsnetz

ZUBEREITUNG

Das Kalbsfilet am spitz zulaufenden Ende ca. 10 cm vor der Spitze halb einschneiden, umklappen, damit ist das Filet durchgehend gleich dick. Das ist für die Optik, aber vor allem auch für die spätere Garung wichtig. Dann das Filet mit Bratenschnur in eine schöne Form binden. In heißem Butterschmalz rundherum anbraten und mit Salz, Pfeffer und 1 EL gehackten Kräutern würzen. Abkühlen lassen, am besten im Kühlschrank auf einem Gitter, damit es nicht im Saft liegt.

Spinat oder Mangold ganz kurz blanchieren und in Eiswasser abschrecken. Auf Küchenpapier auflegen und zwar in Form eines Rechtecks, das groß genug zum Umwickeln des Filets ist. Dieses dann mit der Farce, die davor mit Gemüsewürfeln und 1 EL Kräutern vermischt wurde, bestreichen. Das Filet mittig platzieren, unter Mithilfe des Küchenpapiers einwickeln, Papier abziehen und das Filet ins Schweinsnetz wickeln. Im heißen Rohr bei 220 Grad (Umluft) ca. 15 Minuten braten. Vor dem Aufschneiden ein paar Minuten ziehen lassen, damit sich die Hitze im Fleisch gleichmäßig verteilen kann und das Filet zart rosa wird.

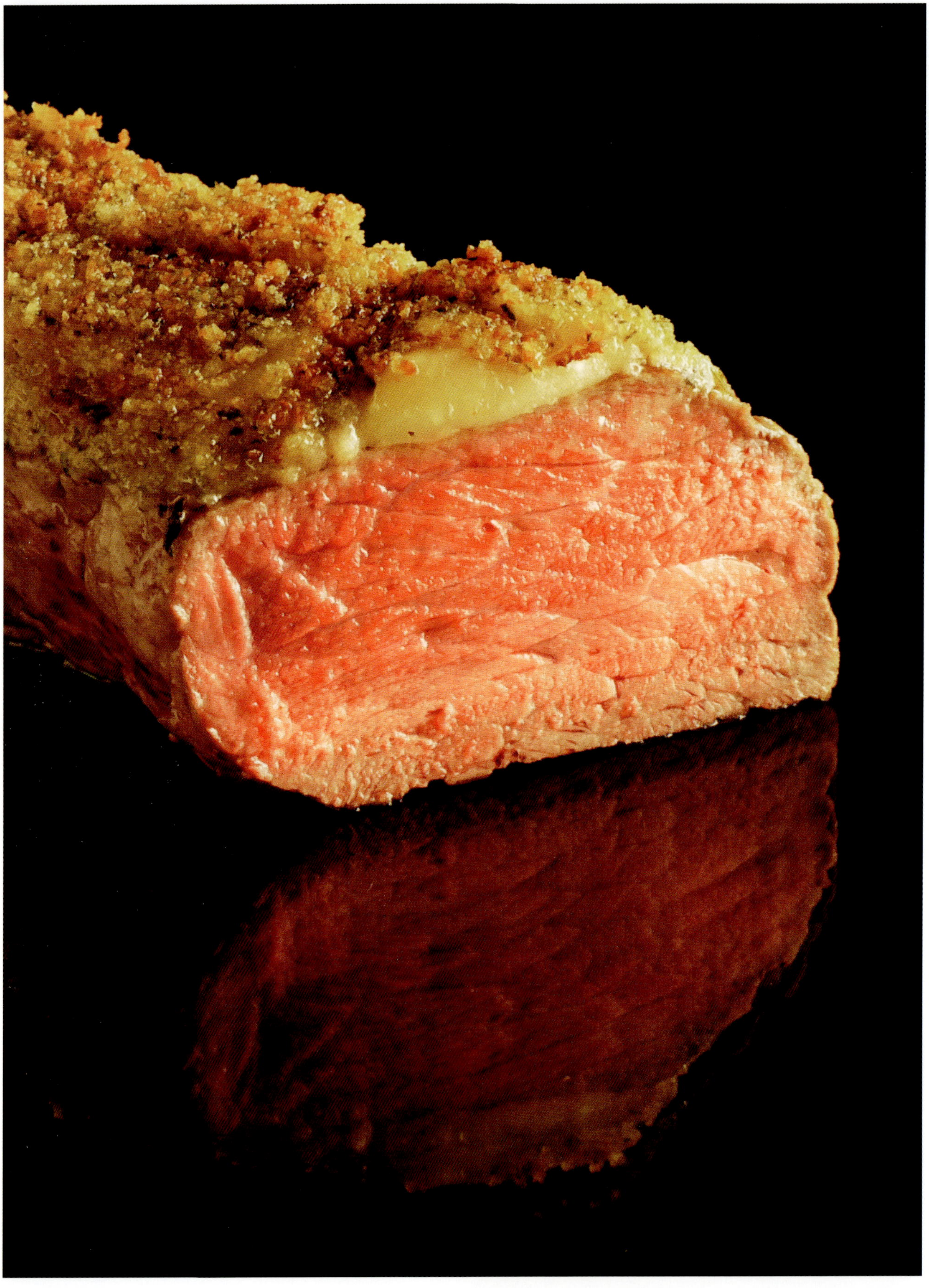

Entrecôte in der Markkruste

Mein erster Kontakt zur französischen Küche war ein Urlaub mit meinen Eltern in der Gegend von Lyon. Ich war damals 16 Jahre alt und wie es der Zufall wollte, freundeten sich meine Eltern spontan mit Claude Jacquin, dem Besitzer des Hotels und Restaurants, in dem wir wohnten und ungewöhnlich gut speisten, an. Da meine Ferien länger dauerten als der Urlaub meiner Eltern, blieb ich noch drei weitere Wochen in Les Échets. Claude nahm mich mit auf die Märkte der Umgebung und ich kam intensiv in Kontakt mit der klassischen französischen Küche. Ein Fleischgericht habe ich seitdem nie mehr vergessen: Entrecôte à la bordelaise, serviert mit einer kräftig einreduzierten Rotweinsauce.

FÜR 6 PORTIONEN

- 800 g Entrecôte (Beiried), zugeputzt
- 1 TL Dijon-Senf
- 30 g Butterschmalz
- Salz, Pfeffer aus der Mühle
- 100 g Rindermark
- 100 g Kräuterkruste

ZUBEREITUNG

Das Fleisch quer halbieren oder vom Metzger in zwei Stück zu je ca. 400 g schneiden lassen. Leicht andrücken, mit Dijon-Senf einreiben und in heißem Butterschmalz rundherum schön anbraten. Mit Salz und Pfeffer würzen, dann die obere Seite mit dünnen Markscheiben und Scheiben der Kräuterkruste belegen und ins vorgeheizte Rohr bei 200–220 Grad (Umluft) schieben.
Ca. 6–8 Minuten für „medium rare" bzw. 8–10 Minuten für „medium" bis „medium plus" braten. Kurz ruhen lassen und in schöne, breite Tranchen schneiden.

KRÄUTERKRUSTE

- 150 g weiche Butter
- 100 g Weißbrotbrösel (Mie de pain)
- 2 Eidotter
- frisch gehackte Kräuter (und zwar je 1 EL Rosmarin, Salbei, Thymian, Petersilie und, wenn vorhanden, Basilikum und Oregano)
- 30 g geriebener Parmesan
- 1 TL scharfer Senf
- 1 TL Worcester Sauce
- etwas Zitronensaft
- Tabasco
- Rosenpaprikapulver
- Salz, Pfeffer aus der Mühle

Die Butter in der Küchenmaschine schaumig aufschlagen, die restlichen Zutaten dazugeben und gut durchrühren. Abschmecken und in Klarsichtfolie einrollen. Kalt stellen.

MEINE LIEBLINGSREZEPTE **FLEISCH**

Rosa gebratenes Roastbeef

Lauwarmes, zartes Roastbeef mit frischem, knusprigem Brot und allenfalls etwas Sauce tartare oder noch besser nur mit scharfem Dijon-Senf empfinde ich als die reine Fleischeslust! Allerdings ist eine gut geschliffene Aufschnittmaschine notwendig, um wirklich dünne, saftige Scheiben schneiden zu können.

FÜR 8 PORTIONEN

- 1 schönes Stück von der niederen Beiried (am besten von einem jungen Stier), ca. 1,5–2 kg schwer
- 40 g scharfer Senf (Dijon-Senf)
- 20 g geschroteter Pfeffer (auf jeden Fall schwarz, aber auch fein aromatisch gemischt mit grünem und rosa Pfeffer möglich)
- 2 EL frisch gehackte Kräuter (Rosmarin, Thymian, Salbei)
- 50 g Butterschmalz

ZUBEREITUNG

Eine einfache, aber herrliche Angelegenheit. Die Beiried vom Metzger sauber entsehnen, aber mit dem Fettdeckel vorbereiten lassen. Nun wird das Fleisch lediglich mit scharfem Senf eingerieben und dann mit geschrotetem Pfeffer und den gehackten Kräutern bestreut. In einer heißen Pfanne im Butterschmalz rundherum scharf anbraten und im Backrohr bei 200 Grad (Umluft) bis zu einer Kerntemperatur von ca. 30 Grad braten. Danach im Hold-o-mat oder im ausgeschalteten, leicht geöffneten Rohr für ca. 20 Minuten durchziehen lassen. Dann ist es perfekt rosa und saftig. Nun mit der Aufschnittmaschine oder mit einem scharfen Messer dünn aufschneiden.

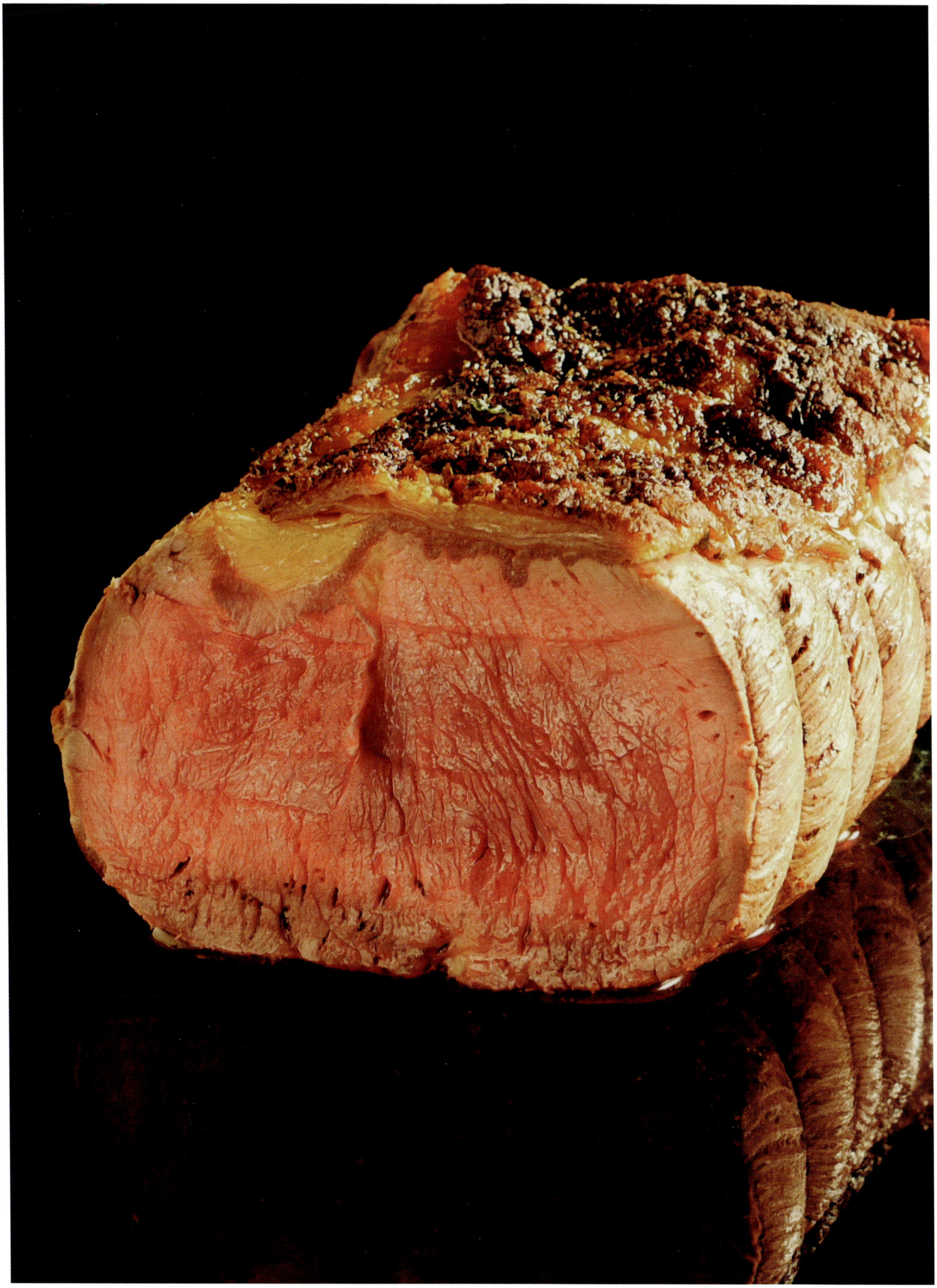

Rinderfilet mit Zwiebeltäschchen und Schaum von grünem Pfeffer

Es gibt geschmackliche Erinnerungen, die sich irgendwo im Bewusstsein eingebrannt haben. Für mich war das erste Pfeffersteak – weil sehr gut gelungen – so eine Erfahrung. Immer wieder habe ich versucht, das abgespeicherte Geschmackserlebnis zu übertreffen. Den Charme des ersten Mals kann man nicht toppen, aber mit dem Schaum von grünem Pfeffer und den zart geschmorten Balsamicozwiebeln in einem hauchdünnen Nudelteig zu einem perfekt medium rare gebratenen Steak kommt man der Sache schon sehr, sehr nahe.

FÜR 4 PORTIONEN

20 ml	Erdnussöl oder Butterschmalz
4	Scheiben Rinderfilet (4–5 cm dick)
etwas	frische Butter
	Thymian, Rosmarin
	Salz, Pfeffer aus der Mühle

Für die Zwiebeltäschchen:

1	Grundrezept Nudelteig für Bärlauch-Ravioli ▸ 195
1	Balsamico-Zwiebel-Füllung ▸ 196

GRÜNER PFEFFERSCHAUM

1	Schalotte
1 EL	grüner Pfeffer, ganz
50 ml	Madeira
50 ml	Cognac
100 ml	Rindsbouillon ▸ 20 oder Geflügelfond ▸ 249
400 ml	Sahne
150 g	frischer Blattspinat
	Salz, Pfeffer

ZUBEREITUNG

Die Teigtäschchen wie auf Seite ▸ 201 beschrieben zubereiten. Für das Rinderfilet eine Pfanne auf die Herdplatte stellen und auf der höchsten Stufe heiß werden lassen. Das Fett in die Pfanne geben und kurz erhitzen. Der Rauchpunkt des Fetts liegt bei 180 Grad oder je nach Fett geringfügig höher, dieser sollte nicht überschritten werden. Die Filetsteaks in die Pfanne geben und 1 Minute scharf anbraten, wenden und die andere Seite ebenfalls 1 Minute anbraten. Nötigenfalls kannst du noch etwas Fett nachgeben, die Steaks sollten nie völlig trocken in der Pfanne liegen. Von nun an gibt es mehrere Varianten, um zu einem Top-Ergebnis zu kommen – wähle eine aus!

Mein Tipp: Die fertig gebratenen Steaks in aufgeschäumter Butter mit Thymian und/oder Rosmarin wenden, erst dann mit Salz und Pfeffer würzen und sofort mit grünem Pfefferschaum servieren.

Die Schalotte klein schneiden und ganze Pfefferkörner anschwitzen, mit Madeira und Cognac ablöschen und einreduzieren lassen. Rinderbrühe und Sahne zugeben und kurz aufkochen lassen. Den Spinat sauber waschen, dann in kochendem Salzwasser ca. 10 Sekunden blanchieren, ausdrücken und zusammen mit der Pfefferkörnersauce in einen Mixer geben, gut durchmixen, anschließend passieren und mit Salz und Pfeffer abschmecken. Die Sauce erst kurz vor dem Servieren fertigstellen, wenn man sie zu lange warm hält, verliert sie ihre wunderschöne grüne Farbe.

Mein Tipp: Falls die Sauce nicht schön aufschäumt, ist sie in der Regel zu heiß oder zu dick. Gib einfach noch etwas Flüssigkeit dazu.

MEINE LIEBLINGSREZEPTE **FLEISCH**

VARIANTEN

1. Steaks auf einen Rost geben – sie sollten abtropfen können und dürfen nicht im eigenen Saft liegen –, rasch abkühlen und bis zur Fertigstellung im Kühlschrank lassen. Der Fleischsaft bindet perfekt ab und du kannst deine Steaks im vorgeheizten Rohr bei 220 Grad (Umluft) innerhalb von 8–10 Minuten, je nach Gewicht und gewünschter Garstufe, fertig braten. Diese Methode erlaubt dir, in Ruhe alle Vorbereitungen für das Anrichten zu treffen und für deine Gäste Zeit zu haben. Ideal bei Einladungen und mehreren Portionen!
2. Natürlich kannst du die Steaks auch sofort nach dem Anbraten ins Rohr geben. Dann wählst du eine Temperatur um 180 Grad (Umluft), um die Steaks schonend in ca. 4 Minuten für rare (bleu), in 6 Minuten für medium rare (saignant) und in 6–8 Minuten für medium fertig zu braten.
3. Die Steaks in der Pfanne fertig braten geht auch, allerdings müssen sie dann mehrmals gewendet und die Hitze muss leicht reduziert werden.
4. Für Puristen: Steaks vorsichtig und langsam auf ca. 40 Grad Kerntemperatur erwärmen und erst dann in der heißen Pfanne „crispy" fertig braten. Das ist die einfachste und zuverlässigste Methode.

Prinzipiell geht es darum, das Fleisch innen auf Temperatur zu bringen und außen möglichst kross zu bekommen.

Vermeide: Steaks niemals nach dem Braten in Folie wickeln, sie überhitzen dann im eigenen Dampf und der Saft läuft aus, allerdings zum Ruhen mit Folie abdecken.

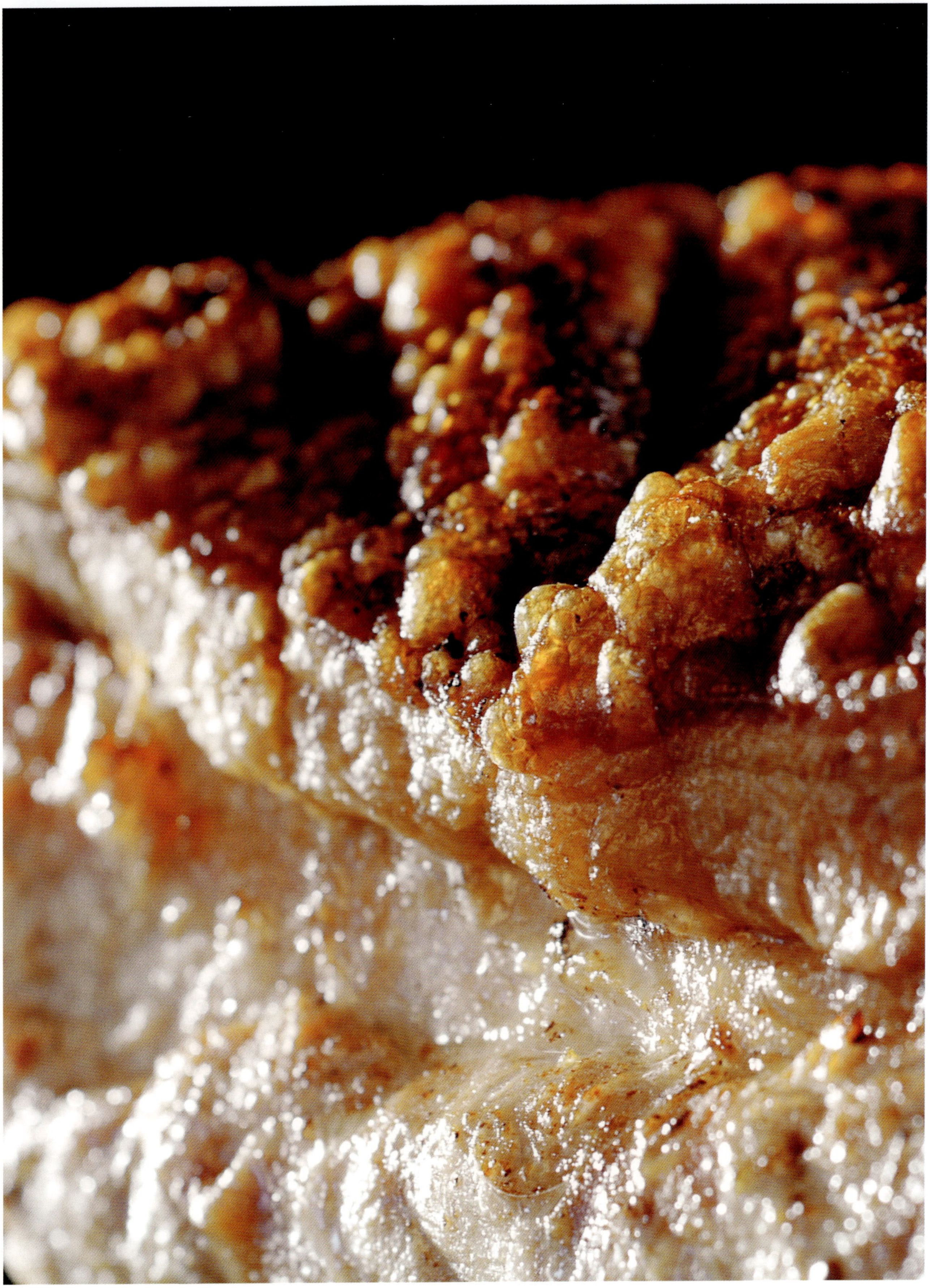

MEINE LIEBLINGSREZEPTE **FLEISCH**

Jungschweinsbraten mit Kruste

Worum geht es hier? Tatsächlich ist das eine berechtigte Frage, denn neben saftig gebratenem Fleisch – das sich eigentlich jeder erwartet – ist die Kruste die Latte, die es zu überspringen gilt. In der Salzburger Getreidegasse gab es zu meiner Schulzeit die „Schweinsbraterei" – ein Laden mit 4,5 m², einem senkrechten Gasgrill, vor dem sich drei Spieße mit zusammengerollten Schweinebäuchen drehten. Der Durchmesser einer Scheibe passte genau in eine Semmel – Senf, Kartoffelsalat und der Tag war gerettet. Die besonders knusprige Kruste hat uns immer wieder dorthin gelockt. Mit meinem Rezept kommen wir annähernd an dieses Ergebnis.

FÜR 6–8 PORTIONEN

1,5 kg	Jungschweinefleisch
	Fleisch-Gewürzmischung ▸ **260** oder Salz, Pfeffer, Kümmel und Knoblauch
2 EL	Mehl
½ l	dunkles Bier
½ l	Rindsbouillon ▸ **20**

ZUBEREITUNG

Das Jungschweinefleisch mit Schwarte gibt einen herrlichen Schweinsbraten. Egal, ob Karree, Schlegel oder Schulter, die Methode bleibt im Wesentlichen immer die gleiche. Das entsprechende Fleischstück wird auf der Fleischseite mit Fleisch-Gewürzmischung oder Salz, Pfeffer und etwas Kümmel gewürzt und mit ein wenig Knoblauch eingerieben, dann mit der Schwarte nach unten in einen Bräter mit ca. 1 cm hoch Wasser gelegt und ins 200 Grad heiße Rohr (Ober- und Unterhitze) geschoben. Nach einer halben Stunde ist die Schwarte so weich, dass sie mit dem Daumen eingedrückt werden kann. Nun wird sie geschröpft, das heißt, mit einem scharfen, spitzen Messer in Abständen von einem Zentimeter eingeschnitten. Man kann lediglich in eine Richtung schröpfen, nämlich gegen den Lauf der Fleischfasern oder längs und quer, was ein schönes Muster ergibt. Die Fettschicht unter der kompakteren Schwarte darf eingeschnitten werden, aber niemals in das Fleisch schneiden! Das erfordert eine gewisse Übung.
Nun die Schwartlseite mit Salz und Kümmel einreiben und mit der Schwarte nach oben in den Bräter zurücklegen. Das Jungschweinerne darf nicht begossen werden, solange der Saft noch wasserhaltig ist. Erst wenn der Saft klar geworden ist und die Kruste zu bräunen beginnt, darf mit ausgebratenem Eigenfett übergossen werden. Die Hitze ist nun so zu regulieren, dass die Kruste nicht zu sehr bräunen kann, da sonst der Saft bitter wird. Wenn dies alles korrekt berücksichtigt ist, wird eine knusprige, leicht zu durchstechende Kruste entstanden sein. Gebraten wird so lange, bis ein Gabelstich in den dicksten Teil des Fleisches ohne Widerstand geführt werden kann und aus dem Einstich ein wasserheller Tropfen quillt. Je nach Dicke und Größe des Fleischstückes beträgt die Bratdauer bei Karree 1 ¼ bis 1 ¾ Stunden und bei Schlegelstücken noch etwas länger. Für das klassische Natursafterl wird das Fett abgegossen, der Bratenrückstand in der Pfanne mit Mehl und Kümmel kurz durchgeröstet, mit einem kräftigen Schluck Bier und Brühe vergossen und abgesiebt.

MEINE LIEBLINGSREZEPTE **FLEISCH**

MEINE LIEBLINGSREZEPTE **FLEISCH**

Hirsch-Entrecôte in der Nuss-Brioche-Kruste

Das zarteste und feinste Wildfleisch stammt für mich von einem Schmaltier oder einem Spießer. Diese werden oft schon sehr früh zur Kontrolle der Bestände erlegt. Abgesehen davon, dass Wildfleisch ohnehin biologisch, sehr fettarm (praktisch cholesterinfrei) und damit sehr gesund ist, haben unsere Wälder aus kulinarischer Sicht kaum etwas Besseres zu bieten. Nicht böse sein, Schwammerl.

FÜR 6 PORTIONEN

- 750 g Hirsch-Entrecôte
- 50 g Butterschmalz
- Wild-Gewürzmischung ▸ 260
- 1 EL frisch gehackte Kräuter (Rosmarin, Salbei, Thymian)
- 100 g Nuss-Brioche-Kruste

ZUBEREITUNG

Das Hirsch-Entrecôte von der Silberhaut befreien und auch andere Häutchen sauber parieren. Dann in einer Pfanne in heißem Butterschmalz auf beiden Seiten scharf anbraten, mit Wild-Gewürzmischung würzen und mit den gehackten Kräutern bestreuen. Anschließend mit dünnen Scheiben der Nuss-Brioche-Kruste belegen und im Backrohr bei 220 Grad (Umluft) 8–10 Minuten fertig braten. Sollte die Kruste noch nicht die erwünschte, walnussbraune Färbung erreicht haben, kurz mit der Grillstufe nachhelfen. Das Fleisch auf einem heißen Teller kurz ruhen lassen, die gewünschten Beilagen wie Kartoffelblinis ▸ 183 und Apfel-Schalotten-Confit ▸ 180 anrichten, dann das Fleisch aufschneiden und servieren.

NUSS-BRIOCHE-KRUSTE

- 200 g Butter
- 150 g Briochebrösel
- 50 g geriebene Haselnüsse
- 50 g geriebene Walnüsse
- 3 Eidotter
- Salz, Pfeffer, Five Spice
- etwas Bittermandelaroma

Die Butter in der Küchenmaschine schaumig aufschlagen, die restlichen Zutaten dazugeben und gut durchrühren. Mit Salz, Pfeffer, ganz wenig Five Spice und einem Hauch Bittermandelaroma abschmecken und in Klarsichtfolie einrollen. Kalt stellen.

MEINE LIEBLINGSREZEPTE **FLEISCH**

Rehfilet im Brickteig

Mein Freund Heinz Hanner hatte die Idee, Rehfilets in Brickteig einzupacken – bei einem gemeinsamen Menü zeigte er diesen Hauptgang und alle waren begeistert. Der knusprige Teig mit dem zarten Fleisch ist ein Hochgenuss.

FÜR 6 PORTIONEN

- 6 Rehfilets
- Salz, Pfeffer
- 30 g Butterschmalz
- 6 Blätter Brickteig
- 1 Eiweiß
- Frittieröl

ZUBEREITUNG

Die Rehfilets salzen, pfeffern und in Butterschmalz kurz scharf anbraten, kalt stellen.

Die Brickteigblätter auslegen (fertig gekauft, ersatzweise eignet sich auch Frühlingsrollenteig, dieser ist aber härter und nicht so knusprig zart wie der Brickteig). Das Einrollen in den Brickteig erfordert ein bisschen Geschick. Die ausgelegten Brickteigblätter mit Eiweiß bestreichen und jeweils ein Filet in das untere Drittel des Teiges legen, dann einmal umwickeln, nun die Seiten von links und rechts einklappen, nochmals mit Eiweiß bestreichen und dann fertig einrollen. Mit der Überlappung nach unten legen, vorsichtig ins Fett einlegen und knusprig ausbacken. Das dauert ca. 3 Minuten, dann sind die Filets herrlich zart rosa.

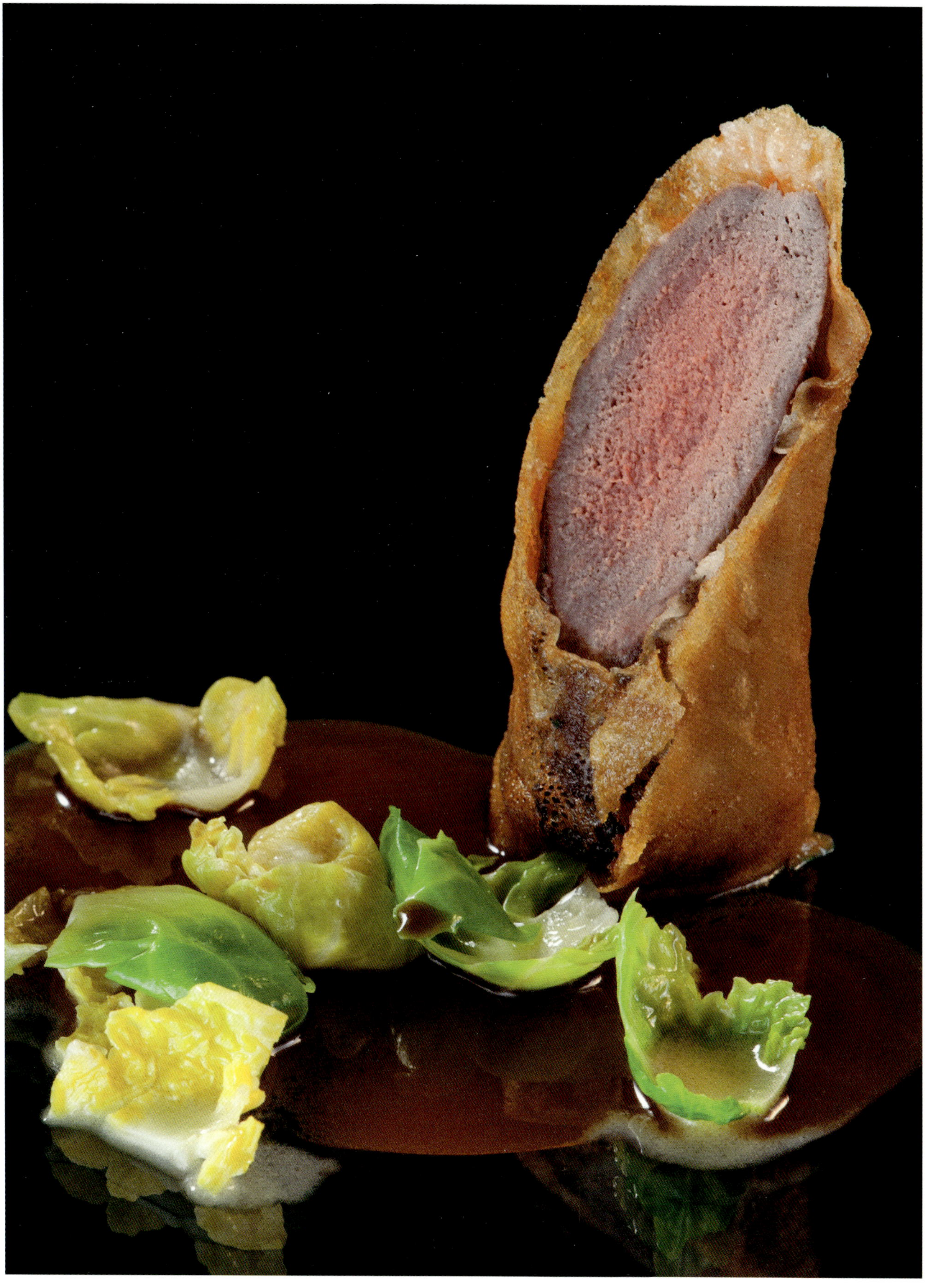

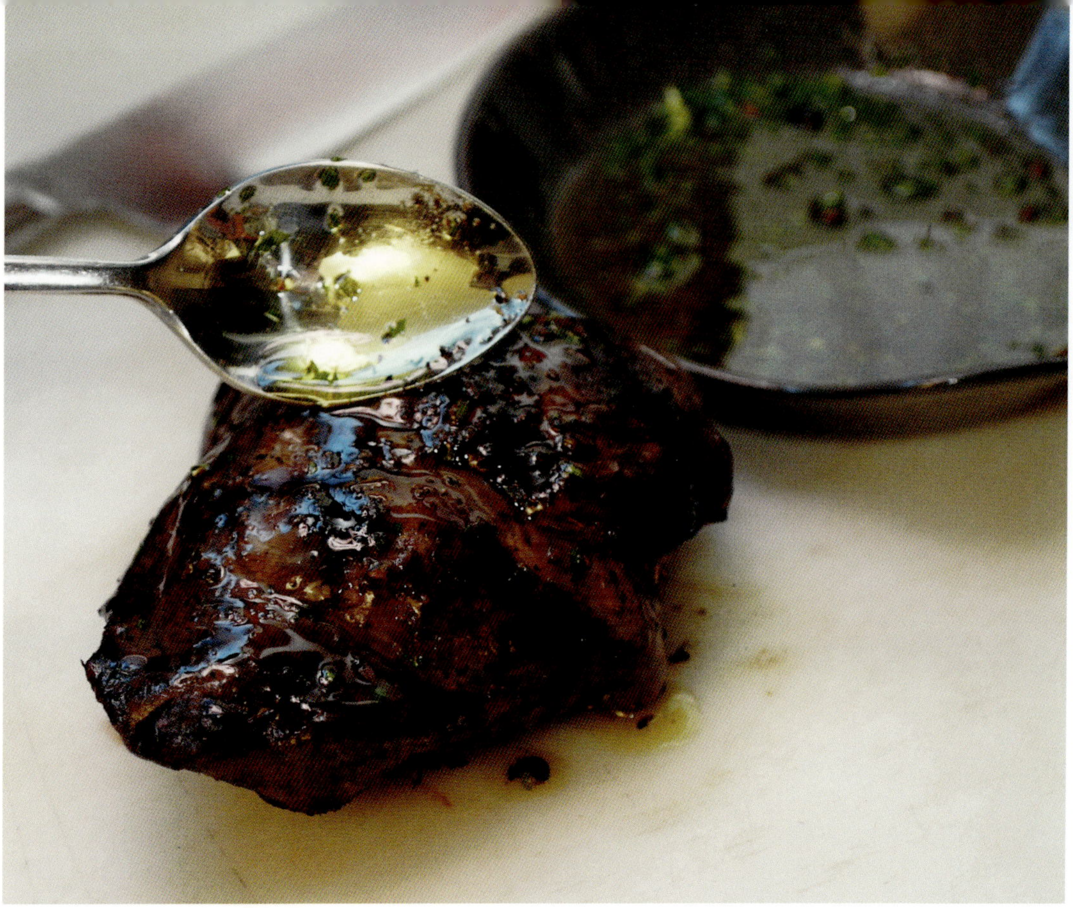

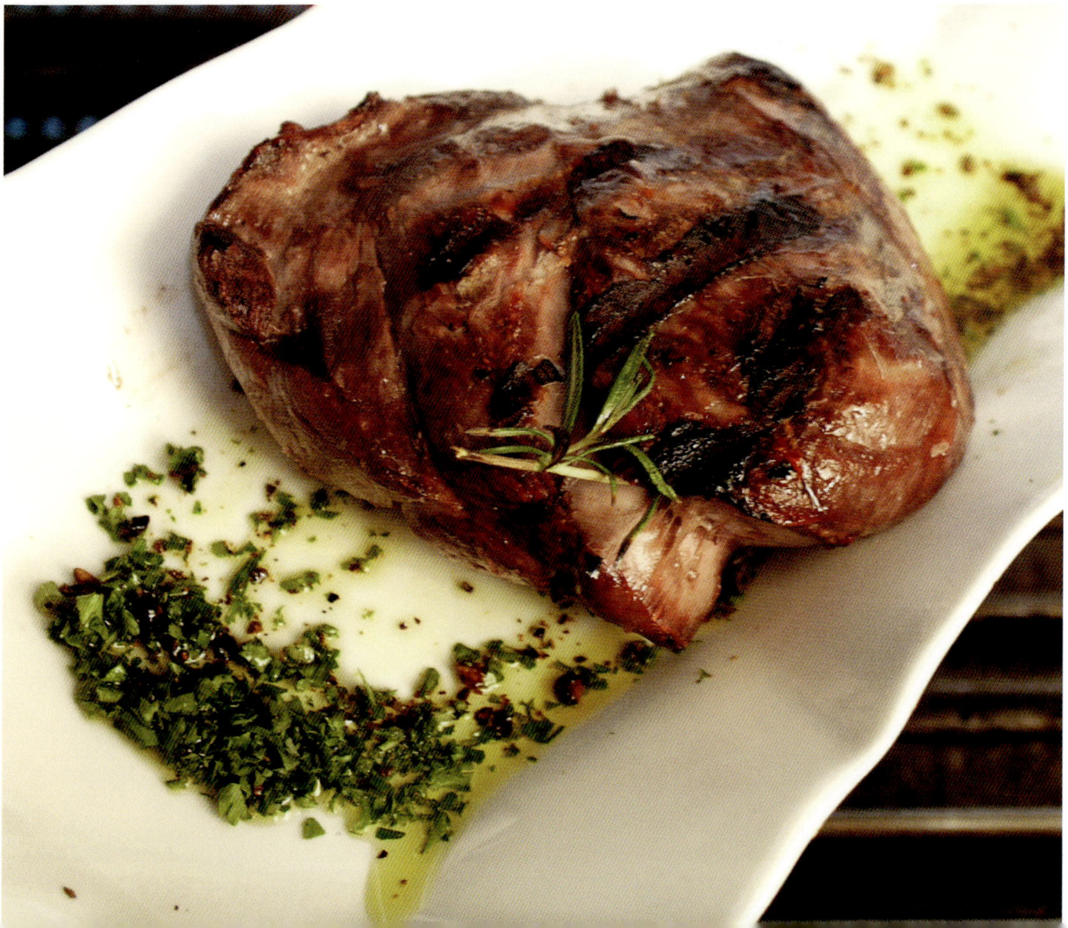

MEINE LIEBLINGSREZEPTE **FLEISCH**

Gegrillte Rehkeule mit Wacholder-Rosmarin-Öl und Alexander-Birnen

Seltsamerweise hat das Grillen von Wildfleisch keine Tradition. Bei näherer Betrachtung muss man sich fragen, warum? Denn: Es eignet sich perfekt dafür. Ich habe mit Hirschschlegel im Smoker experimentiert und am offenen Grill bei direkter Hitze unter mehrmaligem Wenden ein schönes Stück aus der Rehkeule langsam gegrillt. Das Ergebnis? Bitte nachmachen – einfach unglaublich.

FÜR 8 PORTIONEN

- 3 Oberschalen aus der Rehkeule
- Salz, Pfeffer aus der Mühle
- 4 große, schöne Alexander-Birnen
- 50 g frische Butter

Für das Wacholder-Rosmarin-Öl:
- einige Rosmarinzweige
- 15 g Wacholderbeeren
- 80 ml Olivenöl

ZUBEREITUNG

Das Grillen von so großen Fleischstücken ist nicht nur Geduldsache, sondern man muss hier auch mit Gefühl zu Werke gehen. 3–4 Minuten bei mittlerem Rostabstand und kräftiger Glut angrillen, bis die Fleischstücke auf beiden Seiten eine schöne Farbe haben. Dann die Stücke an den Rand des Grills legen und sie dort mehr ziehen lassen, als grillen. Allerdings musst du schon ein bisschen auf die Hitze achten, damit kein Fleischsaft ausläuft. Die Gesamtzeit kann zwischen 15 und 20 Minuten betragen. Leichter geht das in einem Barbecue-Grill mit Haube, jedoch ist der Rauchgeschmack dann wesentlich intensiver.

Für das Wacholder-Rosmarin-Öl Rosmarinblätter von den Zweigen zupfen, Wacholderbeeren andrücken und beides zusammen mit 1 EL Olivenöl möglichst fein hacken. In ein Schüsselchen geben und mit dem restlichen Olivenöl auffüllen. Das fertig gegrillte Fleisch wird mit dem Wacholder-Rosmarin-Öl beträufelt und leicht gesalzen und gepfeffert. So bekommt es einen herrlich milden, würzigen Geschmack.

Die Birnen halbieren und mit einem kleinen, runden Ausstecher (Parisienne-Ausstecher) das Kerngehäuse entfernen. Dann mit der Schnittfläche auf den Grill legen und 4–5 Minuten grillen. Wenden und nochmals 3–4 Minuten fertig garen. Bei festeren Birnen empfiehlt es sich, die fast durchgegarten Birnenhälften in Alufolie zu wickeln und am Rand des Grills mit etwas frischer Butter durchziehen zu lassen. Wenn man mit einem spitzen Messer hineinsticht, sollte nicht allzu viel Widerstand spürbar sein. Schmeckt perfekt mit Getrüffeltem Kartoffelbaumkuchen ▸ **184** oder Kartoffelblinis ▸ **183**, Rotkraut mit Äpfeln und Ingwer ▸ **179** und Portweinjus ▸ **250**.

MEINE LIEBLINGSREZEPTE **FLEISCH**

Lammkoteletts mit BBQ-Sauce

Lamm bevorzugt karge Böden bei relativ wenig Niederschlag. Ich persönlich bevorzuge einerseits die südfranzösischen Lämmer aus der Gegend von Sisteron oder das Pré-Salé-Lamm aus Irland oder Schottland. Knusprig rosa gebratene Lammkoteletts mit BBQ-Sauce sind mein persönliches Highlight. Am besten schmeckt dazu simpler Blattspinat mit brauner Butter und einem Hauch Knoblauch und gebratene Rosmarinkartoffeln.

FÜR 4–6 PORTIONEN

Für den Lammrücken:

- 2 Lammrücken mit Knochen (French Rack)
- 40 g Butterschmalz
- Salz, Pfeffer aus der Mühle oder Fleisch-Gewürzmischung ▸ 260
- frische Kräuter (Thymian, Rosmarin, Salbei)

Für die BBQ-Sauce:

- 100 g Kristallzucker
- 150 ml Ketchup
- 1 EL Sojasauce
- 1 EL Worcester Sauce
- 1 TL scharfer Curry
- 1 fein gehackte Knoblauchzehe
- etwas Cayennepfeffer, je nach gewünschter Schärfe

ZUBEREITUNG

Die Lammracks sauber parieren. Dazu mit einem kleinen, scharfen Messer die Knochen sauber abschaben. Dann mit einem scharfen Messer die Fettabdeckung gittermäßig einschneiden. Aber Vorsicht, nicht bis ins Fleisch, sondern wirklich nur die Fettschicht einschneiden. Dann in Butterschmalz scharf anbraten. Mit Salz, Pfeffer und den Kräutern würzen und bei 220 Grad (Umluft) in das Backrohr geben. Ca. 10 Minuten braten und im Hold-o-mat oder im leicht geöffneten Rohr ca. 15 Minuten nachziehen lassen. Das Fleisch wird dadurch wunderbar zart und rosa. Die Ruhezeit verschafft eine feine Verschnaufpause, in der man sich in aller Ruhe den Beilagen widmen kann. Kartoffelgratin ▸ 184 und frischer Blattspinat in brauner Butter ▸ 108 – das sind die perfekten Begleiter. Lamm lässt sich ohnehin sehr variantenreich kombinieren.

Für die BBQ-Sauce den Zucker in einer Sauteuse gleichmäßig karamellisieren. Wenn er eine goldbraune Färbung hat, mit dem Ketchup ablöschen und die restlichen Zutaten einrühren. Von der Flamme nehmen und beiseite stellen. Sie muss nicht heiß sein, es reicht aus, wenn das Lammfleisch mit der lauwarmen Sauce eingepinselt wird.

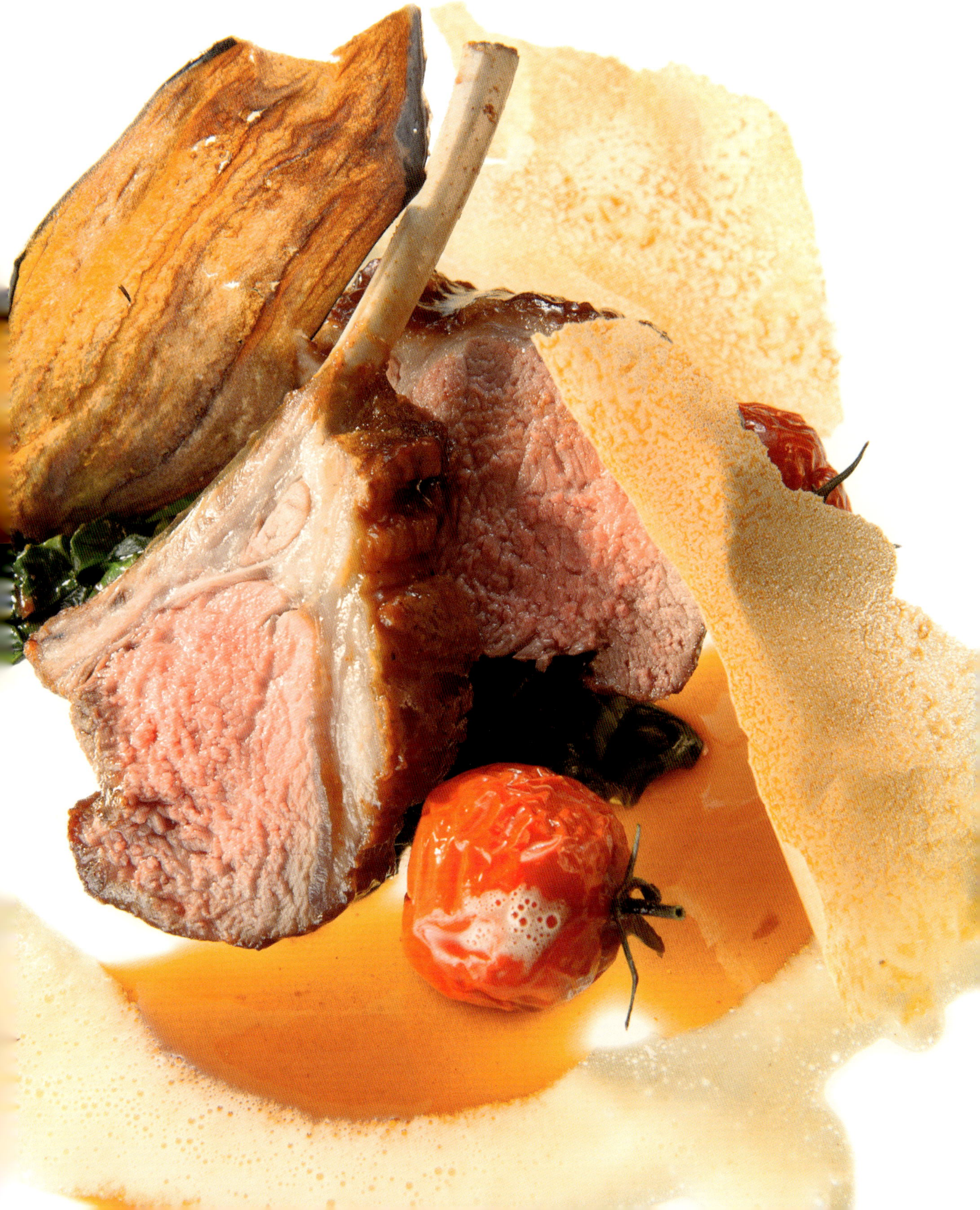

MEINE LIEBLINGSREZEPTE **FLEISCH**

Gefüllter Kaninchenrücken

Dieser mit saftig gebratenem Gemüse gegrillte Kaninchenrücken ist ein Gedicht. Das Auslösen ist etwas heikel, mit ein bisschen Übung gelingt es aber immer besser. Falls man einen Metzger findet, der den Rücken entsprechend vorbereitet, ist das sicherlich ein Glücksfall.

FÜR 6 PORTIONEN

- 3 Kaninchenrücken
  Fleisch-Gewürzmischung ▸ 260
- 1 kl. Aubergine
- 50 ml natives Olivenöl
- 1 Bd. Lauchzwiebeln
- 200 g Zucchini
  Salz, Pfeffer
- 1 EL frisch gehackte Kräuter (Rosmarin, Salbei, Thymian)
- 1 Schweinsnetz

Für die Rosmarinjus:
- 250 ml Kalbsjus ▸ 250
- 1 EL frisch gehackter Rosmarin
- etwas kalte Butter
  Salz, Pfeffer

ZUBEREITUNG

Kaninchenrücken so auslösen, dass sämtliche Knochen entfernt sind und der Rücken mit den Bauchlappen ansonsten unversehrt bleibt. Sauber auslegen und mit der Gewürzmischung würzen. Die Aubergine in Scheiben schneiden und diese in Olivenöl langsam anbraten. Lauchzwiebel und Zucchini in große Streifen schneiden und ebenfalls anbraten. Mit Salz und Pfeffer würzen und die frisch gehackten Kräuter beigeben.

Das Gemüse auf die vorbereiteten Kaninchenrücken geben, einrollen und in das gut gewässerte Schweinsnetz wickeln. Im vorgeheizten Backrohr bei 220 Grad (Umluft) 12–15 Minuten braten. Aufschneiden und mit etwas Rosmarinjus und Kartoffelpüree ▸ 187 servieren.

Für die Rosmarinjus 250 ml Kalbsjus einreduzieren und mit dem gehackten Rosmarin und einigen Butterflocken fertigstellen. Gegebenenfalls mit Salz und Pfeffer abschmecken.

MEINE LIEBLINGSREZEPTE **FLEISCH**

Kaninchenfilets in Rotwein pochiert

Diese Kreation basiert auf einer Kindheitserinnerung. An Festtagen wurde bei uns gerne Fondue gegessen. Meine Oma hat immer neben einem Topf kräftiger Suppe auch einen Topf mit gewürztem, dichtem Rotwein gestellt. Mich hat damals schon fasziniert, wie dunkel weißes Fleisch außen wurde und wenn man es dann angeschnitten hat, war es innen ganz weiß und saftig. Auch geschmacklich ist diese Methode ein echter Genuss.

FÜR 4 PORTIONEN
- 1 l kräftiger Rotwein
- 1 Thymianzweig
- 1 Rosmarinzweig
- Salz
- Pfefferkörner
- Wacholderbeeren
- 1 Lorbeerblatt
- 8 Kaninchenfilets
- Wild-Gewürzmischung ▸ 260

ZUBEREITUNG
Als Erstes den Rotwein mit den Gewürzen auf die Hälfte einreduzieren. Kaninchenfilets mit der Wild-Gewürzmischung würzen und im Wein langsam garziehen lassen. Das dauert lediglich 5 Minuten. Es spielt aber auch keine Rolle für die Garung, wenn die Filets im Rotwein, der dann allerdings vom Herd genommen werden sollte, noch für einige Minuten nachziehen. Das Fleisch bleibt wunderbar zart und saftig. Die Methode eignet sich für jedes helle Fleisch, insbesondere auch für Huhn und Pute, aber auch Rehfilets und kleine Stückchen vom Hirsch schmecken so zubereitet köstlich, wichtig ist nur, dass es sich um allerbestes, mageres Fleisch handelt. Schmeckt hervorragend mit Kohlrabi-Morchel-Ragout ▸ 181 und Garganelli ▸ 195, ▸ 199.

MEINE LIEBLINGSREZEPTE **FLEISCH**

Gebratenes Masthuhn mit frischen Morcheln, Pfifferlingen und den ersten Erbsen

MEINE LIEBLINGSREZEPTE **FLEISCH**

Ein im Ganzen knusprig gebratenes Huhn gehört für mich immer noch zu den besten Geflügel-Gerichten. Das saftige, helle Fleisch ist sehr delikat. Frische Morcheln und Erbsen sind elegante, aber auf keinen Fall zu laute Begleiter. Das Ganze noch abgerundet durch den beim Braten entstandenen Natursaft – herrlich.

FÜR 4–6 PORTIONEN

2	Masthühner
	Fleisch-Gewürzmischung ▸ 260
30 g	Butterschmalz zum Bepinseln
1	kl. Zwiebel
40 ml	natives Olivenöl
100 g	frische Pfifferlinge
100 g	frische Morcheln
1 kl. Bd.	Petersilie
1 kl. Bd.	Estragon
ein paar	Thymianzweige
200 g	frisch ausgebrochene Erbsen
1/16 l	Weißwein
30 g	Butter
	Salz, Pfeffer

ZUBEREITUNG

Die Hühner mit der Fleisch-Gewürzmischung gut einreiben, dann mit flüssigem Butterschmalz einpinseln und ins auf 220 Grad (Umluft) vorgeheizte Backrohr geben. Zuerst den Rücken und dann die Brustseite bräunen. Das dauert auf jeder Seite ca. 10 Minuten. Dann die Hühner auf den Rücken legen und bei 160 Grad 40 Minuten zart braten. Am Schluss der Garzeit die Hitze nochmals auf ca. 240 Grad hochdrehen und die Hühner kross fertig braten.

In der Zwischenzeit die Zwiebel fein hacken und in Olivenöl kurz anschwitzen. Dann die geputzten und, wenn nötig, zerkleinerten Pfifferlinge beigeben, ebenfalls nur kurz braten. Die Morcheln der Länge nach aufschneiden, waschen, gut trocken tupfen und zu den Pfifferlingen geben. Nun die Petersilie, Estragon, Thymianzweige und die in Salzwasser blanchierten Erbsen dazugeben. Mit etwas Weißwein und frischer Butter verfeinern. Erst am Schluss mit etwas Salz und Pfeffer aus der Mühle würzen. Am besten schmeckt dazu eine Cremige Trüffel-Polenta ▸ 190 mit brauner Butter.

MEINE LIEBLINGSREZEPTE **FLEISCH**

Zart angeräuchertes Wachtelbrüstchen auf Lauch und Sellerie

Wachteln haben ein vergleichsweise fettes Fleisch, sehr aromatisch und herrlich saftig – wenn sie schön rosa gebraten sind. Für dieses Gericht brate ich sie nur medium und räuchere sie noch kurz über glimmenden Hickory-Holzspänen. Das dadurch entstehende Aroma ist unvergleichlich und verleiht diesem an sich schon sehr feinen Essen eine vielschichtige und subtile Note.

FÜR 6 PORTIONEN

12	schöne Wachtelbrüstchen
20 g	Butterschmalz
	Wild-Gewürzmischung ▸ 260
1 EL	frisch gehackte Kräuter (Thymian, Rosmarin)
	Hickory-Grillholzspäne
1 EL	loser Darjeeling
1 kl. Stange	Lauch
40 g	Butter
1/16 l	Weißwein
	Salz, Pfeffer
	fein geriebene Muskatnuss
120 g	Sellerie-Püree ▸ 177
1/8 l	Portweinjus ▸ 250

ZUBEREITUNG

Die Wachtelbrüstchen in Butterschmalz auf jeder Seite 2 Minuten anbraten. Die Brüstchen sollen knapp medium gegart sein, da das Räuchern die Garung noch ein bisschen voranschreiten lässt. Mit der Wild-Gewürzmischung und den Kräutern würzen.

Für den Räuchervorgang brauchst du einen Räucherofen oder etwas Ähnliches. Du kannst ihn im Fischerei-Bedarf kaufen oder aus einem großen, alten Topf mit Deckel und einem Rost auch selbst eine Konstruktion anfertigen. Dann mit dem Bunsenbrenner die Holzspäne zum Glühen bringen, Tee darüberstreuen und sofort die Wachtelbrüstchen auf den Rost legen und zudecken. Bitte darauf achten, dass die Späne nicht mehr brennen – sie dürfen nur glimmen. Der Vorgang soll ca. eine halbe Stunde dauern. Je nachdem, wie intensiv du das Raucharoma haben möchtest, kannst du die Räucherzeit verkürzen oder auch verlängern. Wenn du länger als eine halbe Stunde räuchern möchtest, empfiehlt es sich, die Späne nochmals zu entfachen.

Die Lauchstange der Länge nach halbieren, sauber mit kaltem Wasser waschen, dann quer in 2–3 mm breite Streifen schneiden. In Butter leicht ansautieren, mit Weißwein aufgießen und mit Salz, Pfeffer und Muskat würzen. Sellerie-Püree und Portweinjus erhitzen. Nun das Sellerie-Püree in Tellern verteilen, den Lauch daraufgeben und darauf die Wachtelbrüstchen anrichten. Mit Portweinjus angießen und sofort servieren.

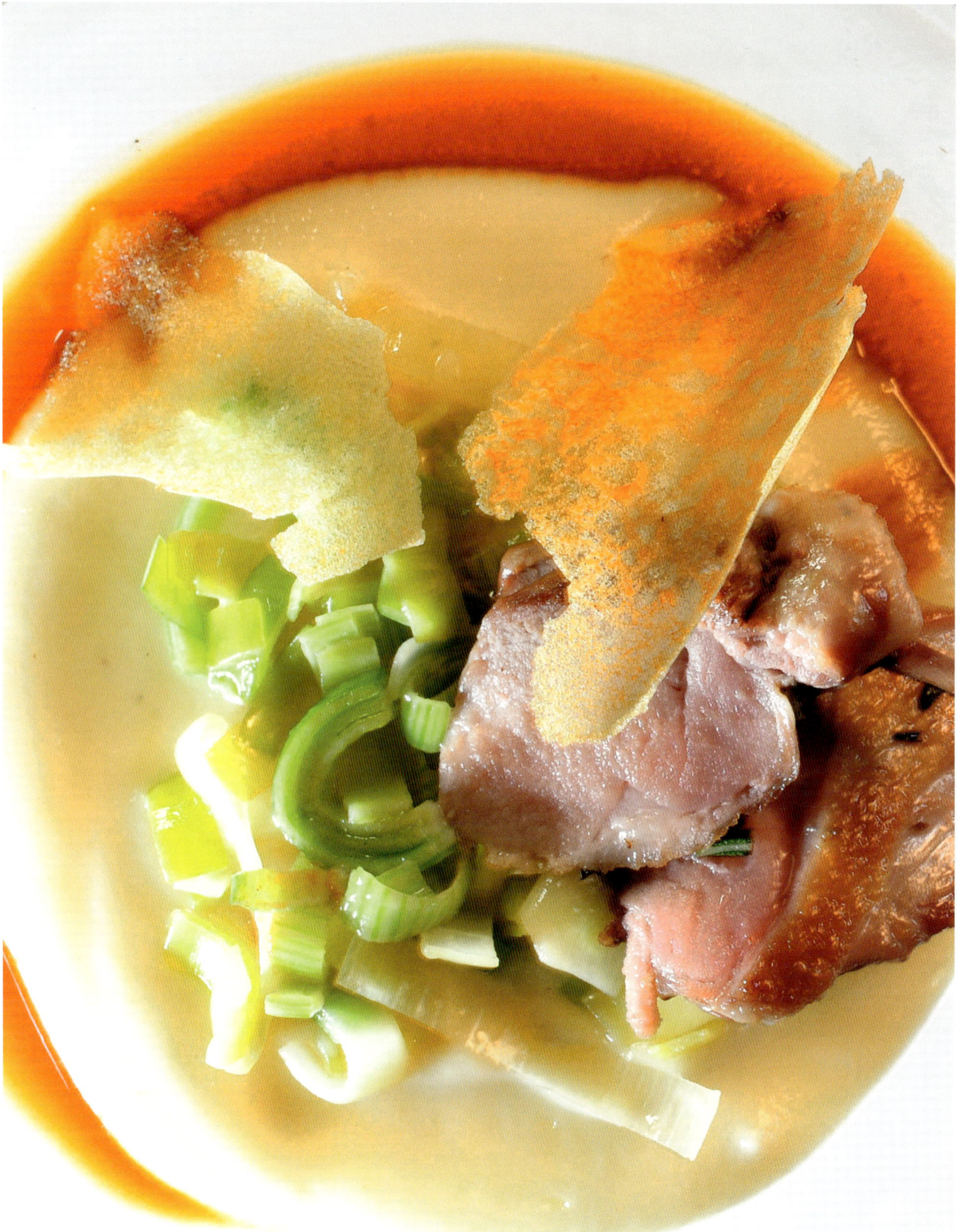

MEINE LIEBLINGSREZEPTE **FLEISCH**

Fasan im Speckmantel mit Rosmarin

Der Fasan ist an sich ein herrliches Wildgeflügel. Mit einem großen Nachteil: Nur ein wenig zu viel oder zu heiß gebraten, schon ist er trocken und spröde. Mit fettem Bauchspeck umwickelt, ist die Brust etwas geschützt und bekommt vom Speck das rauchige Aroma – du wirst diesen zarten Wildgeschmack lieben.

FÜR 6 PORTIONEN

3	Fasane, gerupft
	Salz, Pfeffer, Five Spice oder Wild-Gewürzmischung ▸ 260
1 Bd.	Rosmarin
24 Scheiben	Hamburger Speck
etwas	flüssige Butter

ZUBEREITUNG

Die Fasane innen und außen mit kaltem Wasser abwaschen und trocken tupfen. Dann mit Salz, Pfeffer und Five Spice oder Wild-Gewürzmischung innen und außen würzen. Mit Rosmarinnadeln bestreuen und mit den Speckscheiben umwickeln. Diese müssen dann mit einer Bratenschnur fixiert und festgebunden werden. Dazu legst du die einzelnen Fasane auf den Rücken und ziehst jeweils eine Schnur mit ausreichend langen Enden unter den Flügelknochen durch. Dann überkreuzt du die Enden, umwickelst die Schenkel hinter den Brüsten und verknotest die Enden auf den Unterseiten.

Die Fasane mit etwas flüssiger Butter beträufeln und in einer Pfanne im vorgeheizten Rohr bei 200 Grad (Ober- und Unterhitze) 10 Minuten braten. Dann die Hitze auf 170 Grad reduzieren und eine weitere halbe Stunde fertig braten.

MEINE LIEBLINGSREZEPTE **FLEISCH**

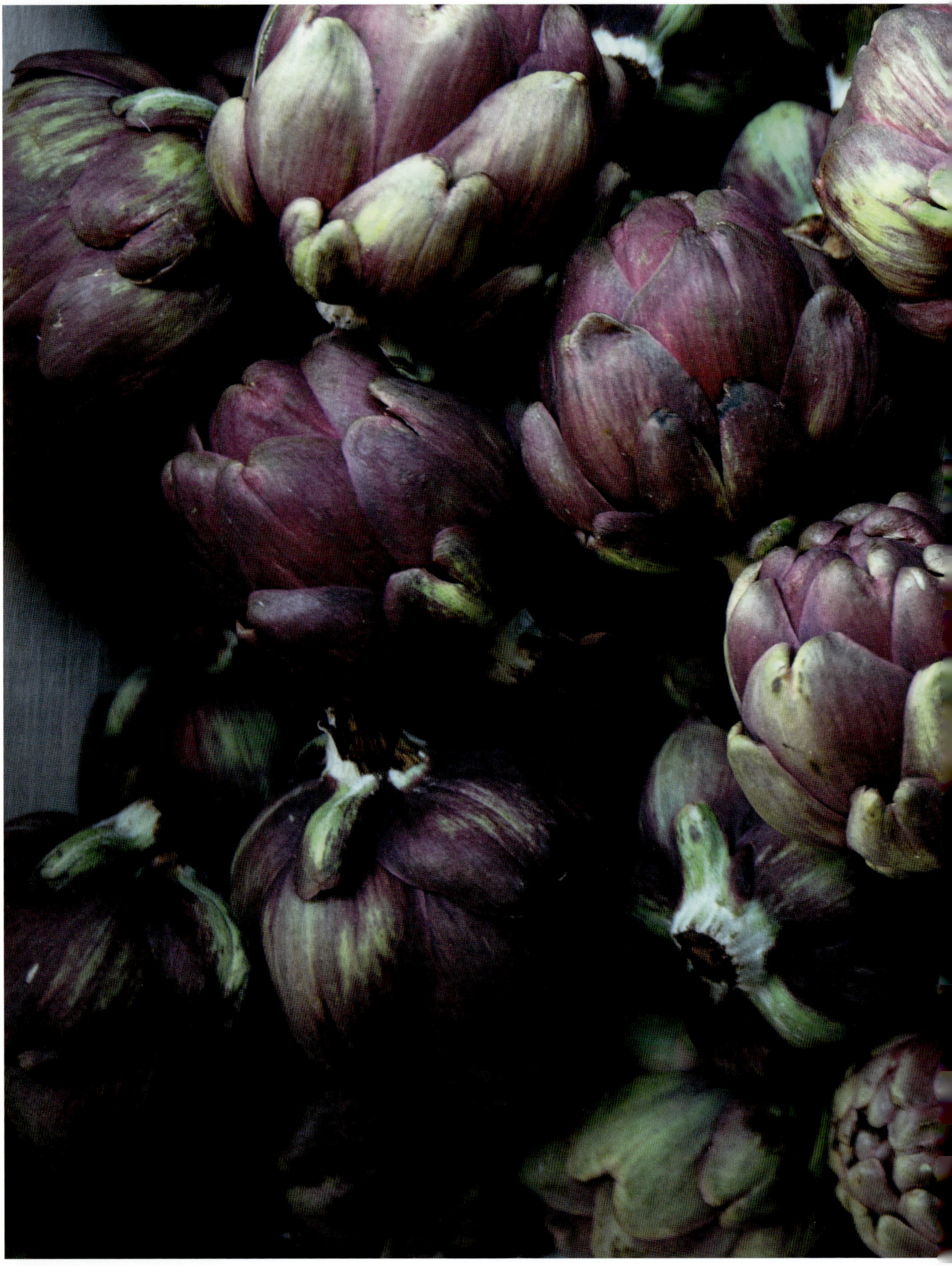

Beilagen

MEINE LIEBLINGSREZEPTE **BEILAGEN** | GEMÜSE

Gemüse-Pürees

Wir leben in einem Küchenzeitalter, in dem es fast schon ein Muss ist, Produkte in verschiedenen Texturen anzubieten. Pürees sind eine logische Stufe und vor allem eignen sich viele Gemüsesorten dafür. Gemüse-Pürees unterstützen und reichern viele Gerichte unaufgeregt und elegant an. Was immer zu beachten ist: Gemüse stets langsam wirklich weich kochen, damit beim Mixen eine glatte, cremige Konsistenz entstehen kann. Hier eine Auswahl meiner Favoriten.

BROKKOLI-PÜREE

250 g Brokkoliröschen, geputzt // 100 ml Sahne // 40 g Butter // Salz, Pfeffer // fein geriebene Muskatnuss

Die Brokkoliröschen in kräftig gesalzenem Wasser weich kochen, gut abtropfen und kurz ausdampfen lassen, mit Sahne und Butter passieren. Mit Salz, Pfeffer und Muskat abschmecken. Durch den mild würzigen, aber doch eher neutralen Geschmack der Allrounder unter den Gemüse-Pürees. Das Brokkoli-Püree passt eigentlich zu allen Fisch- und Fleischgerichten.

SPARGEL-PÜREE

300 g weißer Spargel, gekocht // 30 g Butter // 30 ml Weißwein // 200 ml Sahne // Salz, Pfeffer // fein geriebene Muskatnuss

Den gekochten Spargel in Stückchen schneiden, dann zusammen mit Butter, Weißwein und Sahne in einem Topf 10 Minuten leise köcheln lassen. Mixen, passieren und mit Salz, Pfeffer und Muskat abschmecken. Kombiniere es als Beilage zu Fisch und hellem Fleisch.

ERBSEN-PÜREE

250 g frisch ausgebrochene Erbsen (auch mit TK-Erbsen möglich) // 40 g Butter // 150 ml Sahne // Salz, Pfeffer // fein geriebene Muskatnuss

Die Erbsen in kräftig gesalzenem Wasser blanchieren, in Eiswasser abschrecken. Dann mit Butter und Sahne ca. 5 Minuten weich köcheln, mixen, passieren und mit Salz, Pfeffer und Muskat abschmecken. Erbsen-Püree passt sehr gut zu Fisch, Meeresfrüchten und hellem Fleisch.

V AUBERGINEN-PÜREE MIT MINZE

300 g Auberginen (eine ganze mittelgroße Aubergine) // 60 ml natives Olivenöl // Salz, Pfeffer // fein geriebene Muskatnuss // Kardamom // 1 Sträußchen frische Minze

Aubergine der Länge nach halbieren und mit etwas Olivenöl beträufeln. 20 Minuten im heißen Rohr bei ca. 200 Grad (Ober- und Unterhitze) garen. Dann mit einem Löffel das breiige Fruchtfleisch ausschaben, würzen und mit dem Olivenöl mixen. Passieren und mit frisch gehackter Minze abschmecken. Schmeckt perfekt zu Geflügel und gegrillten Krustentieren wie Rocklobster oder Scampi.

MEINE LIEBLINGSREZEPTE **BEILAGEN** | GEMÜSE

SELLERIE-PÜREE

400 g Sellerieknolle // 200 ml Milch // 200 ml Sahne // 40 g Butter // Salz, Pfeffer // fein geriebene Muskatnuss

Die Sellerieknolle waschen und mit einem scharfen Messer die Schale abschneiden. In grobe Würfel schneiden und zusammen mit Milch, Sahne und Butter weich kochen. Anschließend mixen, passieren und mit Salz, Pfeffer und Muskat abschmecken. Wie bei allen Gemüse-Pürees bitte langsam und gemächlich kochen, denn der Sellerie sollte vor dem Mixen vollgesogen und komplett gar sein, denn nur so wird das Püree seidig glatt und glänzend. Dieses Püree ist sehr vielseitig einsetzbar, passt speziell gut zu Wildgerichten.

V BUTTERNUSSKÜRBIS-PÜREE

400 g Butternusskürbis // 70 ml Olivenöl // Salz, Pfeffer // fein geriebene Muskatnuss // Kardamom // fein geriebener Ingwer

Einen halben Butternusskürbis (rund 400 g, ansonsten das Rezept in der Relation anpassen) in Alufolie wickeln und im vorgeheizten Rohr bei 200 Grad (Umluft) eine gute Stunde backen. Das Fruchtfleisch soll ganz weich sein und sich einfach aus der Schale lösen lassen. Das Kerngehäuse ist beim Butternusskürbis recht klein und kann rasch und einfach entfernt werden. Dann das so gewonnene Fruchtfleisch mit dem Olivenöl mixen, passieren und mit den Gewürzen abschmecken. Kürbisliebhaber können dieses Püree mit fast allen Fisch- und Fleischgerichten kombinieren.

V FENCHEL-PÜREE

300 g Fenchel // 40 g Butter oder Olivenöl // Salz, Pfeffer // fein geriebene Muskatnuss

Den Fenchel in kräftigem Salzwasser ganz weich kochen, gut abtropfen. Mit Butter mixen, passieren und mit Salz, Pfeffer und Muskat würzen. Fenchel passt sehr gut zu Fisch, aber auch zu hellem Fleisch wie Kaninchen, Kalb und Huhn.

BLUMENKOHL-PÜREE

300 g Blumenkohl // 200 ml Milch // 200 ml Sahne // 40 g Butter // Salz, Pfeffer // fein geriebene Muskatnuss

Den Blumenkohl putzen, zusammen mit Milch, Sahne und Butter weich kochen, mixen, passieren und mit Salz, Pfeffer und Muskat abschmecken. Passt perfekt zu Meeresfischen, Hummer, Wild und Kaninchen.

V KAROTTEN-ORANGEN-PÜREE

200 g Karotten // 40 g Butter oder Olivenöl // 1 TL Löwenzahnblütenhonig ▸ 261 (oder milder Waldhonig) // Salz // fein geriebene Muskatnuss // Ingwer // 50 g Orangenfilets // 300 ml Orangensaft // 40 ml Olivenöl

Die Karotten schälen, in Stückchen schneiden und in Butter anglacieren. Löwenzahnblütenhonig beigeben, mit Salz, Muskat und fein geriebenem Ingwer würzen und bei geringer Hitze zugedeckt einige Minuten dünsten. Orangenfilets und Orangensaft dazugeben und zugedeckt weich garen. Mixen und durch ein Sieb passieren. In das fertige Püree etwas Olivenöl einrühren. Das ist gut für den Geschmack, macht die fettlöslichen Vitamine besser verwertbar und gibt einen schönen Glanz. Passt zu Hühnchenbrust, Entenbrust, Kalbsfleisch, Kaninchenfilet und zu Meeresfrüchten.

MEINE LIEBLINGSREZEPTE **BEILAGEN** | GEMÜSE

Gedünsteter Rahm-Knoblauch

Das Verblüffende ist, dass die Knoblauchzehen durch das Schmoren mit Weißwein und Sahne komplett ihre Schärfe verlieren und am Ende eher nach Mini-Kartoffeln mit leichtem Knoblaucharoma schmecken. Passt perfekt zu allen Gerichten mit Lamm! Versuche dieses Rezept auch einmal mit geräuchertem Knoblauch. Man bekommt ihn recht häufig im Handel, und die zarte Rauchnote macht diese Beilage noch spezieller.

**ALS BEILAGE
FÜR 6–8 PORTIONEN**

- 150 g frische, geschälte Knoblauchzehen
- 20 g Butter
- 20 ml Weißwein
- 40 ml Sahne
- Salz, Pfeffer
- fein geriebene Muskatnuss

ZUBEREITUNG

Die geschälten Knoblauchzehen werden in Butter angeschwenkt. Dann mit etwas Weißwein ablöschen und zugedeckt dünsten. Wenn der Wein vollständig einreduziert ist, die Sahne angießen und so lange köcheln lassen (ca. 10 Minuten), bis die Knoblauchzehen zart und weich sind. Mit Salz, Pfeffer und etwas Muskat abschmecken. Die Knoblauchzehen verlieren durch das langsame Garen komplett ihre Schärfe und schmecken fast wie kleine Kartoffeln.

MEINE LIEBLINGSREZEPTE **BEILAGEN** | GEMÜSE

Rotkraut mit Äpfeln und Ingwer V

Ohne Rotkraut geht im Herbst und Winter fast gar nichts. Was wären all die herrlichen Wildgerichte, Gansl, Rindsrouladen etc. ohne dieses einerseits gesunde, andererseits delikate Gemüse? In Kombination mit der leichten Säure und der Fruchtigkeit der Äpfel sowie dem rassigen Aroma des Ingwers mag ich es am liebsten. Du kannst gerne auch eine größere Menge herstellen, noch heiß in Weckgläser gefüllt, hält es einige Wochen im Kühlschrank.

ALS BEILAGE FÜR 6–8 PORTIONEN

1 Kopf	Rotkraut (ca. 1 kg)
1	Lorbeerblatt
	Pfefferkörner
1	Zimtstange
5	Nelken
1 TL	Five Spice (oder Lebkuchengewürz)
50 ml	Rotweinessig
1 Stück	frischer Ingwer (ca. 80 g)
500 ml	Rotwein
100 ml	Orangensaft
2	große, säuerliche Äpfel, fein gerieben
80 g	Erdnussöl
2 EL	Kristallzucker
1	kl. Zwiebel
2	große, mehlige Kartoffeln
	Salz, Pfeffer

ZUBEREITUNG

Den Rotkraut-Kopf vierteln, die Strünke herausschneiden und in feine Streifen schneiden. Am besten geht das mit einem scharfen Krauthobel oder der Mandoline, aber auch mit dem Messer ist das zu bewerkstelligen. Das Kraut mit den Gewürzen, Rotweinessig, etwas fein geriebenem Ingwer, Rotwein und Orangensaft marinieren. Am besten für ca. 10–12 Stunden stehen lassen, zuvor wird es aber noch mit den geriebenen Äpfeln vermischt.

Das Erdnussöl erhitzen, den Zucker karamellisieren lassen und darin die klein geschnittene Zwiebel andünsten. Das Kraut beigeben und schön anschwitzen. Mit der Marinade aufgießen und langsam weich köcheln lassen. Zum Schluss werden für die Bindung die zwei mehligen Kartoffeln hineingerieben und mit ein wenig fein geschnittenem Ingwer, und, wenn nötig, etwas Salz und Pfeffer fertig abgeschmeckt.

Orangen-Speck-Wirsing

Eine herrliche Beilage zu Wildgerichten. Der Wirsing wird hier durch die fruchtige Süße der Orangen mit dem rauchigen Aroma des Specks geadelt.

ALS BEILAGE FÜR 6 PORTIONEN

- 1 kl. Wirsingkopf
- 1 fein geschnittene Zwiebel
- 50 g fein geschnittener Bauchspeck
- 40 g Butter
- 1 Orange
- 1 EL Löwenzahnhonig ▸ 261 (oder milder Waldhonig)
- 1/8 l Gemüsefond ▸ 248
- Salz, Pfeffer
- fein geriebene Muskatnuss
- etwas gemahlener Koriander

ZUBEREITUNG

Vom Wirsing die äußeren Blätter entfernen und nach und nach alle Blätter ablösen, den mittleren Strunk aus den einzelnen Blättern schneiden. Blätter in feine Streifen schneiden. Zwiebel und Speck in der Butter anschwitzen, Orangenschalen sowie -filets und dann den fein geschnittenen Wirsing dazugeben. Löwenzahnhonig und etwas Gemüsefond hinzufügen und zugedeckt kurz (3–4 Minuten) weich dünsten. Dann den Deckel abnehmen und den verbliebenen Saft unter leichtem Umrühren einreduzieren. Mit Salz, Pfeffer, Muskat und etwas gemahlenem Koriander abschmecken.

Apfel-Schalotten-Confit V

Meine erste Station in Paris führte mich zu Henri Faugeron. Seine sehr charmante Frau hat ihre Wurzeln in Österreich. So waren sie immer wieder zu Gast bei meinen Eltern im Zoll in Bregenz und als logische Folge wurde ich eingeladen, in ihrem Restaurant zu praktizieren. Henri hat mir den wahrscheinlich wichtigsten Satz mit auf den Weg gegeben. Auf meine Frage, wie er Kreativität versteht, antwortete er mir: „Das Hinzufügen ist beliebig!" Ein Hammersatz! So, der Punkt ist, Henri liebte Schalotten und diese langsam mit Karamell, Butter, Weißwein und Äpfeln zart vor sich hinschmelzend, sind einfach ein Traum. Sie passen perfekt zu gebratener Gänseleber, Kalbsleber, Ente, Hühnchen, Wild. Sehr, sehr vielseitig!

ALS BEILAGE FÜR 4–6 PORTIONEN

- 2 säuerliche Äpfel (Boskoop)
- 150 g Schalotten
- 30 g Erdnussöl
- 1 EL Karamell
- 2 EL Weißwein
- Salz, Pfeffer aus der Mühle
- 1 EL Honig

ZUBEREITUNG

Die Äpfel in Spalten schneiden, mit einem scharfen Messer das Kerngehäuse und die Schale entfernen, sodass hübsche Halbmonde entstehen. Äpfel und Schalotten mit dem Erdnussöl im Karamell anschwitzen und zugedeckt bei kleiner Hitze ca. 15 Minuten ziehen lassen. Den Weißwein immer wieder in kleinen Schlucken nachgießen und mit Salz, Pfeffer und etwas Honig abschmecken.

MEINE LIEBLINGSREZEPTE **BEILAGEN** | GEMÜSE

Kohlrabi-Morchel-Ragout

Frische Morcheln und Kohlrabi passen sehr gut zueinander. In der molligen Rahmsauce verbinden sie sich zu einem wunderbar harmonischen Geschmack. Mit Dinkelnudeln serviert ein vollwertiges Gericht – aber auch ohne Beilage als Zwischengang in einem größeren Menü eine feine Sache.

ALS BEILAGE FÜR 4–6 PORTIONEN

- 150 g Kohlrabi
- 1 EL gehackte Schalotten
- 20 g Butter
- 100 g frische Morcheln
- 1 EL gehackte Frühlingskräuter (Kerbel, Estragon, Petersilie, Pimpinelle und Schnittlauch eignen sich besonders!)
- 20 ml Weißwein
- 60 ml Sahne
- Salz, Pfeffer
- fein geriebene Muskatnuss

ZUBEREITUNG

Den Kohlrabi schälen und in schöne Stifte schneiden. In Salzwasser kurz blanchieren und in Eiswasser abschrecken (ist nur notwendig, wenn du sie nicht gleich weiterverwendest!). Schalotten in Butter anschwitzen. Die geputzten und sauber gewaschenen Morcheln dazugeben und ebenfalls kurz anschwitzen. Die Kräuter beigeben, mit dem Weißwein ablöschen, kurz reduzieren. Dann die Sahne dazugießen und leicht einköcheln lassen. Den fertig gegarten Kohlrabi hinzufügen und mit Salz, Pfeffer und etwas Muskat abschmecken.

MEINE LIEBLINGSREZEPTE **BEILAGEN** | KARTOFFELN

Rösti

Möglicherweise hat die Nähe zur Schweiz etwas damit zu tun, dass Rösti zu meinen Favoriten unter den Kartoffelbeilagen zählen. Entstanden auf den Schweizer Almen, wenn die Senner loszogen und auf dem ausgehenden Feuer Kartoffelstreifen ganz langsam gebraten haben. Das ist schließlich bis heute der Punkt. Super krosse Rösti müssen Zeit haben und bei milder Hitze auf jeder Seite ca. 10 Minuten braten. Perfekt zu Fleischgerichten mit sahnigen Saucen wie Zürcher Geschnetzeltes, Rindsfiletspitzen in Pfeffersauce oder fleischlos mit Spinat und Spiegelei. Das habe ich als Kind geliebt und tue es noch heute!

ALS BEILAGE FÜR 4 PORTIONEN

- 500 g mehlige Kartoffeln
- 1 kl. Zwiebel
- 40 g Butterschmalz
- Salz, Pfeffer
- etwas Kümmel

ZUBEREITUNG

Die Kartoffeln schälen und mit dem groben Hobel gleichmäßig raspeln. Dann die Kartoffeln gut ausdrücken. Die Zwiebel schälen, würfeln und in Butterschmalz anschwenken, Kartoffelstreifen dazugeben, durchschwenken, mit Salz, Pfeffer und Kümmel würzen, nochmals kurz schwenken. Dann mit einer Bratschaufel glatt streichen, aber nur leicht andrücken und bei geringer Hitze 3–4 Minuten braten. Die Pfanne schwenken und prüfen, ob sich der Rösti bewegen lässt oder ob er am Pfannenboden haftet. Falls er sich nicht bewegt, ein paar Tropfen flüssiges Butterschmalz einträufeln und etwas heftiger schwenken, falls nötig mit der Bratschaufel nachhelfen. Den Rösti auf einen Teller stürzen und zurück in die Pfanne geben (oder mit der Pfanne direkt wenden, das erfordert neben Geschicklichkeit auch etwas Übung!). Dann die andere Seite goldbraun braten. Der Trick dabei ist Langsamkeit. Das langsame Braten ergibt eine schöne, knusprige Kruste!

MEINE LIEBLINGSREZEPTE **BEILAGEN** | KARTOFFELN

Kartoffelblinis

Im ersten Moment könnte man denken, das ist doch eher eine Spielerei. Aber man muss es tatsächlich probieren. Eine der feinsten Kartoffelbeilagen, die mir untergekommen ist. Flaumig, leicht, knusprig.

ALS BEILAGE FÜR 4–6 PORTIONEN

- 110 g passierte Kartoffeln
- 1 Ei
- 30 g Crème fraîche
- Salz, Pfeffer
- fein geriebene Muskatnuss
- Butterschmalz

ZUBEREITUNG

Eine große, mehlige Kartoffel waschen und mit der Schale im Backrohr bei 200 Grad (Umluft) schön weich backen. Dies dauert mindestens 1 Stunde. Dann mit einem Löffel das Innere aus der Schale schaben und durch ein Sieb passieren. Für die Rezeptur werden dann die fertig passierten Kartoffeln abgewogen. Dann Ei und Crème fraîche beigeben, mit Salz, Pfeffer und Muskat würzen, kleine Häufchen in Butterschmalz anbraten und unter dem Salamander (Grillstufe beim Herd) soufflieren lassen. Wenden und sofort anrichten und servieren.

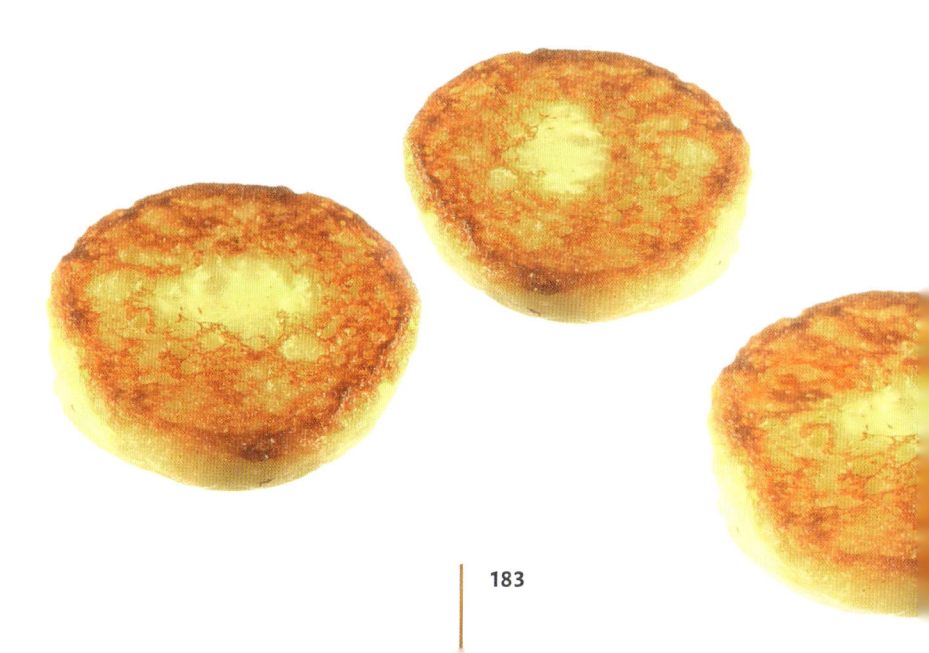

MEINE LIEBLINGSREZEPTE **BEILAGEN** | KARTOFFELN

Kartoffelbaumkuchen

Wer schon die Blinis für weit hergeholt hält, ist wahrscheinlich beim Kartoffelbaumkuchen völlig überrascht, was aus Kartoffeln alles machbar ist. Ich kann nur sagen: Der Aufwand lohnt sich! Eine noch exaltiertere Variante ist der getrüffelte Kartoffelbaumkuchen. Dafür aromatisiert man die Masse mit 3 EL Trüffelöl und 50 g fein würfelig geschnittenem Périgord-Trüffel.

ALS BEILAGE FÜR 10 PORTIONEN

- 1 kg mehlige Kartoffeln
- 300 g Topfen
- 300 g Butter
- 12 Eier
- 100 g geriebener Käse (junger Parmesan oder milder Bergkäse)
  Salz, Pfeffer
  fein geriebene Muskatnuss

ZUBEREITUNG

Die Kartoffeln waschen, schälen, vierteln und in gut gesalzenem Wasser weich kochen. Abgießen und ausdampfen lassen. Mit der Flotten Lotte passieren. Dann Topfen, flüssige Butter, Eidotter und Käse einarbeiten, aber nur so lange, bis eine glatte Masse entsteht. Dann das Eiweiß halb steif schlagen, unter die Masse heben und mit Salz, Pfeffer und Muskat abschmecken. Nun die Masse dünn auf ein Blech mit Backpapier streichen und im Backrohr bei starker Oberhitze (Grillstufe) bräunen lassen, dann wieder eine dünne Schicht aufstreichen und bräunen, danach wieder und wieder, bis die Masse aufgebraucht ist. Bitte dabeibleiben und beobachten, da die Masse sehr schnell bräunt. Eher ein kleines Blech verwenden. Es sollten mindestens 8 Schichten entstehen. Diese kalt stellen (mindestens 3 Stunden) und im erkalteten Zustand in Würfel oder Rhomboide schneiden. Dann die Schnittflächen – und zwar alle – in wenig Butterschmalz goldbraun anbraten. Eine Wahnsinnsbeilage; zugegeben, auch ganz schön viel Arbeit, aber es zahlt sich aus.

Kartoffelgratin

Eine der vielseitigsten und elegantesten Kartoffelbeilagen. Ich habe eine Vielzahl an Rezepten ausprobiert und optimiert. Bei meinem Rezept entsteht durch die dünnen Kartoffelschichten ein zart-cremiges Gratin, das aufgrund seiner Feinheit zu sehr vielen Gerichten passt.

ALS BEILAGE FÜR 4–6 PORTIONEN

- ½ kg mehlige Kartoffeln (z. B. Bintje, Ostara, Agria)
- 250 ml Sahne
- 150 ml Milch
- 1 Rosmarinzweig
- 1 Knoblauchzehe
  Salz, weißer Pfeffer
  fein geriebene Muskatnuss
  Butter zum Ausstreichen

ZUBEREITUNG

Die Kartoffeln schälen und 10 Minuten in kaltem Wasser aufbewahren. In der Zwischenzeit die Sahne-Milch-Mischung mit Rosmarin und einer angedrückten Knoblauchzehe aufkochen. Mit Salz, Pfeffer und Muskat abschmecken. Eine flache Gratinierform mit etwas Butter ausstreichen, die Kartoffeln mit dem Gemüsehobel längs in dünne Scheiben von ca. 1–2 mm Stärke hobeln und diese dachziegelartig in die Form schlichten. Mit der Gratin-Sahnemischung übergießen und im heißen Backrohr bei 250 Grad (Umluft) ca. 12–15 Minuten backen, bis es goldbraun geworden ist. Ein perfektes Gratin soll immer recht dünn sein, da gerade die gebräunte Kruste herrlich schmeckt.

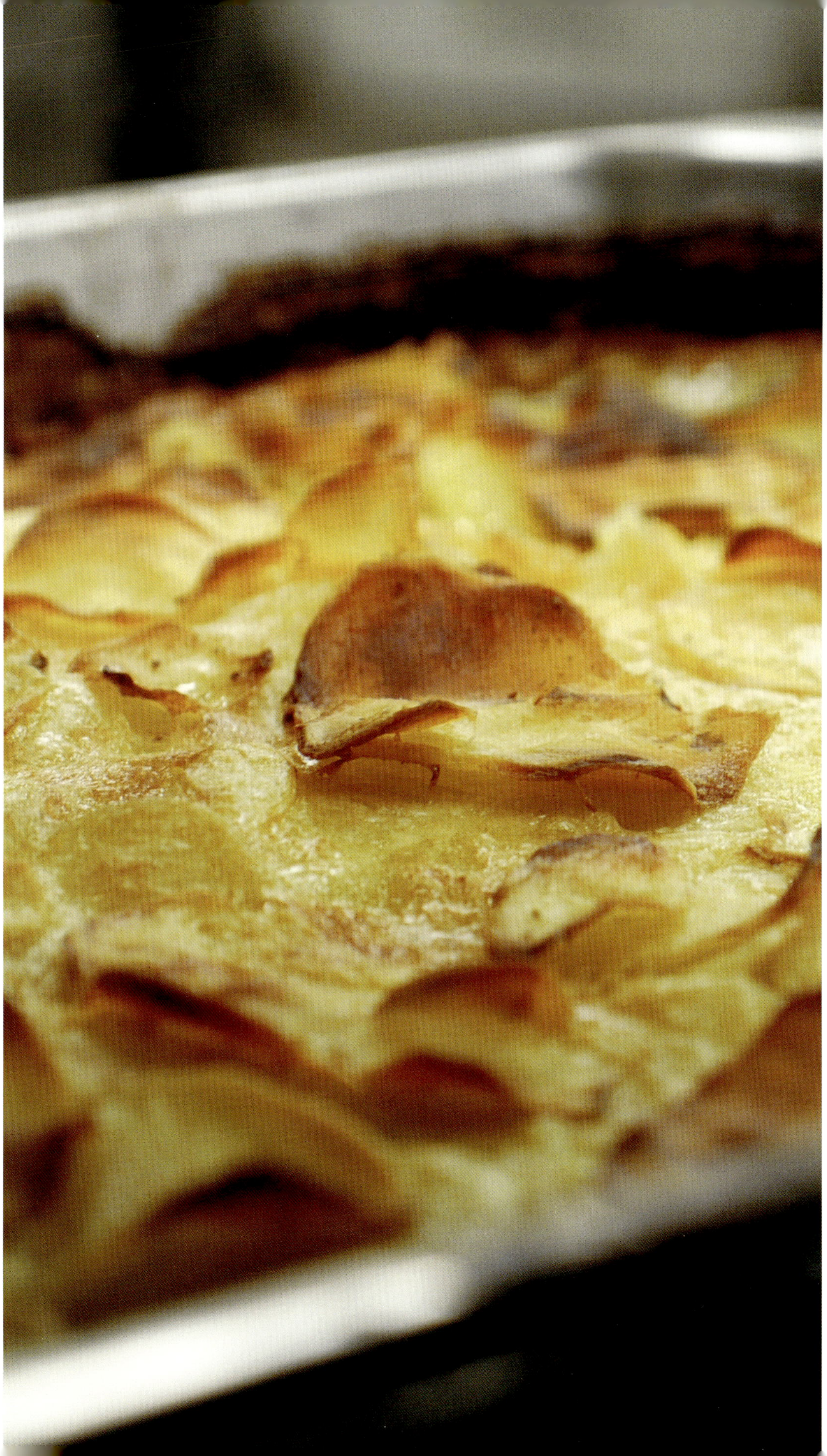

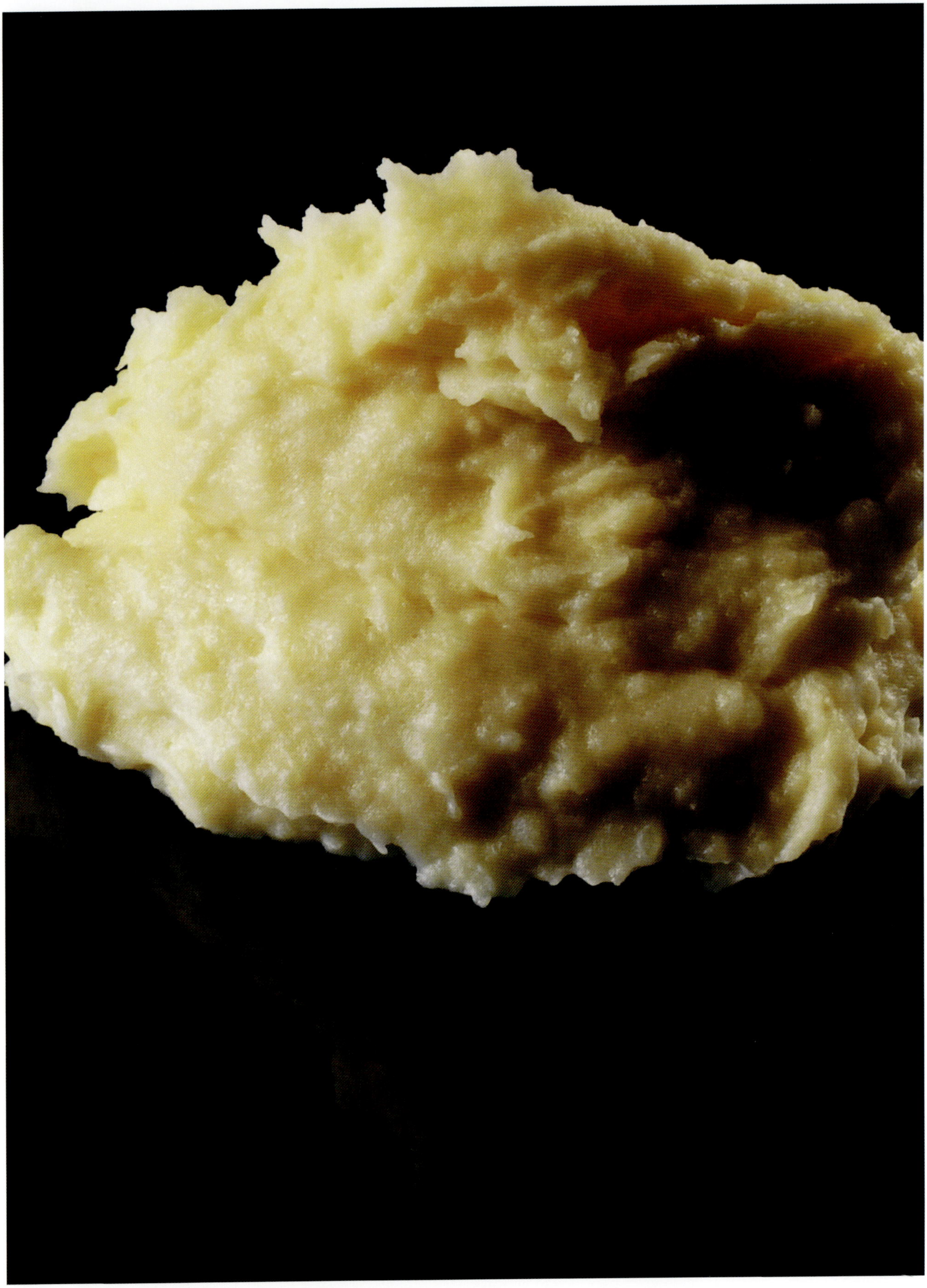

Kartoffelpürees

Am Kartoffelpüree schätze ich seine Vielseitigkeit. Ich probiere immer wieder neue Varianten aus und es wird nie langweilig. Einige meiner Lieblingskombinationen sind: mit getrockneten Tomaten und schwarzen Oliven, Trüffel, Jalapeños, Parmesan und brauner Butter. Einfach ausprobieren!

**ALS BEILAGE
FÜR 6–8 PORTIONEN**

- 500 g mehlige Kartoffeln
- 100 ml Milch
- 100 g Butter
- Salz, Pfeffer
- fein geriebene Muskatnuss
- Sahne nach Bedarf

ZUBEREITUNG

Die Kartoffeln schälen, in große Stücke schneiden, in einen großen Topf geben und mit kaltem Wasser bedecken. Salzen (10 g Salz pro Liter Wasser), zum Kochen bringen und in sprudelnd kochendem Wasser garen. Von Zeit zu Zeit mit der Spitze eines Messers in die Kartoffeln stechen. Sobald sie weich sind, das Wasser abgießen. Die Kartoffeln müssen richtig gar sein, dürfen aber auch nicht zu lange kochen, da sie sich sonst mit Wasser vollsaugen. Einige Minuten ausdampfen lassen. Milch mit Butter aufkochen, die Kartoffeln hineindrücken. Das geht am besten mit einer Kartoffelpresse. Die Flotte Lotte ist nur bei wirklich mehligen Kartoffeln geeignet, da sonst die drehende Bewegung ein eher zähes statt flaumiges Püree hervorbringt. Mit Salz, Pfeffer und Muskat abschmecken. Falls das Püree zu dick ist, mit heißer Milch oder etwas Sahne auf die gewünschte Konsistenz bringen.

KARTOFFEL-WASABI-PÜREE

Kartoffelpüree mit in Wasser gelöstem Wasabi-Pulver abschmecken. Vorsicht: schmeckt sehr intensiv!

**KARTOFFEL-OLIVEN-PÜREE
MIT THYMIAN**

Kartoffelpüree mit 50 g grob gehackten schwarzen Oliven und 1 EL frischen Thymianblättern vermischen. 50 g Butter erhitzen und aufschäumen lassen, die leicht gebräunte Butter über das Püree ziehen.

KARTOFFEL-JALAPEÑOS-PÜREE

Kartoffelpüree mit 50 g in feine Ringe geschnittene Jalapeños vermischen. Dazu süß-sauer eingelegte Jalapeños verwenden. Mein Tipp: perfekt zu gegrilltem Fleisch.

MEINE LIEBLINGSREZEPTE **BEILAGEN** | KARTOFFELN

Gnocchi

Eigentlich müsste man Gnocchi als eigenständiges Gericht anführen. Mit den verschiedensten Saucen selbstverständlich auch als Hauptgang ein Gedicht. Als Beilage – z. B. ganz klassisch mit brauner Butter und Salbei zu Hirsch-Entrecôte oder mit etwas Chili zu gegrilltem Schweinefilet – entpuppen sie sich auch als kongeniale Partner zu Fleisch.

ALS BEILAGE FÜR 10–12 PORTIONEN

- 900 g mehlige Kartoffeln
- 400 g griffiges Mehl
- 50 g geriebener Parmesan
- 6 Eidotter
- fein geriebene Muskatnuss
- Salz, Pfeffer

ZUBEREITUNG

Die Kartoffeln schälen, grob schneiden, in einen großen Topf geben und salzen. Mit Wasser zum Kochen bringen und die Kartoffelstücke weich kochen. Abgießen und ausdampfen lassen. Noch heiß durch die Kartoffelpresse drücken. In einer großen Schüssel mit 300 g Mehl, Parmesan, Dotter, etwas Muskat, Pfeffer aus der Mühle und falls notwendig noch etwas Salz kurz abarbeiten. Das restliche Mehl auf die Arbeitsfläche häufen und jeweils ein ca. zitronengroßes Stück im restlichen Mehl wenden, kurz durchkneten und zu einer fingerdicken Rolle formen. Diese dann in ca. 1,5 cm lange Stücke schneiden. Die klassische Form erhalten sie durch Andrücken mit einer Gabel oder durch kurzes Rollen über eine gewölbte Reibe. In kräftig gesalzenem Wasser 3 Minuten kochen und gut abgetropft in eine heiße Schüssel geben. Nie mehr als 20–30 Stück auf einmal kochen, sonst können sie leicht zerfallen!

SPINAT-GNOCCHI

Für Spinat-Gnocchi werden 60 g blanchierter, gut ausgedrückter und feinst gehackter Spinat in den Teig eingearbeitet. Verwende nur 5 (statt 6) Dotter, damit der Teig nicht zu feucht wird.

MEINE LIEBLINGSREZEPTE BEILAGEN | KARTOFFELN

Schupfnudeln

Herbstlich und winterlich kommen mir die Schupfnudeln in den Sinn. Mit Speck, Zwiebeln und Kräutern gebraten auf Sauerkraut ein Klassiker im Weihnachtstrubel, aber auch perfekt als Beilage zu Wildgerichten.

ALS BEILAGE
FÜR 6–8 PORTIONEN

- 500 g mehlige Kartoffeln
- 140 g glattes Mehl
- 1 Ei
- 50 g Topfen
- Salz, Pfeffer
- fein geriebene Muskatnuss
- Butterschmalz

ZUBEREITUNG

Die Kartoffeln am Vortag in der Schale weich kochen. Am nächsten Tag schälen und mit einem Nudelholz zerdrücken. Mit Mehl, Ei, Topfen, Salz, Pfeffer und Muskat einen glatten Teig abarbeiten. Dann auf einer bemehlten Arbeitsfläche ca. 3 cm dicke Rollen drehen. Kleine Stücke abschneiden und mit einer bemehlten Hand die Nudeln „wuzeln". Das bedeutet, den Teig mit wenig Druck zwischen der gewölbten Handfläche und der Arbeitsplatte so abdrehen, dass die Enden spitz zulaufen.
In gesalzenem Wasser kurz abkochen, dann in Eiswasser abschrecken.
Gut abtropfen lassen und in Butterschmalz goldbraun braten.

MEINE LIEBLINGSREZEPTE **BEILAGEN** | KNÖDEL & POLENTA

Cremige Trüffel-Polenta

Ich liebe Schmorgerichte, wie zum Beispiel die in Rotwein geschmorten Kalbsbäggle. Dazu schmeckt diese cremige Polenta wunderbar. Sie benötigt für mein Verständnis immer ausreichend Sauce, damit der herrliche Geschmack voll zur Geltung kommt.

ALS BEILAGE FÜR 4–6 PORTIONEN

200 ml	Milch
200 ml	Sahne
20 g	Butter
1	Rosmarinzweig
	Salz, Pfeffer
	fein geriebene Muskatnuss
80 g	getrüffelte Polenta
etwas	Geflügel- ▸ 249 oder Gemüsefond ▸ 248 oder Milch

ZUBEREITUNG

Milch, Sahne, Butter und Rosmarinzweig aufkochen, mit Salz, Pfeffer und Muskat abschmecken. Aber Vorsicht, es gibt Fertig-Polentagrieß, der schon vorgewürzt ist! Dann Polenta unter ständigem Rühren einrieseln und zu einer cremigen Masse abrühren. Falls sie zu stark eindicken sollte, mit etwas Geflügelfond oder Milch verdünnen. Getrüffelte Polenta ist zwar wirklich alles andere als billig, schmeckt aber einfach herrlich.

Palffy-Knödel

Eine herrliche Beilage zu Wildgerichten, Kalbsrahmgulasch, aber auch Pfifferlingen, Steinpilzen oder gemischten Waldpilzen in Kräuterrahmsauce, zu Beuschel und sauren Kutteln.

ALS BEILAGE FÜR 6–8 PORTIONEN

200 g	altbackenes Toastbrot oder ungesüßten Brioche (auch entrindetes Zopfbrot)
200 g	altbackene, entrindete Semmeln
80 g	Butter
2	Schalotten
80 ml	Sahne
60–120 ml	Milch
4	Eier
	Salz, Pfeffer, fein geriebene Muskatnuss
80 g	Butter zum Aufschäumen

ZUBEREITUNG

Toastbrot und Semmeln in feine Würfel schneiden und in Butter kurz anrösten. Schalotten schälen, fein würfeln, ebenfalls in Butter anschwitzen und zu den Semmel-Brioche-Würfeln geben. Dann Sahne mit wenig Milch leicht erwärmen und zusammen mit den Eiern unter die Würfel mischen. Mit Salz, Pfeffer und Muskat würzen und kurz zu einem Teig abarbeiten. 1 Stunde ruhen lassen und dann kleine Knödel formen. In Salzwasser vorsichtig garziehen lassen und mit geschäumter Butter servieren. Beachte: Die Menge der Milch richtet sich nach dem Trockenheitsgrad des Brioches. Ist er nämlich zu trocken, bindet er stärker und ist leichter! Hier geht die Schere auf, wie man so schön sagt; je älter und damit trockener der Brioche ist, desto mehr Milch wird für flaumige Knödel benötigt. Ein bisschen Fingerspitzengefühl ist gefragt. Ein Probeknödelchen gibt Klarheit. Sollte es zu fest geraten sein, noch etwas warme Butter einarbeiten.

MEINE LIEBLINGSREZEPTE **BEILAGEN** | KNÖDEL & POLENTA

Mit Waldpilzen gefüllter Kartoffelknödel

Gefüllte Kartoffelteig-Knödel haben es mir von jeher angetan. Vielleicht ist das Besondere daran, dass die Füllung ihr Aroma im Teig eingehüllt noch stärker entwickelt. Seien es diese fein gewürzten Pilze, aber auch in süßer Form, z. B. mit Marillen oder Zwetschken gefüllt.

FÜR CA. 10 KNÖDEL

Für den Kartoffelteig:
- 500 g mehlige Kartoffeln
- 150 g griffiges Mehl
- 1 Ei
- 1 Eidotter
- 30 g Butter
- Salz, Pfeffer
- fein geriebene Muskatnuss

Für die Füllung:
- 300 g gemischte Pilze (Pfifferlinge, Steinpilze, Semmelstoppelpilze, Herbst- und Totentrompeten)
- 80 g fein geschnittene Zwiebeln
- 2 EL frisch gehackte Kräuter (Petersilie, Schnittlauch, Kerbel, Estragon, Liebstöckel)
- 50 g Butter oder Olivenöl

Für die Butterbrösel:
- 100 g Butter
- 50 g Semmelbrösel

ZUBEREITUNG

Die am Vortag gekochten Kartoffeln schälen, reiben oder einfach mit dem Nudelholz zerdrücken. Mit Mehl, Ei, Eidotter, Butter, etwas Salz, Pfeffer und Muskat vermengen, bis ein glatter Teig entsteht.

Die Pilze säubern – wenn sie sandig sind, kurz abwaschen, ansonsten nur mit einem Tuch abreiben. Fein hacken und zusammen mit Zwiebeln und Kräutern in Butter oder Olivenöl anschwitzen und kalt stellen.

Den Teig fingerdick ausrollen, Kreise ausstechen und die Pilz-Füllung darauf mittig platzieren. Dann Knödel formen und diese in gut gesalzenem Wasser vorsichtig kochen.

Die Butter mit den Semmelbröseln aufschäumen lassen und über die heißen Knödel geben. Perfekt zu Wildgerichten, aber auch mit grünem Salat ein köstlich leichtes Hauptgericht.

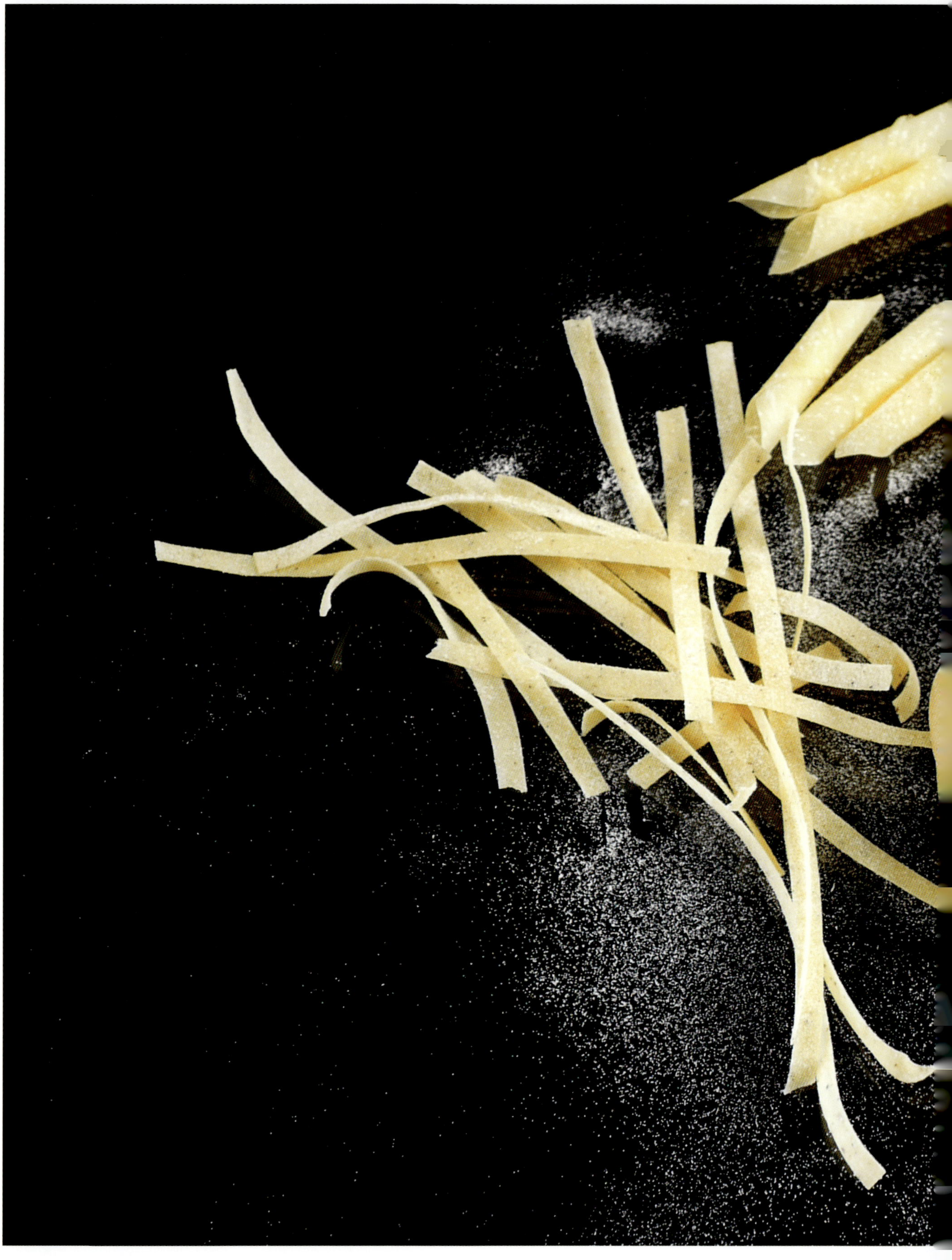

Pasta & Risotto

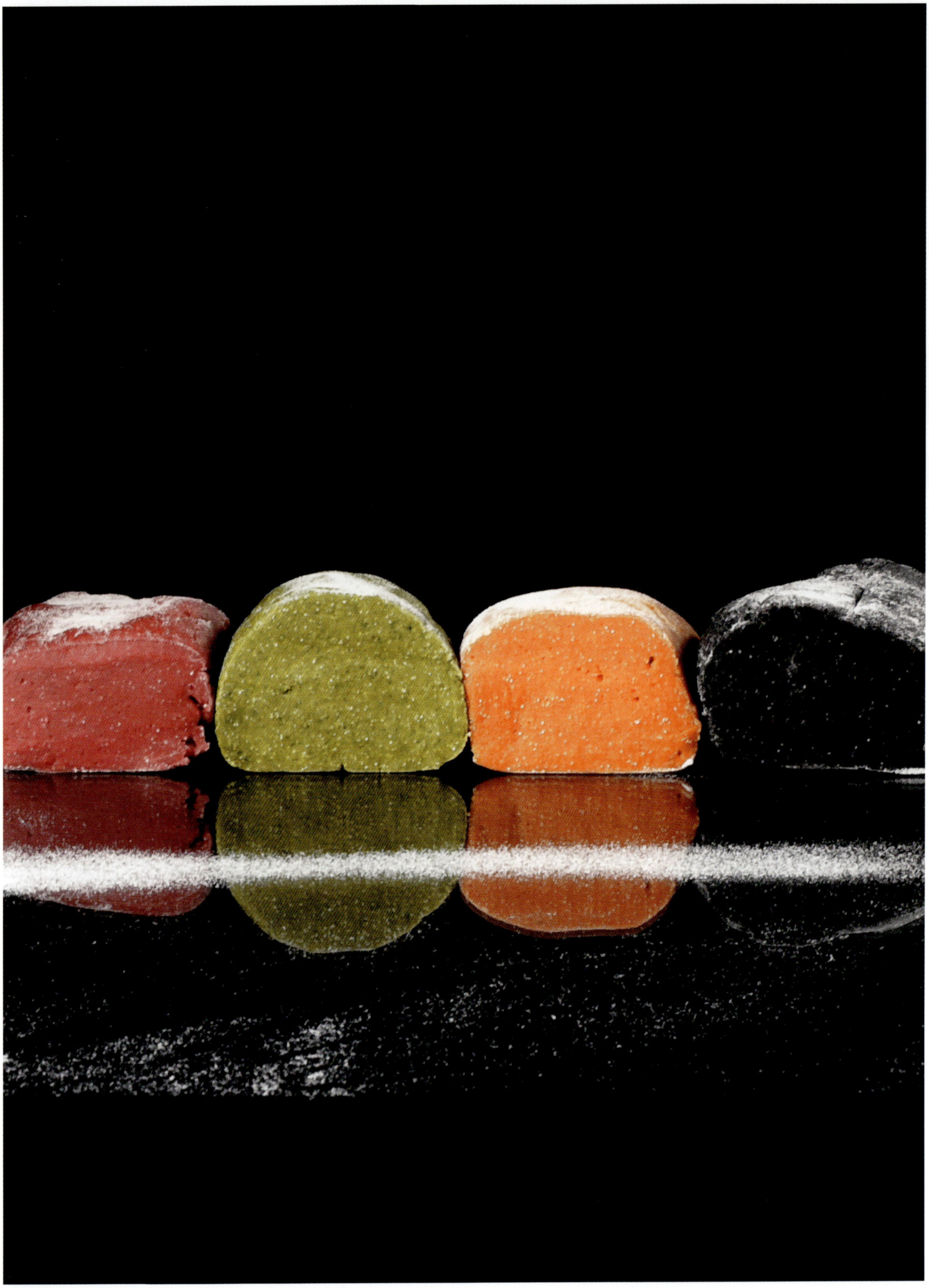

Nudel-Grundteige

Jede Region Italiens hat ihre eigenen Spezial-Rezepte für handgemachte Pasta. Ich habe immer wieder Rezepturen ausprobiert, verändert und neu zusammengestellt. Speziell bin ich begeistert von der Vielzahl an Kombinationen, die schon rein mathematisch dadurch entstehen, dass ich Geschmacksrichtung des Teiges, Form und Füllung fast beliebig variieren kann.

ZUTATEN

Für Garganelli:
- 500 g Hartweizennudelgrieß
- 2 Eier
- 6 Eidotter

Für gefüllte Pasta und Bandnudeln (Tagliatelle):
- 200 g glattes Mehl
- 200 g griffiges Mehl
- 8 Eidotter
- 1–2 Eier
- 50 g Grieß
- 40 g Olivenöl

V *Veganer Nudelteig:*
- 200 g griffiges Weizenmehl
- 150 g Hartweizennudelgrieß
- ½ TL Meersalz
- 4 EL Olivenöl
- 160 ml Wasser

ZUBEREITUNG

Alle Zutaten mischen und mit dem Knethaken der Rührmaschine einen glatten, eher festen und geschmeidigen Teig herstellen. Die Größe der Eier sowie der Feuchtigkeitsgehalt des Mehls können variieren. Falls der Teig also zu weich oder hart erscheint, entweder etwas Grieß oder noch etwas Olivenöl hinzufügen.

Den Teig mindestens eine halbe Stunde in Klarsichtfolie gewickelt kühl stellen und dann entsprechend weiterverarbeiten.

Vermeide zu große Eile: Nudelteig muss sich entspannen, also nach dem Kneten immer ruhen lassen. Auch nach jedem Ausrollen die Teigbahnen kurz entspannen lassen. Dies geschieht ohnehin automatisch, wenn größere Mengen, sprich mehrere Teigbahnen bearbeitet werden. Wichtig dabei: Alle Teigbahnen auf einer Stufe ausrollen und dann wieder beginnend mit der ersten Bahn die nächst dünnere Stufe ausführen usw., bis die gewünschte Dicke des Teiges erreicht ist. Mit dem Schneidaufsatz der Nudelmaschine können nun schmale und breite Tagliatelle bzw. aus kleinen Teigquadraten über ein Holz gerollt Garganelli hergestellt werden. Oder ganze Teigbahnen für gefüllte Pasta verwenden, siehe Füllungen und Zubereitungen auf den nächsten Seiten.

VARIATIONEN

Mit Tomaten: Mixe die Eier und lediglich 5 Eidotter mit einem guten Esslöffel Tomatenmark.

Mit Sepia: Mixe die Eier und die Eidotter mit 8 g (zwei handelsüblichen Briefchen) Sepia-Tinte.

Mit Bärlauch oder Spinat: Mixe die Eier und Eidotter mit reichlich frischem Bärlauch oder 80 g blanchiertem und gut ausgedrücktem Spinat.

Mit Roten Rüben: Mixe die Eier und 5 Eidotter mit 80 g gekochten Roten Rüben.

Füllungen für Ravioli und Tortellini

V BALSAMICO-ZWIEBEL-FÜLLUNG

3 große, weiße Zwiebeln // 40 ml Olivenöl // 2 EL Löwenzahnblütenhonig ▸ 261 // frischer Thymian // Salz, Pfeffer // 50 ml Balsamicoessig

Die Zwiebeln schälen, halbieren und in nicht allzu feine Streifen schneiden. In Olivenöl anschwitzen, Löwenzahnblütenhonig dazugeben und bei milder Hitze glacieren. Mit Thymian, etwas Salz und Pfeffer aromatisieren und dann nach und nach etwas Balsamico angießen. Gelegentlich etwas rühren. Die Zwiebeln sollen gewissermaßen mit dem Balsamico karamellisiert werden und ihn vollständig aufnehmen. Auskühlen lassen. Entsprechend der Anleitung für Ravioli, Täschchen oder Tortellini auf den nächsten Seiten verarbeiten. In kräftig gesalzenem Wasser 2–3 Minuten kochen.

FLUSSKREBS-FÜLLUNG MIT KERBEL

100 g Lachsforellenfarce ▸ 258 // 150 g Flusskrebsfleisch // Salz, Pfeffer // Cayennepfeffer // 1 Bd. frischer Kerbel

Lachsforellenfarce und Flusskrebsfleisch werden vorsichtig vermischt und mit Salz, Pfeffer, Cayennepfeffer und frisch gehacktem Kerbel abgeschmeckt. Entsprechend der Anleitung für Ravioli, Täschchen oder Tortellini auf den nächsten Seiten verarbeiten. In kräftig gesalzenem Wasser 2–3 Minuten kochen. Vermeide zu langes und heftiges Kochen. Das Krebsfleisch würde sonst hart und trocken werden. Also eher in leicht köchelndem Salzwasser so kurz wie möglich – bei dünnem Teig reichen 1–2 Minuten aus – garziehen lassen. Dies gilt im Übrigen für alle Teigwaren, die mit Fisch gefüllt sind!

MEERESFRÜCHTE-FÜLLUNG ASIATISCH

1 Hummer, à 250 g, Garnelen und Scampi oder Jakobsmuscheln eignen sich auch // 10 g frischer Ingwer // 1 EL Sesamöl, mild // ½ gehackte Chilischote // 1 EL gehackter Koriander // Salz, Pfeffer // etwas Zitronensaft

Die Meeresfrüchte sollen nur halb gegart sein, also den Hummer etwa 5 Minuten in kräftigem Salzwasser kochen, dann abschrecken und ausbrechen, würfelig schneiden. Garnelen, Jakobsmuscheln und Scampi in Olivenöl kurz anbraten und ebenfalls würfelig schneiden. Mit frischem, geriebenem Ingwer, etwas Sesamöl, gehacktem Chili und Koriander, etwas Salz und Pfeffer abschmecken und eventuell mit ein wenig Zitronensaft beträufeln. Entsprechend der Anleitung für Ravioli, Täschchen oder Tortellini auf den nächsten Seiten verarbeiten. In kräftig gesalzenem Wasser 2–3 Minuten kochen. Vermeide zu langes und heftiges Kochen. Die Meeresfrüchte würden sonst hart und trocken werden. Also eher in leicht köchelndem Salzwasser so kurz wie möglich – bei dünnem Teig reichen 1–2 Minuten – garziehen lassen. Dies gilt im Übrigen für alle Teigwaren, die mit Fisch gefüllt sind!

SPINAT-TOPFEN-FÜLLUNG

150 g Spinat, blanchiert und ausgedrückt // 80 g geriebener Bergkäse // 80 g geriebener Parmesan // 50 g Weißbrotwürfel // 150 g Topfen // 1 Ei // 1 Eidotter // Salz, Pfeffer // fein geriebene Muskatnuss

Die Herstellung dieses Klassikers ist denkbar einfach. Spinat fein hacken, mit den restlichen Zutaten kurz abarbeiten und mit Salz, Pfeffer und Muskat würzen. Entsprechend der Anleitung für Ravioli, Täschchen oder Tortellini auf den nächsten Seiten verarbeiten. In kräftig gesalzenem Wasser 2–3 Minuten kochen. 100 g fein gewürfelter Mozzarella machen diese Fülle noch cremiger. Mit brauner Butter und gehobeltem Käse ein Vorspeisen-Klassiker. Eignen sich aufgrund des milden Geschmacks am besten als eigenständiges Gericht. Herrlich auch mit Salbei, der in brauner Butter aufgeschäumt wurde!

V GEMÜSE-PÜREE-FÜLLUNG

Aus Resten von Gemüse-Pürees ▸ **176–177** kleine Ravioli wie auf Seite ▸ **200** beschrieben anfertigen (bei größeren Mengen lohnt es sich natürlich auch, das entsprechende Püree herzustellen). Die Pürees sind aber recht feucht und weichen den Nudelteig schnell auf, das heißt, sie müssen rasch gekocht werden oder auf einem Backpapier gefroren und bei längerer Aufbewahrung im Tiefkühler in Säckchen gefüllt werden, damit der Teig nicht austrocknet. In kräftig gesalzenem Wasser 2–3 Minuten kochen.

V PILZ-FÜLLUNG

*300 g diverse Pilze nach Marktangebot, eigentlich sind alle Pilze dafür geeignet und ergeben dann das entsprechend zu benennende Gericht (Steinpilze für Steinpilz-Ravioli, -Tortellini etc.) // 3 Schalotten // 40 g Olivenöl // Salz, Pfeffer // fein geriebene Muskatnuss // 2 EL gehackte Petersilie // 1 EL gehackter Estragon // 1 EL Kalbsjus ▸ **250** nach Belieben, Veganer können ihn einfach weglassen*

Pilze putzen und säubern. Dann fein würfeln. Schalotten klein schneiden, in Olivenöl anbraten, ebenso die Pilze (recht heiß, damit sie nicht zu viel Wasser ziehen), dann leicht abschmecken und am Schluss die Kräuter beigeben. Die Pilze sollten nun recht trocken sein. Dann mit einem Esslöffel reduzierter Kalbsjus verfeinern (ist nicht unbedingt notwendig, bringt aber sehr viel Geschmack), einkochen und die Pilzmasse auskühlen lassen. Entsprechend der Anleitung für Ravioli, Täschchen oder Tortellini auf den nächsten Seiten verarbeiten. In kräftig gesalzenem Wasser 2–3 Minuten kochen.

MEINE LIEBLINGSREZEPTE **PASTA & RISOTTO** | PASTA

MEINE LIEBLINGSREZEPTE **PASTA & RISOTTO** | PASTA

Pastaspezialitäten herstellen

TORTELLINI

Nachdem du den entsprechenden Teig wie auf Seite ▸ 195 beschrieben hergestellt und ausgerollt hast, mit einem runden Ausstecher von ca. 10 cm Durchmesser gleichmäßige Kreise ausstechen. Die gewünschte Füllung auf den Kreis geben, Teig am Rand leicht mit Wasser befeuchten – am besten machst du das einfach mit den Fingern – und über die Mitte zusammenklappen. Nun werden die spitzen Enden nochmals befeuchtet und angedrückt. So erhältst du die typische Form der Tortellini.

GARGANELLI

Nachdem du den entsprechenden Teig wie auf Seite ▸ 195 beschrieben hergestellt und ausgerollt hast, in 4 × 4 cm große Quadrate schneiden, diagonal über einen Kochlöffelstiel rollen und leicht andrücken. Vorsichtig vom Stiel ziehen und die fertigen Garganelli für ein paar Stunden leicht antrocknen lassen.

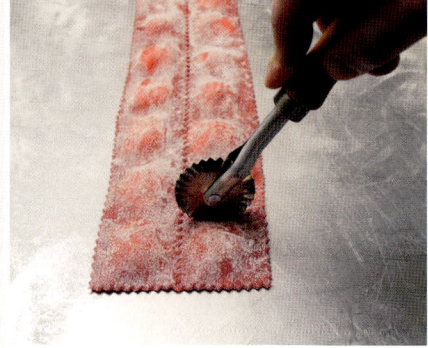

KLEINE RAVIOLI

Nachdem du den entsprechenden Teig wie auf Seite ▸ 195 beschrieben hergestellt und ausgerollt hast, eine Teigbahn mit verquirltem Ei bestreichen. Dann mit einem Spritzsack und einer glatten Tülle die Füllung in regelmäßigen Abständen auf den Teig dressieren. Mit einer weiteren Teigbahn abdecken, leicht andrücken und mit einem Teigrad die überstehenden Ränder abschneiden. Dann zuerst der Länge nach und danach quer die Ravioli zuschneiden.

MEINE LIEBLINGSREZEPTE **PASTA & RISOTTO** | PASTA

GROSSE RAVIOLI

Nachdem du den entsprechenden Teig wie auf Seite
▸ 195 beschrieben hergestellt und ausgerollt hast, eine
Teigbahn mit verquirltem Ei bestreichen. Dann mit
dem gewünschten Ausstecher markieren und mit
einem Löffel die Füllung nach Wahl in die Mitte der
markierten Kreise setzen. Mit einer weiteren Teigbahn
abdecken, andrücken und mit dem Ausstecher
ausstechen.

Garganelli mit Steinpilzsauce

Garganelli sind sicherlich in der Herstellung sehr aufwendig. Ihre große Oberfläche nimmt sehr viel Sauce auf, weshalb sie zu meinen Lieblingen unter den Nudeln zählen. Sie lassen sich auf vielerlei Art kombinieren – Steinpilze mag ich persönlich besonders gern dazu.

FÜR 6–8 PORTIONEN

- 1 Grundrezept Nudelteig für Garganelli ▸ **195**
- 250 g geputzte Steinpilze
- 80 g fein geschnittene Zwiebeln
- 50 g Butter
- 2 EL Weißwein
- 100 ml Sahne
- Salz, Pfeffer
- fein geriebene Muskatnuss
- 1 EL gehackte Kräuter (Petersilie, Estragon, Schnittlauch)

ZUBEREITUNG

Garganelli wie auf Seite ▸ **199** beschrieben zubereiten. Die Steinpilze mit den Zwiebeln in der Butter anbraten. Mit Weißwein und Sahne ablöschen. Mit Salz, Pfeffer und Muskat abschmecken und mit den Kräutern verfeinern. Die Garganelli mit der Pilzsauce servieren.

Pilzravioli in Rotwein mit Kräutern gekocht

Es ist vielleicht eine verrückte Idee, Pasta in Wein statt in Wasser zu kochen. Aber der Teig nimmt die fruchtige Säure des Weines perfekt auf und vor allem in Kombination mit der Pilzfüllung schmeckt das köstlich. Ideal zu Wildgerichten und kräftigem Fleisch.

FÜR 10–12 PORTIONEN

- 1 Grundrezept Nudelteig für Ravioli ▸ **195**
- 250 g Pilz-Füllung (1 Rezeptur ▸ **197**)
- 1 Ei, verquirlt
- 1 l kräftiger Rotwein
- 10 Pfefferkörner
- 5 leicht angedrückte Wacholderbeeren
- 2 Lorbeerblätter
- 2 Nelken
- einige Thymian- und Rosmarinzweige
- Salz, Pfeffer

ZUBEREITUNG

Ravioli wie auf Seite ▸ **200** oder **201** beschrieben zubereiten. Den Rotwein mit den Gewürzen und Kräutern aufkochen, salzen und pfeffern und in diesem Sud die Ravioli 3–4 Minuten gar kochen. Der zartherbe Geschmack und die Farbe sind verblüffend.

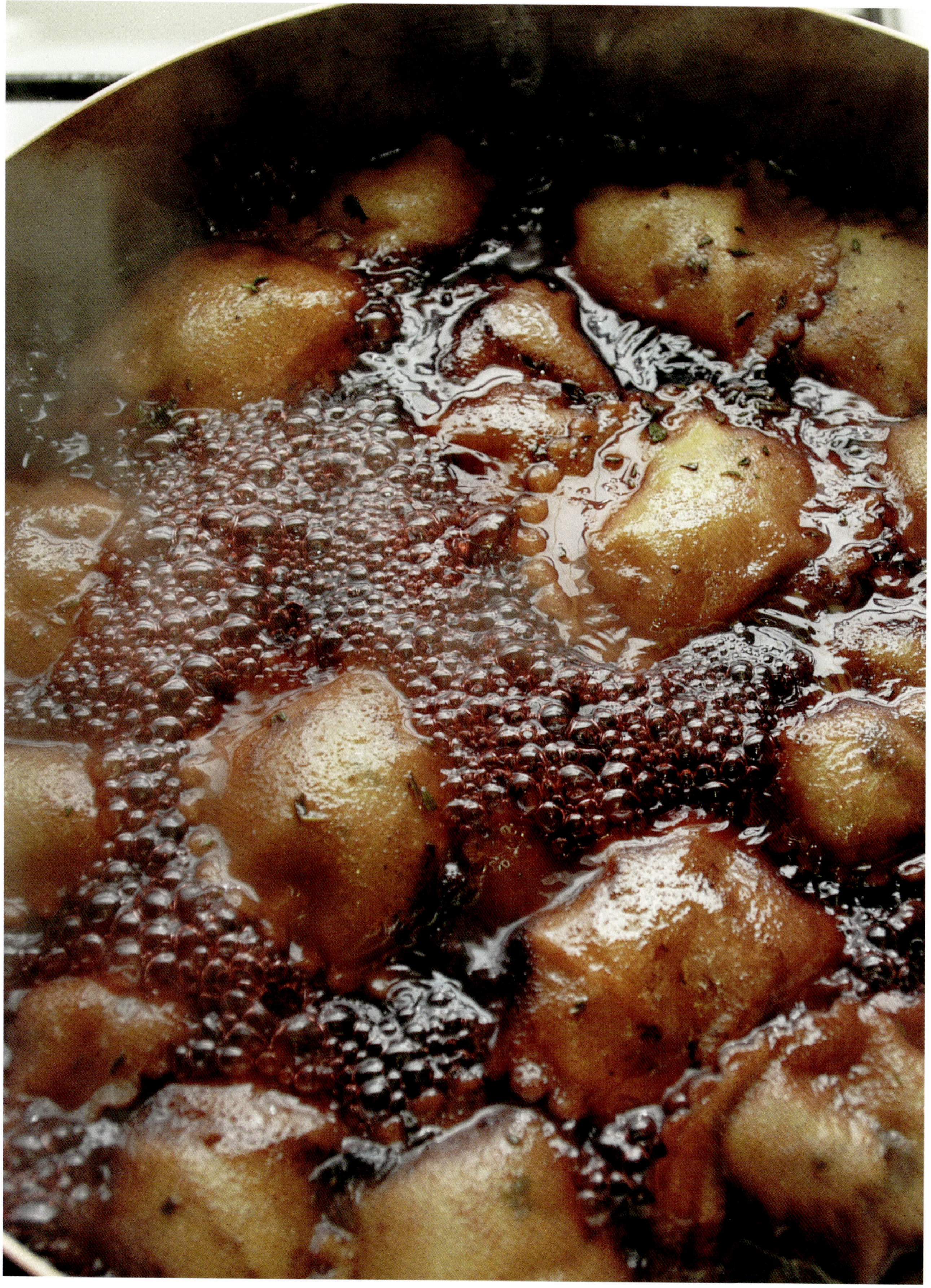

Ravioli mit Blumenkohl-Püree gefüllt, jungem Blattspinat und schwarzem Trüffel

Das milde, leicht süßliche Aroma des Blumenkohls mit den animalischen Tönen des Trüffels wird durch die braune Butter und den Spinat zu einem unglaublichen Genuss.

FÜR 10–12 PORTIONEN

- 1 Grundrezept Nudelteig für Ravioli ▸ 195
- 250 g Blumenkohl-Püree (1 Rezeptur ▸ 177)
- 1 Ei, verquirlt
- 100 g Blattspinat
- 80 g Butter
- 1 Knoblauchzehe
- Salz, Pfeffer
- fein geriebene Muskatnuss
- 80 g Périgord-Trüffel
- 50 g Butter zum Anrichten

ZUBEREITUNG

Ravioli wie auf Seite ▸ **200** oder **201** beschrieben zubereiten. Blattspinat putzen, waschen und gut abtropfen lassen. In brauner Butter mit einer angedrückten Knoblauchzehe durchschwenken und ganz wenig mit Salz, Pfeffer und Muskat abschmecken.

Indessen die Ravioli in kräftig gesalzenem Wasser bissfest kochen, aus dem Topf heben, gut abtropfen lassen. Auf etwas warm gestelltem Blumenkohl-Püree anrichten. Schwarzen Trüffel darüberhobeln und braune, aufgeschäumte Butter darübergießen. Den Spinat anrichten und heiß servieren.

MEINE LIEBLINGSREZEPTE **PASTA & RISOTTO** | PASTA

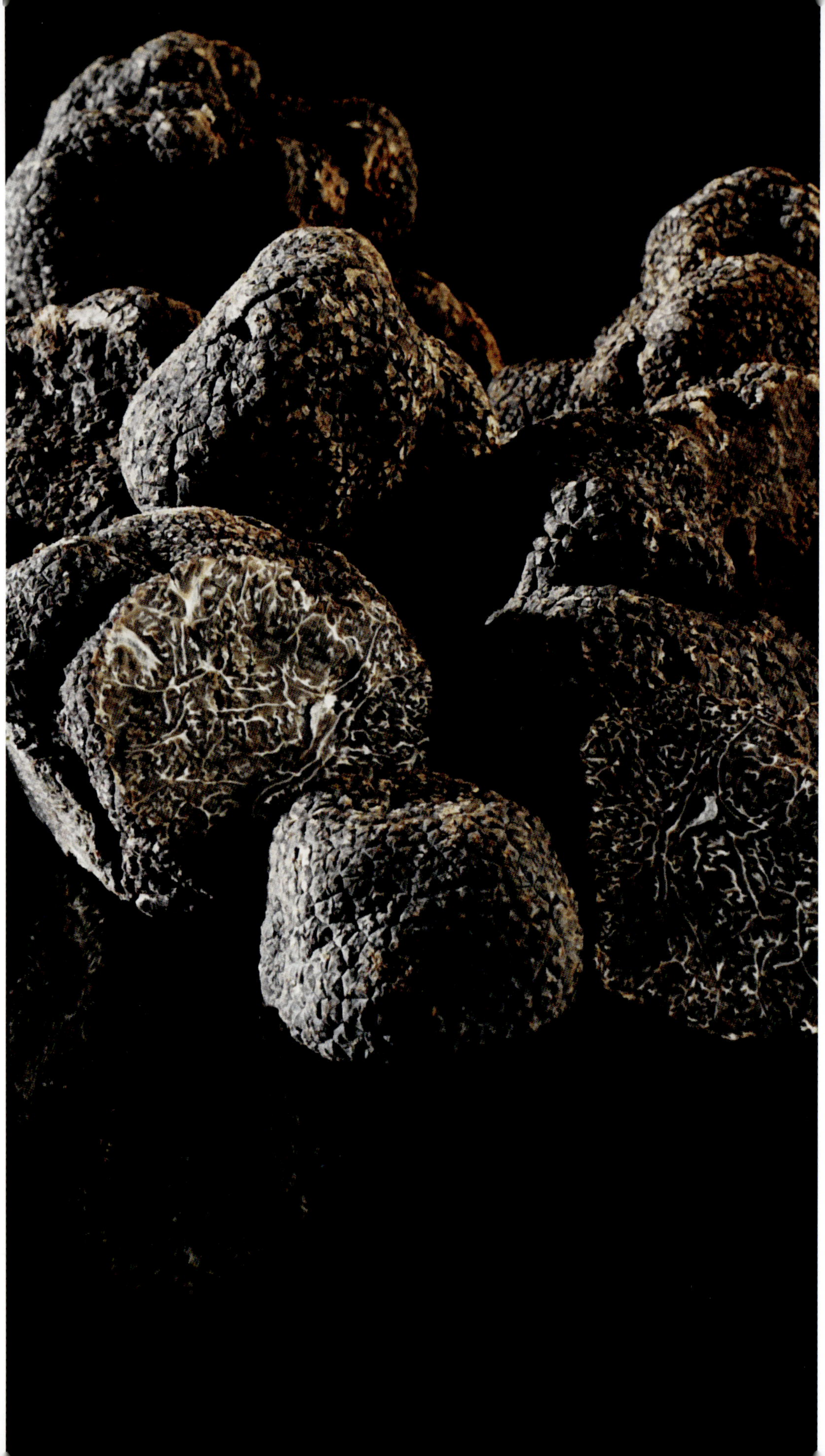

Selbst gemachte Tagliatelle mit schwarzem Trüffel

Die besten schwarzen Trüffel kommen aus dem Périgord, einer Landschaft im äußersten Südwesten Frankreichs. Sie haben Saison von Anfang Dezember bis Ende Jänner, da sie, um ihr volles Aroma zu entwickeln, den ersten Frost brauchen. Sie sind deutlich teurer als der schwarze Sommertrüffel, aber günstiger als der weiße Alba-Trüffel. Ihr Aroma ist kräftig, animalisch und verliert im Gegensatz zum weißen Trüffel keine Geschmacksstoffe durch Erhitzen.

FÜR 10 PORTIONEN

- 1 Grundrezept Nudelteig für Tagliatelle ▸ 195

Für die Sauce:
- 50 g Butter
- 2 EL Weißwein
- 100 ml Sahne
- Salz, Pfeffer
- fein geriebene Muskatnuss
- 100 g schwarze Trüffeln

ZUBEREITUNG

Tagliatelle wie auf Seite ▸ 195 beschrieben zubereiten. Aus den Teigbahnen entweder mit einem Messer oder mit dem entsprechenden Aufsatz der Nudelmaschine ca. ½ cm breite Streifen schneiden. Diese dann in kräftig gesalzenem Wasser 3–4 Minuten kochen.

Für die Sauce Butter, Weißwein und Sahne aufkochen lassen. Mit Salz, Pfeffer und Muskat abschmecken. Den Trüffel in feine Streifen schneiden und kurze Zeit in der Sauce ziehen lassen. Mit den frischen, leicht abgetropften Tagliatelle vermischen und sofort servieren.

MEINE LIEBLINGSREZEPTE **PASTA & RISOTTO** | RISOTTO

Risotto-Grundrezept

Ich konnte in den frühen Achtzigern in der Harrys Bar erleben, mit welcher Hingabe Risottos auch in einem Restaurant mit viel Frequenz gekocht werden. Und zwar Portion für Portion. Ich habe mich immer gefragt, wie Alberto – der junge Souschef aus den Abruzzen – manchmal bis zu 20 Sauteusen mit 1–2 Portionen beaufsichtigte. Irgendwie wurde ich das Gefühl nicht los, dass er für jede einzelne Portion eine innere Uhr hatte. Das war wahrscheinlich auch bis zu einem gewissen Grad so, heute weiß ich, dass man den Reiskörnern tatsächlich ansehen kann, wie weit die Garung fortgeschritten ist. Wenn sie langsam durchscheinend und alabasterfarben werden, ist es so weit. Für die Anfangsphase gilt „geschüttelt und nicht gerührt". Traditionell geben Parmesan, Butter und Olivenöl dem Risotto Cremigkeit und Geschmack.

V Für **Veganer** hab ich folgenden einfachen und dennoch grenzgenialen Tipp: Verwende für die Cremigkeit gekochtes und püriertes Gemüse (2–3 EL des jeweiligen Gemüses genügen) und etwas Olivenöl. Dann hast du ein perfektes Ergebnis.

FÜR 4–6 PORTIONEN

50 g	Schalotten
40 g	Butter
200 g	Arborio-, Vialone- oder Carnaroli-Reis
150 ml	Weißwein
750 ml	Gemüse- ▸ 248, Geflügel- ▸ 249 und zu Fischgerichten auch Fischfond ▸ 248
40 g	kalt gepresstes Olivenöl
60 g	geriebener Hartkäse (Parmesan oder Pecorino)
etwas	frische Butter

ZUBEREITUNG

Als Erstes die Schalotten klein schneiden, in Butter anschwitzen und darin den Reis glasig werden lassen. Dann mit Weißwein ablöschen, etwas einköcheln lassen und mit einem Teil des Gemüsefonds auffüllen. Nun den Gemüsefond aufnehmen lassen und immer wieder einen Teil der Flüssigkeit nachgeben. Es ist sehr wichtig, dass der Reis die Flüssigkeit nach und nach aufnehmen kann. In dieser Phase ist es nicht notwendig, im Topf zu rühren, es genügt, die am Topfboden anhängenden Reiskörner durch Schwenken des Topfes von Zeit zu Zeit zu lösen. Erst am Ende der Garzeit wird kräftig geschwenkt und Olivenöl, Käse, frische Butter einmontiert, das heißt, der Risotto wird cremig und dickflüssig. Stelle dazu den Topf auf ein Stück Backpapier und schwenke ihn kräftig gegen die Bewegung des Kochlöffels – und zwar so lange, bis du die gewünschte Konsistenz erreicht hast. Nicht von ungefähr stehen Risottos in Italien zusammen mit den Nudelgerichten auf der Karte, denn ein perfekter Risotto besteht aus al dente gekochtem Reis (aber bitte nicht mit Kern!), eingehüllt in eine mollige Sauce. Nie und nimmer darf ein Risotto breiartig sein, und seine Körner dürfen auch nicht aneinanderkleben. Es kann durchaus sein, dass der Reis – vor allem wenn er zu rasch gekocht wurde – schon die ganze Flüssigkeit aufgebraucht hat, in diesem Fall natürlich noch etwas Fond oder Wasser nachgießen, bis die Konsistenz perfekt ist.

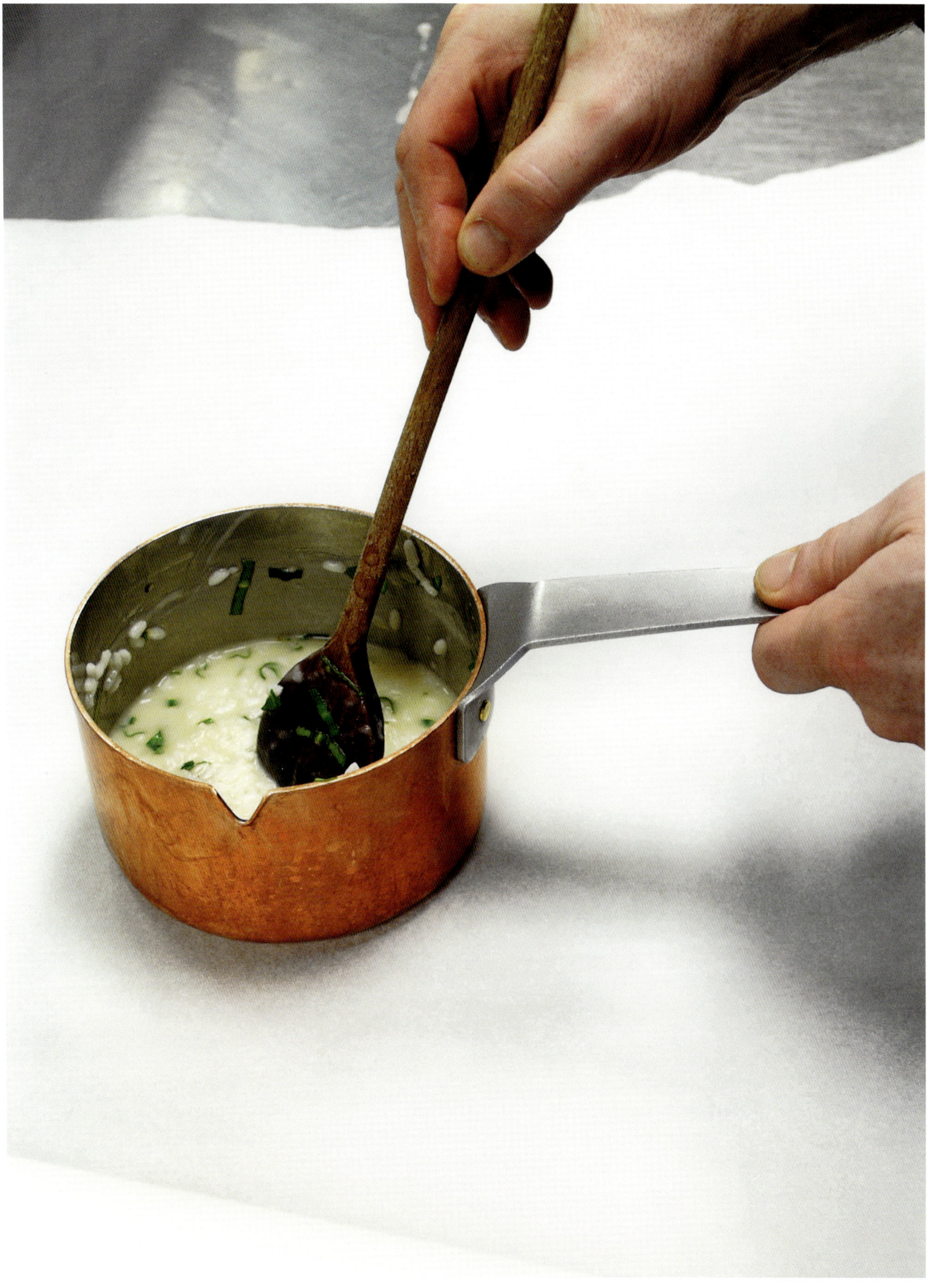

Risotto-Variationen

Risottos sind in so vielen Varianten denkbar, dass ich hier nur meine „Lieblinge" weitergeben kann, möchte aber dazu animieren, selbst zu experimentieren: mit Gemüse, Meeresfrüchten, Kräutern, Pilzen, Pesto. Risotto ist Tradition! Dennoch, Arrigo Cipriani (von vielen kurz nur Harry genannt) schrieb in mein Notizbuch, in dem ich die wichtigsten Erlebnisse und Rezepte notierte, ein paar Sätze. Am Ende stand „Ein Lernender einem Lernenden!" Es ist ein Naturgesetz, dass der Schüler irgendwann seinen Meister einholen will und zwangsläufig in einigen Fällen auch überholt, nur so entsteht Entwicklung. Wie aber lässt sich ein genialer Risotto weiterentwickeln? Ich sage ganz klar: Neben den Risottos in Harrys Bar sieht das meiste, was unter diesem Namen auf dem Teller landet, ärmlich aus, vom Geschmack ganz zu schweigen. Deshalb kann und wird die Grund-Zubereitung von mir kaum verändert. Beachte meinen Tipp für vegane Risottos in der Einleitung auf Seite ▸ 208.

STEINPILZ-RISOTTO
250 g geputzte und blättrig geschnittene Steinpilze werden in Butter zusammen mit einer fein geschnittenen Schalotte angebraten. Eine angedrückte Knoblauchzehe dazugeben, mit Petersilie bestreuen – auch frischer Estragon passt perfekt – und mit etwas Weißwein ablöschen. Den Risotto nach dem Grundrezept zubereiten, dabei die Steinpilze gleich am Anfang zum Reis geben und zwar exakt nach dem ersten Aufgießen mit dem Fond.

V TOMATEN-RISOTTO
Eine fein gehackte Knoblauchzehe sowie eine fein geschnittene Schalotte in Olivenöl anschwitzen. 250 g gewürfelte Pelati-Tomaten beigeben, 100 ml Tomatensaft angießen und einen Zweig Basilikum mitköcheln lassen. Diese Sauce gleich zu Beginn mit dem Risotto mischen. Den Fond-Anteil aus dem Grundrezept entsprechend reduzieren. Ansonsten verfahre nach dem Grundrezept.

V ZITRUS-RISOTTO
Filets von einer Zitrone und von einer Orange ebenso wie deren Zesten (fein geschnittene Streifen der Schalen von jeweils der Hälfte einer Zitrone und Orange) ab der Hälfte der Garzeit des Reises mitkochen. Mit etwas Safran abschmecken und auf den Käse verzichten.

SAFRAN-RISOTTO
Eigentlich werden nach dem Aufgießen mit Weißwein lediglich einige Safranfäden beigegeben. Beim klassischen Risotto Milanese hingegen werden die Schalotten statt in Butter in ausgelassenem Rindermark angeschwitzt, dann mit Weißwein abgelöscht, mit Safran gewürzt und wie im Grundrezept fertiggestellt.

V RADICCHIO-RISOTTO
Ein kleiner Kopf Radicchio wird in feine Streifen geschnitten und zusammen mit den Schalotten angeschwitzt, ansonsten verfahre nach dem Grundrezept.

V ROTE-RÜBEN-RISOTTO
5 Minuten vor Ende der Garzeit kommen 150 g gekochte und gewürfelte Rote Rüben zum Risotto. Der Käse kann hier weggelassen werden.

ARTISCHOCKEN-SAFRAN-RISOTTO

Kleine Artischocken putzen, halbieren und in Olivenöl rundherum anbraten. Etwas Knoblauch und fein gehackte Schalotten beigeben sowie frische Petersilie, mit Weißwein ablöschen, mit Geflügelfond bedecken und weich kochen. Die schönsten Hälften für die Garnitur zurückbehalten, die anderen grob zerhacken und zusammen mit einem Teil des Kochfonds zum Grund-Risotto geben, dem nach dem Aufgießen einige Safranfäden beigegeben wurden.

V Vegane Variante: Statt die Artischocken grob zu hacken, im Mixer mit etwas Kochfond pürieren. Den Grund-Risotto dann lediglich mit Olivenöl (ohne Käse und Butter) cremig rühren.

BÄRLAUCH-RISOTTO

In das Grundrezept wird unmittelbar vor dem Servieren reichlich frisch geschnittener Bärlauch gerührt.

V Vegane Variante: Den Risotto mit 3 EL Fenchel-Püree ▸ 177 und Olivenöl (ohne Käse und Butter) cremig rühren.

V PESTO-RISOTTO

In das Grundrezept wird unmittelbar vor dem Servieren 3 EL Basilikumpesto ▸ 261 eingerührt. Am besten mit geräucherten Paprikaschoten servieren.

KAROTTEN-RISOTTO

Die Menge für Butter und Olivenöl wird halbiert, dafür werden 5 Minuten, bevor der Risotto fertig gekocht ist, 100 g Karotten-Orangen-Püree ▸ 177 und weich gedünstete Karottenwürfel nach Belieben eingerührt.

V Vegane Variante: Anstelle von Butter und Käse die doppelte Menge Olivenöl verwenden.

KÜRBIS-RISOTTO

Wie Karottenrisotto, aber mit Butternusskürbis-Püree ▸ 177, oder zu Beginn des Reiskochens 200 g Kürbiswürfel mit anschwitzen und dann nach dem Grundrezept verfahren.

V Vegane Variante: Anstelle von Butter und Käse die doppelte Menge Olivenöl verwenden.

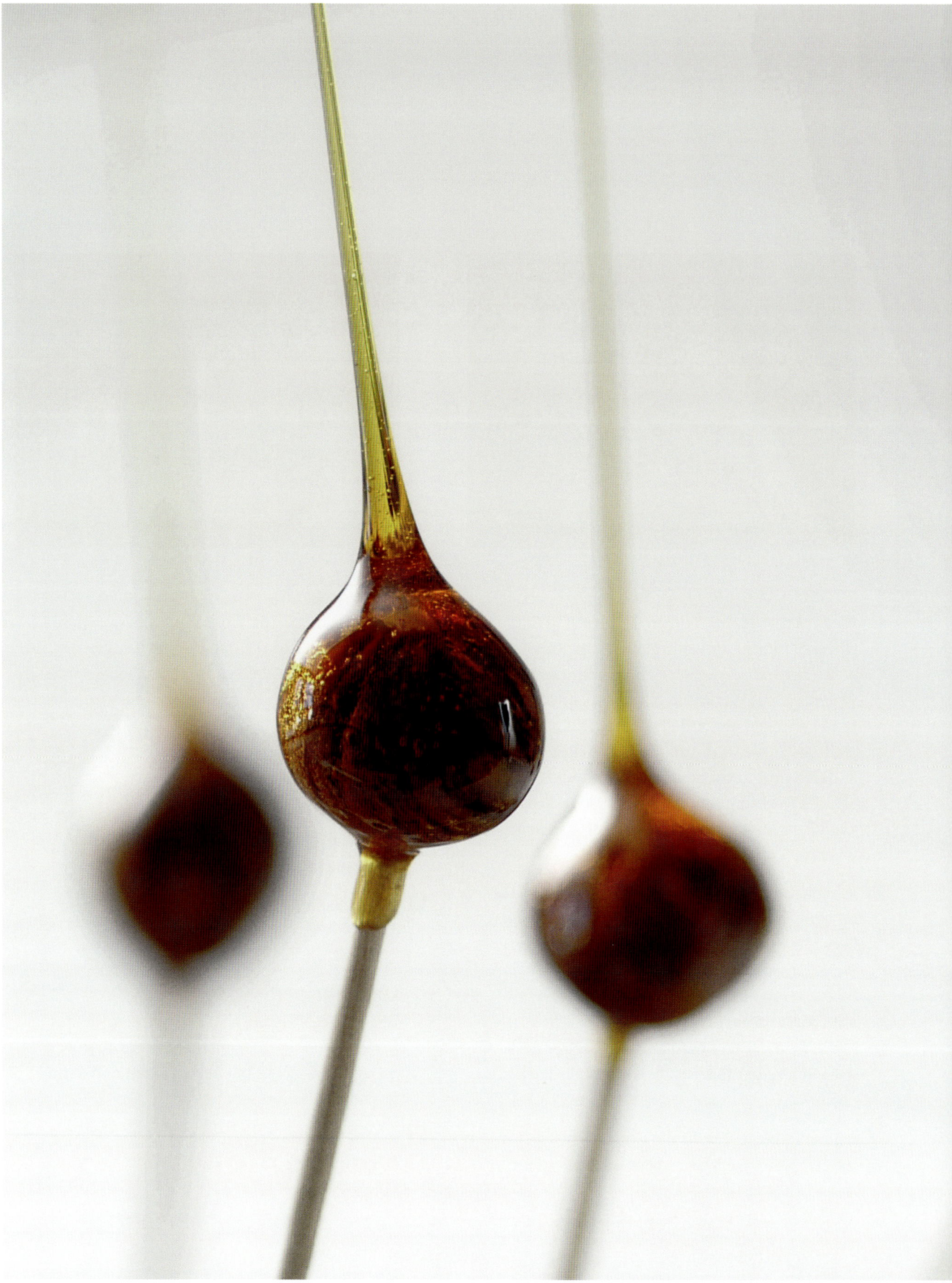

Nachspeisen

MEINE LIEBLINGSREZEPTE **NACHSPEISEN**

Vanille-Bavaroise

Vanille-Bavaroise (bayerische Creme) schmeckt herrlich mit frischen Früchten, insbesondere Erdbeeren, oder mit Beerensaucen.

FÜR 10 PORTIONEN

4 Blatt	Gelatine
1	Vanilleschote
300 ml	Milch
5	Eidotter
120 g	Kristallzucker
300 ml	Sahne

ZUBEREITUNG

Für die Vanille-Bavaroise Gelatine in kaltem Wasser einweichen. Die Vanilleschote aufschneiden und das Mark ausstreifen, in die Milch geben und diese aufkochen. Die Dotter mit dem Zucker cremig rühren, die heiße Milch nach und nach beifügen und dann die Masse auf kleiner Flamme unter ständigem Rühren bis zur Rose abziehen (eindicken). Die eingeweichte und leicht ausgedrückte Gelatine in der heißen Masse auflösen. Dann die Masse auf Eiswasser etwas abkühlen, Sahne steif schlagen und unter die Creme ziehen. Vorsicht, die Sahne nicht in die heiße Masse rühren, da sich die Bavaroise sonst absetzt! In Timbaleförmchen füllen und kalt stellen.

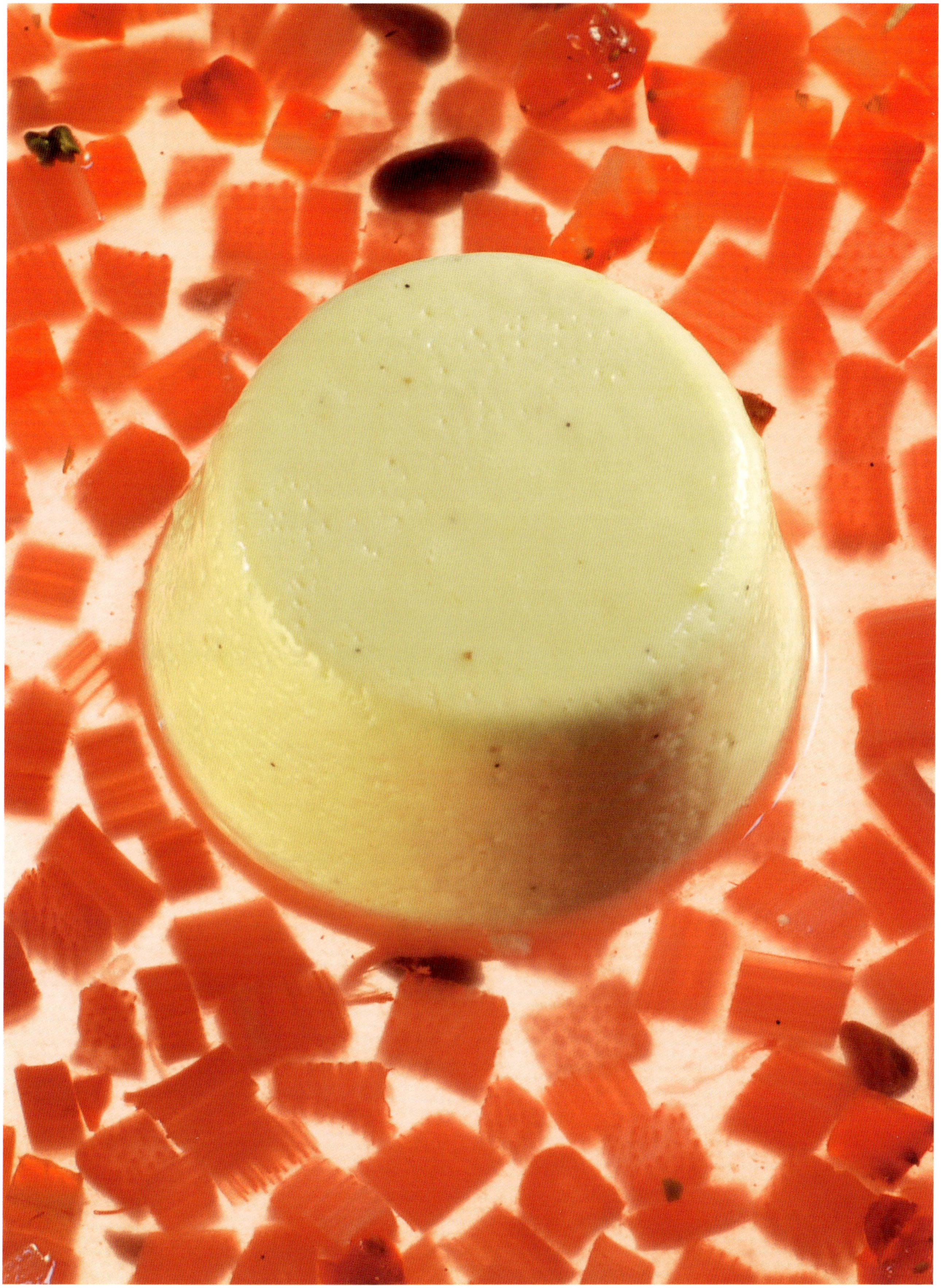

Kastanienmousse mit Orangen-Amaretto-Sauce

Schon als kleiner Bub war für mich das Highlight der Süßspeisen, wenn ich mit meiner Oma in der noblen Konditorei „Roggwiler" in St. Gallen Vermicelles mit Meringue gegessen habe. Vermutlich hat sich dadurch Kastanienreis so fest in meine kulinarische „Festplatte" eingebrannt, dass ich heute noch kaum widerstehen kann …

FÜR 10–12 PORTIONEN

5	Eidotter
75 g	Kristallzucker
120 g	weiße Schokolade
110 g	Kastanienpüree
4 cl	Rum
3 Blatt	Gelatine
3	Eiweiß
500 ml	Sahne

ZUBEREITUNG

Dotter mit ¾ des Zuckers über einem Wasserbad schaumig schlagen. Schokolade ebenfalls über Dampf auflösen. Kastanienpüree mit Rum glatt rühren. Die Schokolade und das Kastanienpüree zur Eidottermasse geben und vorsichtig verrühren. Gelatine einweichen, auflösen und unter die Schokomasse ziehen. Das Eiweiß aufschlagen und mit dem restlichen Zucker steif ausschlagen. Unter die Schokomasse heben. Am Schluss die nicht allzu steif geschlagene Sahne vorsichtig unterheben und in vorbereitete Förmchen oder Schalen füllen. Die Eidotter-Schokomasse sollte ein bisschen ausgekühlt sein, bevor Eischnee und Sahne untergezogen werden. Mit der Orangen-Amaretto-Sauce überziehen und mit karamellisierten Haselnüssen verzieren. Diese sind recht einfach herzustellen: Ganze Haselnüsse leicht anrösten und auf Holzspieße stecken. 150 g Kristallzucker karamellisieren und leicht auskühlen lassen. Mit einer Gabel testen, ob der Karamell bereits schöne Fäden zieht. Dann die Nüsse in den Karamell tauchen, vorsichtig herausziehen, sodass sich ein langer Karamellfaden bildet. Jetzt kommt der entscheidende Moment: Der Spieß muss so lange mit der Nuss nach unten gehalten werden, bis der Karamell erkaltet und fest wird. Das dauert nur einige Sekunden. Nun den Holzspieß bis zur weiteren Verwendung in einen Eierkarton stecken.

ORANGEN-AMARETTO-SAUCE

750 ml	Orangensaft, passiert
180 g	Kristallzucker
40 ml	Amaretto

Orangensaft mit Zucker zu sirupähnlicher Konsistenz einkochen. Likör zugießen, weiter reduzieren, bis die Flüssigkeit fast so dick wie ein flüssiger Blütenhonig ist.

MEINE LIEBLINGSREZEPTE **NACHSPEISEN**

Schokomousse marmoriert

In unserer Familie ist dieses Dessert – das Rezept stammt von meiner Oma – unverzichtbarer Bestandteil jeder bedeutenden Familienfeier!

FÜR 10 PORTIONEN

Für die dunkle Schokomousse:
- 200 g Schokolade (Velma)
- 500 g Sahne
- 3 Eier
- 2 EL Kristallzucker

Für die weiße Schokomousse:
- 200 g weiße Schokolade
- 2 Blatt Gelatine
- 4 cl Cognac
- 2 Eidotter
- 300 g Sahne

ZUBEREITUNG

Für die dunkle Schokomousse die Schokolade mit etwas Sahne über einem Wasserbad schmelzen. Die Eier mit dem Zucker über Dampf cremig aufrühren. Die restliche Sahne aufschlagen. Dann die geschmolzene Schokolade in die warme Eiermasse einrühren, etwas abkühlen lassen und zuletzt die geschlagene Sahne vorsichtig unterziehen.

Für die weiße Schokomousse zuerst die weiße Schokolade über einem Wasserbad schmelzen. Gelatine in kaltem Wasser einweichen. Den Cognac leicht erwärmen und darin die Gelatine auflösen. Die geschmolzene Schokolade mit Eidotter und der Cognac-Gelatine-Mischung glatt rühren, dann vorsichtig nach und nach die nicht allzu steif geschlagene Sahne unterheben.

Nun beide Mousse abwechselnd nach und nach in eine Glasschüssel geben und mit einer Gabel dreimal leicht durchfahren, damit eine schöne Marmorierung entsteht.

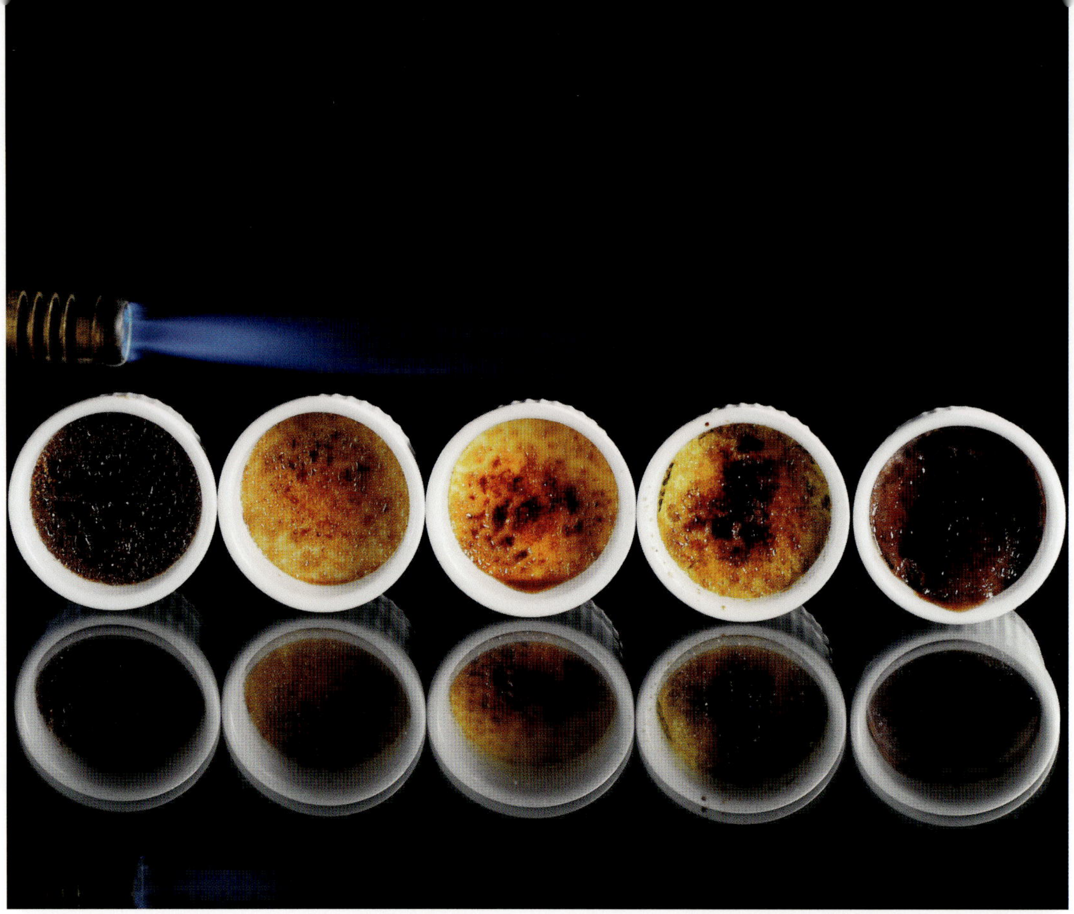

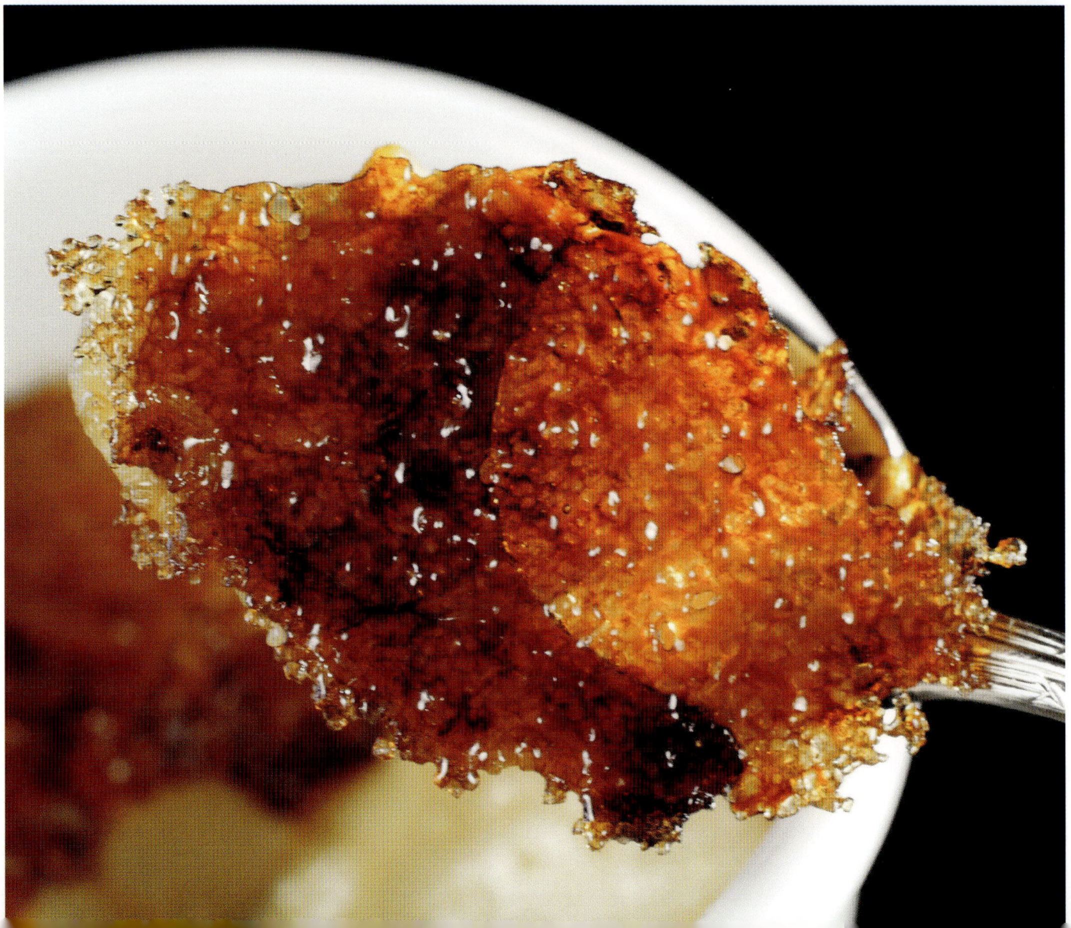

MEINE LIEBLINGSREZEPTE **NACHSPEISEN**

Crème brûlée

Das Knacken der möglichst dünnen Karamellschicht und die kühle Crème darunter lösen in mir kulinarische Glücksgefühle aus. Es gibt einfach Dinge, die kann man eigentlich nicht mehr verbessern.

FÜR 10 PORTIONEN

- 5 Eidotter
- 100 g Kristallzucker
- 200 ml Milch
- 400 ml Sahne
- Aromen nach Wahl
- brauner Zucker zum Flämmen

ZUBEREITUNG

Die Dotter mit einem Drittel des Zuckers glatt rühren. Milch, Sahne, den restlichen Zucker und Aromen (1 EL Tonkabohnen, leicht zerklopft, 2 EL ganze Kaffeebohnen, Rosmarin, Thymian, Lavendel, 2 EL Pistazienmark, 2 EL Cassismark oder 2 der Länge nach aufgeschlitzte und ausgeschabte Vanilleschoten mit ihrem Mark für die jeweilige Crème brûlée) aufkochen, mit der Eidottermasse vermischen und so lange ziehen lassen, bis das jeweilige Aroma die gewünschte Intensität erreicht hat. Dann absieben, den Schaum abschöpfen und in Förmchen füllen. Im Wasserbad bei 110 Grad Backrohrtemperatur (Ober- und Unterhitze) 35–40 Minuten stocken lassen oder im Steamer bei 94 Grad rund 10 Minuten. Dann im Kühlschrank auskühlen lassen, mit braunem Zucker bestreuen und mit dem Bunsenbrenner abflämmen, bis sich eine schöne Karamellschicht gebildet hat.

MEINE LIEBLINGSREZEPTE **NACHSPEISEN**

Geflämmter Passionsfruchtflan mit Beeren-Coulis

Wenn ich bei der Crème brûlée schreibe, dass man sie „eigentlich" nicht verbessern kann, hier dennoch ein Versuch. Auf jeden Fall ist dieses Rezept deutlich aufwendiger in der Zubereitung, die Crème sehr leicht und ganz nebenbei liebe ich den Geschmack von Passionsfrüchten. Entscheide selbst.

FÜR 18 PORTIONEN

Für den Boden:
- 5 Eier
- 150 g Kristallzucker
- 80 g Mehl
- 80 g Maisstärke
- 80 g flüssige Butter

Für den Flan:
- 400 g Passionsfruchtsaft
- 250 g Crème fraîche
- 250 g Kristallzucker
- 6 Eidotter
- 40 g glattes Mehl
- 4 Blatt Gelatine
- 6 Eiweiß
- Staubzucker zum Bestreuen
- frische Minze

ZUBEREITUNG

Aus den Zutaten für den Boden einen warm aufgeschlagenen Biskuit herstellen und in der Größe der Metallringe ausstechen. Dazu werden die Eier mit dem Zucker über Dampf schaumig geschlagen, über die cremige Masse Mehl und Maisstärke gesiebt, vorsichtig untergehoben und am Schluss die flüssige Butter eingerührt. Die Biskuitmasse dann auf ein Blech mit Backpapier streichen und im Rohr bei 180 Grad (Umluft) ca. 10 Minuten backen. Nein, das dauert wirklich nicht lange, denn erstens ist die Teigschicht nicht dick (sollte weniger als einen Zentimeter sein), zweitens ist die Masse durch das Schlagen über Dampf schon einigermaßen vorgegart. Nach dem Auskühlen mit Ringen von 10 cm Durchmesser ausstechen. In den Ringen belassen (Boden). Für den Flan 300 g Saft mit der Crème fraîche aufkochen. 100 g Saft mit der Hälfte des Zuckers, Dotter und Mehl glatt rühren. Die in kaltem Wasser eingeweichten und ausgedrückten Gelatineblätter in der heißen Crème-fraîche-Masse auflösen. Nach und nach in die Dottermasse einrühren. Diese Masse bei geringer Hitze bis zur Rose abziehen (eindicken) und noch heiß in den zuvor aufgeschlagenen Eischnee einrühren, wodurch dieser soufliert. Nun in die Ringe füllen und kalt stellen. Am Schluss mit Staubzucker bestreuen und mit einem Bunsenbrenner karamellisieren. Einen Saucenspiegel mit Beeren-Coulis auf die Teller zaubern, den Flan darauf anrichten und mit frischer Minze ausgarnieren.

BEEREN-COULIS

- 300 g frische Beeren (Erdbeeren, Himbeeren, Brombeeren für den jeweiligen Coulis)
- 100 g Kristallzucker

Beeren putzen, waschen und mit Zucker pürieren. Durch ein Sieb oder mit der Flotten Lotte passieren und frisch verwenden. Bei einem Überangebot von frischen Beeren kann man den Coulis auch im Voraus machen und einfrieren oder aufkochen, abschäumen und in vorbereitete Einweckgläser füllen.

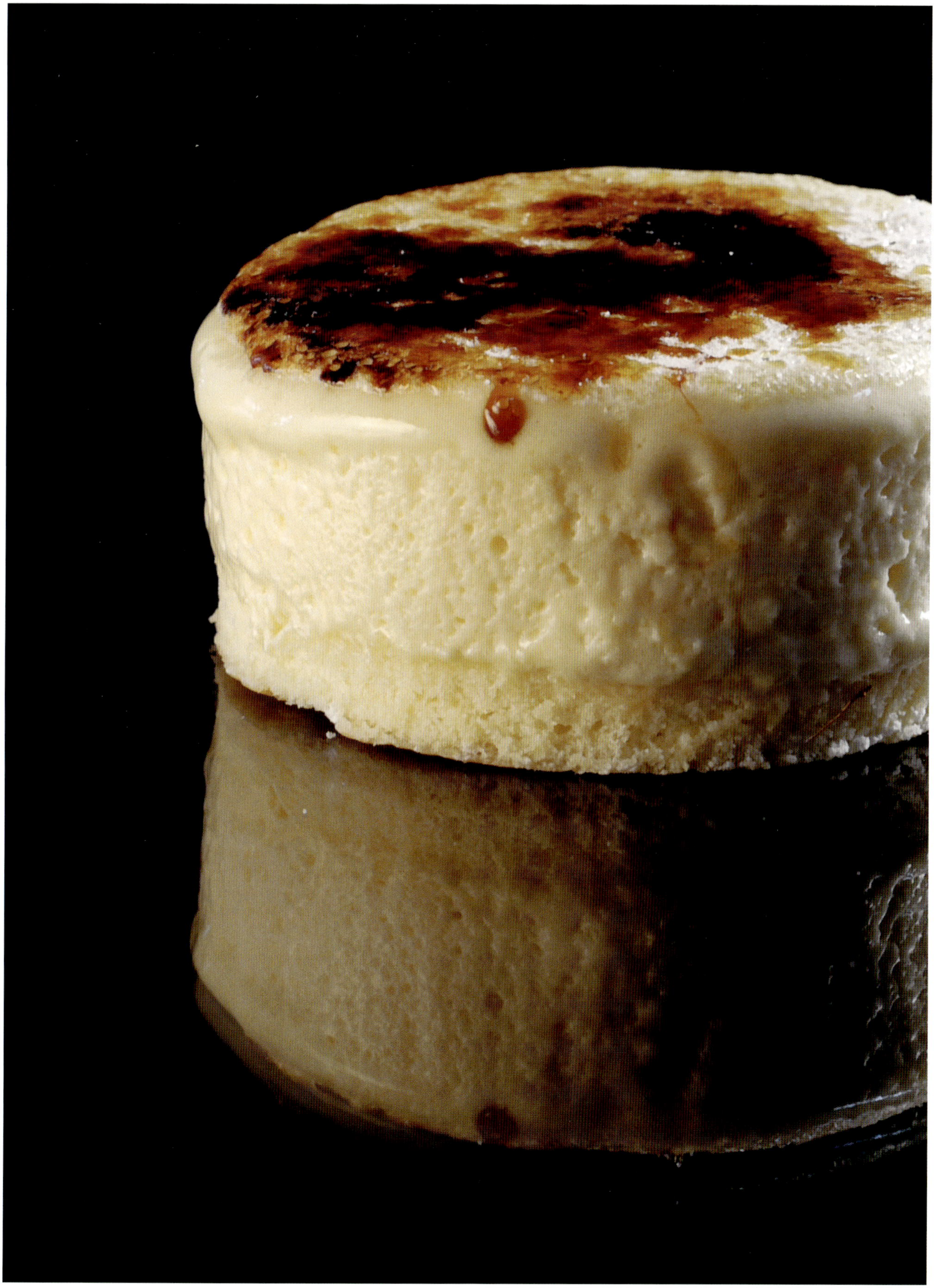

MEINE LIEBLINGSREZEPTE **NACHSPEISEN**

Scheiterhaufen mit Vanillesauce

Du kannst auch geschälte und blättrig geschnittene Äpfel, die mit etwas Zimt und Kristallzucker gewürzt werden, mit dem Brot in die Form schlichten. Mit einer geflämmten Meringue-Haube schaut der Scheiterhaufen spitzenklasse aus und schmeckt sogar noch besser. Dafür 3–4 Eiweiß mit 170 g Zucker ausschlagen, wobei der Zucker erst eingerieselt wird, wenn der Eischnee beginnt, steif zu werden. Diese Creme in Wellen auf den fertigen Scheiterhaufen geben und dann mit dem Flämmer karamellisieren. Dazu servierst du heiße Vanillesauce – und ein Dessert-Traum wird wahr.

FÜR 10–12 PORTIONEN

60 g	Rosinen
30 ml	Rum
750 g	altbackenes Weißbrot, Zopfbrot, Toastbrot oder Brioche
100 g	flüssige Butter
375 ml	Milch
375 ml	Sahne
3	Eier
1	Eidotter
185 g	Kristallzucker
1	Vanilleschote
½ TL	Salz

ZUBEREITUNG

Rosinen heiß abwaschen und in den Rum einlegen. Das kannst du gerne schon am Vortag machen, umso besser schmecken dann die Rosinen. Für Kinder lässt du den Rum lieber weg, da die Rosinen den Alkohol gewissermaßen aufsaugen und speichern. Eine Form buttern, altbackenes Weißbrot, Zopfbrot, Toastbrot oder Brioche, was eben zur Verfügung steht, dünn aufschneiden und mit flüssiger Butter beträufeln. In die Form schlichten, mit Rosinen bestreuen, bis alle aufgebraucht sind. Dann mit 2/3 der Royal (Milch, Sahne, Eier, Dotter, Zucker, Vanillemark, Salz verrühren) übergießen und bei 180 Grad (Umluft) ca. 20 Minuten backen. Auskühlen lassen, aus der Form stürzen, grob auseinanderzupfen und nochmals in die ausgewaschene und neu gebutterte Form geben, andrücken und mit der restlichen Royal übergießen. Nochmals 20 Minuten backen.

VANILLESAUCE

10	Eidotter
200 g	Kristallzucker
2	Vanilleschoten
500 ml	Milch
500 ml	Sahne

Eidotter mit Zucker schaumig rühren. Vanilleschoten mit einem scharfen Messer der Länge nach aufschlitzen und das Mark ausschaben. Zusammen mit Milch und Sahne aufkochen und nach und nach unter ständigem Rühren zur Eidottermasse geben. Alles zusammen zurück in den Topf geben und bei kleiner Hitze, ebenfalls unter ständigem Rühren, eindicken. In der Fachsprache nennt man das „bis zur Rose abziehen", weil sich ein Rosenmuster bildet, wenn man vorsichtig auf die Rückseite eines in die heiße Vanillesauce getauchten Löffels bläst. Ich halte das für etwas verspielt, denn sobald man mit dem Blasen aufhört, verschwindet das Muster nach und nach und ist somit nicht wirklich eine Hilfe. Dennoch – wann immer du „bis zur Rose abziehen" liest, verfahre wie oben beschrieben.
Das „Abziehen" der Sauce ist etwas knifflig, denn wenn sie einmal zu heiß wird, gerinnt sie auch schnell. Also Vorsicht! Oft passiert das auch noch, nachdem der Topf vom Feuer genommen wurde! Rühre also weiter, nachdem du den Topf vom Herd genommen hast!

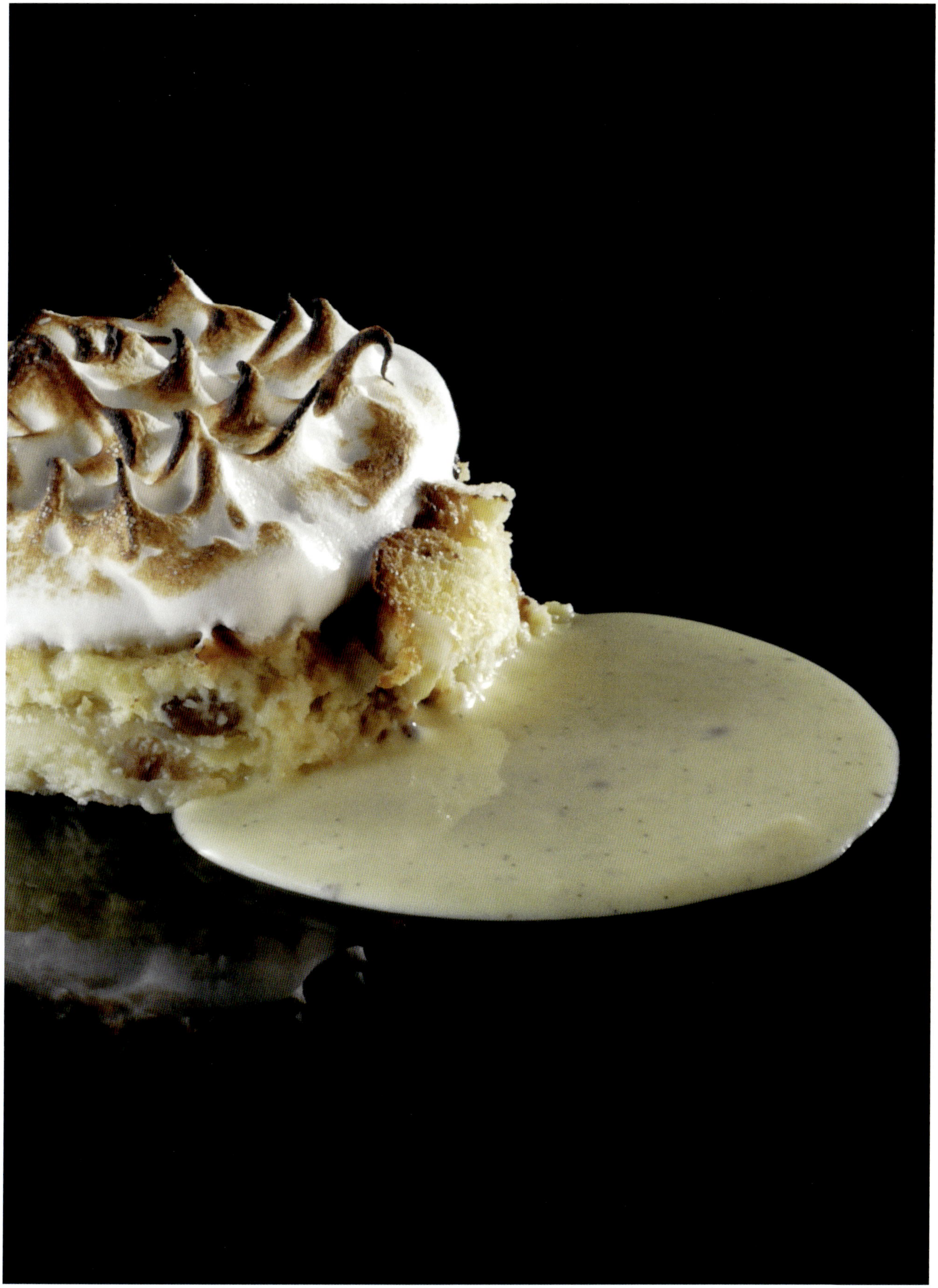

MEINE LIEBLINGSREZEPTE **NACHSPEISEN**

Apfelstrudel

Hinter meinem Elternhaus war eine große Wiese mit sieben Apfelbäumen, alles verschiedene Sorten – ein Spleen meines Großvaters. Er verwendete das Obst hauptsächlich, zusammen mit der Ausbeute von fünf großen Birnbäumen, für Most und selbst gebrannten Obstler. Schon in der Volksschule wusste ich, welche Sorten wann reif waren. Ich klaubte die am Boden liegenden Äpfel auf und brachte sie meiner Mutter. Sie sah mir an, worum es ging – Apfelstrudel musste gemacht werden. Ich bin ihr heute noch dankbar dafür, dass sie meistens meinen flehenden Blicken nachgegeben hat. Weniger begeistert hat mich ihre Leibspeise. Sie aß den heißen Apfelstrudel am liebsten als Einlage in einer sauren Einbrennsuppe. Heute kann ich das nachvollziehen – und denke mir gerade, das sollte ich baldmöglichst mal für meine Lieben kochen.

FÜR 8–12 PORTIONEN

Für den Teig:
- 350 g glattes Mehl
- 20 g Öl
- 1 Ei
- 120 ml lauwarmes Wasser
- 1 Prise Salz

Für die Fülle:
- 40 g Butter
- 80 g Semmelbrösel
- 2 kg Äpfel
- 80 g Rosinen
- 50 g grob geriebene Nüsse

Zum Marinieren der Äpfel:
- ½ Zitrone, nur der Saft
- 2 Msp. gemahlener Zimt
- 1 Msp. Nelkenpulver
- etwas frisch geriebener Ingwer
- 150 g Kristallzucker
- 80 g lauwarme Butter zum Einpinseln

ZUBEREITUNG

Aus Mehl, Öl, Ei, lauwarmem Wasser und Salz einen seidenglatten Teig abarbeiten. Mit Öl bestreichen und 20 Minuten ruhen lassen. Ein Tuch über einen großen Tisch spannen, leicht bemehlen, den Teig etwas ausrollen und dann vorsichtig über die Handrücken nach außen ziehen. Den Teig papierdünn ausziehen. Dann die dicken Ränder abschneiden, mit etwas warmer Butter beträufeln. Darüber streut man die in Butter goldbraun gerösteten Semmelbrösel, sodass ca. ein Drittel der Teigfläche unbestreut bleibt. Nun die blättrig geschnittenen Äpfel marinieren, mit Rosinen und Nüssen vermischen und gleichmäßig auf der bestreuten Teigfläche verteilen. Dann das Tuch so anheben, dass der Strudel sich gegen die freie Teigseite einrollt. Die Naht sollte nach unten zu liegen kommen.
Mit lauwarmer Butter einstreichen und ca. 30–40 Minuten bei mittelheißem Rohr (180–200 Grad Umluft) goldbraun backen.

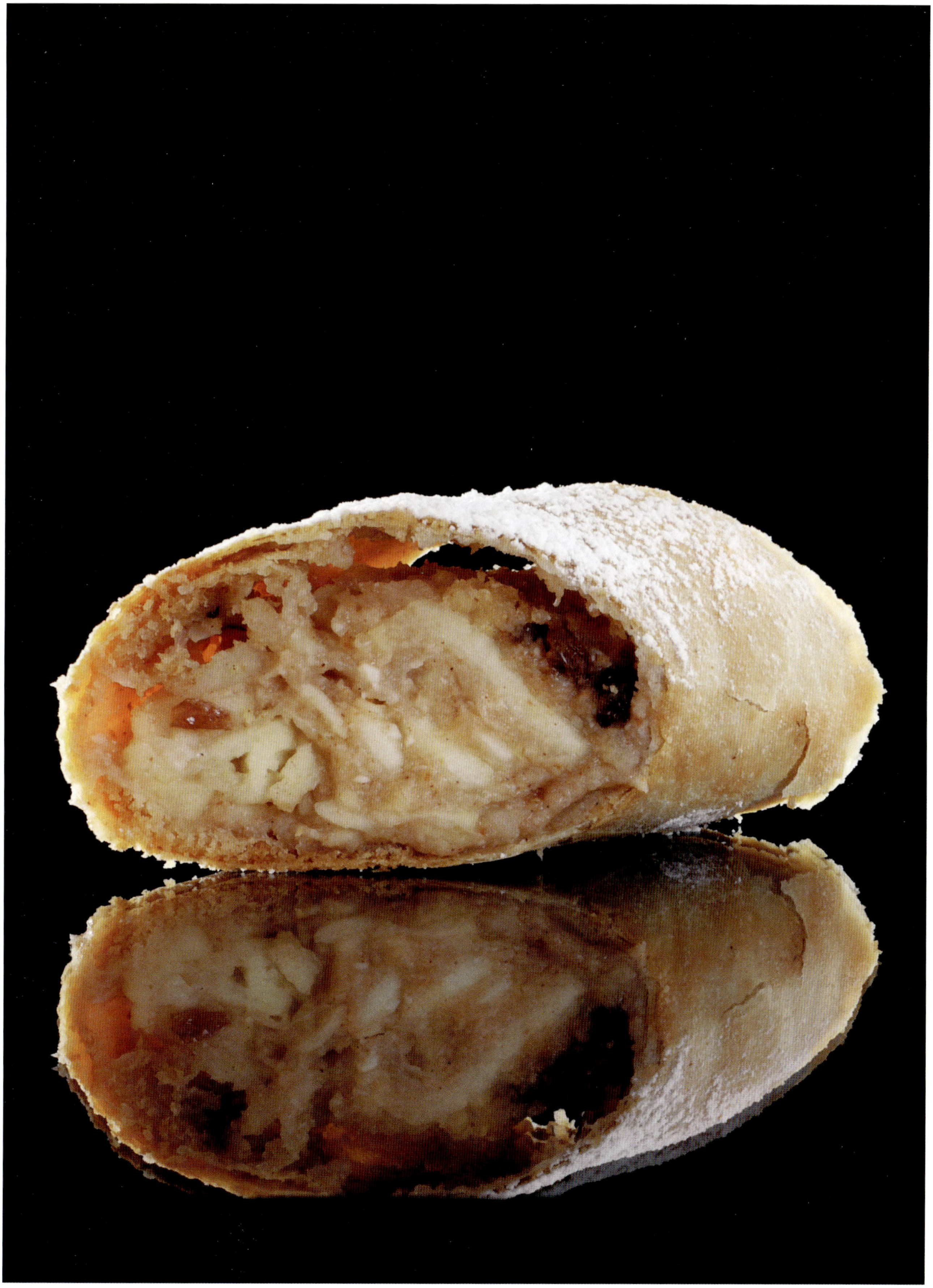

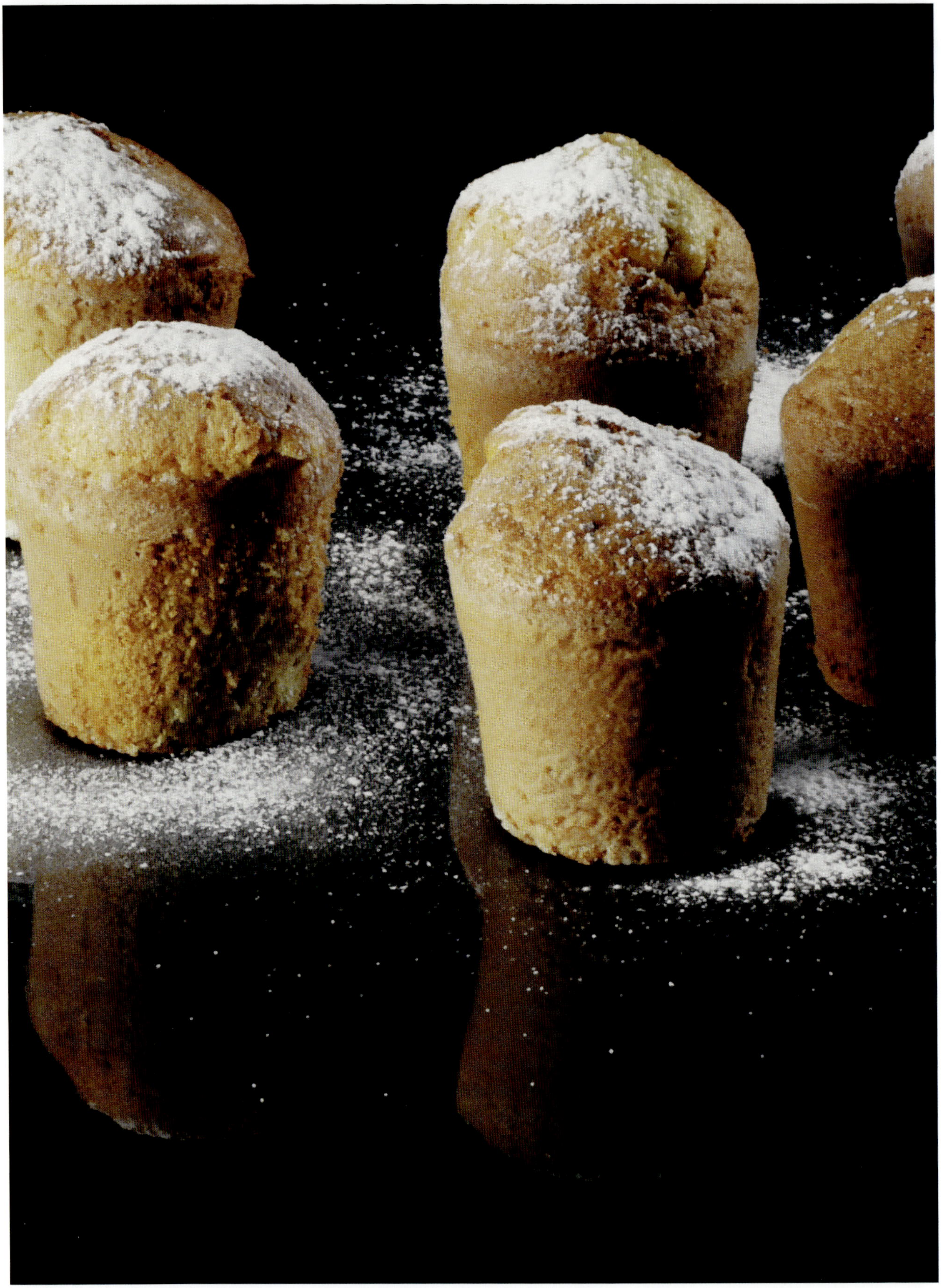

MEINE LIEBLINGSREZEPTE **NACHSPEISEN**

Lebkuchen-Timbale

Das Spezielle an diesem Rezept ist die Konsistenz des Teiges. Nicht so leicht wie ein Soufflé, dennoch deutlich „fluffiger" als jeder Kuchen. Den Namen Timbale hat es von den Förmchen, in denen es gebacken wird. Unverzichtbar dazu entweder ein feiner Sabayon – Glühweinsabayon (Eidotter, Kristallzucker, etwas Glühwein über einem Wasserbad schön cremig geschlagen) zum Beispiel – oder mit Rotwein-Schokoladensauce ▸ 228 und Schlagsahne.

FÜR 12 PORTIONEN

- 110 g Butter
- 50 g Kristallzucker
- 6 Eidotter
- 150 g Lebkuchenbrösel
- wenig gemahlener Zimt und Nelkenpulver
- 25 g Orangeat
- 25 g Zitronat
- 50 g Korinthen
- etwas Zitronenschale
- 6 Eiweiß
- 65 g Kristallzucker
- Butter zum Ausstreichen, Kristallzucker zum Ausstreuen der Förmchen

ZUBEREITUNG

Die Butter mit dem Zucker schaumig schlagen und nach und nach die Dotter beigeben. Die Hälfte der Lebkuchenbrösel zu der Butter-Eidottermasse geben und gut unterrühren. Dann die Gewürze, Orangeat und Zitronat, Korinthen und die abgeriebene Zitronenschale zugeben. Das Eiweiß zu Schnee schlagen, dabei den Zucker langsam einrieseln lassen und mit dem Rest des gemahlenen Lebkuchens unter die Masse heben. Die fertige Masse mit einem Spritzsack und der großen Lochtülle in die mit der Butter ausgeriebenen und dem Zucker ausgestreuten Timbaleförmchen füllen. Im Wasserbad bei 180 Grad ca. 25 Minuten garen.

MEINE LIEBLINGSREZEPTE **NACHSPEISEN**

Schoggi-Chuache

Mein Neffe Florian wollte ursprünglich auch mal in die Gastronomie. Bei seiner Ausbildung in der Schweiz schnappte er dieses Rezept auf. In Kombination mit der von mir beigesteuerten Rotwein-Schokoladensauce mein absoluter Lieblingskuchen. Herrlich mit frischen Beeren oder da er sehr intensiv ist, baue ich ganz gerne ein kleines Stück in eine Dessert-Variation ein.

ZUTATEN

- 300 g dunkle Zartbitterschokolade
- 100 g Butter
- 5 Eiweiß
- 100 g Kristallzucker
- 5 Eidotter
- 2 EL Birnenschnaps (Williams)

ZUBEREITUNG

Schokolade und Butter über einem Wasserbad schmelzen. Eiweiß mit 50 g Zucker zu steifem Schnee ausschlagen. Die Dotter mit 50 g Zucker schön cremig aufschlagen. Dann die Eidottermasse mit der Schokobutter vermischen und mit Williams aromatisieren. Vorsichtig den Schnee unterheben. Ca. 30 Minuten im vorgeheizten Rohr bei 180 Grad (Umluft) backen. Mit Rotwein-Schokoladensauce und Schlagsahne servieren.

ROTWEIN-SCHOKOLADENSAUCE

- 120 g Schokotabletten
- 120 ml milder Rotwein

Diese Sauce ist denkbar einfach. Schokolade vorsichtig im Rotwein schmelzen und rühren. Ist die Sauce zu dünn, etwas Schokolade dazu – und sie hat die richtige Konsistenz. Ist sie zu dick, etwas Rotwein dazu. Nichts für kleine Kinder, aber herrlich zu vielen Desserts.

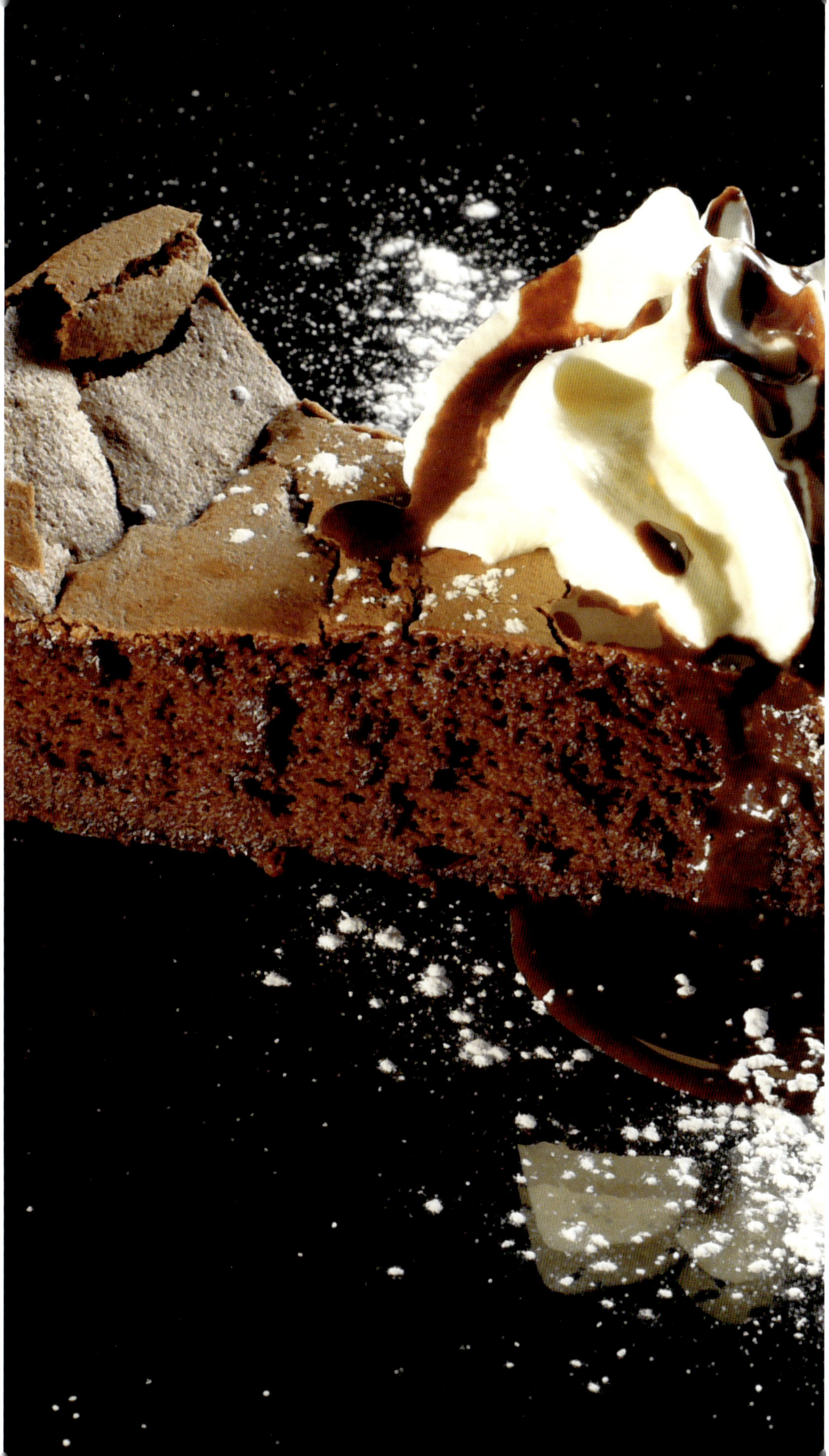

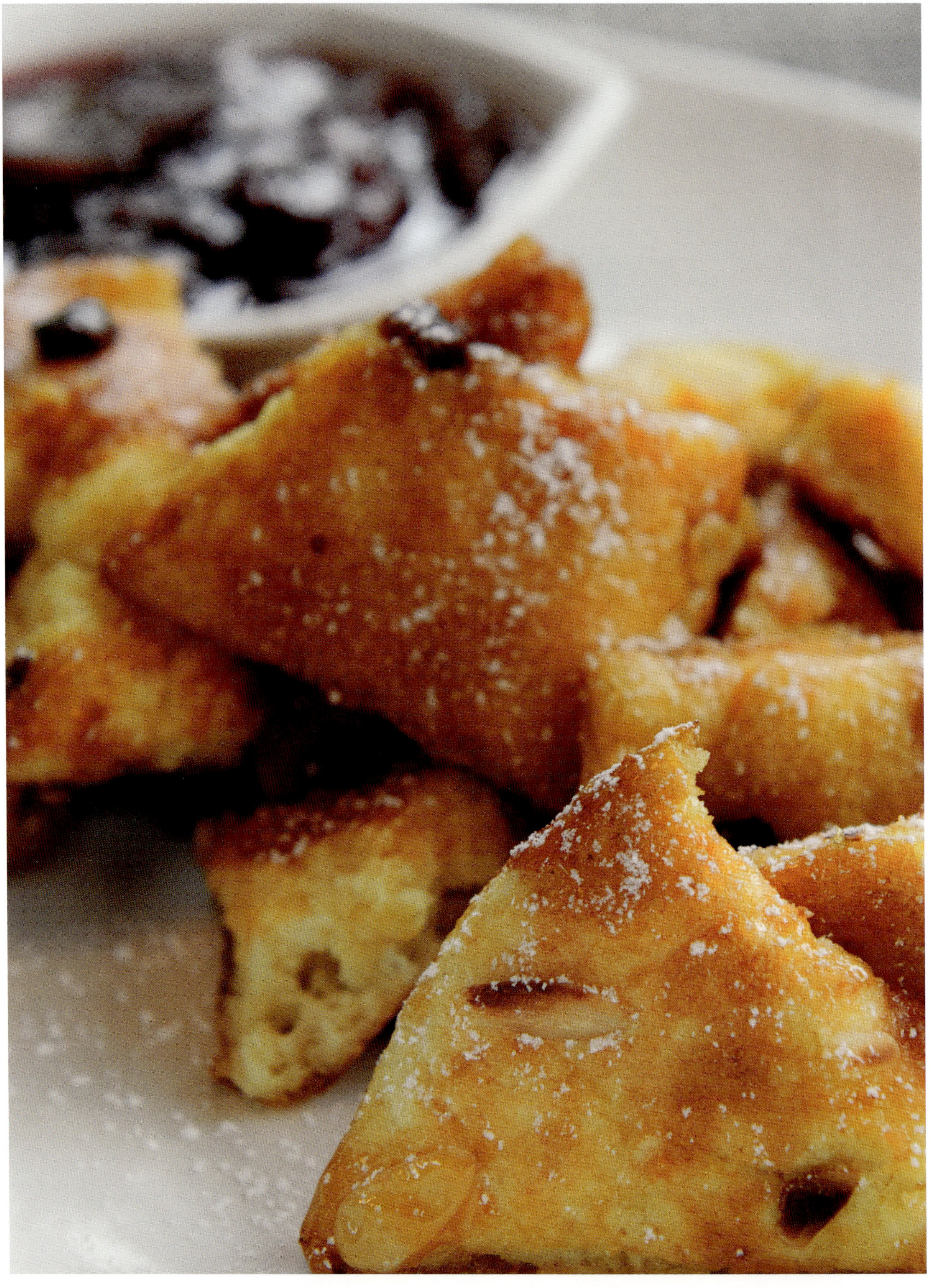

MEINE LIEBLINGSREZEPTE **NACHSPEISEN**

Karamellisierter Kaiserschmarrn

Wie bei allen äußerst populären Klassikern gibt es auch für den Kaiserschmarrn unzählige Varianten, die zu einem sehr guten Ergebnis führen. Meine Mutter hat die Südtiroler Variante, ohne das Eiweiß separat zu schlagen, bevorzugt. Das mag ich immer noch sehr gerne. Aber am liebsten habe ich ihn so, wie hier beschrieben. Mit oder ohne Rosinen, das ist mir egal. Wichtig ist, die zusätzliche Komponente des Karamellisierens für mich.

FÜR 2–4 PORTIONEN

- 3 Eier
- 300 ml Milch
- 150 g Mehl
- 1 Prise Salz
- etwas Zitronenschale
- 1 Prise Vanillezucker
- 30 g Butterschmalz
- 1 EL Rosinen
- 1 EL gehobelte Mandeln
- 2 EL Kristallzucker
- 40 g Butter
- Staubzucker zum Bestreuen

ZUBEREITUNG

Eidotter mit Milch und Mehl kurz zu einem glatten Teig verrühren, Salz, etwas fein geriebene Zitronenschale und den Vanillezucker dazugeben. Nun das Eiweiß zu einem nicht allzu steifen Eischnee schlagen und vorsichtig unterheben. Butterschmalz in einer ausreichend großen Pfanne erhitzen, den Teig hineingeben und mit Rosinen und Mandeln bestreuen. Im Backofen bei großer Oberhitze (Grillstufe) kurz backen, bis der Teig stockt und schön goldbraun wird. Aber Vorsicht, die Mandeln und Rosinen werden schnell dunkel! Am besten ist, das Ausbacken durchgehend zu beobachten, es dauert nur wenige Minuten.

Dann den Kaiserschmarrn zerzupfen. In der nun leeren Pfanne den Kristallzucker karamellisieren. Wenn er schön hellbraun ist, etwas frische Butter dazugeben und den Schmarrn sofort darin schwenken. Anrichten und mit Staubzucker bestreuen. Ich esse dazu am liebsten Marillen-, Zwetschken- oder Sauerkirschenröster ▸ 232 oder einfach nur Apfelmus.

MEINE LIEBLINGSREZEPTE **NACHSPEISEN**

Topfenknödel mit Sauerkirschenröster

Ein herrlich leichtes Dessert – nicht zu süß und vor allem in Kombination mit einem fruchtigen Röster ein Gedicht. Tatsächlich hab ich die Topfenknödel am liebsten mit Sauerkirschenröster.

FÜR 6–8 PORTIONEN

- 50 g Butter
- 100 g Staubzucker
- 2 Eier
- 500 g Topfen
- 85 g Weißbrot, gecuttet
- 50 g Mehl
- Zitronenschale und Vanillezucker zum Aromatisieren
- 80 g Butter
- 80 g Weißbrotbrösel
- 1 EL Kristallzucker

ZUBEREITUNG

Die Butter schaumig rühren, dann den Staubzucker einrieseln lassen und ebenfalls schaumig rühren. Nun abwechselnd Eier und Topfen in die Masse rühren, sodass sie schön cremig erscheint. Am Schluss Weißbrot und Mehl unterheben und mit Zitronenschale und Vanillezucker aromatisieren. Die Masse für mindestens eine Stunde kalt stellen.

Nun daraus Knödel formen und in kochendes, wenig gesalzenes Wasser einlegen. Die Knödel sollen dann nur noch leicht ziehen – für ca. 12 Minuten. Für die Brösel die Butter aufschäumen, die Brösel darin anrösten, kurz überkühlen lassen, dann mit Zucker vermischen und über die Topfenknödel streuen. Mit Sauerkirschenröster genießen.

SAUERKIRSCHEN-RÖSTER

- 500 g Sauerkirschen
- 150 ml Portwein
- 150 g Kristallzucker
- 1 Zimtstange
- 3 Nelken
- 1 Sternanis
- ½ Zitrone, nur der Saft
- 10 g Maisstärke
- 250 ml Rotwein

Sauerkirschen kommen in guter Qualität gefroren in den Handel. Aus ihnen lassen sich herrliche Desserts zaubern. Ich mag die knackige, frische Säure mit dem Bittermandelton. Die Herstellung des Rösters ist einfach. Alle Zutaten miteinander aufkochen, außer die Stärke. Sie wird in etwas Rotwein aufgelöst und dann in den sanft köchelnden Röster eingerührt. Noch etwas leise köcheln lassen, bis die Kirschen matt glänzen.

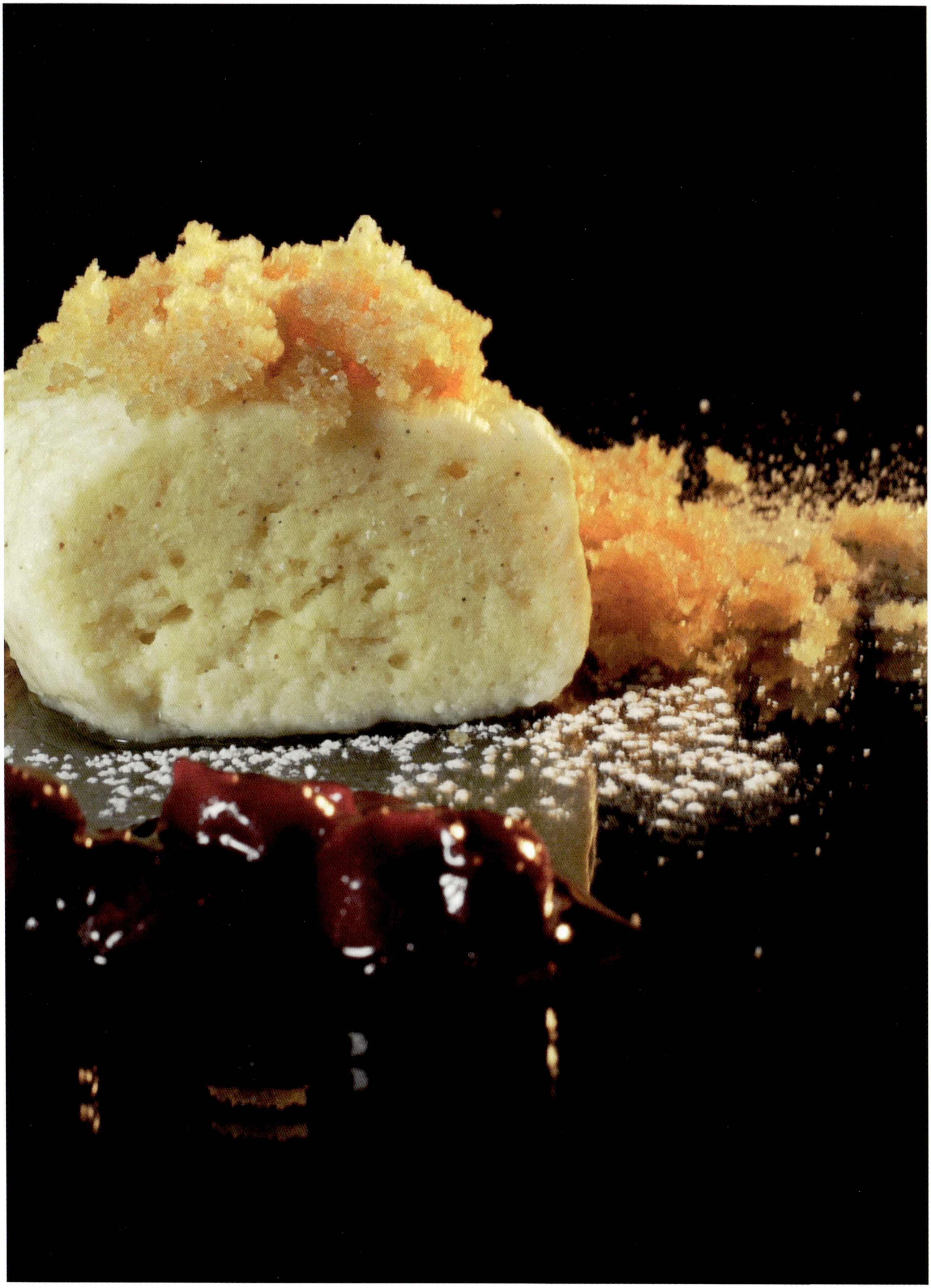

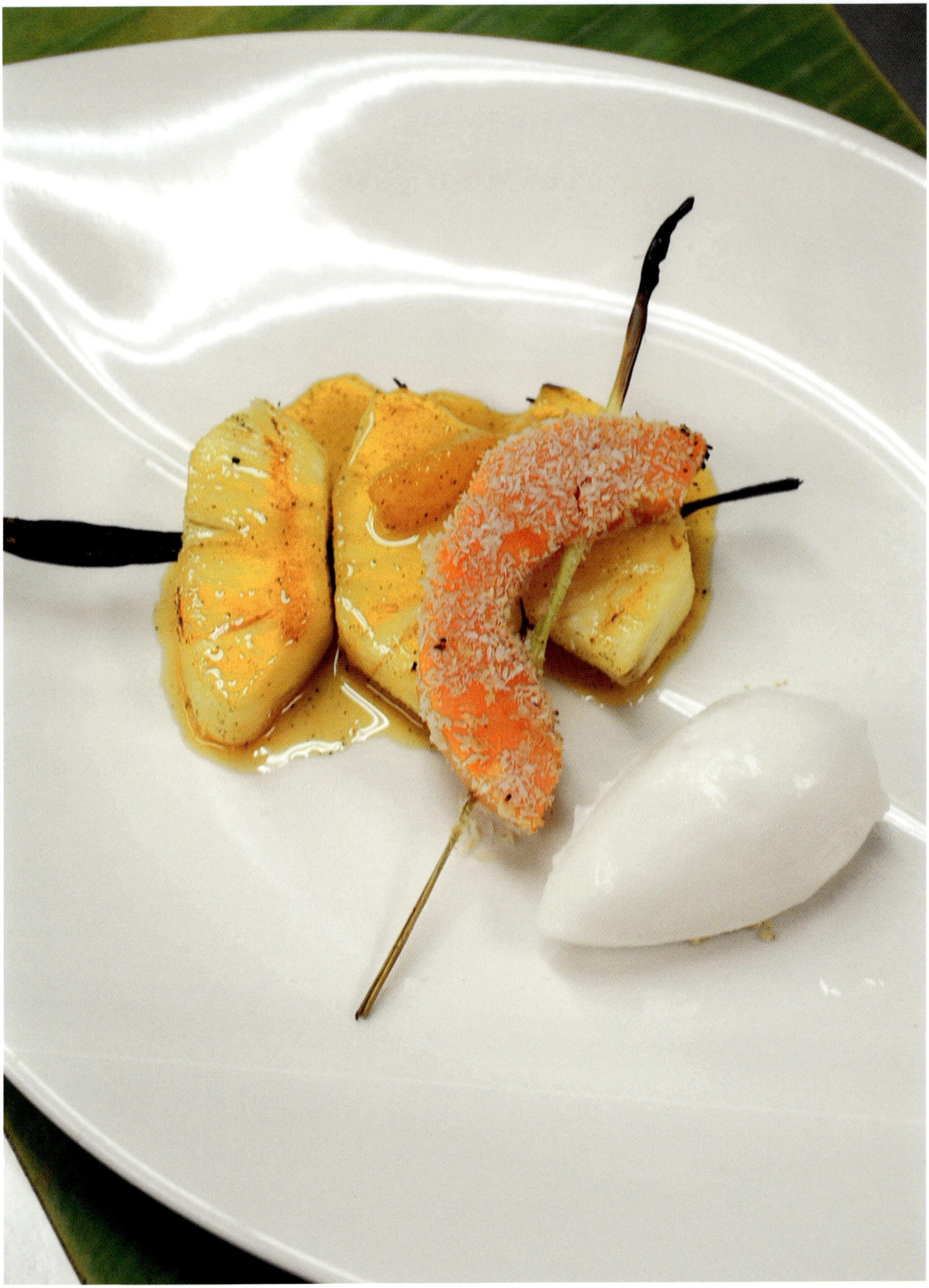

MEINE LIEBLINGSREZEPTE **NACHSPEISEN**

Gegrillter Ananas-Vanillespieß mit Kokossorbet v

Gegrillte Desserts sind per se schon etwas funky. Aber das Rauchige vom Grill mit der Süße und der Aromatik von Vanille und Ananas ist einfach betörend. Allerdings braucht es etwas Sauce und da ist das Karamellige der Orangen-Amaretto-Sauce genau die richtige Verbindung.

FÜR 6 PORTIONEN

- 1 Ananas
- 3 Vanilleschoten
- 1 Rezept Orangen-Amaretto-Sauce ▸ 216

ZUBEREITUNG

Ananas mit einem scharfen Messer abschälen. Der Länge nach halbieren, vierteln und dann das holzige Mark entfernen. Nun diese vier länglichen Stücke quer in ca. 2 cm dicke Scheiben schneiden. Mit einem Metallspieß vorstechen. Vanilleschoten längs halbieren, das Mark ausstreifen und dann jeweils 3 Ananasstücke mit je einer halben Vanilleschote aufspießen. Diese auf den Grill bei mittlerer Hitze legen und so lange grillen, bis die Ananasstücke eine leicht bräunliche Färbung angenommen haben. Dann auf einer vorgewärmten Platte anrichten, mit der Orangen-Amaretto-Sauce überziehen und mit frischem Kokossorbet servieren.

KOKOSSORBET

- 600 ml Kokosmilch
- 100 ml Batida de Coco
- 150 g Kristallzucker
- 200 ml Milch

Vegane Variante:
- 800 ml Kokosmilch
- 300 g Staubzucker
- etwas Limettensaft

Für das Kokossorbet alle Zutaten mischen und in der Sorbetière zu cremiger Konsistenz abfrieren.

MEINE LIEBLINGSREZEPTE **NACHSPEISEN**

Buttermilch-Limettenmousse in der Schokoladen-Träne mit Johannisbeeren

Die Herstellung der Schokotränen ist zugegebenermaßen recht aufwendig und erfordert doch einiges an Geschick. Allerdings wirst du entschädigt mit dem Knacken der kühlen Schokolade, die zusammen mit der erfrischenden Buttermilch-Limettenmousse und den frisch säuerlichen Johannisbeeren einen unglaublichen Genuss bereitet.

FÜR 10 PORTIONEN

- 500 ml Buttermilch
- 100 g Staubzucker
- 2 Limetten
- 5 Blatt Gelatine
- 500 ml Sahne
- 40 g Kristallzucker
- 4 Eiweiß
- 300 g Zartbitterkuvertüre
- 12 Plastikstreifen / Konditoreibedarf
- frische Johannisbeeren (2 Schalen á 200 g)
- etwas Kristallzucker

ZUBEREITUNG

Buttermilch mit Staubzucker, Zesten und Limettensaft glatt rühren. Wenig von der Flüssigkeit in einer Sauteuse erwärmen. Gelatine in kaltem Wasser einweichen und in der erwärmten Flüssigkeit auflösen. Unter die restliche Buttermilch rühren. Nun die geschlagene Sahne, den mit Zucker ausgeschlagenen Eischnee vorsichtig unterheben und kurz kalt stellen.

Für die Schokotränen die Kuvertüre über Dampf langsam schmelzen, dann die Plastikstreifen wie abgebildet auslegen und die Kuvertüre aufstreichen. Die Streifen mit einer Büroklammer fixieren und die Tränen im Kühlschrank fest werden lassen. Das dauert etwa 3 Stunden. Dann die Plastikstreifen behutsam entfernen und die Mousse vorsichtig einfüllen, wieder in den Kühlschrank geben und fest werden lassen. Vor dem Servieren die Tränen mit frischen Johannisbeeren, die zuvor gezuckert wurden, füllen.

MEINE LIEBLINGSREZEPTE **NACHSPEISEN**

MEINE LIEBLINGSREZEPTE **NACHSPEISEN**

Beeren-Trifle

In Tat und Wahrheit handelt es sich hier um ein Tiramisu. Ohne Kaffee, dafür mit Limoncello und frischen Beeren. Sehr sommerlich und geschmackvoll.

FÜR 6 PORTIONEN

100 g	Mascarpone
50 g	Kristallzucker
1 Pck.	Vanillezucker
50 g	Naturjoghurt
100 ml	Sahne
20	Biskotten
120 ml	Limoncello
60 g	Staubzucker
80 g	frische Erdbeeren
80 g	frische Himbeeren
80 g	frische Heidelbeeren
80 g	geriebene Bitterschokolade
1 Bd.	Minze

ZUBEREITUNG

Für die Creme Mascarpone mit Zucker und Vanillezucker cremig schlagen, mit Joghurt mischen und die steif geschlagene Sahne unterziehen. Nun die Biskotten entweder in eine große Form oder aber auch in mehrere kleine Förmchen legen, sodass der Boden bedeckt ist. Es spielt keine Rolle, wenn die Biskotten dazu auch in passende kleinere Stücke zerbrochen werden. Dann mit Limoncello tränken. Die mit Staubzucker leicht angezuckerten Beeren darüber verteilen und mit der Creme bedecken. Mit der geriebenen Bitterschokolade und der Minze garnieren.

MEINE LIEBLINGSREZEPTE **NACHSPEISEN**

MEINE LIEBLINGSREZEPTE **NACHSPEISEN**

Tartelette mit weißer Schokoladenmousse und Physalis

Physalis waren für mich jahrelang verpönt. Wahrscheinlich deshalb, weil sie gedanken- und lieblos zusammen mit einem Orangenfächer und einer Kiwischeibe landauf, landab praktisch jedes Dessert „verzierten". Im Grunde falsch, denn sie ist eine herrlich säuerliche Beere, die man sehr vielseitig einsetzen kann. Hier ein Vorschlag.

FÜR 12 PORTIONEN

Für den Mürbteig:

- 500 g Mehl
- 2 Eier
- 250 g Kristallzucker
- 250 g Butter
- etwas Zitronenschale
- 1 Msp. gemahlener Zimt
- 10 g Salz

Für die weiße Schokoladenmousse:

- 200 g weiße Schokolade
- 2 Blatt Gelatine
- 4 cl Cognac
- 2 Eidotter
- 300 g Sahne

Butter zum Ausfetten der Tarteletteformen
1 verquirltes Ei zum Abdichten
2 Schalen Physalis
50 g Pistazien
Staubzucker zum Bestreuen

ZUBEREITUNG

Die Zutaten für den Mürbteig miteinander verkneten. Darauf achten, dass der Teig nicht zu intensiv abgearbeitet wird, da er sonst „brandig" wird. Kurz kühl rasten lassen, dünn ausrollen, mit einer Tarletteform Kreise mit ca. 8 cm Durchmesser ausstechen und diese dann in 10 gebutterte Tarteletteformen der gleichen Größe legen. Mit einer Gabel einstechen und blindbacken. Dazu verwendest du am besten Linsen oder trockene Bohnen. Nach dem Backen die Linsen wieder ausschütten. Die noch heißen Teigschüsselchen mit verquirltem Ei bepinseln und überkühlen lassen. Das dient dazu, den Boden abzudichten, damit die Schokomousse den Teig nicht zu stark aufweicht.
Für die Schokomousse weiße Schokolade über einem Wasserbad schmelzen. Die Gelatine in kaltem Wasser einweichen. Den Cognac leicht erwärmen und darin die Gelatine auflösen. Die geschmolzene Schokolade mit Eidotter und der Cognac-Gelatine-Mischung glatt rühren, dann vorsichtig nach und nach die nicht allzu steif geschlagene Sahne unterheben.
Die Mousse im Kühlschrank leicht anziehen lassen und mit einem Spritzsack mit mittelgroßer Sterntülle hübsch in die Tarlettes spritzen. Nun mit den halbierten Physalis belegen und mit gehackten Pistazien und Staubzucker bestreuen.

MEINE LIEBLINGSREZEPTE **NACHSPEISEN**

Meine idealen Begleiter zu Espresso, Kaffee und Co

Zu jedem guten Essen gehört für mich zum Abschluss ein perfekter Espresso einfach dazu. Sofern es die Zeit erlaubt. Dazu eine leckere Knabberei, abseits von Amarettini, finde ich immer herrlich wohltuend. Vier meiner Favoriten möchte ich dir vorstellen.

VANILLEKIPFERL

100 g Butter // 50 g geriebene Mandeln // 140 g Mehl // 30 g Vanillezucker (intensive Produkte mit Kristallzucker 1:1 mischen, Bourbon-Vanillezucker bevorzugen) // Feinkristallzucker mit Vanillezucker aromatisiert

Aus Butter, Mandeln, Mehl und Vanillezucker einen Mürbteig abmischen und nur kurz verkneten. In Klarsichtfolie einpacken und eine Stunde kalt stellen. Aus dem Teig dünne Stangen ausrollen, dann in gleichmäßige Stückchen schneiden. Daraus Kugeln drehen und dann Kipferl formen. Bei 160 Grad (Ober- und Unterhitze) im Backrohr ausbacken. Sie sollten recht hell bleiben. Dann überkühlen lassen und in dem aromatisierten Zuckergemisch wenden. Das funktioniert am besten, wenn die Kipferl noch lauwarm sind.

MEINE LIEBLINGSREZEPTE **NACHSPEISEN**

WHISKY-TRÜFFEL

Für ca. 20 große bzw. 30 mittlere Trüffel: 250 g Crème double // 275 g Bitterschokolade // 45 g Butter // 40 ml Whisky // 250 g Bitterkuvertüre zum Überziehen oder 150 g gesiebtes Kakaopulver

Die Crème double in einen Topf geben, erhitzen und die zerhackte Schokolade dazugeben. Unter ständigem Rühren die Schokolade komplett auflösen. Die Butter einrühren und den Whisky hinzufügen, durch ein Sieb gießen und 3–4 Stunden kalt stellen.
Die cremige Masse mithilfe eines Melonen-(Parisienne-)Ausstechers auf ein Backblech portionieren. Dazu den Ausstecher immer wieder in lauwarmes Wasser tauchen.
Nun die Trüffel entweder mithilfe eines Pralinenbestecks mit temperierter Kuvertüre überziehen oder wesentlich einfacher sie vorsichtig im Kakaopulver wälzen. Kühl stellen und anschließend genießen.

SESAM-HIPPEN

60 ml Orangensaft // 60 g Butter // 30 g Mehl // 200 g Kristallzucker // 60 g Sesam

Den Orangensaft mit der Butter aufkochen. Mehl, Zucker und Sesam mischen und dann die heiße Orangensaft-Butter-Masse einrühren. Mindestens 4 Stunden bei Zimmertemperatur ruhen lassen.
Kleine Kugeln abdrehen und im 180 Grad (Umluft) heißen Backrohr knusprig backen. Solange das Gebäck heiß ist, lässt es sich beliebig zu Bögen, Cornettos, Schälchen und Tulpen formen. Dies ergibt ca. 20 Hippen.
Mein Tipp: Den Sesam in einer heißen Eisenpfanne ohne Fett kurz rösten. Das intensiviert den Geschmack!

FLORENTINER MIT KÜRBISKERNEN

200 ml Sahne // 150 g Butter // 200 g Kristallzucker // 100 g Honig // 200 g gehobelte Mandeln // 100 g geröstete Kürbiskerne // 200 g Zartbitterkuvertüre

Sahne, Butter, Zucker und Honig in einen Topf geben, erhitzen und 5 Minuten leicht köcheln lassen. Dann die gehobelten Mandeln und die Kürbiskerne dazugeben und nochmals weitere 5 Minuten leise vor sich hin köcheln lassen. Hin und wieder umrühren. Die Masse auf ein Blech mit Backpapier schütten, gleichmäßig verstreichen. Etwa 12 Minuten bei 200 Grad (Umluft) goldbraun backen. Dann auskühlen lassen. Wenden und das Backpapier abziehen.

Die Kuvertüre über einem Wasserbad vorsichtig schmelzen, darauf achten, dass sie nicht zu heiß wird. Wenn sie flüssig ist, die dünne, gebackene Florentiner-Masse mit der Schokolade bestreichen. Im Kühlschrank fest werden lassen und mit einem scharfen Messer in Rauten schneiden.

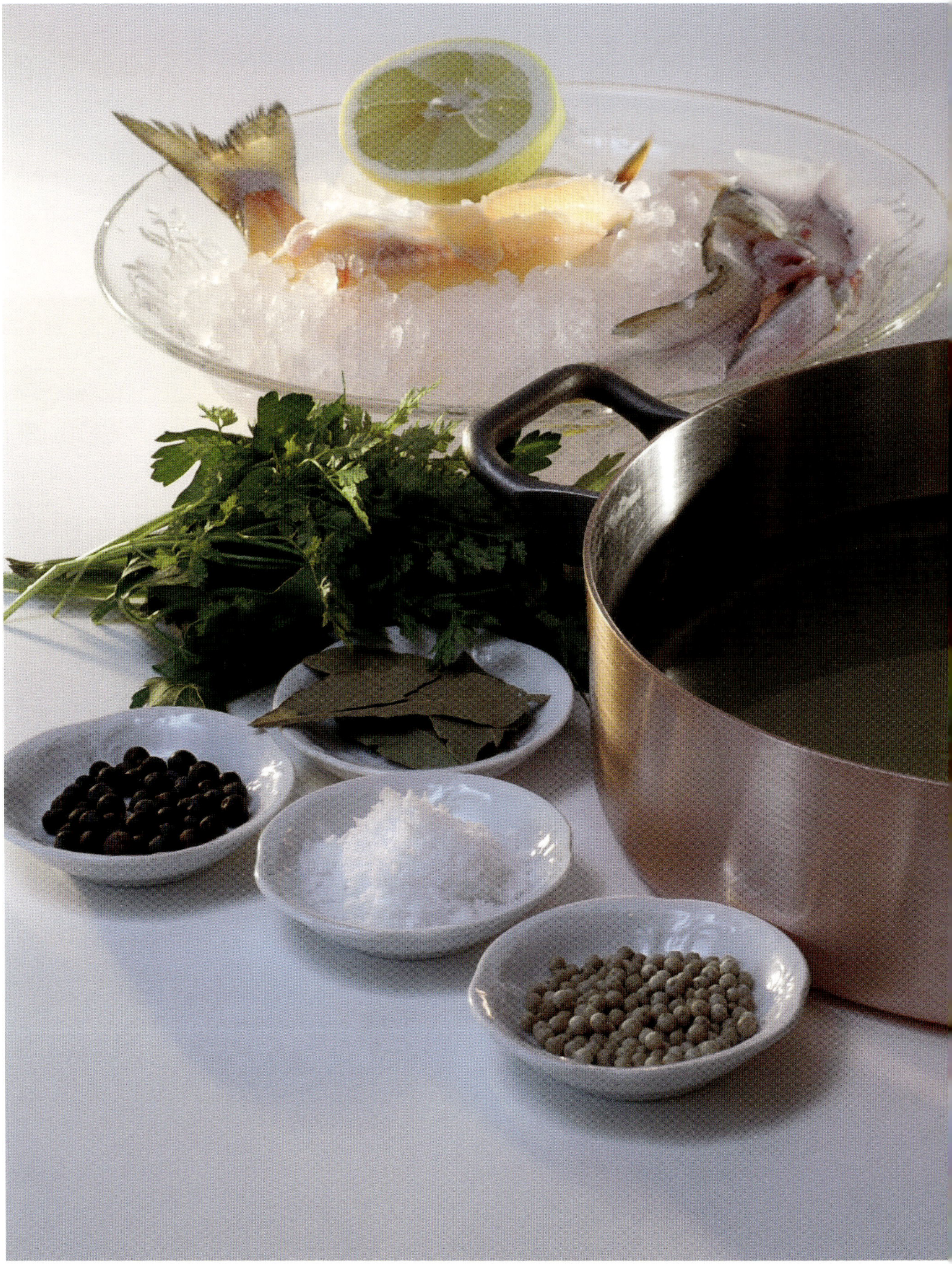

Grundrezepte

Fonds & Saucen

ⓥ GEMÜSEFOND

- 80 g fein geschnittene Zwiebeln
- 1 Knoblauchzehe
- 40 ml Olivenöl
- 250 g Wurzelgemüse (Karotte, Lauch, Sellerie, Petersilienwurzel, Fenchel)
- 100 ml Weißwein
- Salz
- Pfefferkörner
- 1 Lorbeerblatt
- Fenchelsamen
- Kräuter (auch Petersilien- oder Kerbelstängel) nach Belieben
- 2 l Wasser

Zwiebel und die angedrückte Knoblauchzehe kurz in Olivenöl anschwitzen, dann das zerkleinerte Wurzelgemüse beigeben, mit Weißwein ablöschen, Gewürze und Kräuter dazugeben und mit ca. 2 Liter Wasser auffüllen. Zum Kochen bringen und dann auf kleiner Hitze ca. 1 Stunde köcheln lassen. Abseihen.
Eine gute Verwertungsmöglichkeit für Gemüsereste. Im Einmachglas mit Gummidichtung gut haltbar. Suppen und Jus schmecken viel besser, wenn Gemüsebrühe statt Wasser zum Aufgießen verwendet wird.

FISCHFOND

- 750 g Fischkarkassen (Gräten und Abschnitte)
- 250 g Wurzelgemüse (Karotte, Lauch, Sellerie, Petersilienwurzel, Fenchel), zerkleinert
- 1 Knoblauchzehe
- 200 ml Weißwein
- 1 Zitrone, grob zerschnitten
- 20 ml Pernod
- 80 ml Noilly Prat
- Cayennepfeffer
- Currypulver
- eventuell Safranfäden
- Salz
- Pfefferkörner
- 1 Lorbeerblatt
- Fenchelsamen
- Kräuter (auch Petersilien- oder Kerbelstängel) nach Belieben
- 2 l Wasser

Alle Zutaten mit 2 Liter Wasser kalt am Herd aufsetzen. Möglichst rasch aufkochen lassen. Wichtig: BEVOR der Fond richtig zu kochen beginnt, auf kleine Hitze zurückdrehen und nur köcheln lassen. Dann ganz vom Herd nehmen und vor dem Abpassieren durch ein Tuch noch einmal ca. 30 Minuten stehen lassen. Dann können die zarten Aromen richtig aufgenommen werden (nicht umsonst heißt dieser Grundfond in Frankreich „Fumet de Poisson"). Im Gegensatz zu einer kräftigen Rindsuppe, die durch längeres Kochen immer aromatischer wird, entwickeln sich beim Fischfond leicht tranige und unangenehme Töne, wenn er zu lange köchelt oder zieht. Um das Aroma zu intensivieren, kann der Fond NACH dem Abseihen reduziert – also eingekocht – werden.

MEINE LIEBLINGSREZEPTE **GRUNDREZEPTE** | FONDS & SAUCEN

GEFLÜGELFOND

1	Suppenhuhn
250 g	Wurzelgemüse (Karotte, Sellerie, Lauch)
2	Zwiebeln, mit Schale
2	Knoblauchzehen, mit Schale, leicht angedrückt
einige	Lorbeerblätter
einige	schwarze Pfefferkörner
1	Nelke
3–4	Sternanis nach Belieben
einige	Wacholderbeeren
	Salz
	Rosmarin
	Thymian
	Petersilienstängel
200 ml	Weißwein
3 l	Wasser
	fein geriebene Muskatnuss

Suppenhuhn kurz abspülen, zusammen mit zerkleinertem Wurzelgemüse, Zwiebeln, Knoblauch, Gewürzen, Kräutern und Weißwein in einen großen Topf geben. Mit Wasser bedecken, aufkochen und 1–2 Stunden kochen lassen. Gegen Ende der Kochzeit mit frisch geriebener Muskatnuss abschmecken. Bei Bedarf nachsalzen. Als klare Suppe mit Einlage oder als hochwertiger Grundstoff für Cremesuppen und Jus.

WILD- UND WILDGEFLÜGELFOND

100 g	Butterschmalz
40 g	brauner Zucker
1 kg	Wild- oder Wildgeflügelknochen und Abschnitte (auch von Wachtel und Taube)
300 g	Wurzelgemüse (Karotte, Lauch, Sellerie, Petersilienwurzel, Fenchel)
40 g	Tomatenmark
500 ml	Rotwein
4 l	Wasser
einige	Lorbeerblätter
	Wacholderbeeren
	Pfefferkörner
	Fenchelsamen
	Sternanis
1 TL	Five Spice
1	Orange, grob zerschnitten
50 g	**Preiselbeeren mit Äpfeln ▸ 261**

Das Butterschmalz in einem großen, eher flachen Topf erhitzen und darin den braunen Zucker karamellisieren. Die Knochen und Fleischabschnitte dazugeben und kurz umrühren. Es ist wichtig, nur so oft wie nötig zu rühren, damit Knochen und Fleisch braten können und nicht beginnen, Wasser zu ziehen. Das dauert eine gute Viertelstunde, bis eine schöne, dunkle Farbe erreicht ist. Dann das zerkleinerte Wurzelgemüse dazugeben und ebenfalls rund 10 Minuten rösten. Das ist zwar etwas zeitintensiv, aber das Ergebnis entlohnt. Versprochen! Dann das Tomatenmark beigeben, kurz mitrösten (halbe Minute), mit Rotwein ablöschen und mit 4 Liter Wasser aufgießen. Gewürze, Orange und Preiselbeeren beigeben, aufkochen lassen, dann sofort auf kleine Hitze schalten und 1–2 Stunden langsam köcheln lassen. Das ergibt eine große Menge, lohnt sich also in der Wildsaison doppelt. Entsprechend kleine Mengen separat einfrieren. Weiterverarbeiten als klare Suppe oder als hochwertiger Grundstoff für Cremesuppen und alle Jus.

MEINE LIEBLINGSREZEPTE **GRUNDREZEPTE** | FONDS & SAUCEN

WEISSWEINSUD

250 g	Wurzelgemüse (Karotte, Lauch, Sellerie, Petersilienwurzel, Fenchel), zerkleinert
500 ml	Weißwein
1	Zitrone
	Salz
	Pfefferkörner
1	Lorbeerblatt
	Fenchelsamen
	Kräuter nach Belieben (etwa Petersilienstängel)
2 l	Wasser

Alle Zutaten kalt am Herd aufstellen und nur kurz köcheln lassen. Eignet sich vor allem zum Pochieren von zart schmeckendem, magerem Fisch.

PORTWEIN-REDUKTION

500 ml	kräftiger Rotwein (es geht weniger um Geschmack als vielmehr um Farbe und Extrakt!)
200 ml	dunkler Traubensaft
300 ml	Portwein
30 ml	Balsamico

Den Rotwein mit dem Traubensaft auf ca. ein Drittel einkochen. Mit dem Portwein und dem Essig auffüllen und die verbleibende Menge nochmals auf ca. die Hälfte einreduzieren und in ein Einmachglas füllen. Diese Reduktion hält sich im Kühlschrank mehrere Wochen und kann zum Verfeinern von kräftigen Grundsaucen wie zum Beispiel Kalbsjus verwendet werden. So wird aus der jeweiligen Grundsauce die passende Portweinjus.

KALBSJUS

100 g	Butterschmalz
1,5 kg	Kalbsknochen (Schwanz, Rippen) und Fleischabschnitte
300 g	Wurzelgemüse (Karotte, Lauch, Sellerie, Petersilienwurzel, Fenchel)
40 g	Tomatenmark
300 ml	Rotwein
2 l	Wasser
einige	Lorbeerblätter
	Wacholderbeeren
	Pfefferkörner
	Fenchelsamen
	Sternanis
1 kl. Bd.	Thymian
1 kl. Bd.	Rosmarin
	Petersilienstängel
	Champignons oder Pilze

Das Butterschmalz in einem großen, eher flachen Topf erhitzen und darin die Knochen und Fleischabschnitte anbraten. Es ist wichtig, nur so oft wie nötig zu rühren, damit Knochen und Fleisch braten können und nicht beginnen, Wasser zu ziehen. Bis eine schöne, dunkle Farbe entstanden ist, dauert es eine gute Viertelstunde. Dann das zerkleinerte Wurzelgemüse dazugeben und rund 10 Minuten rösten. Das ist etwas zeitintensiv, aber das Ergebnis entlohnt. Versprochen! Dann das Tomatenmark beigeben, eine halbe Minute mitrösten, mit Rotwein ablöschen und mit 2 Liter Wasser aufgießen. Gewürze, Kräuter und, falls vorhanden, Pilze (auch Gemüsereste und grob gewürfelte Tomaten geben einen guten Geschmack) beigeben, aufkochen lassen, sofort auf kleine Hitze schalten und 2–3 Stunden langsam köcheln lassen. Abseihen und nochmals ca. um die Hälfte einreduzieren. Das gibt ca. 600 ml konzentrierte Kalbsjus. Im Kühlschrank aufbewahren oder in kleinen Mengen separat einfrieren.

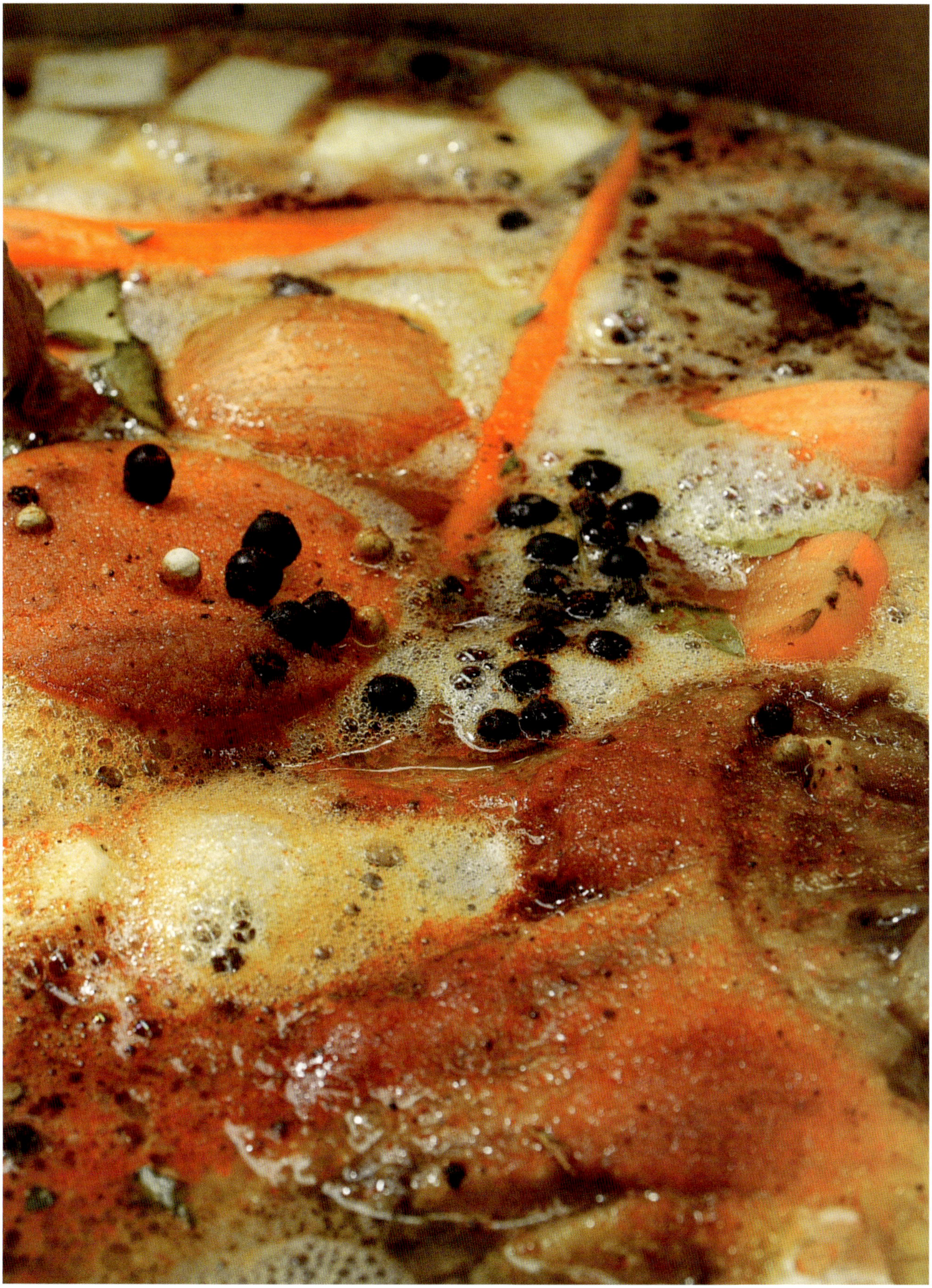

Grundsaucen & Ableitungen

GRUND-MAYONNAISE

5	Eidotter
5 Spritzer	Tabasco
10 g	Salz
	Pfeffer aus der Mühle
1 TL	Kristallzucker
etwas	Weißweinessig
½	Zitrone, nur der Saft
30 g	Dijon-Senf
500 ml	Sonnenblumen- oder Erdnussöl
2 EL	Sauerrahm oder Naturjoghurt

Eidotter mit den Gewürzen, Zucker, Essig, Zitronensaft, Senf vermischen. Dann das Öl unter ständigem Rühren eintropfen lassen und am Schluss nochmals mit Tabasco, Salz und Pfeffer abschmecken. Je nach Verwendungszweck mit Naturjoghurt oder Sauerrahm etwas verfeinern.

TRÜFFELREMOULADE

150 g	**Grund-Mayonnaise**
50 g	Naturjoghurt
50 g	Crème fraîche
1 TL	gehackte Schalotten
1 EL	gehackte Kapern
1 EL	gehackte Cornichons (Gewürzgurken)
2 EL	gehackte Petersilie
1 TL	körniger Senf (Champagnersenf)
	Trüffelöl nach persönlichem Geschmack (Ich mag es nicht zu intensiv, taste dich tropfenweise an dein persönliches Idealaroma heran!)
	Zitronensaft
	Salz, Pfeffer
	Cayennepfeffer
1	hart gekochtes Ei, fein gehackt

Grund-Mayonnaise mit Naturjoghurt und Crème fraîche vermischen. Die fein gehackten Aromen und den Senf beigeben und gut verrühren. Das Trüffelöl einrühren, wie gesagt, ganz, ganz vorsichtig, das kann schnell zu intensiv werden. Bei Bedarf mit etwas Zitronensaft, Salz, Pfeffer und Cayennepfeffer abschmecken. Am Schluss das gehackte Ei untermischen. Natürlich können auch Würfelchen von Périgord-Trüffeln eingearbeitet und / oder die Remoulade mit Scheiben von schwarzem, weißem oder Sommertrüffel garniert werden.

SAUCE TARTARE

- 150 g **Grund-Mayonnaise**
- 50 g Naturjoghurt
- 50 g Crème fraîche
- 1 TL gehackte Schalotten
- 1 EL gehackte Kapern
- 1 EL gehackte Cornichons
- 2 EL gehackte Petersilie
- 1 TL Dijon-Senf
- Zitronensaft
- Salz, Pfeffer
- Cayennepfeffer

Grund-Mayonnaise mit Naturjoghurt und Crème fraîche mischen. Die fein gehackten Aromen und den Senf beigeben und gut verrühren. Bei Bedarf mit etwas Zitronensaft, Salz, Pfeffer und Cayennepfeffer abschmecken.

PAPRIKASCHAUMSAUCE

- 1 große, fein gehackte Zwiebel
- 80 g Butter
- 200 g grob geschnittene rote oder gelbe Paprikaschoten
- 80 ml Weißwein
- 100 ml **Fischfond ▸ 248**
- 250 ml Sahne
- Salz, Pfeffer
- Cayennepfeffer
- fein geriebene Muskatnuss

Zwiebel in Butter glasig andünsten, dann die Paprika dazugeben und so lange unter ständigem Rühren anschwitzen, bis sich etwas Farbe löst. Mit Weißwein und Fischfond aufgießen und 10 Minuten köcheln lassen. Sahne zugießen und bei milder Hitze die Paprikaschoten ganz weich garen. Das dauert im Normalfall nochmals ca. 10 Minuten. Mixen, abpassieren und mit wenig Salz, Pfeffer, Cayennepfeffer und Muskat würzen. Sei nicht erstaunt, dass du nur sehr wenig Salz brauchst, dies rührt von der Würzigkeit der Paprikaschoten her.

SAUCE HOLLANDAISE

- 3 Eidotter
- Salz, Pfeffer
- Cayennepfeffer
- 30 ml Weißwein
- ½ Zitrone, nur der Saft
- 180 g Butter

Eidotter und Gewürze mit Weißwein und Zitronensaft über Dampf sehr schaumig schlagen. Die Butter für die Bindung darfst du schon ein wenig vorher bei sanfter Hitze köcheln lassen, bis sich die Molke absetzt und sich hellbraune Grieben am Topfboden gebildet haben. Die Butter sollte beim Einrühren in etwa die gleiche Temperatur haben wie die Eidottermasse.

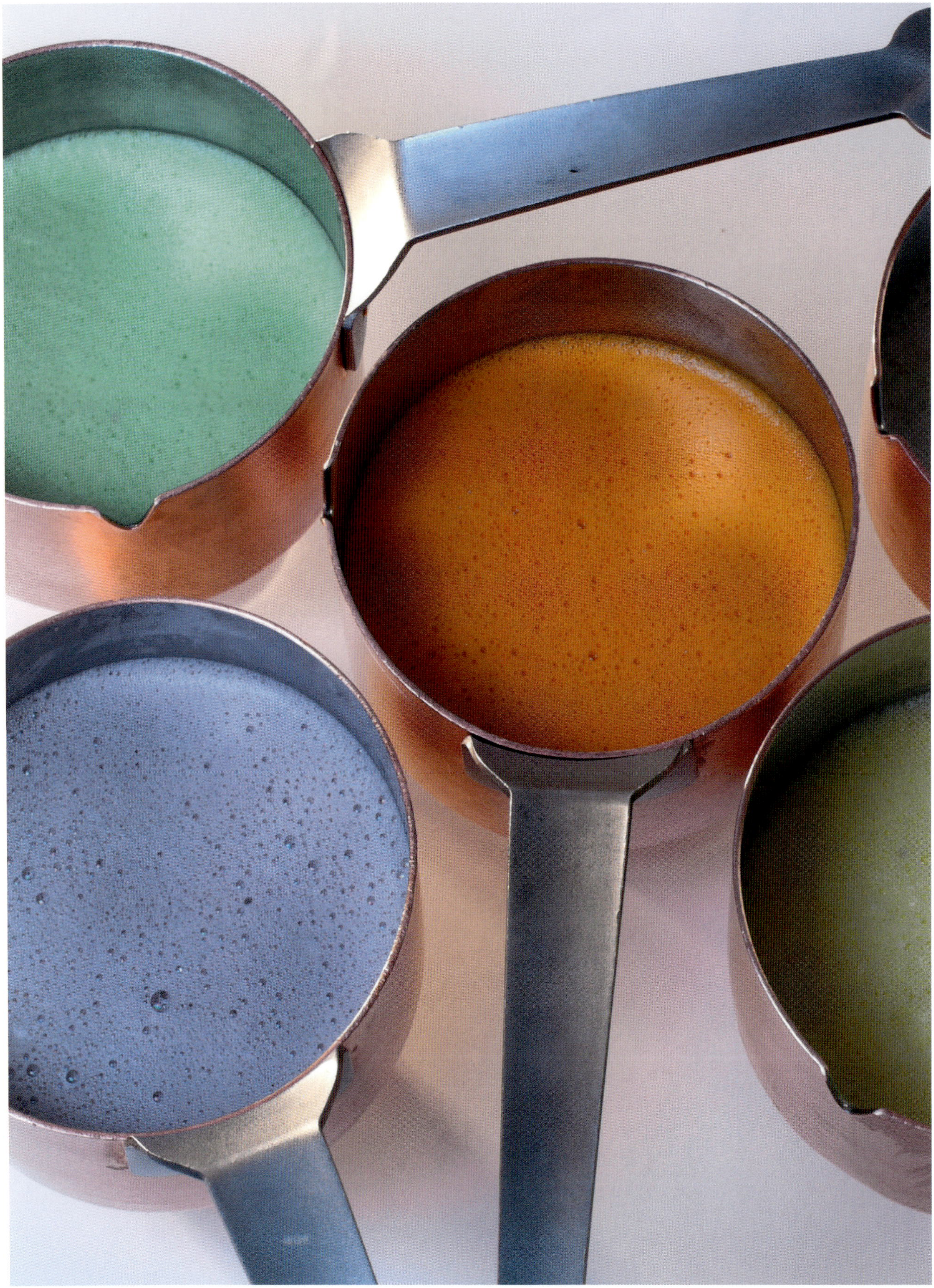

BEURRE BLANC – WEISSE BUTTERSAUCE

1 TL	fein geschnittene Schalotten
100 g	Butter
100 ml	Weißwein
300 ml	**Fischfond ▸ 248**
200 ml	Sahne
8 cl	Noilly Prat
	Salz, Pfeffer
etwas	Zitronensaft

Die Schalotten in etwas Butter anschwitzen und mit Weißwein ablöschen. Den Fischfond angießen, einreduzieren (und zwar sollten ¾ der Flüssigkeit verdampft sein), dann die Sahne dazugießen, wieder einreduzieren und am Schluss mit Butter montieren, indem nach und nach kalte Butterstückchen in die Sauce gerührt werden, damit diese eine cremige, satte Konsistenz und einen schönen Glanz erhält. Mit Noilly Prat, Salz, Pfeffer und Zitronensaft abschmecken. Mit dieser Basissauce lassen sich alle Schaumsaucen und eine Menge Ableitungen herstellen.

BASILIKUMSCHAUM

250 ml	**Beurre blanc**
1 Bd.	frisches Basilikum

Beurre blanc nach dem Grundrezept herstellen. Basilikum waschen, Blätter abzupfen und grob hacken. In die Sauce mixen und abpassieren. Diese Sauce ist nicht sehr farbstabil und wird vor allem durch zu starkes und langes Erhitzen gerne gräulich. Also immer möglichst frisch zubereiten. Vor dem Servieren mit dem Mix- oder Pürierstab aufschäumen.

KRENSCHAUM

250 ml	**Beurre blanc**
1 TL	Wasabipulver
1 TL	weißer Balsamico- oder Weißweinessig
30 g	frisch geriebener Kren
	weißer Pfeffer

Beurre blanc nach dem Grundrezept herstellen. Wasabipulver in weißem Balsamico- oder Weißweinessig einweichen und mit dem frischen Kren in die Sauce mixen. Abpassieren und mit frisch gemahlenem weißen Pfeffer abschmecken. Vor dem Servieren mit dem Mix- oder Pürierstab aufschäumen.

MEINE LIEBLINGSREZEPTE **GRUNDREZEPTE** | DRESSINGS

Dressings

ⓥ GRUND-VINAIGRETTE

100 ml	Rotweinessig
100 ml	Sherryessig
200 ml	Weißwein
25 g	Salz
60 g	Kristallzucker
100 ml	Wasser
600 ml	Sonnenblumen- oder Erdnussöl

Alle Zutaten außer das Öl im großen Rührkessel gut mischen. Dann das Öl einrühren und kalt stellen. Das ist ein sehr leichtes Grund-Dressing, das immer verwendet werden kann und recht neutral ist.
In Flaschen im Kühlschrank aufbewahren, dann hält das Dressing zwei bis drei Wochen.

TRAUBENKERNÖL-GRAPEFRUIT-EMULSION

40 ml	Grapefruitsaft
60 ml	kalt gepresstes Traubenkernöl
1 TL	gehackter Ingwer
	etwas Quittenessig (oder milder Fruchtessig)
	Salz
	weißer Pfeffer
	gemahlener Koriander
2 Spritzer	Campari

Für die Emulsion alle Zutaten mit einem Mini-Quirl oder einem kleinen Schneebesen kurz und kräftig aufschlagen.

ⓥ AFRICA-DRESSING

80 ml	Erdnussöl
30 ml	Arganöl
20 ml	Limettensaft
20 ml	Weißweinessig
1 g	Salz
1 EL	Akazienhonig
1 Prise	arabische Gewürzmischung (Kreuzkümmel, Nelken, Pfeffer, Zimt)

Alle Zutaten in der Küchenmaschine ca. 10 Minuten auf kleiner Stufe sorgfältig verrühren. Die arabische Gewürzmischung kann durch ganz vorsichtige Zugabe der jeweiligen Gewürze ersetzt werden. Aber bitte wirklich minimal dosieren.

MEINE LIEBLINGSREZEPTE **GRUNDREZEPTE** | DRESSINGS

V KARIBIK-DRESSING

- 2 g Salz
- 10 ml **Gemüsefond** ▸ 248
- 10 ml Limettensaft
- 10 ml Zitronensaft
- 60 ml Erdnussöl
- ½ Limette, nur die Schale
- 1 Stück frischer Ingwer
- 40 g exotische Früchte (Tamarillo, Ananas, Mango, Papaya …)

Das Salz im Gemüsefond zusammen mit dem Limetten- und Zitronensaft auflösen, anschließend das Öl unter kräftigem Schlagen einrühren. Die Schale der Limette mit einem scharfen Messer möglichst dünn und ohne weiße Schalenanteile abschneiden, feinst würfeln. Den geschälten Ingwer ebenfalls so fein wie möglich schneiden und beides zusammen in das Dressing rühren. 15 Minuten kühl stellen. Früchte (jeweils eine Sorte oder aber auch eine Kombination aus verschiedenen Früchten) schälen und im Mixer mit dem Dressing pürieren. Dieses Dressing entfaltet sofort sein volles Aroma.

V WALNUSS-DRESSING

- Salz, Pfeffer
- 1 TL Senf
- 20 ml Sherryessig
- 20 ml Balsamico
- 1 EL **Löwenzahnblütenhonig** ▸ 261 (oder milder Waldhonig)
- 80 ml hochwertiges Sonnenblumenöl
- 60 ml Walnussöl

Gewürze mit Senf, Essig, Balsamico und Löwenzahnblütenhonig verrühren, dann das Öl vorsichtig einschlagen und frisch verwenden. Je nach Intensität des Walnussöls das Verhältnis zwischen neutral schmeckendem Sonnenblumenöl und dem hocharomatischen Walnussöl abstimmen!

V PAPRIKA-VINAIGRETTE

- 1 TL Senf
- Salz, Pfeffer
- 1 EL Honig
- 20 ml Balsamico
- 20 ml Sherryessig
- 80 ml hochwertiges Sonnenblumenöl
- 40 ml kalt gepresstes Olivenöl
- 20 ml Walnussöl
- frisch geschnittener Schnittlauch
- 1 Schalotte, würfelig geschnitten
- 90 g Würfel von verschiedenen Paprika

Senf, Salz, Pfeffer, Honig mit Balsamico und Sherryessig verrühren. Dann die Öle in beliebiger Reihenfolge einrühren. Den Schnittlauch, die fein geschnittene Schalotte und die Paprikawürfel erst unmittelbar vor dem Servieren in die Vinaigrette geben.
Mein Tipp: Die Schalotten in Sonnenblumenöl anschwitzen, dann ist das Aroma viel milder.

Farcen

ZUTATEN

Für die Putenfarce:

500 g	Putenbrust
	Salz, Pfeffer
	fein geriebene Muskatnuss
1 Hauch	Five Spice
400 ml	Sahne

Für die Fischfarce:

300 g	frisches Fischfilet (Hecht, Zander, Lachsforelle)
1 TL	**Fisch-Gewürzmischung** ▸ 260
2 cl	Noilly Prat
etwas	Pernod
300 ml	Sahne
1	Ei

Für die Kalbsfarce:

400 g	Kalbfleisch
	Salz, Pfeffer
	fein geriebene Muskatnuss
2 cl	Cognac
300 ml	Sahne
1	Ei

ZUBEREITUNG

Die Methode der Herstellung von Farcen ist immer gleich. Fisch, Geflügel oder Kalb wird von sämtlichen Sehnen und Häutchen befreit, in grobe Würfel geschnitten, mit den Gewürzen und dem Alkohol mariniert, angecuttert, dann nach und nach mit ⅔ der Sahne und den Eiern in der Moulinette (Kleinschneider oder Cutter) gemixt, durch ein Sieb gestrichen und durch das Einrühren der restlichen flüssigen Sahne fertiggestellt.

Für eine perfekte Bindung und damit eine ebensolche Farce beachte folgende Punkte:

- **Sowohl die Zutaten** als auch die verwendeten Geräte (Feinschneider- oder Cutter-Aufsatz, Fleischwolf, ja sogar die Schüssel, in der Sahne eingerührt wird, kann auf Eis gestellt werden) müssen eingekühlt werden.
- **Zwischen allen Arbeitsschritten** eine Pause einlegen und die Farce kalt stellen.
- **Die Arbeitsdurchgänge** (faschieren, cuttern, durchs Sieb streichen, Sahne einrühren etc.) so kurz wie möglich halten.
- **Haushaltsgeräte** (Moulinette, Kleinschneider, Cutter) haben selten ausreichend Leistung und Kapazität, so ist es notwendig, kleine Portionen zu mixen. Achte darauf, wie durch das Mixen eine Bindung entsteht und das Gerät regelrecht zu „kämpfen" beginnt. Leider gibt es am Markt kaum Profi-Geräte für Privatpersonen zu kaufen und wenn, sind die wirklich teuer. Für feine Farcen kommst du aber am Cuttern nicht vorbei, ergo, entweder mit Geduld Schritt für Schritt mit dem Haushaltsgerät oder investieren. Das Ergebnis belohnt immer – bei beiden Varianten!
- **Nur immer ca. ein Drittel** der Sahne einmixen, den Rest mit einer Gummispachtel in kleinen Schritten sorgfältig in die Farce einarbeiten. Nicht gleich die ganze Menge der Sahne einarbeiten, Probenockerl abwarten.
- **Ein Probenockerl** zu pochieren, lohnt sich immer. Farcen sind viel Arbeit und deshalb ist es schade, wenn das Ergebnis nicht optimal wird.

Was zeigt das Probenockerl an?

- **Das Nockerl fühlt sich elastisch an** und hat einen glatten Schnitt, ähnlich einer Weißwurst – bingo, dann ist alles, so wie es sein soll.
- **Das Nockerl ist zu fest** und wirkt gummiartig – dann kann noch etwas mehr Sahne eingearbeitet werden!
- **Das Nockerl ist grießlig** und zeigt einen bröselig wirkenden Schnitt – dann ist keine schöne Bindung zustande gekommen, siehe Punkte 1–5! Du kannst versuchen, die Farce mit etwas Salz auf Eis glatt zu rühren. Du spürst es ganz deutlich, wenn sie anzieht.

Gewürzmischungen

FLEISCH-GEWÜRZMISCHUNG

200 g	Salz
5 g	Cayennepfeffer
5 g	schwarzer Pfeffer
5 g	Garam Masala
5 g	Paprikapulver, edelsüß

Alle Zutaten gut miteinander vermischen.

WILD-GEWÜRZMISCHUNG

5 g	schwarze Pfefferkörner
15 g	Wacholderbeeren
5 g	Kümmel, ganz
200 g	Salz
5 g	Cayennepfeffer
5 g	Five Spice
10 g	Piment, gemahlen

Pfefferkörner, Wacholder, Kümmel mit etwas Salz im Mörser nicht allzu fein zerstoßen. Mit allen übrigen Zutaten gut miteinander vermischen.

FISCH-GEWÜRZMISCHUNG

200 g	Salz
5 g	gemahlener Koriander
5–10 g	Cayennepfeffer
5 g	weißer Pfeffer
5 g	Five Spice

Alle Zutaten gut miteinander vermischen.

GULASCH-GEWÜRZMISCHUNG

6 g	gefriergetrockneter Majoran
10 g	Kümmel, ganz
10 g	schwarze Pfefferkörner
5	Lorbeerblätter

Zusammen im Mörser fein zerreiben. Eine Moulinette tut hierfür auch sehr gute Dienste.

Hausgemachtes

ⓥ LÖWENZAHNBLÜTENHONIG

1 kg	Löwenzahnblüten
1	Zitrone
1	Vanillestange
1,5 l	Wasser
1,5 kg	brauner Rohrzucker

Eigentlich ist dieser Honig ein Honig-Ersatz (Kunst-Honig). Er schmeckt allerdings ähnlich wie Honig und wird deshalb im Volksmund auch als solcher bezeichnet.

Die Löwenzahnblüten bei vollem Sonnenschein ernten. Sie werden dann von den Stängeln befreit, und die Blütenköpfe grob durchgehackt. Die Zitrone heiß waschen und in dicke Scheiben schneiden. Vanillestange der Länge nach halbieren und das Mark ausstreifen. Zitronenscheiben, Vanilleschote und Mark, Blüten mit Wasser aufkochen und einige Stunden ziehen lassen. Abseihen und zusammen mit dem Zucker aufkochen. Auf kleiner Flamme köcheln lassen. Nach ca. 1,5 bis 2 Stunden hat der Honig die gewünschte Konsistenz. Er soll in heißem Zustand in einem langen Faden vom Löffel laufen und nicht mehr tropfen.

ⓥ PREISELBEEREN MIT ÄPFELN

450 g	Preiselbeeren
180 g	Äpfel, geschält und geraspelt
70 ml	Rotwein
100 ml	Wasser
300 g	Gelierzucker

Alle Zutaten mischen und kalt verrühren, bis sich der Zucker zu lösen beginnt, eine Viertelstunde stehen lassen und nochmals für 1–2 Minuten kalt rühren. Dann rasch zum Kochen bringen und für 2–3 Minuten kräftig kochen lassen. In vorbereitete Einmachgläser füllen.

ⓥ BASILIKUMPESTO

1 Bd.	Basilikum
1	Knoblauchzehe
50 g	geröstete Pinienkerne
200 ml	natives Olivenöl
etwas	Salz

Basilikum hacken, mit Knoblauch, gerösteten Pinienkernen und etwas Öl im Mörser fein zerreiben. Leicht salzen und mit dem restlichen Öl auf die gewünschte Konsistenz bringen. Die Prozedur funktioniert auch perfekt mit Bärlauch.

Prinzipiell bereite ich meine Pestos immer ohne Parmesan zu, da ich sie so vielseitiger einsetzen kann und der Käse schnell hinzugefügt ist.

REGISTER

Aal-Koteletts, gebraten, auf Tomaten-Oliven-Fondue mit Basilikumöl 82
Africa-Dressing 256
Ananas-Vanillespieß mit Kokossorbet 235
Apfel-Schalotten-Confit 180
Apfelstrudel 224
Artischocken, in der Holzkohle gegrillt 68
Artischocken-Safran-Risotto 211
Auberginen-Chips 70
Auberginen-Minz-Püree 70, 176
Auberginenröllchen 70
Austern *auf Blattspinat gratiniert // im Speckmantel auf roten Linsen // japanisch mariniert // mit Champagner // mit Rotweinschalotten // natur* 106–107

Bäggle vom Kalb, geschmort 134
Balsamico-Zwiebel-Füllung 196
Bandnudeln-Grundteig 195
Bärlauch-Frischkäse-Mousse 40
Bärlauch-Risotto 211
Basilikumpesto 261
Basilikumschaum 255
Basis-Suppenansatz für Kräuterschaumsuppen 24
Bavaroise mit Vanille 214
Beef Tatar 120
Beeren-Coulis 220
Beeren-Trifle 238
Beurre blanc – weiße Buttersauce 255
Beuscherl vom Kalb 124
Bio-Ei, gebacken, mit Vogerlsalat 14
Bisque mit Hummer 28
Bistecca Fiorentina 138
Blattsalate mit Blauschimmelkäse und Feigen 16
Blattspinat in brauner Butter 108
Blumenkohl-Püree 177
Bodenseefelchen in Kartoffel-Sellerie-Kruste mit gefüllter Zucchiniblüte 84
Bodenseefischsuppe mit Lachsforellennockerl 30
Bodenseehecht, mariniert, auf Kräuterpolenta mit Rucola 52
Bodenseezander-Ceviche mit Guacamole 55
Bouillon vom Rind 20
Brokkoli-Püree 176
Buttermilch-Limettenmousse in der Schokoladen-Träne mit Johannisbeeren 236
Butternusskürbis-Püree 177
Buttersauce, weiß 255

Calamari, gegrillt 117
Carpaccio alla Cipriani 122
Carpaccio von Roten Rüben mit Gemüse-Vinaigrette 62
Ceviche vom Bodenseezander mit Guacamole 55
Confit mit Äpfeln und Schalotten 180
Consommé mit Wildgeflügel 20
Coulis mit Beeren 220
Crème brûlée 219
Crepinette vom Kalbsfilet 148

Dörrzwetschken mit Vulcano-Speck und Räucheraal 59
Dressing *mit Walnüssen // Africa-Art // Karibik-Art* 256–257

Eglifilets in Bierteig 145
Ei, Bio, gebacken, mit Vogerlsalat 14
Emulsion mit Traubenkernöl und Grapefruit 256
Entenbrust, teegeräuchert 13
Entrecôte in der Markkruste 151
Entrecôte vom Hirsch in der Nuss-Brioche-Kruste 159
Erbsen-Püree 176

Farce *mit Fisch // mit Kalb // mit Pute* 258
Fasan im Speckmantel mit Rosmarin 172
Felchen vom Bodensee, in Kartoffel-Sellerie-Kruste mit gefüllter Zucchiniblüte 84
Felchen vom Bodensee, Rollmops mit Chili, Fenchel und Karottenöl 48
Felsenhummer, mariniert 43
Fenchel-Orangensalat 6
Fenchel-Püree 177
Filet vom Kalb, Crepinette 148
Filet vom Reh in Bricteig 160
Filet vom Rind mit Zwiebeltäschchen und Schaum von grünem Pfeffer 154
Filet vom Kaninchen in Rotwein pochiert 167
Fischfarce 258
Fischfond 248
Fisch-Gewürzmischung 260
Flan mit Passionsfrucht, geflämmt, mit Beeren-Coulis 220
Fleisch-Gewürzmischung 260
Florentiner mit Kürbiskernen 245
Flusskrebse, geräuchert, mit Ratatouille 60
Flusskrebs-Füllung mit Kerbel 196
Fond *mit Fisch // mit Geflügel // mit Gemüse // mit Wild und Wildgeflügel* 248–249
Forelle blau mit schaumiger Butter 142

Forelle vom Lachs mit Artischocken-Spargel-Gröstl und Kalamata-Olivenschaum 90
Forelle, gebeizt, mit Salat, Blüten und Trüffelremoulade 47
Frittaten 23
Füllungen für Ravioli und Tortellini *mit Balsamico und Zwiebeln // mit Flusskrebsen und Kerbel // mit Gemüsepüree // mit Meeresfrüchten, asiatisch // mit Pilzen // mit Spinat und Topfen* 196–197

Gänselebervariation mit Marillen-Chutney 64
Garganelli mit Steinpilzsauce 202
Garganelli, selbst gemacht 199
Garganelli-Grundteig 195
Gartensalate mit schwarzen Nüssen und teegeräucherter Ente 12
Geflügelfond 249
Gefüllte Pasta-Grundteig 195
Gemüsefond 248
Gemüse-Püree-Füllung 197
Gewürzmischung *für Fisch // für Fleisch // für Gulasch // für Wild* 260
Gnocchi 188
Gnocchi mit Spinat 188
Grießnockerl 23
Grund-Mayonnaise 252
Grundrezept für Risotto 208
Grundteige für Nudeln *für Bandnudeln // für Garganelli // für gefüllte Pasta* 195
Grund-Vinaigrette 256
Grüner Pfefferschaum 154
Grüner Spargel roh mariniert mit Limette und Maldon-Salz 9
Guacamole 55
Gulasch vom Kalb 125
Gulasch mit Pfifferlingen und Semmelknödel 141
Gulasch-Gewürzmischung 260

Hecht, aus dem Bodensee, mariniert, auf Kräuterpolenta mit Rucola 52
Hechtwürstchen mit Krebsen auf Balsamicolinsen 88
Heuschreckenkrebse mit Wirsing und rosa Grapefruit 112
Hippen mit Sesam 244
Hirsch-Entrecôte in der Nuss-Brioche-Kruste 159
Honig aus Löwenzahnblüten 261
Hüferschwanzerl, gekocht 136
Hummer in Sherrycreme gratiniert 108
Hummerbisque 28
Hummersalat mit Apfelgelee 56

Jungschweinsbraten mit Kruste 157
Kaisergranat mit Rucola und Zitrone 111
Kaiserschmarrn, karamellisiert 231
Kalamata-Olivenschaum 90
Kalbsbäggle, geschmort 134
Kalbsbeuscherl 124
Kalbsfarce 258
Kalbshaxe, geschmort 126
Kalbsjus 250
Kalbsrahmgulasch 125
Kaninchenfilets in Rotwein pochiert 167
Kaninchenrücken, gefüllt 166
Karibik-Dressing 257
Karottenöl 48
Karotten-Orangen-Püree 177
Karotten-Risotto 211
Kartoffelbaumkuchen 184
Kartoffelblinis 183
Kartoffelgratin 184
Kartoffel-Jalapeños-Püree 187
Kartoffelknödel, mit Waldpilzen gefüllt 191
Kartoffel-Oliven-Püree mit Thymian 187
Kartoffelpüree 187
Kartoffel-Vogerlsalat mit roten Zwiebeln 16
Kartoffel-Wasabi-Püree 187
Kastanienmousse mit Orangen-Amaretto-Sauce 216
Klare Tomatenessenz mit Flusskrebsschöberl 32
Kohlrabi, gefüllt mit Chili-Glasnudeln, Kokosschaum und Perlsago 71
Kohlrabi-Morchel-Ragout 181
Kokos-Curryschaumsuppe mit Zitronengras und Rondini-Kürbis 27
Kokossorbet 235
Koteletts vom Lamm mit BBQ-Sauce 164
Kräuterkruste 151
Kräuterpolenta 52
Krenschaum 255
Kümmelbratl vom Wels auf pazriziertem Wirsing 93
Kürbis-Risotto 211

Lachsforelle mit Artischocken-Spargel-Gröstl und Kalamata-Olivenschaum 90
Lammkoteletts mit BBQ-Sauce 164
Lebkuchen-Timbale 227
Loup de mer auf glaciertem Chicorée mit Balsamicoschaumsauce 101
Löwenzahnblütenhonig 261

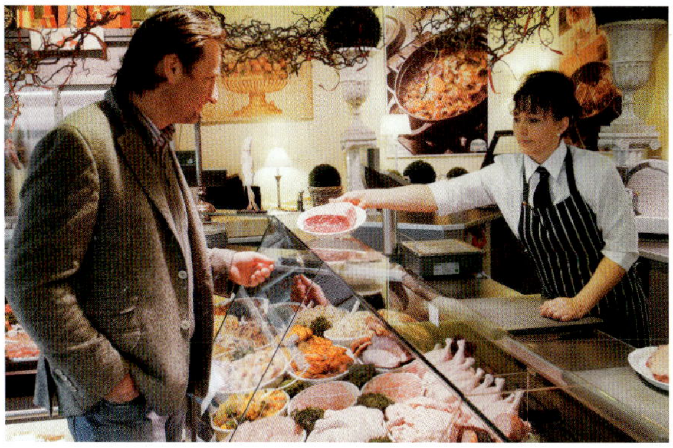
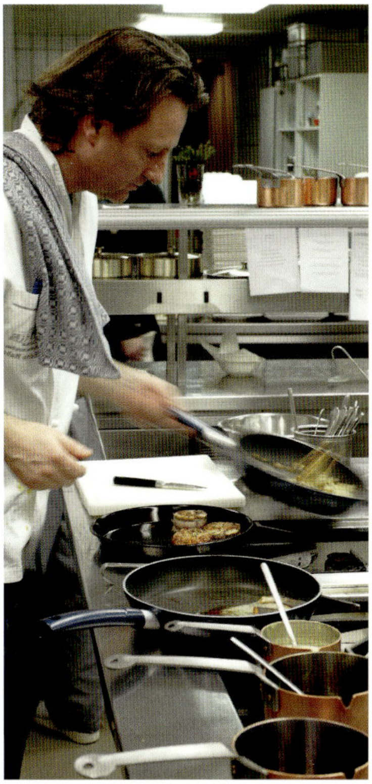
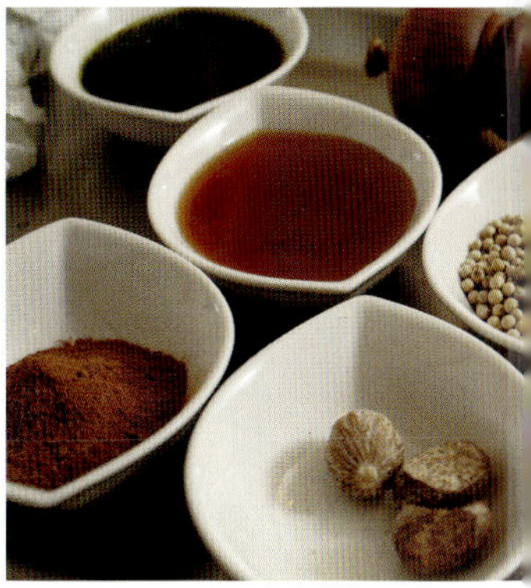
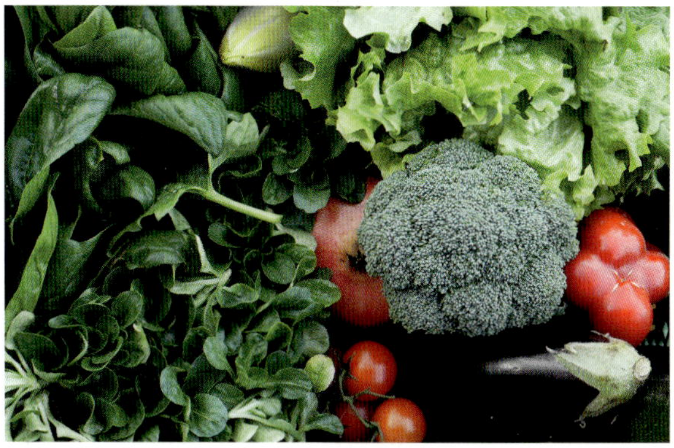
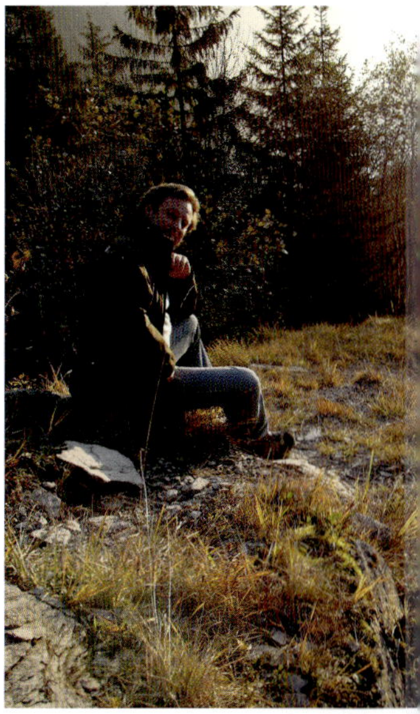
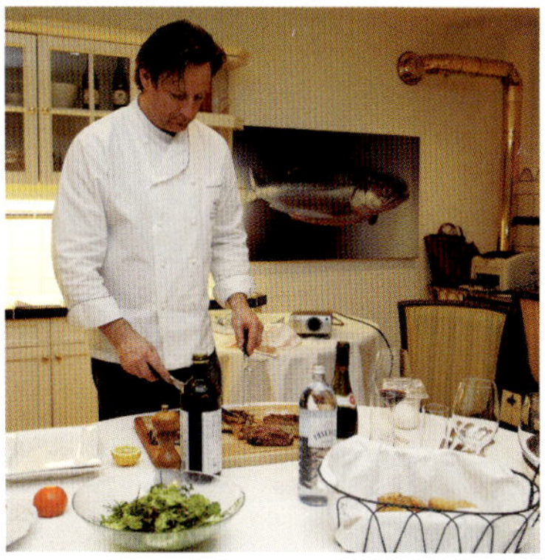
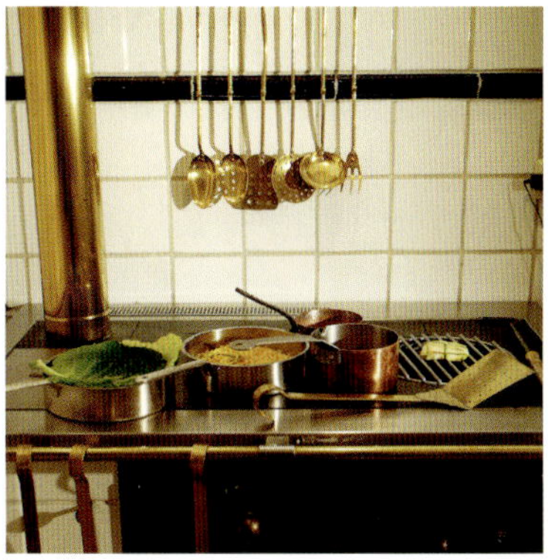
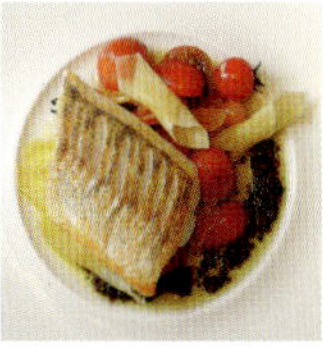
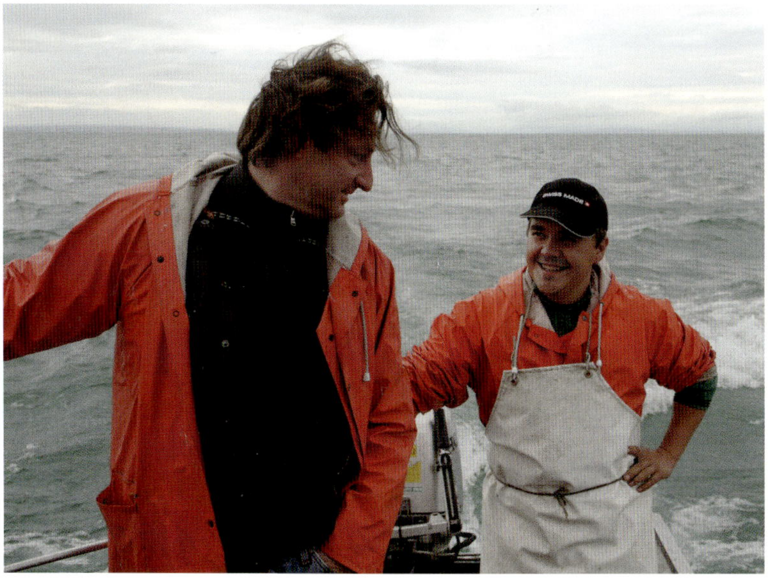
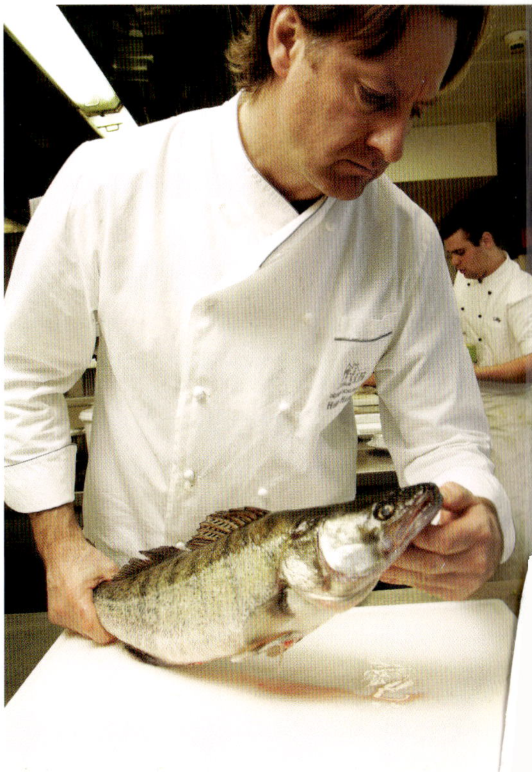

DANKE! An meine wunderbare Frau Isabella. Sie ist intellektueller Austausch, kraftvoller Lebenspartner und durch ihre eigene, vielschichtige Persönlichkeit die Richtige für mich. Ihr Talent und ihre musikalische Kraft zeigen mir immer wieder, dass Kreativität ein Prozess im Menschen selbst ist. Demzufolge ist Musik für mich auch ein Vorbild fürs Kochen. Töne verhalten sich nicht anders als Zutaten. Einzelnes wird durch stimmiges Zusammenspiel zum Werk.

Danke an meine Tochter Raphaela. Schöpferische Energie, kraftvoller Umgang mit Verstandenem, Wissbegierde, dies alles verschmilzt sie zu Lebenskraft. Mit ihrer Art, Dinge zu hinterfragen, sensibilisiert sie mich immer wieder mit für Neues. Als Vater bin ich sehr stolz und habe durch sie viel Freude in meinem Leben.

Die Familie spielt für mich eine ganz große Rolle. Das Wunderbare dabei ist, dass meine Funktion als Hüter des „Huber'schen Koch-Gens" von allen nicht nur respektiert wird, sondern auch immer wieder Tipps und Ratschläge eingeholt werden. Ebenso kommen häufig neue Impulse zu mir. Danke dafür von Herzen!

Danke an alle meine Lehrer. Ich durfte vielen großen Meistern über die Schulter schauen.

Danke an alle Freunde, die stets da sind, wenn man sie braucht. Sie sind eine wichtige Stütze in meinem Leben.

Danke an Elke Rhomberg. Sie hat mich mit Michael Westermann zusammengebracht und legte damit einen Grundstein für mich als Autor.

Und damit natürlich auch Danke an dich, lieber Michael, für die wunderbare Zusammenarbeit und die stimmungsvollen, energiegeladenen Bilder.

Ein ganz besonderer Dank an: Viktor Thurnher, Ehrenreich Michel, Rudi Öhlinger, Walter-Heinz Rhomberg, Wilfried Hopfner, Adolf Konstatzky, Kurt Rupp. Jeder weiß wofür.

Danke speziell auch an meine Lektorin Anita Luttenberger für die erfrischende, präzise und fröhliche Zusammenarbeit. Danke an Alex Schepelmann für ihr Gespür, Inhalte grafisch genial umzusetzen.

Danke an das Team des Braumüller Verlages, insbesondere an Martin Zechner, Stanzi und Bernhard Borovansky.

HEINO HUBER
Heino Huber wurde mit den höchsten Ehrungen bedacht: u. a. Koch des Jahres (Gault Millau), Trophée Gourmet (À la Carte für die kreativste Küche Österreichs). Er lernte bei Kochlegenden wie Faugeron, Witzigmann, Cipriani und nicht zuletzt bei seinem Vater, seinerseits 1984 Koch des Jahres. 1989 eröffnete er das Gourmet-Hotel Deuring-Schlössle mit dem gleichnamigen Spitzenrestaurant. Heute betreibt er das Bregenzer Kultgasthaus Maurachbund und ist für die Gastronomie auf dem historischen Schaufelraddampfer Hohentwiel zuständig.

KURT-MICHAEL WESTERMANN
Fotograf. Veröffentlichungen in den Magazinen Art, Die Zeit, Geo, Merian, Newsweek, Los Angeles Times, Le Figaro, Paris Match, National Geographic Society und Der Stern. Er hat viel beachtete und prämierte Bildbände fotografiert. Er ist Mitglied der Agenturen Corbis und Imagno, stellt international aus und lebt seit 2005 vor allem in Wien. www.km-westermann.com

IMPRESSUM
Bibliografische Information der Deutschen Nationalbibliothek
Die Deutsche Nationalbibliothek verzeichnet diese Publikation in der Deutschen Nationalbibliografie; detaillierte bibliografische Daten sind im Internet über http://dnb.d-nb.de abrufbar.
Alle Rechte, insbesondere das Recht der Vervielfältigung und Verbreitung sowie der Übersetzung, vorbehalten. Kein Teil des Werkes darf in irgendeiner Form (durch Fotokopie, Mikrofilm oder ein anderes Verfahren) ohne schriftliche Genehmigung des Verlages reproduziert oder unter Verwendung elektronischer Systeme gespeichert, verarbeitet, vervielfältigt oder verbreitet werden.

1. Auflage 2015
© 2015 by Braumüller GmbH
Servitengasse 5, A-1090 Wien
www.braumueller.at

Fotos: Kurt-Michael Westermann
Grafik & Satz: Alexandra Schepelmann / schepelmann.at
Druck: Druckerei Theiss GmbH,
A-9431 St. Stefan im Lavanttal
ISBN 978-3-99100-168-3

Marillen-Chutney **65**
Masthuhn, gebraten, mit frischen Morcheln, Pfifferlingen und den ersten Erbsen **169**
Meeresfrüchte-Füllung asiatisch **196**
Miesmuscheln in der Folie gegart **114**
Milzschnitten **23**
Mousse mit Bärlauch und Frischkäse **40**
Mousse mit Buttermilch, Limetten, Schokoladen-Träne und Johannisbeeren **236**
Mousse mit Kastanien und Orangen-Amaretto-Sauce **216**
Mousse mit Schokolade, marmoriert **217**
Mousse mit Tomaten **39**
Mousse von der roten Paprika mit mariniertem Felsenhummer **43**

Nudel-Grundteige **195**
Nudelteig, vegan **195**
Nuss-Brioche-Kruste **159**

Orangen-Amaretto-Sauce **216**
Orangen-Speck-Wirsing **180**
Ossobuco **130**

Palffy-Knödel **190**
Paprikaschaumsauce **253**
Paprika-Vinaigrette **257**
Passionsfruchtflan, geflämmt, mit Beeren-Coulis **220**
Pesto mit Basilikum **261**
Pesto-Risotto **211**
Pfifferlingsgulasch mit Semmelknödel **141**
Piccata vom Seeteufel **98**
Pilz-Füllung **197**
Pilzravioli in Rotwein mit Kräutern gekocht **202**
Polenta mit Kräutern **52**
Polenta mit Trüffeln, cremig **190**
Portwein-Reduktion **250**
Preiselbeeren mit Äpfeln **261**
Püree mit Gemüse *mit Auberginen und Minze // mit Blumenkohl // mit Brokkoli // mit Butternusskürbis // mit Erbsen // mit Fenchel // mit Karotten und Orangen // mit Sellerie // mit Spargel* **176–177**
Püree mit Kartoffeln *und Jalapeños // und Wasabi // und Oliven und Thymian* **187**
Putenfarce **258**

Radicchio-Risotto **210**
Ragout mit Kohlrabi und Morcheln **181**
Rahm-Knoblauch, gedünstet **178**
Räucherlachsroulade mit Wasabi-Sauerrahm-Mousse **51**

Ravioli mit Blumenkohlpüree gefüllt, jungem Blattspinat und schwarzem Trüffel **204**
Ravioli mit Pilzen in Rotwein mit Kräutern gekocht **202**
Ravioli- und Tortellini-Füllungen **196–197**
Ravioli, selbst gemacht **200–201**
Rehfilet im Brickteig **160**
Rehkeule, gegrillt, mit Wacholder-Rosmarin-Öl und Alexander-Birnen **163**
Remoulade mit Trüffeln **252**
Rindsbouillon **20**
Rinderfilet mit Zwiebeltäschchen und Schaum von grünem Pfeffer **154**
Risotto *mit Artischocken und Safran // mit Bärlauch // mit Karotten // mit Kürbis // mit Pesto // mit Radicchio // mit Rote Rüben // mit Safran // mit Steinpilzen // mit Tomaten // mit Zitronen und Orangen* **210–211**
Risotto-Grundrezept **208**
Roastbeef, rosa gebraten **152**
Rollmops vom Bodenseefelchen mit Chili, Fenchel und Karottenöl **48**
Romanasalat mit Avocado, rosa Grapefruit und Basilikum **11**
Romanesco-Kerbelwurzelsalat **6**
Röster mit Sauerkirschen **232**
Rösti **182**
Rote-Rüben-Risotto **210**
Rotkraut mit Äpfeln und Ingwer **179**
Rotwein-Schokoladensauce **228**
Roulade aus Räucherlachs mit Wasabi-Sauerrahm-Mousse **51**
Roulade von der Seezunge mit kleinem Kräutersalat **104**

Safran-Risotto **210**
Salat mit Blauschimmelkäse und Feigen **16**
Salat mit Fenchel und Orangen **6**
Salat mit Hummer und Apfelgelee **56**
Salat mit Kartoffeln, Vogerlsalat und roten Zwiebeln **16**
Salat mit Pfifferlingen und Artischocken **4**
Salat mit Romanesco und Kerbelwurzel **6**
Salat mit schwarzen Nüssen und teegeräucherter Ente **12**
Salat, Romana, mit Avocado, rosa Grapefruit und Basilikum **11**
Saltimbocca von der Hirschkalbkeule **133**
Sauce hollandaise **253**
Sauce mit Butter, weiß **255**
Sauce mit Orangen und Amaretto **216**

Sauce mit Paprikaschaum **253**
Sauce mit Rotwein und Schokolade **228**
Sauce mit Vanille **222**
Sauce Tartare **253**
Sauerkirschenröster **232**
Schaum aus grünem Pfeffer **154**
Schaum mit Basilikum **255**
Schaum mit Kalamata und Oliven **90**
Schaum mit Kren **255**
Scheiterhaufen mit Vanillesauce **222**
Schnitzel, Wiener Art, nach Franz Ruhm **128**
Schoggi-Chuache **228**
Schokomousse marmoriert **217**
Schwarzwurzelcremesuppe mit Bärlauchschaum **35**
Schweinsbraten mit Kruste **157**
Seeforelle, gebeizt, mit Salat, Blüten und Trüffelremoulade **47**
Seeteufel-Piccata **98**
Seezunge im Ganzen gebraten mit Tomaten und Kapern **102**
Seezungenroulade mit kleinem Kräutersalat **104**
Sellerie-Püree **177**
Semmelknödel **141**
Sesam-Hippen **244**
Sobanudeln mit Steinpilzen, Safrankarotten und Liebstöckel **78**
Sommersalat mit Pfifferlingen und Artischocken **4**
Sorbet mit Kokos **235**
Spargel mit polnischer Sauce **45**
Spargel, grün, roh mariniert mit Limette und Maldon-Salz **9**
Spargel, mit Ziegenkäse gratiniert **45**
Spargel-Püree **176**
Spieß mit Ananas, Vanille und Kokossorbet **235**
Spinat-Gnocchi **188**
Spinat-Topfen-Füllung **197**
Steinbutt, gefüllt, in der Folie gegrillt **94**
Steinpilz-Risotto **210**
Stockfisch, pochiert, auf Chorizo-Ragout **96**
Strudel mit Äpfeln **224**
Sud mit Weißwein **250**
Sud vom Spargel **44**
Suppe mit Kokos-Curryschaum, Zitronengras und Rondini-Kürbis **27**
Suppe mit Schwarzwurzeln und Bärlauchschaum **35**

Suppe mit weißem Tomatenschaum **26**
Suppe vom Bodenseefisch mit Lachsforellennockerl **30**
Suppenansatz für Kräuterschaumsuppen **24**

Tagliatelle, selbst gemacht, mit schwarzem Trüffel **207**
Tartelette mit weißer Schokoladenmousse und Physalis **241**
Teegeräucherte Entenbrust **13**
Tomatenessenz, klar, mit Flusskrebsschöberl **32**
Tomatenmousse, weiß **39**
Tomaten-Risotto **210**
Tomatenschaumsuppe, weiß **26**
Topfenknödel mit Sauerkirschenröster **232**
Tortellini, selbst gemacht **199**
Traubenkernöl-Grapefruit-Emulsion **256**
Trifle mit Beeren **238**
Trüffel mit Whisky **243**
Trüffel-Polenta, cremig **190**
Trüffelremoulade **252**

Vanille-Bavaroise **214**
Vanillekipferl **242**
Vanillesauce **222**
Veganer Nudelteig **195**
Vinaigrette mit Paprika **257**
Vinaigrette, Grundrezept **256**
Vongole im Safransud mit Tomaten und Dill **113**

Wachtelbrüstchen, zart angeräuchert, auf Lauch und Sellerie **170**
Walnuss-Dressing **257**
Weiße Buttersauce **255**
Weiße Tomatenschaumsuppe **26**
Weißes Tomatenmousse **39**
Weißweinsud **250**
Whisky-Trüffel **243**
Wiener Schnitzel nach Franz Ruhm **128**
Wild- und Wildgeflügelfond **249**
Wildgeflügel-Consommé **20**
Wild-Gewürzmischung **260**
Wirsing mit Orangen und Speck **180**

Zander mit Sauce von roten Paprika gratiniert **86**
Zitrus-Risotto **210**
Zucchini, gefüllt, mit Bulgur, Grillgemüse, schwarzen Oliven und getrockneten Tomaten **77**
Zucchiniblüten, gefüllt **72**
Zuckerhuttäschchen, gefüllt, mit Tomaten-Koriander-Salsa **75**